MARLY A. CARDONE
Livre-docente de Direito do Trabalho pela UFRJ
Doutora pela USP — Vice-Presidenta do Instituto
Brasileiro de Direito Social Cesarino Júnior — Advogada

DICIONÁRIO DE DIREITO PREVIDENCIAL

- **Doutrina**
- **Legislação**
- **Jurisprudência**

3ª edição atualizada

A pesquisa e seleção da jurisprudência foi feita pela advogada
Cecília Soares Iório, com a supervisão da autora

SÃO PAULO

Dados Internacionais de Catalogação na Publicação (CIP)
(Câmara Brasileira do Livro, SP, Brasil)

Cardone, Marly A.
  Dicionário de direito previdencial : doutrina : legislação : jurisprudência / Marly A. Cardone — 3ª ed. atual. — São Paulo: LTr, 2002.

  A pesquisa e seleção da jurisprudência foi feita pela advogada Cecília Soares Iório, com a supervisão da autora.
  ISBN 85-361-0268-3

  1. Direito previdencial — Dicionários — Brasil I. Título.

02-2919   CDU-34:368.4(81)(03)

Índices para catálogo sistemático:
1. Brasil : Direito previdencial : Dicionários 34:368.4(81)(03)

Editoração Eletrônica: **LINOTEC**
Capa: **FLÁVIO AUGUSTO VIEIRA**   0884
Impressão: **BOOK-RJ**

(Cód. 2534.3)

© Todos os direitos reservados

EDITORA LTDA.

Rua Apa, 165 - CEP 01201-904 - Fone (011) 3826-2788 - Fax (011) 3826-9180
São Paulo, SP - Brasil - www.ltr.com.br

Julho, 2002

NOTA EXPLICATIVA

As freqüentes mudanças no direito positivo brasileiro da previdência social tornam mais penosa a necessária atualização dos livros pelos autores.

Para mais agilmente atualizar futura edição do presente texto, decidimos, nas referências ao direito positivo que consta no final de cada verbete, convencionar o seguinte: o primeiro artigo citado será sempre da Lei n. 8.212/91 ou da Lei n. 8.213/91, dependendo se o assunto é de organização e custeio ou de benefícios. Se o assunto comportar menção a artigos de ambas as leis, eles serão separados apenas por vírgulas, cabendo ao leitor localizá-los num ou noutro diploma legal. Separados pelo sinal gráfico de barra (/) virão os artigos do decreto regulamentador, de número 3.048, de 6 de maio de 1999. As referências à Constituição Federal serão precedidas da abreviatura CF e leis específicas serão indicadas completamente, assim como as que fazem parte da história do verbete.

Quando só o Decreto n. 3.048 disciplinar a matéria ele será mencionado pela sua abreviatura "Reps".

Os eventuais enganos nas ementas jurisprudenciais não foram corrigidas, sendo de responsabilidade das fontes nas quais a pesquisa foi feita.

Marly A. Cardone
Av. Paulista, 1471/714
01311-927 São Paulo
marlycardone@uol.com.br

LISTA DOS VERBETES

A

ABONO ANUAL
ABONO DE PERMANÊNCIA EM SERVIÇO
AÇÃO JUDICIAL
ACIDENTE
ACIDENTE DO TRABALHO
AÇÕES TRABALHISTAS
ACORDOS INTERNACIONAIS
ACUMULAÇÃO DE PRESTAÇÕES
AERONAUTA
AFASTAMENTO DA ATIVIDADE
AIDS
AJUDA DE CUSTO
ALIENAÇÃO MENTAL
ALIMENTOS
ALTA MÉDICA
ANTECIPAÇÃO DE CONTRIBUIÇÕES
APARELHO DE ÓRTESE
APARELHO DE PRÓTESE
APOSENTADO
APOSENTADORIA
APOSENTADORIA COMPULSÓRIA
APOSENTADORIA DO AERONAUTA
APOSENTADORIA DO EX-COMBATENTE
APOSENTADORIA DO JORNALISTA
APOSENTADORIA ESPECIAL
APOSENTADORIA POR IDADE
APOSENTADORIA POR INVALIDEZ
APOSENTADORIA POR TEMPO DE CONTRIBUIÇÃO
APOSENTADORIA POR TEMPO DE SERVIÇO
ARRECADAÇÃO
ARRESTO
ASSISTÊNCIA REEDUCATIVA
ASSISTÊNCIA SOCIAL
ATESTADO MÉDICO
ATIVIDADES PENOSAS, INSALUBRES E PERIGOSAS
ATLETA DE FUTEBOL
ATUALIZAÇÃO MONETÁRIA
AUMENTO DE SALÁRIO
AUSÊNCIA DO SEGURADO
AUTOMATISMO
AUXÍLIO-ACIDENTE
AUXÍLIO-DESEMPREGO
AUXÍLIO-DOENÇA
AUXÍLIO PARA TRATAMENTO
AUXÍLIO-RECLUSÃO
AVOCATÓRIA
AVULSO

B

BENEFICIÁRIO
BENEFÍCIO
BENEFÍCIO DE PAGAMENTO CONTINUADO
BENEFÍCIO EM MANUTENÇÃO
BENEFÍCIO INSTANTÂNEO
BENEFÍCIO PERIÓDICO
BENEFÍCIO POR INCAPACIDADE

C

CAIXAS DE APOSENTADORIAS E PENSÕES
CÁLCULO DOS BENEFÍCIOS
CÂMARAS DE JULGAMENTO
CAMPO DE APLICAÇÃO
CANCELAMENTO
CAPACIDADE DE TRABALHO
CARDIOPATIA GRAVE
CARÊNCIA
CARTEIRA DE TRABALHO E PREVIDÊNCIA SOCIAL
CASAMENTO
CASO FORTUITO
CEGUEIRA
CERTIDÃO DE NASCIMENTO
CERTIDÃO NEGATIVA DE DÉBITO
CERTIFICADO DE CAPACIDADE
CERTIFICADO DE MATRÍCULA
CIRURGIA
COBRANÇA DE DÍVIDA
COMPANHEIRA(O)
COMPENSAÇÃO
COMPETÊNCIA JUDICIAL
COMUNICAÇÃO DO ACIDENTE
CONCORRÊNCIA
CONDÔMINO
CONFISSÃO DE DÍVIDA
CÔNJUGE

CONSELHO NACIONAL DE PREVIDÊNCIA SOCIAL
CONSELHO NACIONAL DE SEGURIDADE SOCIAL
CONSELHO DE RECURSOS DA PREVIDÊNCIA SOCIAL
CONSOLIDAÇÃO DAS LEIS DE PREVIDÊNCIA SOCIAL
CONSTITUIÇÃO DE CRÉDITO
CONTAGEM RECÍPROCA DE TEMPO DE SERVIÇO
CONTINGÊNCIA
CONTRATO DE TRABALHO
CONTRIBUIÇÕES
CONTRIBUIÇÕES SOCIAIS
CONTRIBUINTE
CONTRIBUINTE EM DOBRO
CONTRIBUINTE INDIVIDUAL
CONVÊNIO
CORREÇÃO MONETÁRIA
CRIME
CUSTEIO DA PREVIDÊNCIA SOCIAL

D

DÉBITO
DECADÊNCIA
DÉCIMO TERCEIRO SALÁRIO
DECLARAÇÃO DE VIDA
DEPENDENTE
DESAPARECIMENTO DE SEGURADO
DESCONTO DAS CONTRIBUIÇÕES
DESCONTO NO BENEFÍCIO
DESEMPREGADO
DESLIGAMENTO DA ATIVIDADE
DESLOCAMENTO
DESQUITADO
DETENÇÃO
DEVOLUÇÃO DE CONTRIBUIÇÕES
DIÁRIA PARA DESLOCAMENTO
DIREITO DO TRABALHO
DIREITO PREVIDENCIAL
DISTRIBUTIVIDADE
DÍVIDA ATIVA
DIVORCIADO
DOCUMENTAÇÃO INCOMPLETA
DOCUMENTO DE INEXISTÊNCIA DE DÉBITO
DOENÇA
DOENÇA DO TRABALHO
DOENÇA PROFISSIONAL
DOMÉSTICO
DONO DA OBRA

E

EFEITO SUSPENSIVO
EMPREGADO
EMPREGADO DOMÉSTICO
EMPREGADOR
EMPRESA
EMPRESA DE PROCESSAMENTO DE DADOS DA PREVIDÊNCIA SOCIAL
EMPRESA DE TRABALHO TEMPORÁRIO
EMPRESA TOMADORA DE SERVIÇOS
ENTEADO
ENTIDADES ABERTAS DE PREVIDÊNCIA
ENTIDADE BENEFICENTE
ENTIDADES FECHADAS DE PREVIDÊNCIA
ESCALA DE SALÁRIO-BASE
ESPOSA
ESTUDANTE
EVENTUAL
EXAME MÉDICO
EX-COMBATENTE
EXECUTOR DE FUNERAL

F

FALÊNCIA
FALTA DE RECOLHIMENTO
FATOR PREVIDENCIÁRIO
FILIAÇÃO
FISCALIZAÇÃO
FORÇA MAIOR
FORMA DE PAGAMENTO DO BENEFÍCIO
FUNDAÇÃO JORGE DUPRAT FIGUEIREDO DE SEGURANÇA E MEDICINA DO TRABALHO
FUNDACENTRO
FUNDO DE GARANTIA DO TEMPO DE SERVIÇO
FUNERAL
FUNRURAL

G

GERENTE
GESTANTE
GRATIFICAÇÃO DE NATAL

H

HABILITAÇÃO
HABITAÇÃO
HERDEIRO NECESSÁRIO

I

IAPAS
IDOSOS
IMPENHORABILLDADE
INAMPS
INCAPACIDADE
INDENIZAÇÃO DE ANTIGÜIDADE
INDENIZAÇÃO DE CONTRIBUIÇÕES
INFORTÚNIO DO TRABALHO
INPS
INSALUBRIDADE
INSCRIÇÃO
INSS
INSTITUTOS
INVALIDEZ
IRMÃO
ISENÇÃO DE CONTRIBUIÇÕES

J

JOGADOR DE FUTEBOL
JORNALISTA
JUNTA DE RECURSOS DA PREVIDÊNCIA SOCIAL
JUROS
JUSTIFICAÇÃO ADMINISTRATIVA

L

LEI ELOY CHAVES
LEI ORGÂNICA DA PREVIDÊNCIA SOCIAL
LEPRA
LICENÇA-MATERNIDADE

M

MÃE
MAIOR VALOR-TETO
MANUTENÇÃO DA QUALIDADE DE SEGURADO
MARIDO
MATERNIDADE
MATRÍCULA DA EMPRESA
MÉDICO RESIDENTE
MENOR
MENOR VALOR-TETO
MINISTÉRIO DA PREVIDÊNCIA E ASSISTÊNCIA SOCIAL
MINISTRO DE CONFISSÃO RELIGIOSA
MOLÉSTIA
MORTE
MORTE PRESUMIDA
MULHER
MULTA

N

NASCIMENTO
NEFROPATIA GRAVE
NEOPLASIA MALIGNA
NOTIFICAÇÃO DE DÉBITO
NOTIFICAÇÃO FISCAL DE LANÇAMENTO
NULIDADE
NULIDADE DO CONTRATO DE TRABALHO

O

OBJETIVO DO SEGURO SOCIAL
OMISSÃO DO EMPREGADOR
ÔNUS DA PROVA
ÓRTESE
OSTEÍTE DEFORMANTE

P

PAGAMENTO DE BENEFÍCIO
PAI
PARCELAMENTO DE DÉBITO
PATROCINADORAS
PECÚLIO
PENHORA
PENSÃO
PERDA DA QUALIDADE DE SEGURADO
PERÍCIA MÉDICA
PERÍODO DE CARÊNCIA
PERÍODO DE GRAÇA
PRECATÓRIOS
PREJULGADO
PRESCRIÇÃO DAS CONTRIBUIÇÕES
PRESCRIÇÃO DOS BENEFÍCIOS
PRESIDIÁRIO
PRESTAÇÕES DA PREVIDÊNCIA SOCIAL
PRESUNÇÃO DE DEPENDÊNCIA
PREVENÇÃO DE ACIDENTE DO TRABALHO
PREVIDÊNCIA SOCIAL
PRINCÍPIOS DA PREVIDÊNCIA SOCIAL
PRISÃO
PROCURADOR DO BENEFICIÁRIO
PROFISSIONAL LIBERAL
PRORURAL
PRÓTESE
PROVA

R

REABILITAÇÃO PROFISSIONAL
REAJUSTAMENTO
RECOLHIMENTO
RECURSO

REEMBOLSO
RELAÇÃO JURÍDICA DE PREVIDÊNCIA SOCIAL
RELIGIOSOS
REMISSÃO ÀS SÚMULAS DO EXTINTO TFR
REMISSÃO ÀS SÚMULAS DO STF
REMUNERAÇÃO
RENDA MENSAL VITALÍCIA
RENÚNCIA
REQUERIMENTO DE BENEFÍCIO
RESPONSABILIDADE CRIMINAL
RESPONSABILIDADE DO EMPREGADOR E DA EMPRESA
RESPONSABILIDADE DO JUIZ
RESPONSABILIDADE SOLIDÁRIA
REVISÃO
RISCO
RURAL

S

SALÁRIO
SALÁRIO-BASE
SALÁRIO-DE-BENEFÍCIO
SALÁRIO-DE-CONTRIBUIÇÃO
SALÁRIO DECLARADO
SALÁRIO-ENFERMIDADE
SALÁRIO-FAMÍLIA
SALÁRIO *IN NATURA*
SALÁRIO-MATERNIDADE
SALÁRIO SOCIAL
SANÇÕES
SEGURADO
SEGURADO ESPECIAL
SEGURADO FACULTATIVO
SEGURADO INCAPAZ
SEGURADO MENOR
SEGURADO OBRIGATÓRIO
SEGURANÇA SOCIAL
SEGURIDADE SOCIAL
SEGURO DE ACIDENTES DO TRABALHO
SEGURO-DESEMPREGO
SEGURO SOCIAL
SELETIVIDADE
SEPTUAGENÁRIO

SEQÜESTRO
SERVIÇO
SERVIÇO MÉDICO
SERVIÇO MILITAR
SERVIÇO SOCIAL
SINDICATO
SISTEMA ÚNICO DE SAÚDE (SUS)
SÓCIO
SÚMULAS DO EXTINTO TFR SOBRE PREVIDÊNCIA SOCIAL
SÚMULAS DO STF SOBRE PREVIDÊNCIA SOCIAL
SÚMULAS DO STJ SOBRE PREVIDÊNCIA SOCIAL
SUSPENSÃO DO BENEFÍCIO
SUSPENSÃO DO CONTRATO DE TRABALHO

T

TEMPO DE CONTRIBUIÇÃO
TEMPO DE FILIAÇÃO
TEMPO DE SERVIÇO
TETO
TITULAR DE FIRMA INDIVIDUAL
TRABALHADOR AUTÔNOMO
TRABALHADOR AVULSO
TRABALHADOR RURAL
TRABALHADOR TEMPORÁRIO
TUBERCULOSE ATIVA

U

UNIÃO
UNIÃO ESTÁVEL
UNIFICAÇÃO DA PREVIDÊNCIA SOCIAL
UNIVERSALIDADE

V

VALOR DE REFERÊNCIA
VALOR DOS BENEFÍCIOS
VELHICE
VINCULAÇÃO
VOLTA À ATIVIDADE

LISTA DE ABREVIATURAS

AÇ. RESC.	—	Ação Rescisória
AC.	—	Acórdão
AASP	—	Associação dos Advogados de São Paulo
BAAS	—	Boletim da Associação dos Advogados de São Paulo
CF	—	Constituição Federal
CLPS	—	Consolidação das Leis da Previdência Social
CLT	—	Consolidação das Leis do Trabalho
CRPS	—	Conselho de Recursos da Previdência Social
CTN	—	Código Tributário Nacional
DATAPREV	—	Empresa de Processamento de Dados da Previdência Social
DJU	—	Diário da Justiça da União
EC	—	Emenda Constitucional
ERE	—	Embargos em Recurso Extraordinário
INSS	—	Instituto Nacional do Seguro Social
JRPS	—	Junta de Recursos da Previdência Social
LC	—	Lei Complementar
LOPS	—	Lei Orgânica da Previdência Social
MP	—	Medida Provisória
MPAS	—	Ministério da Previdência e Assistência Social
Reps	—	Regulamento da Previdência Social
RPS	—	Revista de Previdência Social
SPS	—	Secretaria da Previdência Social
STF	—	Supremo Tribunal Federal
STJ	—	Superior Tribunal de Justiça
T	—	Turma
TFR	—	Tribunal Federal de Recursos
TRF	—	Tribunal Regional Federal

A

ABONO ANUAL

Benefício devido ao segurado e ao dependente, que hajam percebido auxílio-doença, auxílio-acidente, aposentadoria, pensão por morte ou auxílio-reclusão num determinado ano. Seu valor é igual a 1/12 do total recebido no ano de calendário considerado ou proporcional ao número de meses em que o benefício foi recebido. Corresponde a uma 13ª mensalidade aos beneficiários e é pago em dezembro11 MARLY A. CARDONE (art. 40/art. 116).

ABONO DE PERMANÊNCIA EM SERVIÇO

Benefício que foi devido ao segurado da previdência social urbana que, tendo tempo para se aposentar por tempo de serviço, continuava, porém, na atividade. O período de carência era o mesmo da aposentadoria por tempo de serviço, isto é, 60 contribuições mensais. Seu valor correspondia a 25% do salário-de-benefício para o segurado com 35 anos ou mais de atividade e 20% para os que tinham entre 30 e 35 anos de atividade. Quando o segurado se aposentava este benefício deixava ser concedido. O mesmo ocorria quando de sua morte. O reajustamento era feito como para os demais benefícios não variando com o salário do segurado. Era concedido a partir da data do requerimento. Para o ex-combatente (v.) o abono era concedido aos 25 anos de serviço.

AÇÃO JUDICIAL

Os objetos da relação jurídica de previdência social — as contribuições para o INSS e os benefícios e serviços para os beneficiários — se não cumpridos nos termos da lei, podem ser solicitados em ação judicial, conforme a competência que é examinada no verbete 'competência judicial'. Não há necessidade de haver prévia ação administrativa do interessado, a conferir-lhe legitimidade ou interesse de agir. Contudo, se houver processo administrativo do beneficiário ou contribuinte perante o INSS e ele ingressar com ação judicial, considera-se que ele renunciou ao direito de recorrer naquela esfera ou desistiu do recurso. Esta disposição parece razoável, já que o cidadão não deve provocar o poder público duas vezes, simultaneamente, com o mesmo objetivo. (Arts. 126, § 3º/307).

JURISPRUDÊNCIA

PROCESSUAL CIVIL. REEXAME NECESSÁRIO. AUTARQUIAS. AÇÃO ACIDENTÁRIA. APLICABILIDADE. MP N. 1.561-1/97. LEI N. 9.469/97. DISSÍDIO JURISPRUDENCIAL. AUXÍLIO-ACIDENTE. MATÉRIA NÃO IMPUGNADA NO MOMENTO OPORTUNO. I — "A divergência entre julgados do mesmo Tribunal não enseja recurso especial" (Súmula 13/STJ). II — A sentença publicada em período posterior à edição da MP n. 1.561-1, de 17 de janeiro/97, convertida na Lei n. 9.469/97, que estendeu às autarquias o benefício do reexame necessário, tem eficácia condicionada à sua sujeição ao duplo grau de jurisdição (art. 475, II, do CPC), mesmo em se tratando de ação acidentária. Precedente: REsp 201.180/SP, Relator Min. Edson Vidigal. III — A questão do direito do segurado ao benefício acidentário não pode ser apreciada, porquanto, sendo a apelação decidida nesse tópico por unanimidade, deixou a parte de impugná-la no momento oportuno, vindo a fazê-lo somente após o julgamento dos embargos infringentes. Recurso não conhecido.
(STJ — REsp — Recurso Especial n. 310.691; Proc. n. 2001.00.30813-9/SP; 5ª T.; Decisão: 19.6.2001; DJ 20.8.2001; Rel. Felix Fischer. In www.cjf.gov.br

RECURSO ESPECIAL. AÇÃO ACIDENTÁRIA TÍPICA. AUXÍLIO-ACIDENTE. RECURSO DE AGRAVO DE INSTRUMENTO. MINISTÉRIO PÚBLICO. INTIMAÇÃO. Nas ações acidentárias típicas é indispensável a intervenção do Ministério Público, porquanto configurado o interesse público. Recurso conhecido e provido.
(STJ — REsp — Recurso Especial n. 230.175; Proc. n. 1999.00.82383-4/RJ; 5ª T.; Decisão: 18.9.2001; DJ 29.10.2001; Rel. Jorge Scartezzini. In www.cjf.gov.br

PROCESSUAL CIVIL E PREVIDENCIÁRIO. APOSENTADORIA POR IDADE. CARÊNCIA DE AÇÃO. INOCORRÊNCIA. PRÉVIA DECLARAÇÃO JUDICIAL OU ADMINISTRATIVA DE IMPLEMENTAÇÃO DOS REQUISITOS. DESNECESSIDADE. 1. Diante do nosso direito processual civil, as ações de conhecimento condenatórias possuem dois momentos distintos: I — a formulação da regra jurídica concreta

que disciplina a situação de dar, fazer ou não fazer (momento declaratório); II — a imposição ou não de sanção (momento condenatório). 2. Assim, a propositura de ação de conhecimento condenatória não está condicionada à prévia declaração judicial ou administrativa da existência ou inexistência da relação jurídica controvertida. 3. Sentença anulada, a fim de que outra seja proferida, formulando a regra jurídica concreta (momento declaratório) e impondo ou não a sanção (momento condenatório).
(TRF — 1ª Reg.; AC — Apelação Cível n. 01990026891; Proc. n. 2001.019.90.02689-1/GO; 1ª T.; Decisão 21.8.2001; DJ 10.9.2001; Rel. Juiz Antonio Sávio de Oliveira Chaves). In www.cjf.gov.br

PROCESSUAL CIVIL. PREVIDENCIÁRIO. EXTINÇÃO DO PROCESSO. DESCUMPRIMENTO DE DETERMINAÇÕES JUDICIAIS. Ação ordinária objetivando revisão de benefício auxílio-doença a segurado, já falecido. Embora regularmente intimada, não juntou a Autora documentos necessários ao desenvolvimento regular do processo. Não sendo a Autora a única sucessora do segurado, necessário regularizar o pólo ativo de relação processual.
(TRF — 2ª Reg.; AC — Apelação Cível n. 208.079; Proc. n. 1999.02.01.038579-7/RJ; 2ª T.; Decisão: 9.5.2001; DJU 5.6.2001; Rel. Juiz Espírito Santo). In www.cjf.gov.br

AGRAVO DE INSTRUMENTO. AÇÃO DE RITO ORDINÁRIO. REVISÃO DE BENEFÍCIO. FASE DE EXECUÇÃO. CONTA DE LIQUIDAÇÃO. EMBARGOS À EXECUÇÃO. PRAZO TRANSCORRIDO IN ALBIS. REELABORAÇÃO DA CONTA. MENÇÃO À LITIGÂNCIA DE MÁ-FÉ. 1 — A apresentação de conta que já havia sido refutada pelo contador, para efeitos de execução nos termos do artigo 730 do CPC, mesmo transcorrido In albis o prazo para oposição de embargos à execução, não pode subsistir, sob risco de lesão aos cofres públicos que não pode ocorrer mesmo diante da negligência do Procurador autárquico na defesa dos interesses do Instituto previdenciário. 2 — A obstinação do agravante ao apresentar a conta que entende correta para execução do julgado em que foi procedente seu pleito não pode ser confundida com litigância de má-fé, devendo, portanto, ser riscada a assertiva posta nesse sentido. 3 — Agravo de instrumento parcialmente provido.
(TRF — 3ª Reg.; AG — Agravo de Instrumento n. 58.589; Proc. n. 97.03.086423-6/SP; 1ª T.; Decisão: 4.9.2001; DJU 30.10.2001; Rel. Juiz Theotonio Costa). In www.cjf.gov.br

PREVIDENCIÁRIO E PROCESSO CIVIL. AUSÊNCIA DE PEDIDO NA VIA ADMINISTRATIVA. FALTA DE INTERESSE DE AGIR. 1 — Se o segurado sequer submeteu a pretensão ao exame da autoridade administrativa competente, inviável a instauração do processo judicial. 2 — Cabível a extinção sem julgamento do mérito, por ausência de interesse processual, antes da citação do INSS. 3 — Apelação improvida.
(TRF — 4ª Reg.; AC — Apelação Cível n. 401.420; Proc. n. 2000.70.03.004432-9/PR; 6ª T.; Decisão: 8.5.2001; DJU 13.6.2001; Rel. Juíza Eliana Paggiarin Marinho). In www.cjf.gov.br

AGRAVO DE INSTRUMENTO. ANTECIPAÇÃO DOS EFEITOS DA TUTELA DEFERIDA. EFEITO SUSPENSIVO NEGADO. REVISÃO DE BENEFÍCIO PREVIDENCIÁRIO. PROVA. SENTENÇA TRABALHISTA. I — Presentes os requisitos do art. 273 do CPC, quais sejam, a verossimilhança da alegação e o fundado receio de dano irreparável ou de difícil reparação, devem ser antecipados os efeitos da tutela. II — Impõe-se a revisão do benefício previdenciário do agravado que, como comprovado em sentença transitada em julgado, proferida na Justiça do Trabalho, era segurado obrigatório (pois perfectibilizada a relação trabalhista), recebendo, atualmente, a título de auxílio-doença acidentário, um valor muito inferior ao que percebia quando na ativa, o que por certo trará implicações em sua recuperação. III — Agravo de Instrumento improvido.
(TRF — 4ª Reg.; AG — Agravo de Instrumento n. 76.779; Proc. n. 2001.04.01.010324-0/RS; 6ª T.; Decisão: 11.9.2001; DJU 3.10.2001; Rel. Juiz Luiz Fernando Wowk Penteado). In www.cjf.gov.br

ACIDENTE

Evento casual e danoso que afeta a capacidade de trabalho, determinando o afastamento da atividade e dando ensejo a auxílio-doença e, se a incapacidade for definitiva, a aposentadoria por invalidez (v.). Se a conseqüência do acidente ocasionar redução da capacidade para o trabalho que o segurado habitualmente exerça, há o direito do auxílio-acidente (v.).

ACIDENTE DO TRABALHO

Evento casual, danoso para a capacidade laborativa e relacionado com o trabalho subordinado prestado à empresa, urbana ou rural (definição inspirada em A. F. Cesarino Jr., "Direito Social", 1980, LTr Edit., 479). Por equiparação, são acidentes do trabalho a doença profissional (v.) e a do trabalho e o acidente sofrido pelo trabalhador avulso (v.) e, por extensão, o acidente sofrido pelo empregado no local e no horário do trabalho, em conseqüência de: a) ato de sabotagem ou de terrorismo praticado por terceiro, inclusive companheiro de trabalho; b) ofensa física intencional, inclusive de terceiro, por motivo de disputa relacionada com o trabalho; c) ato de imprudência ou de negligência ou de imperícia de terceiro ou companheiro de trabalho; d) ato de pessoa privada do uso da razão; e) desabamento, inundação ou incêndio; f) outro caso fortuito ou decorrente de força maior. O acidente sofrido pelo empregado, ainda que fora do local e horário de trabalho: a) na execução de ordem ou na realização de serviço sob a autoridade da empresa; b) na prestação espontânea de qualquer serviço à empresa, para lhe evitar prejuízo ou proporcionar proveito; c) em viagem a serviço da empresa, seja qual for o meio de locomoção utilizado, inclusive veículo de propriedade do empregado; d) no percurso da residência para o trabalho ou deste para aquela. O acidente do trabalho pode ocasionar uma das seguintes conseqüências, quanto à capacidade laborativa do segurado: I — incapacidade temporária; II — incapacidade parcial e permanente; III — incapacidade total e permanente; e IV — morte. A incapacidade temporária é a impossibilidade transitória para exercer a atividade, verificada pelo INSS. A palavra "impossibilidade" deve ser tomada no sentido de ser totalmente impossível ao segurado sequer locomover-se, como também no sentido de ser inconveniente sua locomoção pelo risco à sua própria vida ou à de terceiros, ou de agravamento do seu estado. A incapacidade parcial e permanente é a redução definitiva da capacidade de trabalho do acidentado, redução esta que afeta a sua capacidade laborativa. A incapacidade total e permanente é a perda total da capacidade de trabalho, de tal forma que o acidentado fique impossibilitado de exercer toda e qualquer atividade. O acidente do trabalho dá direito, conforme sua conseqüência, a uma ou a várias das seguintes prestações: reabilitação profissional, auxílio-doença, auxílio-acidente (v.), aposentadoria por invalidez, pensão, auxílio-doença. V. também Seguro acidentes do trabalho. A expressão "acidente do trabalho", em sentido amplo, é sinônima da locução "infortúnio do trabalho". Os chamados segurados especiais (v.) também são beneficiados pelo sistema de cobertura dos acidentes do trabalho pela previdência social. Atualmente, como a legislação previdencial dá igual tratamento às conseqüências de um acidente, seja ele do trabalho ou não, a importância na caracterização do infortúnio como do trabalho ou não, está ligada à responsabilidade civil do empregador, que poderá ser acionado a indenizar o acidentado, se houver dolo ou culpa, conforme dispõe a CF, art. 7º, n. XXVIII. V. Súmulas ns. 35, 229, 230, 235, 238, 530, 612 e 613 do STF. (Arts. 19 a 23/ 336 a 339).

JURISPRUDÊNCIA

ACIDENTE DO TRABALHO. AÇÃO. PRESCRIÇÃO. MOLÉSTIA ATÍPICA. SÚMULA N. 230 DO STF. Tendo sido aposentada a autora, por invalidez, é admissível seja o benefício convertido em aposentadoria acidentária se veio a ser comprovado, por perícia médica realizada em Juízo, que a moléstia incapacitante resultara das condições do trabalho. Não há de ter-se como incidindo a prescrição a fulminar o próprio fundo do direito se o afastamento da autora decorreu de doença atípica, pelo que não era de prontamente supor-se que ela decorrera das condições de trabalho. Benefício pago a partir do reconhecimento do exame pericial em juízo. Crítica e laudos médicos deficientes.
(STF — 2ª T.; RE n. 113.942-1/RJ; Rel. Min. Aldir Passarinho; j. 13.10.1987; v. u.; DJU 20.11.1987, pág. 26.013, ementa). BAASP 1528/77, de 30.3.1988.

ACIDENTE DO TRABALHO. AÇÃO. PRESCRIÇÃO. Tem entendido o Supremo Tribunal Federal que a concessão da aposentadoria por invalidez importa reconhecimento, pela autarquia previdenciária, da incapacidade permanente do segurado. É, portanto, da data da concessão dessa aposentadoria, que começa a fluir o lapso prescricional de cinco anos para a propositura da ação visando à aposentadoria acidentária. Consumada a prescrição, não há como pleitear o novo benefício. Recurso extraordinário não conhecido.
(STF — 2ª T.; RE n. 113.940-4/RJ; Rel. Min. Carlos Madeira; j. 6.10.1987; v. u.; DJU 30.10.1987, pág. 23.817, ementa). BAASP 1527/71, de 23.3.1988.

ACIDENTE NO TRABALHO. LEUCOPENIA. EXAME JUDICIAL. RECUSA. Não viola a lei o acórdão que julga improcedente, por falta de prova, a ação de indenização por acidente no trabalho promovida por quem se recusa a submeter-se a exame de sangue para comprovar a existência atual da causa de sua incapacidade. Para isso, consideram-se as peculiaridades da leucopenia, entre elas a de que pode diminuir ou desaparecer quando afastado o fator externo que a determina. Recurso não conhecido.
(STJ — 4ª T.; REsp n. 206.255; Proc. n. 1999.00.19463-2/SP; Decisão: 22.6.1999; DJ 23.8.1999; Rel. Ruy Rosado de Aguiar). In www.cjf.gov.br

ACIDENTE NO TRABALHO. LEUCOPENIA. PERÍCIA. RECUSA DO AUTOR. A recusa do autor em submeter-se à perícia ordenada pelo juiz fez persistir a dúvida sobre a existência do fato — já que a leucopenia é reversível — levando ao juízo de improcedência da ação. Inexistência de ofensa à lei. Recurso não conhecido.
(STJ — 4ª T.; REsp n. 208.710; Proc. n. 1999.00.25512-7/SP; Decisão: 4.11.1999; DJ 14.2.2000; Rel. Ruy Rosado de Aguiar). In www.cjf.gov.br

AÇÃO ACIDENTÁRIA. FALTA DE COMUNICAÇÃO DO ACIDENTE DO TRABALHO. CUMULAÇÃO DE AUXÍLIO-ACIDENTE E APOSENTADORIA ESPECIAL. A postulação perante o Judiciário independe de providências administrativas, ainda mais quando impliquem o exaurimento daquela via (Súmula n. 89 do STJ). O gozo de aposentadoria especial não impede a concessão do auxílio-acidente, eis que tem causas diferentes, devendo o marco inicial deste benefício ser a partir da apresentação do laudo pericial em juízo. Recurso provido em parte.
(STJ — 5ª T.; REsp. n. 105.278/SP; Rel. Min. Cid Flaquer Scartezzini; j. 3.9.1998; v.u., DJU, Seção I, 19.10.1998, pág. 123; ementa). BAASP 2155/275-e, de 17.4.2000.

AÇÃO INDENIZATÓRIA. ACIDENTE DE TRABALHO. VÍTIMA FATAL. CULPA DA EMPREGADORA. VALORAÇÃO DA PROVA. HONORÁRIOS ADVOCATÍCIOS. LIMITAÇÃO. ARTIGO 11 DA LEI N. 1.060/50. DURAÇÃO DO PENSIONAMENTO AOS DEPENDENTES. SUSPENSÃO DO PRAZO RECURSAL PELO OFERECIMENTO DE DECLARATÓRIOS. RECURSO PARCIALMENTE PROVIDO. Oferecidos Embargos Declaratórios por uma das partes, têm eles o efeito de suspender o lapso recursal para ambas. O inconformismo manifestado contra as conclusões extraídas pelo órgão julgador de segundo grau com base na análise da prova, sem qualquer indagação sobre a espécie ou procedimento adotado para obtê-la, não envolve sua valoração, configurando isso sim impugnação à apreciação subjetiva levada a efeito na formação do convencimento, cujo exame desborda dos estreitos limites do Recurso Especial. A valoração da prova, no âmbito do Recurso Especial, pressupõe contrariedade a um princípio ou a uma regra jurídica no campo probatório, sendo cediço ser o livre convencimento motivado um dos postulados do nosso sistema processual. Com o advento do Código de Processo Civil de 1973, não mais se justifica a limitação da verba honorária, nos casos em que vencedora parte beneficiária de assistência judiciária gratuita, ao teto de 15% previsto no artigo 11 da Lei n. 1.060/50. Aplicável, em casos tais, a norma geral do § 3º do artigo 20 do diploma instrumental. A expectativa de vida do brasileiro, à míngua de circunstâncias peculiares que autorizem conclusão diversa, é de 65 anos de idade, marco que como regra deve balizar o período de pensionamento aos dependentes de vítima fatal de acidente do trabalho decorrente de culpa da empresa empregadora. Para o cálculo indenizatório, tem-se levado em consideração o lapso que vai da data do evento até a data da provável sobrevida da vítima ou até o falecimento do pensionado, termo que primeiro vier a verificar-se.
(STJ — 4ª T.; REsp n. 28.662-5/SP; Rel. Min. Sálvio de Figueiredo Teixeira; j. 24.8.1993; maioria de votos). In BAASP 1852/193-j, de 22.6.1994.

ACIDENTE DO TRABALHO. AÇÃO JUDICIAL. REQUERIMENTO ADMINISTRATIVO. DESNECESSIDADE. EXIGÊNCIA DE PROVA DE COMUNICAÇÃO DE ACIDENTE DO TRABALHO (CAT) ANTES DA LEI N. 8.213/91. O exaurimento de via administrativa não é condição para a propositura da ação de natureza acidentária. Por outro lado, a exigência de instituir-se a inicial com prova de notificação à Previdência Social, surgiu apenas com a edição da Lei n. 8.213/91. Recurso provido para afastar a carência de ação. Precedentes do STJ.
(STJ — 2ª T.; REsp n. 29.505-5/RJ; Rel. Min. Hélio Mosimann; j. 16.12.1992; v. u.; DJU, Seção I, 15.2.1993, pág. 1.682, ementa). In BAASP 1796/214, de 26.5.1993.

ACIDENTE DO TRABALHO. APOSENTADORIA PREVIDENCIÁRIA. TRANSFORMAÇÃO EM ACIDENTÁRIA. PRESCRIÇÃO. A prescrição só tem início a partir da data da realização da perícia judicial. Recurso provido para afastar a prescrição e determinar a devolução dos autos para apreciação do mérito.
(STJ — 1ª T.; REsp n. 697-0/RJ; Rel. Min. Garcia Vieira; j. 21.10.1992; v. u.; DJU, Seção I, 30.11.1992, pág. 22.554, ementa). In BAASP 1782/75-e, de 17.2.1993.

CONSTITUCIONAL. SALÁRIO-DE-BENEFÍCIO. TETO-LIMITE. SALÁRIO-DE-CONTRIBUIÇÃO. LEI. N. 8.213/91, ARTS. 29 e 136. CF, ART. 202. APLICAÇÃO AOS BENEFÍCIOS DECORRENTES DE ACIDENTE DE TRABALHO. LEI N. 9.032/95. O teto previsto na Lei n. 8.213/91 é aplicável aos benefícios decorrentes de acidente de trabalho, em razão do disposto no art. 201 da Constituição Federal, que estabelece que lei ordinária disciplinará os planos de previdência social, incluindo-se as coberturas dos eventos decorrentes de acidentes de trabalho. A

Lei n. 8.213/91, que dispôs sobre os Planos de Benefícios da Previdência Social, dando cumprimento ao art. 202, da Constituição ao definir o cálculo do valor inicial, fixou os limites mínimo e máximo, este nunca superior ao valor maior do salário-de-contribuição na data do início do benefício (art. 29, § 2º). A regra do art. 136, do mencionado diploma legal, que determina a eliminação de tetos mínimo e máximo, deve ser compreendido no contexto do sistema normativo, que estabelece o vínculo entre a contribuição e o benefício, dada a natureza contraprestacional da relação jurídica. Recurso especial conhecido.
(STJ — 6ª T.; REsp — Recurso Especial n. 231.692; Proc. n. 1999.00.85360-1/SP; Decisão: 17.2.2000; DJ 20.3.2000; Rel. Vicente Leal). In www.cjf.gov.br

ACIDENTE DO TRABALHO. AUXÍLIO. REDUÇÃO AUDITIVA (DISACUSIA). EXISTÊNCIA DE NEXO CAUSAL. LEI N. 6.367/76. DECRETO N. 79.037/76. SÚMULA N. 44, STJ. I — A disacusia, em grau mínimo, por si, não exclui o auxílio-suplementar. II — Laudo pericial comprobatório do nexo causal, identificando a disacusia, resultante das condições laboriais agressivas, justifica o auxílio-acidente. III — Orientação jurisprudencial sumulada. IV — Recurso conhecido e improvido.
(STJ — 1ª T.; REsp n. 8.158-0/SP; Rel. Min. Milton Pereira; j. 21.10.1992; v. u.; DJU, Seção I, 30.11.1992, pág. 22.557, ementa). In BAASP 1782/75-e, de 17.2.1993.

ACIDENTE DO TRABALHO. AUXÍLIO-SUPLEMENTAR. O auxílio-suplementar pode ser concedido, se comprovada a relação de causa e efeito com o acidente, determinando permanente maior esforço para a realização do trabalho, pouco importa que esteja constando da relação enumerativa dos Anexos do Regulamento do Seguro de Acidentes do Trabalho.
(STJ — 5ª T.; REsp n. 32.433-1/RJ; Rel. Min. Costa Lima; j. 14.4.1993; v. u.; DJU, Seção I, 3.5.1993, pág. 7.807, ementa). In BAASP 1804/302, de 21.7.1993.

ACIDENTE DO TRABALHO. EMPREGADO À DISPOSIÇÃO DO EMPREGADOR. LEI N. 6.367. Os benefícios da Lei n. 6.367/76 cobrem o empregado que embora não trabalhando no momento sofre acidente enquanto se encontrava fora de sede, à disposição do empregador.
(STJ — 1ª T.; REsp. n. 16.459/SP; Rel. Min. Gomes de Barros; j. 25.3.1992; v. u.; DJU, Seção I, 11.5.1992, pág. 6.410, ementa). In BAASP 1750/239, de 8.7.1992.

ACIDENTE DO TRABALHO. FALTA DE COMUNICAÇÃO DO ACIDENTE. FALTA DE INTERESSE DE AGIR. NÃO CARACTERIZAÇÃO, NO CASO. I — A comunicação do acidente à autarquia previdenciária constitui ônus da empresa e não do acidentado. Ao exigir que este fizesse a prova daquela comunicação, o acórdão recorrido negou vigência ao artigo 14 da Lei n. 6.367, de 19.10.76. II — Ao confirmar a sentença que indeferiu liminarmente a exordial, ao fundamento de falta de interesse de agir, o acórdão recorrido violou o artigo 19, II, da referida Lei Acidentária, negando ao autor o direito de acesso à justiça. Com efeito, aquele julgado monocrático decidiu precipitadamente, porquanto a contestação da autarquia-ré poderá contrariar o mérito da causa, hipótese em que o litígio ficará configurado. Embora o interesse de agir seja pré-processual, a sua caracterização poderá ocorrer, em casos como o presente, após instauração do processo. III — Recurso especial conhecido e provido.
(STJ — 2ª T.; REsp n. 23.144-2/RJ; Rel. Min. Antônio de Pádua Ribeiro; j. 30.9.1992; v. u.; DJU, Seção I, 13.10.1992, pág. 17.678, ementa). In BAASP 1770/459, de 25.11.1992.

ACIDENTE DO TRABALHO. PRESCRIÇÃO. DATA DO EXAME PERICIAL, EM JUÍZO. A prescrição das parcelas, quando se busca benefício de ordem acidentária, tem como marco inicial da contagem do prazo a data do exame pericial feito em juízo. Precedentes do STJ. Recurso desprovido.
(STJ — 2ª T.; REsp n. 18.932-0/SP; Rel. Min. Hélio Mosimann; j. 6.4.1992; v. u.; DJU Seção I, 11.5.1992, pág. 6.425, ementa). In BAASP 1757/316, de 26.8.1992.

ACIDENTE DO TRABALHO. PRESCRIÇÃO. INOCORRÊNCIA. A prescrição de Ação Acidentária flui a partir da apresentação em juízo do laudo pericial que comprova o dano ou sua extensão. Precedentes. Recurso não conhecido.
(STJ — 2ª T.; REsp n. 13.994-0/SP; Rel. Min. Américo Luz; j. 29.11.1993; v. u.; DJU, Seção I, 7.2.1994, pág. 1.155, ementa). In BAASP 1847/58-e, de 18.5.1994.

ACIDENTE DO TRABALHO. PRESCRIÇÃO. O prazo prescricional previsto na Lei de Acidentes do Trabalho, em se tratando de benefício de prestação continuada, não atinge a ação, que é de natureza imprescritível. Precedente. Recurso provido.
(STJ — 2ª T.; REsp n. 11.229-0/PR; Rel. Min. Américo Luz; j. 29.11.1993; v. u.; DJU, Seção I, pág. 1.154, ementa). In BAASP 1841/40-e, de 6.4.1994.

ACIDENTE DO TRABALHO. PRESCRIÇÃO. PERÍCIA JUDICIAL CONFIRMATÓRIA. As ações de acidente do trabalho prescrevem em cinco anos contados da data em que foi reconhecida pelo Instituto a incapacidade permanente, no caso, do dia 3.1.80, quando o segu-

rado teve alta. Aplicação da Súmula n. 230 do STF. Recurso improvido.
(STJ — 1ª T.; REsp n. 15.353/SP; Rel. Min. Garcia Vieira; j. 16.12.1991; v. u.; DJU, Seção I, 9.3.1992, pág. 2.554, ementa). In BAASP 1744/173, de 27.5.1992.

ACIDENTE DO TRABALHO. PRESCRIÇÃO. Se o INSS não reconhece nexo causal entre o defeito físico e o acidente sofrido pelo segurado, conta-se o prazo prescricional da ação acidentária, a partir do exame pericial que em juízo o comprovar. Artigo 18, II, terceira parte, da Lei n. 6.367/76.
(STJ — 1ª T.; REsp n. 20.345-8/SP; Rel. Min. Humberto Gomes de Barros, j. 21.10.1992; v. u.; DJU, Seção I, 30.11.1992, pág. 22.564, ementa). In BAASP 1784/97, de 3.3.1993.

ACIDENTE DO TRABALHO. PRESCRIÇÃO (ART. 18, II, LEI N. 6.367/76). Se o instituto de previdência não reconheceu o vínculo de causalidade entre o trabalho e a doença, o prazo prescricional da ação acidentária inicia-se com o exame pericial que comprovar aquela relação (Lei n. 6.367, artigo 18, II).
(STJ — 1ª T.; REsp n. 26.829-5/RJ; Rel. Min. Humberto Gomes de Barros; j. 16.9.1992, v. u.; DJU, Seção I, 30.11.1992, pág. 22.581, ementa). In BAASP 1789/143-e, de 7.4.1993.

CIVIL. ACIDENTE DO TRABALHO. INDENIZAÇÃO. VIAS. RESPONSABILIDADE. CULPA DA EMPREGADORA. PROVA. ARTIGO 159, CC. RECURSO PROVIDO. I — Na ação de indenização, fundada em responsabilidade civil comum (artigo 159, CC), promovida por vítima de acidente de trabalho, cumpre a esta comprovar dolo ou culpa da empresa empregadora. II — Somente se cogita de responsabilidade objetiva (sem culpa) em se tratando de reparação acidentária, assim considerada aquela devida pelo órgão previdenciário e satisfeita com recursos oriundos do seguro obrigatório, custeado pelos empregadores, que se destina exatamente a fazer face aos riscos normais da atividade econômica no que respeita ao infortúnio laboral.
(STJ — 4ª T.; REsp n. 10.570-0/ES; Rel. Min. Sálvio de Figueiredo; j. 17.11.1992; v. u.; DJU, Seção I, 14.12.1992, pág. 23.925, ementa). In BAASP 1789/143-e, de 7.4.1993.

CONFLITO DE COMPETÊNCIA. LITÍGIO DECORRENTE DE ACIDENTE DO TRABALHO. COMPETÊNCIA DA JUSTIÇA ESTADUAL. SÚMULA N. 15, DO SUPERIOR TRIBUNAL DE JUSTIÇA. Compete à Justiça Estadual processar e julgar os litígios decorrentes de acidente do trabalho.
(STJ — 1ª Seção; Conf. de Comp. n. 2.499-0/SC; Rel. Min. Hélio Mosimann; j. 24.3.1992; v. u.; DJU Seção I, 20.4.1992, pág. 5.186, ementa). In BAASP 1756/305, de 19.8.1992.

PREVIDENCIÁRIO. AÇÃO ACIDENTÁRIA. ACIDENTE DO TRABALHO. COMUNICAÇÃO. PRESCINDIBILIDADE. PROVOCAÇÃO NA VIA ADMINISTRATIVA. DISPENSABILIDADE. A obrigação de comunicar o acidente ou doença profissional à autarquia previdenciária é da empresa empregadora e não do obreiro acidentado, pelo que não há exigir deste, para que se caracterize o interesse de agir, tal providência. O prévio requerimento, na via administrativa, não é pressuposto indispensável à propositura da ação. Recurso provido.
(STJ — 2ª T.; REsp n. 27.098-8/RJ; Rel. Min. Américo Luz; j. 14.10.1992; v. u.; DJU, Seção I, 3.11.1992, pág. 19.758, ementa). In BAASP 1778/33-e, de 20.1.1993.

PREVIDENCIÁRIO. ACIDENTE DO TRABALHO. CUMULAÇÃO DE BENEFÍCIOS. EXISTÊNCIA DE NEXO CAUSAL. LEI N. 6.367/76. DECRETO N. 79.037/76. SÚMULA N. 44 DO STJ. I — Assentado na existência do nexo causal e identificadas as enfermidades resultantes de condições laborais agressivas, é legal a cumulação de benefícios, acertamento louvado por jurisprudência harmonizada. II — Recurso improvido.
(STJ — 1ª T.; REsp n. 10.612-0/SP; Rel. Min. Milton Pereira; j. 30.8.1993; v. u.; DJU, Seção I, 4.10.1993, pág. 20.504, ementa). In BAASP 1820/478, de 10.11.1993.

RECURSO ESPECIAL. ACIDENTE DO TRABALHO. HIPOACUSIA. REDUÇÃO DA CAPACIDADE LABORATIVA. A redução da capacidade laborativa do acidentado, exigindo-lhe maior esforço no desempenho do trabalho, é relevante. Ainda que afetada em grau mínimo não exclui, por si só, concessão do benefício previdenciário.
(STJ — 6ª T.; REsp n. 28.588-8/RJ; Rel. Min. Vicente Cernicchiaro; j. 29.10.1992; v. u.; DJU, Seção I, 12.4.1993, pág. 6.087, ementa). In BAASP 1818/458, de 27.10.1993.

EMBARGOS DE DIVERGÊNCIA. PREVIDENCIÁRIO. O da juntada do laudo pericial em juízo é também o termo inicial do benefício. Embargos recebidos.
(STJ — 3ª Seção; EREsp — Embargos de Divergência no Recurso Especial n. 131.692; Proc. n. 1998.00.22126-3/SP; Decisão: 27.10.1999; DJ 14.2.2000; Rel. Fontes de Alencar). In www.cjf.gov.br

SEGURO. ACIDENTE NO TRABALHO. PRESCRIÇÃO. TERMO A QUO. O prazo prescricional somente começa a fluir depois que o segurado tem ciência inequívoca da sua incapacidade, extensão e causa vinculada ao emprego. Resultado de exame que não esclarece suficientemente sobre a incapacidade, grau, natureza e origem. Negado pela ré qualquer

efeito aos documentos apresentados pelo autor sobre a prova da sua incapacidade, requerendo, por isso, a produção de prova pericial, não pode ser a data daqueles exames considerada como de ciência inequívoca da incapacidade do operário. Recurso conhecido em parte e provido, para afastar a prescrição.
(STJ — 4ª T.; REsp — Recurso Especial n. 228.772; Proc. n. 1999.00.79149-5/SP; Decisão: 9.11.1999; DJ 14.2.2000; Rel. Ruy Rosado de Aguiar). In www.cjf.gov.br

ACIDENTE NO TRABALHO. MICROTRAUMAS. TENOSSINOVITE. Inclui-se no conceito de acidente no trabalho o microtrauma repetitivo que ocorre no exercício do trabalho a serviço da empresa, provocando lesão que cause incapacidade laborativa. Precedentes. Recurso conhecido em parte e parcialmente provido.
(STJ — 4ª T.; REsp — Recurso Especial n. 237.594; Proc. n. 1999.01.01399-2/SP; Decisão: 7.12.1999; DJ 8.3.2000; Rel. Ruy Rosado de Aguiar). In www.cjf.gov.br

ACIDENTE NO TRABALHO. LEUCOPENIA. A inalação continuada de benzeno no ambiente de serviço pode ser causa de acidente no trabalho. Conveniência de realização de perícia em juízo para verificar o estado atual da saúde do autor. Recurso conhecido e provido em parte.
(STJ — 4ª T.; REsp — Recurso Especial n. 237.540; Proc. n. 1999.01.00998-7/SP; Decisão: 16.12.1999; DJ 27.3.2000; Rel. Ruy Rosado de Aguiar). In www.cjf.gov.br

PREVIDENCIÁRIO. ACIDENTE DO TRABALHO. DESISTÊNCIA DA AÇÃO. POSSIBILIDADE. — A jurisprudência desta Corte consolidou o entendimento de que o autor na ação acidentária pode desistir do feito, ainda que antecipada a prova pericial, sem anuência do réu e inexistência da contestação. Recurso especial conhecido e provido.
(STJ — 6ª T.; REsp — Recurso Especial n. 242.525; Proc. n. 1999.01.15640-8/SP; Decisão: 11.4.2000; DJ 22.5.2000; Rel. Vicente Leal). In www.cjf.gov.br

PREVIDENCIÁRIO. ACIDENTÁRIA. PRÉVIO REQUERIMENTO ADMINISTRATIVO. DESNECESSIDADE. CONVERSÃO AUXÍLIO-DOENÇA EM APOSENTADORIA. 1 — "A ação acidentária prescinde do exaurimento da via administrativa." (Súmula 89 do Superior Tribunal de Justiça). 2 — Estando comprovado o nexo causal e a absoluta incapacidade laboral, faz jus, o segurado que percebe auxílio-doença, à conversão para a aposentadoria acidentária (art. 42, § 1º da Lei n. 8.213/91). 3 — Recurso não conhecido.
(STJ — 6ª T.; REsp — Recurso Especial n. 232.244; Proc. n. 1999.00.86630-4/RJ; Decisão: 23.11.1999; DJ 5.6.2000; Rel. Hamilton Carvalhido). In www.cjf.gov.br

RECURSO ESPECIAL. PREVIDENCIÁRIO. AÇÃO ACIDENTÁRIA. INDENIZAÇÃO FUNDAMENTADA EM DOENÇA DIVERSA DA ALEGADA NA INICIAL. DECISÃO *EXTRA PETITA*. INOCORRÊNCIA. DISACUSIA EM GRAU MÍNIMO. IMPOSSIBILIDADE. Constatados o nexo etiológico e a incapacidade laborativa do obreiro, pouco importa que a doença não tenha sido especificada na petição inicial, inexistindo o julgamento *extra petita*. A indenização para a disacusia em grau mínimo exige que a perda auditiva venha acompanhada da comprovação do nexo causal e da redução ou perda da capacidade laborativa do obreiro, inocorrentes no presente caso. Recurso conhecido e parcialmente provido.
(STJ — 6ª T.; REsp — Recurso Especial n. 96.857; Proc. n. 1996.00.33812-4/SP; Decisão: 3.2.2000; DJ 26.6.2000; Rel. Hamilton Carvalhido). In www.cjf.gov.br

RECURSO ESPECIAL. PREVIDENCIÁRIO. BENEFÍCIO ACIDENTÁRIO. LESÃO AUDITIVA. GRAU MÍNIMO. TABELA FOWLER. IRRELEVÂNCIA. RESTRIÇÃO À LEGISLAÇÃO FEDERAL. VEDAÇÃO. PRINCÍPIO DA HIERARQUIA DAS NORMAS. SÚMULA N. 44. LEI REGENTE. LEI MAIS BENIGNA. A lesão auditiva de grau mínimo se enquadra no conceito de acidente de trabalho, não podendo ser negada a indenização a ela pertinente, tomando-se por base os índices apresentados pela Tabela Fowler. Ocorre que a referida tabela não pode restringir o âmbito de incidência de uma lei federal, em razão do princípio da hierarquia das normas (Súmula n. 44). Em tema de benefício decorrente de acidente de trabalho, embora em princípio deva ser observada a lei vigente ao tempo do infortúnio, os seus valores devem ser calculados com base na lei nova mais benéfica, em face da relevância da questão social que envolve o assunto. A incidência da lei nova mais benéfica aos casos pendentes de concessão de benefício acidentário é matéria já pacificada no âmbito desta Corte. Recurso especial conhecido e provido.
(STJ — 6ª T.; REsp — Recurso Especial n. 251.020; Proc. n. 2000.00.23823-6/SP; Decisão: 15.6.2000; DJ 1º.8.2000; Rel. Vicente Leal). In www.cjf.gov.br

PROCESSUAL CIVIL. BENEFÍCIO ACIDENTÁRIO. PERÍCIA MÉDICA. DETERMINAÇÃO *EX OFFICIO* PELO JUIZ. POSSIBILIDADE. Em se tratando de ação para a concessão de benefício acidentário, é possível ao juiz determinar *ex officio* a realização de perícia médica, tendo em vista a sua importância para a solução da lide,

ainda que o segurado, motivado pelo deferimento do benefício no âmbito administrativo, tenha requerido o julgamento conforme o estado do processo, por entender desnecessária a prova técnica. Recurso não conhecido.
(STJ — 5ª T.; REsp — Recurso Especial n. 285.872; Proc. n. 2000.01.13170-2/PR; Decisão: 20.3.2001; DJ 9.4.2001; Rel. Felix Fischer). In www.cjf.gov.br

ACIDENTE DO TRABALHO. CÁLCULO DO BENEFÍCIO. REMUNERAÇÃO VARIÁVEL. MÉDIA ARITMÉTICA DOS SALÁRIOS. Em se tratando de remuneração variável, o cálculo do benefício deve ser calculado com base na média aritmética dos últimos salários-de-contribuição, e não pelo valor do salário no dia do acidente. Inteligência do § 4º do art. 5º da Lei n. 6.367/76. Precedentes desta Corte. Recurso conhecido e provido.
(STJ — 5ªT.; REsp — Recurso Especial n. 265.028; Proc. n. 2000.00.63909-5/SC; Decisão: 20.3.2001; DJ 16.4.2001; Rel. Jorge Scartezzini). In www.cjf.gov.br

AÇÃO ACIDENTÁRIA. BENEFÍCIO CONCEDIDO SOB A ÉGIDE DA LEI ANTERIOR. REAJUSTE NOS CRITÉRIOS DA LEI N. 9.032/95. REGRA DE ORDEM PÚBLICA. Sendo a Lei n. 9.032/95 mais benéfica, deve incidir a todos os filiados da Previdência Social, sem exceção, com casos pendentes de concessão ou já concedidos. Em se tratando de lei de ordem publica, e visando atingir a todos que nesta situação fática se encontram, não faz sentido excepcionar-se sua aplicação sob o manto do direito adquirido e do ato jurídico perfeito. Recurso conhecido e provido.
(STJ — REsp — Recurso Especial n. 240.771; Proc. n. 1999.01.09927-7/SC; 5ª T.; Decisão: 8.5.2001; DJ 18.6.2001; Rel. Jorge Scartezzini). In www.cjf.gov.br

ACIDENTE DO TRABALHO. APLICABILIDADE DA LEI N. 9.032/95. BENEFÍCIO CONCEDIDO ADMINISTRATIVAMENTE EM 30.4.85. COMPETÊNCIA DA JUSTIÇA ESTADUAL. Sendo a Lei n. 9.032/95 mais benéfica, deve incidir a todos os filiados da Previdência Social, sem exceção, com casos pendentes de concessão ou já concedidos. Em se tratando de lei de ordem pública, e visando atingir a todos que nesta situação fática se encontram, não faz sentido excepcionar-se sua aplicação sob o manto do direito adquirido e do ato jurídico perfeito. Por força do disposto na parte final do art. 109, inciso I, da Constituição Federal, sendo a Justiça Comum competente para julgar as causas de acidente do trabalho, será igualmente competente para julgar os pedidos de reajuste destes benefícios. Recurso conhecido e desprovido.
(STJ — REsp — Recurso Especial n. 297.549; Proc. n. 2000.01.43962-6/SC; 5ª T.; Decisão: 13.3.2001; DJ 9.4.2001; Rel. Jorge Scartezzini). In www.cjf.gov.br

ACIDENTE NO TRABALHO. MÁQUINA PERIGOSA. Responsabilidade da empregadora, que não adota a cautela recomendada. Ofensa a dispositivos da legislação sobre segurança no trabalho. Recurso conhecido em parte e, nessa parte, provido.
(STJ — REsp — Recurso Especial n. 263.717; Proc. n. 2000.00.60500-0/MA; 4ª T.; Decisão: 7.11.2000; DJ 12.2.2001; Rel. Ruy Rosado de Aguiar.). In www.cjf.gov.br

ACIDENTE NO TRABALHO. PERDA DE AUDIÇÃO. MICROTRAUMAS. Enquadra-se no conceito de acidente no trabalho a perda da audição provocada por microtraumas produzidos em local de trabalho excessivamente ruidoso. Recurso conhecido em parte e provido.
(STJ — REsp — Recurso Especial n. 325.896; Proc. n. 2001.00.70134-9/SP; 4ª T.; Decisão: 9.10.2001; DJ 18.2.2002; Rel. Ruy Rosado de Aguiar). In www.cjf.gov.br

CIVIL. INCAPACIDADE PARA O TRABALHO. PENSÃO. Alegação de que a redução parcial da capacidade laborativa não pode resultar no deferimento de pensão integral. Prevalência do que, a respeito, decidiu o Tribunal *a quo,* reconhecendo a invalidez total e permanente. Agravo regimental não provido.
(STJ — AGA — Agravo Regimental no Agravo de Instrumento n. 367.916; Proc. n. 2001.00.14052-1/MG; 3ª T.; Decisão: 8.10.2001; DJ 19.11.2001; Rel. Ari Pargendler).In www.cjf.gov.br

EMBARGOS DE DECLARAÇÃO. RECURSO ESPECIAL. PREVIDENCIÁRIO. LEI MAIS BENÉFICA. EFEITO IMEDIATO. CONTRADIÇÃO. INOCORRÊNCIA. 1 — No sistema de direito positivo brasileiro, o princípio *tempus regit actum* se subordina ao do efeito imediato da lei nova, salvo quanto ao ato jurídico perfeito, ao direito adquirido e à coisa julgada (Constituição da República, artigo 5º, inciso XXXVI e Lei de Introdução ao Código Civil, artigo 6º). 2 — A lei nova, respeitados o ato jurídico perfeito, o direito adquirido e a coisa julgada, tem efeito imediato e geral, alcançando, sem dúvida, não as relações jurídicas que lhe são anteriores, mas os seus efeitos continuados, que se produzam a partir do início da sua vigência. 3 — "L'effet immédiat de la loi doit être considéré comme la règle ordinaire: la loi nouvelle s'applique, dès sa promulgation, à tous les effets qui résulteront dans l'avenir de rapports juridiques nés ou à naître" (Les Conflits de Lois dans le Temps, Paul Roubier, Paris, 1929). 4 —

O direito subjetivo do segurado é o direito ao benefício, no valor irredutível, uniforme, equivalente e suficiente que, a qualquer tempo, a lei lhe atribua presumidamente em função das necessidades do beneficiário, como é da natureza alimentar dos benefícios previdenciários e dos princípios constitucionais que os informam, insculpidos nos incisos II e IV do artigo 194 e § 2º do artigo 201 da Constituição da República, e, não, a este ou àquele valor do tempo da concessão do benefício, fundamentalmente porque as suas modificações legais subseqüentes estão, por óbvio, pelo fim de melhor atender às necessidades básicas dos beneficiários. 5. Inexistente a contradição. Embargos rejeitados.
(STJ — EDREsp — Embargos de Declaração no Recurso Especial n. 238816; Proc. n. 1999.01.04554-1/SC; 6ª T.; Decisão: 10.10.2000; DJ 5.2.2001; Rel. Hamilton Carvalhido). In www.cjf.gov.br

PROCESSUAL CIVIL E PREVIDENCIÁRIO. AGRAVO REGIMENTAL EM AGRAVO DE INSTRUMENTO EM RECURSO ESPECIAL. ACIDENTE DE TRABALHO. AUXÍLIO-ACIDENTE. NEXO DE CAUSALIDADE NÃO COMPROVADO. ALEGAÇÃO DE DESNECESSIDADE DO NEXO A TEOR DA LEI N. 8.213/91, ART. 86. IMPROCEDÊNCIA. NECESSIDADE DE BOA-FÉ DA PARTE (CPC, ART. 14, I E II). JUSTIÇA ESTADUAL INCOMPETENTE PARA PROCESSAR E JULGAR AÇÕES RELATIVAS A ACIDENTES DE OUTRA NATUREZA, QUE NÃO OS DE TRABALHO. 1 — Em ação decorrente de acidente do trabalho, em que se pleiteia auxílio-acidente, o nexo de causalidade entre o dano incapacitante e o ambiente de trabalho deve ficar comprovado. Não comprovado, não pode o segurado aduzir que a lei (8.213/91, art. 86) não faz distinção, para a concessão do benefício, quanto à natureza do acidente. 2 — A parte integrante de uma relação jurídica processual deve agir com boa-fé, expondo os fatos em juízo conforme a verdade, sob pena de violação do CPC, art. 14, I e II. 3 — A Justiça Estadual é incompetente para julgar e processar as ações atinentes a acidentes de outra natureza, que não os de trabalho, entre segurados e INSS. 4 — Regimental não provido.
(STJ — AGEDAG — Agravo Regimental nos Embargos de Declaração no AG n. 327.059; Proc. n. 2000.00.84863-8/SP; 5ª T.; Decisão: 7.12.2000; DJ 5.3.2001; Rel. Edson Vidigal). In www.cjf.gov.br

PREVIDENCIÁRIO. AÇÃO ACIDENTÁRIA. LEI MAIS BENÉFICA. CORREÇÃO MONETÁRIA. APLICAÇÃO DO ÍNDICE DE 39,67% REFERENTE A FEVEREIRO DE 1994. 1 — É firme o entendimento deste Superior Tribunal de Justiça no sentido de que a lei nova mais benéfica deve ser aplicada às ações de acidente de trabalho e estendida, de imediato, aos casos pendentes, em face do seu caráter social e protetivo. 2 — É devido o índice de 39,67% referente a fevereiro de 1994 na correção monetária dos benefícios. 3 — Agravo regimental parcialmente provido.
(STJ — AGA — Agravo Regimental no Agravo de Instrumento n. 179.904; Proc. n. 1998.00.13343-7/SP; 6ª T.; Decisão: 28.6.2001; DJ 24.9.2001; Rel. Hamilton Carvalhido). In www.cjf.gov.br

ACIDENTE DO TRABALHO. TRABALHADOR AVULSO. PRESTAÇÃO DE SERVIÇOS EVENTUAIS. LEI N. 6.367/76. 1 — A Lei n. 6.367/76, sob cujo império ocorreu o fatídico evento, não excluiu da proteção acidentária o trabalhador temporário ou avulso que prestasse serviços eventuais a uma ou diversas empresas. 2 — Recurso especial conhecido para restabelecer a sentença de primeiro grau.
(STJ — REsp — Recurso Especial n. 47.253; Proc. n. 1994.00.11963-1/PR; 6ª T.; Decisão: 28.6.2001; DJ 18.2.2002; Rel. Paulo Gallotti). In www.cjf.gov.br

PROCESSUAL CIVIL. ACIDENTE EM SERVIÇO. REFORMA. IMPROCEDÊNCIA. Improcedente a assertiva de ter sofrido, o Autor, acidente em serviço, uma vez que, mesmo tendo ocorrido o acidente no retorno da faculdade e sendo o curso superior requisito para a prestação no serviço militar, a freqüência no mesmo é apenas condição para convocação para oficial temporário, não havendo qualquer previsão legal que ampare a sua pretensão. Não sendo a incapacidade do Autor definitiva, não está o mesmo invalidado para o trabalho, motivo pelo qual não faz jus à reforma requerida. Apelo improvido.
(TRF — 2ª Reg.; AC — Apelação Cível n. 101.895; Proc. n. 96.02.07261-0/RJ; 5ª T.; Decisão: 31.10.2000; DJU 6.2.2001; Rel. Juíza Vera Lúcia Lima). In www.cjf.gov.br

PREVIDENCIÁRIO. REVISÃO DE BENEFÍCIO. 1 — Contra antecipação de tutela concedida em sentença é cabível a interposição de agravo de instrumento. Precedente do Plenário desta Corte. 2 — A aposentadoria por invalidez decorrente de acidente do trabalho concedida na vigência da Lei n. 8.213/91 deve corresponder a 100% do salário-de-benefício ou do salário-de-contribuição vigente no dia do acidente, o que for mais vantajoso. 3 — Quando tenha sofrido o Autor mais de um acidente do trabalho, para o cálculo do benefício deve ser

utilizado o salário de contribuição do dia do último acidente, o qual deu ensejo à concessão do benefício.
(TRF — 4ª Reg.; AC — Apelação Cível n. 210.008; Proc. n. 97.04.66961-5/RS; 5ª T.; Decisão: 13.6.2001; DJU 25.7.2001; Rel. Juíza Virgínia Scheibe). In www.cjf.gov.br

ACIDENTE DE TRABALHO. INSS. AÇÃO REGRESSIVA CONTRA O EMPREGADOR. LEI N. 8.213/91, ART.120. CONDUTA CULPOSA DE EMPRESA MINERADORA. Pretensão regressiva exercitada pelo INSS face à empresa, com amparo na Lei n. 8.213/91, art. 120. É dever da empresa fiscalizar o cumprimento das determinações e procedimentos de segurança, não lhe sendo dado eximir-se da responsabilidade pelas conseqüências quando tais normas não são cumpridas, ou o são de forma inadequada, afirmando de modo simplista que cumpriu com seu dever apenas estabelecendo referidas normas. Os testemunhos confirmam que medidas de segurança recomendadas não foram adotadas. A pessoa jurídica responde pela atuação desidiosa dos que conduzem suas atividades, em especial daqueles que têm o dever de zelar pelo bom andamento dos trabalhos. Para avaliarmos, diante de um acidente de trabalho, se a eventual conduta imprudente de um empregado foi causa do evento, basta um raciocínio simples: se essa conduta imprudente fosse realizada em local seguro, seria, ela, causadora do sinistro? No caso, a manutenção de equipamentos em local inadequado não foi determinante do desprendimento das pedras que vitimaram o operário. O pensionamento pela Previdência não afasta a responsabilidade pela prática de ato ilícito. Não há que se falar em dupla indenização.
(TRF — 4ª Reg.; AC — Apelação Cível n. 258.721; Proc. n. 1999.04.01.000914-7/SC; 3ª T.; Decisão: 30.11.2000; DJU 10.1.2001; Rel. Juíza Vivian Josete Pantaleão Caminha). In www.cjf.gov.br

CIVIL E ADMINISTRATIVO. ACIDENTE DE TRABALHO. INTERNAMENTO. HOSPITAL NÃO CONVENIADO. REEMBOLSO. DESPESAS MÉDICO-HOSPITALARES E CONEXAS. CABIMENTO. AUTORIZAÇÃO PRÉVIA DO INAMPS. INEXIGIBILIDADE FACE À EMERGÊNCIA E FORÇA MAIOR. ATENDIMENTO DE NÍVEL SUPERIOR. INCOMPROVADO. MORTE DA PACIENTE. 1 — Despicienda autorização da autarquia para internação em hospital não conveniado em caso de acidente de trabalho, decorrente de explosão de álcool, que resultou 45% do corpo queimado sobrevindo falecimento posteriormente do paciente. 2 — O direito ao reembolso encontra guarida no § 2º do art. 12 da Lei n. 6.367/76. 3 — É anulável autorização para internação em hospital conveniado, firmada por familiares, como condição para atendimento pois essa exigência configura coação moral irresistível — art. 98 do Código Civil — e, por isso mesmo anulável nos termos do art. 147, II, do mesmo Código. 4 — Tendo sido efetuada produção antecipada de prova esta demonstra adequação dos serviços e preços praticados pelos médicos e hospitais. 5 — Devidos honorários advocatícios à parte que necessita interpor ação em juízo para reconhecimento de direito ao reembolso. 6 — Prolatada sentença em 1996 não há reexame necessário. 7 — Apelação da União improvida. 8 — Apelação do Espólio provida em parte.
(TRF — 4ª Reg.; AC — Apelação Cível n. 216.419; Proc. n. 98.04.06256-9/PR; 4ª T.; Decisão: 5.12.2000; DJU 24.1.2001; Rel. Juiz Alcides Vettorazzi). In www.cjf.gov.br

PREVIDENCIÁRIO. ACIDENTE DO TRABALHO. IMPOSSIBILIDADE DE REABILITAÇÃO DO SEGURADO. APOSENTADORIA POR INVALIDEZ CONCEDIDA. NÃO OCORRÊNCIA DE PRESCRIÇÃO. 1 — "Nos exatos termos do artigo 103 da Lei n. 8.213/91, a prescrição contamina exclusivamente as parcelas dos benefícios previdenciários e acidentários não reclamadas no qüinqüênio que precede a propositura da ação" (AC n. 97.003251-0, Des. Trindade dos Santos). 2 — "É devida a aposentadoria por invalidez, se as seqüelas deformantes resultantes do infortúnio, embora não gerando incapacidade absoluta, acarretam extrema dificuldade para o exercício de qualquer atividade remunerada no competitivo mercado de trabalho, ante a inexistência de outro benefício capaz de reparar, com a necessária eqüidade, o dano sofrido" (AC n. 96.010579-4, Des. Pedro Manoel Abreu).
(TJSC — 1ª Câm. Civil; Ap. Cível n. 98.003023-4-Joinville/SC; Rel. Des. Newton Trisotto; j. 18.8.1998; v. u.; ementa). BAASP 2160/283-e, de 22.5.2000.

ACIDENTE DO TRABALHO. AMPUTAÇÃO PARCIAL DO 3º QUIRODÁCTILO DA MÃO ESQUERDA. PERDA ANATÔMICA. REPARAÇÃO ACIDENTÁRIA DEVIDA. APELO PROVIDO. É entendimento por demais consagrado de que toda a perda anatômica importa em desfalque laboral, mormente em se tratando de operário manual (agente de serviços gerais), vitimado no desempenho de suas funções, o que lhe acarretou a amputação de falange de uma das mãos, o que caracteriza ato jurígeno de acidente laboral, a teor do artigo 19 da Lei n. 8.213, de 24.7.1991, sendo incontroverso o desfalque laboral (TJSC;

Apelação Cível n. 97.006573-6 e Apelação Cível n. 48.895 em DJ 9.338, de 16.10.1995, pág. 14), não se impondo a acolhida das conclusões periciais em contrário, mesmo porque a dúvida sempre prestigia o alcance social da lei (TJSC; Apelação Cível n. 48.234, DJ n. 928, de 20.04.1995, pág. 6).
(TJSC — 2ª Câm. Cível; Ap. Cível n. 98.013296-7-Criciúma/SC; Rel. Des. Anselmo Cerello; j. 30.9.1999; v. u.; ementa). BAASP 2167/293-e, de 10.7.2000.

AÇÃO ACIDENTÁRIA. CRÉDITO DE NATUREZA ALIMENTAR. DESNECESSIDADE DE PRECATÓRIO. RESISTÊNCIA INJUSTIFICADA DO INSS. SEQÜESTRO DA ARRECADAÇÃO. ADMISSIBILIDADE. A Carta de 1988 tornou dispensável a utilização do precatório para cobrança de crédito de natureza alimentícia, cabendo adotar a sistemática inserida nas Normas de Serviço da CGJ, cap. IV, item 79. Nos casos em que se permite inferir que o INSS está demorando a depositar, impõe-se a constrição judicial.
(2º TACivil — 7ª Câm.; Ag. de Instr. n. 391.327/8-00-Mogi das Cruzes; Rel. Juiz Garrido de Paula; j. 14.9.1993; v.u.). In BAASP 1831/29j, de 26.1.1994.

ACIDENTE DO TRABALHO. ACIDENTADO SEXAGENÁRIO. NÃO INCIDÊNCIA DO ART. 254 DO DECRETO N. 83.080/79 OU DO ART. 5º, § 4º DA CLPS. AÇÃO PROCEDENTE. "Quando a lei acidentária fala em empregado segurado está perfeitamente claro que o empregado subordinado tutelado acidentariamente o é independentemente de condições etárias. Não há se questionar a faixa etária do obreiro para concessão de benefício".
(2º TACivil — 1ª Câm.; Ap. Sum. n. 167.771/0-SP; Rel. Juiz Franklin Neiva; j. 6.8.1984; v.u.). BAASP 1363/26, de 30.1.1985.

ACIDENTE DO TRABALHO. BENEFÍCIO. CUMULAÇÃO. APOSENTADORIA POR INVALIDEZ ACIDENTÁRIA E APOSENTADORIA POR TEMPO DE SERVIÇO. INADMISSIBILIDADE. EXEGESE DO ART. 228, § 1º DO DECRETO N. 83.080/79. PRECEDENTES DO STF. É absolutamente inviável a cumulação da aposentadoria por tempo de serviço com a correspondente por invalidez acidentária.
(2º TACivil — 4ª Câm.; Ap. sem Revisão n. 209.413-1-Santos; Rel. Juiz Ferreira Conti; j. 10.11.1987; v. u.). BAASP 1530/88, de 13.4.1988.

AÇÃO ACIDENTÁRIA. PERDA AUDITIVA. Redução da capacidade laborativa que obsta o desempenho da atividade exercida à época do acidente. Prejuízo não constatado em atividade do mesmo nível de complexidade. Auxílio-acidente concedido. Recurso parcialmente provido.
(2º TACIVIL — 3ª Câm.; Ap. n. 384.029/0-Santo André; Juiz Gomes Varjão; j. 26.1.94; v. u.). BAASP 1853/205, j. 29.6.1994.

AÇÕES TRABALHISTAS

No processo judicial perante a Justiça do Trabalho, em que houver acordo ou condenação com valores a receber pelo empregado, haverá incidência da contribuição previdencial, sendo o juiz, sob pena de responsabilidade, obrigado a determinar o recolhimento das importâncias devidas. Se não houver discriminação de valores, que permitam enquadrar as parcelas como salário-de-contribuição, a contribuição previdencial incidirá sobre o valor total apurado em liquidação de sentença ou sobre o valor do acordo homologado. (v. Salário-de-contribuição). (Arts. 43 e 44/276/CF, art. 114, § 3º).

JURISPRUDÊNCIA

EMBARGOS À EXECUÇÃO. CONTRIBUIÇÕES PREVIDENCIÁRIAS. PAGAMENTOS EFETUADOS PERANTE A JUSTIÇA DO TRABALHO. INEXISTÊNCIA DE ESPECIFICAÇÃO DE PARCELAS. INCIDÊNCIA SOBRE O TOTAL. VÍNCULO EMPREGATÍCIO. SUBORDINAÇÃO. TRABALHO TEMPORÁRIO. 1 — O principal elemento caracterizador do vínculo trabalhista é a subordinação, ou seja cria para o empregador o direito de dar ordens e para o empregado, o dever de cumpri-las, a sua não ocorrência, impede o reconhecimento do vínculo e conseqüentemente são indevidas contribuições previdenciárias a este título. 2 — Se as quantias pagas não foram especificadas, quanto aos direitos satisfeitos, a incidência de contribuição previdenciária ocorre sobre o total, relativo aos pagamentos realizados perante a Justiça do Trabalho relativos a acordos ou sentenças trabalhistas. 3 — Para que se revista de legalidade o contrato de trabalho temporário, deve representar a real necessidade da pouca duração de utilização de mão-de-obra pelo acréscimo extraordinário de serviços da empresa tomadora dos serviços.
(TRF — 4ª Reg.; AC — Apelação Cível n. 174.044; Proc. n. 96.04.61654-4/PR; 2ª T.; Decisão: 9.11.2000; DJU 21.3.2001; Rel. Juiz Fernando Quadros da Silva). In www.cjf.fgov.br

ACORDOS INTERNACIONAIS

Visam a regular, em matéria de Previdência Social, as relações entre dois Estados, mediante a reciprocidade de tratamento aos naturais desses países quando trabalhando no outro país. Em geral destinam-se à cobertura dos eventos do acordo-velhice, invalidez, doença, maternidade, morte e outros que encontrem equivalência. O Brasil já firmou acordos com Portugal (Dec. n. 67.695/70); Espanha (Dec. n. 86.828/

82); Itália (Acordo Administrativo de 19.3.73); Paraguai (Dec. n. 75.242/75); Uruguai (Dec. n. 85.248/80); Cabo Verde (Acordo de Previdência Social de 7.2.79); Chile (DL n. 27/82); Argentina (Dec. n. 87.918/82); Grécia (DL n. 3/87) (art. 85-A, da Lei n. 8.212/91/312, 313).

ACUMULAÇÕES DE PRESTAÇÕES

É o fato de o beneficiário usufruir simultaneamente de duas ou mais prestações previdenciais. Não são acumuláveis, salvo direito adquirido, por sua própria natureza, os diversos tipos de aposentadoria, o auxílio-doença com qualquer aposentadoria, aposentadoria com abono de permanência em serviço, o salário-maternidade com o auxílio-doença, mais de um auxílio-acidente, mais de uma pensão deixada por cônjuge ou companheiro, havendo o direito de optar pela mais vantajosa, o seguro-desemprego (v.) com qualquer prestação estritamente previdencial. São acumuláveis, por exemplo, auxílio-doença e salário-família, todas as aposentadorias e salário-família (v.), assistência médica com auxílio-doença ou com as aposentadorias, entre outras hipóteses. (Arts. 124/167).

JURISPRUDÊNCIA

DIREITO CONSTITUCIONAL, PREVIDENCIÁRIO E PROCESSUAL CIVIL. PREVIDÊNCIA SOCIAL. PROVENTOS DE APOSENTADORIA. ARTIGO 58 DO ADCT. EMBARGOS DECLARATÓRIOS. 1 — Tem razão o embargante, pois um exame mais detido (dos termos do aresto recorrido) convence de que não só deu aplicação imediata ao art. 58 do ADCT, desrespeitando, assim, seu parágrafo único, que o manda observar apenas a partir do sétimo mês após a promulgação da Constituição, mas até lhe reconheceu eficácia retroativa, ou seja, por período anterior ao advento desta. E mais ainda, mesmo depois da implantação do Plano de Custeio e de Benefício a que se refere o art. 59. 2 — O artigo 58 e seu parágrafo único do ADCT são bem claros ao estabelecer que os benefícios mantidos pela previdência social na data da promulgação da Constituição Federal, serão atualizados "a partir do sétimo mês a contar da promulgação da Constituição" e "até a implantação do plano de custeio e benefícios referidos no artigo seguinte". 3 — No caso, a autora, ora embargada, obteve o respectivo benefício em 20.3.81, antes da promulgação da Constituição Federal de 5 de outubro de 1988. 4 — Sendo assim, o aresto recorrido está correto, no ponto em que deferiu o reajuste previsto no art. 58 do ADCT, "a partir do sétimo mês a contar da promulgação da Constituição", e "até a implantação do Plano de Custeio e Benefícios referidos no artigo seguinte". 5 — Incorreto, porém, na parte em que lhe deu aplicação retroativa, não autorizada pela Constituição Federal, bem como após o advento do Plano de Custeio e Benefícios. 6 — Em suma, tal critério deve ser observado apenas a partir do sétimo mês após a promulgação da Constituição, e tão-somente até a data da publicação da Lei n. 8.213/91, que instituiu o referido Plano. 7 — Embargos Declaratórios recebidos, para os fins explicitados, ficando o RE, nesses termos, conhecido e provido em maior extensão.
(STF — 1ª T.; REED n. 236.810/RJ; Rel. Min. Sydney Sanches). In www.stf.gov.br

PROCESSUAL CIVIL. PREVIDENCIÁRIO. RECURSO ESPECIAL. ADMISSIBILIDADE. DISSÍDIO JURISPRUDENCIAL. AUSÊNCIA DE SIMILITUDE ENTRE OS CASOS CONFRONTADOS. CUMULAÇÃO DE BENEFÍCIOS. PENSÃO POR MORTE DE RURÍCOLA. APOSENTADORIA POR INVALIDEZ. POSSIBILIDADE. I — O recurso especial interposto pela alínea c da Lex Maxima pressupõe identidade entre os casos confrontados. Inexistindo similitude entre as situações fáticas, não se pode ter como demonstrada a divergência jurisprudencial, não podendo ser conhecido o recurso nesta parte. II — Quanto ao fulcrado na alínea a do permissivo constitucional, resta incontroverso que não há vedação legal à cumulação do benefício de pensão por morte de trabalhador rural com o benefício da aposentadoria por invalidez, ao passo que se tratam de benefícios previdenciários que apresentam pressupostos fáticos e fatos geradores distintos, pois a pensão por morte está diretamente relacionada ao óbito do marido rurícola, enquanto que a aposentadoria por invalidez é inerente à incapacidade laborativa do obreiro. Recurso provido.
(STJ — 5ª T.; REsp n. 168.676/RS; Rel. Min. Felix Fischer; j. 20.6.2000; v. u.). BAASP 2190/1649-j, de 18.12.2000.

PREVIDENCIÁRIO. RURÍCOLA. PENSÃO POR MORTE. CUMULAÇÃO COM APOSENTADORIA POR INVALIDEZ. POSSIBILIDADE. RECURSO ESPECIAL. 1— Por apresentarem fatos geradores diversos e pressupostos básicos também distintos, plenamente cumuláveis tais benefícios previdenciários. 2 — Recurso conhecido e provido.
(STJ — 5ª T.; REsp — Recurso Especial n. 268.254; Proc. n. n. 2000.00.73528-0/RS; Decisão: 14.11.2000; DJ 4.2.2002; Rel. Edson Vidigal). In www.cjf.gov.br

PREVIDENCIÁRIO. RECURSO ESPECIAL. PENSÃO POR MORTE E APOSENTADORIA POR IDADE. CUMULAÇÃO. POSSIBILIDADE. LEI N. 8.213/91, ART. 124. Inexiste vedação legal relativa à acumulação dos benefícios de pensão por morte e aposentadoria por idade. A acumulação de benefícios vedada expressamente pelo texto legal, é a percepção simultânea, de duas ou mais prestações de igual natureza. A pensão por morte e a aposentadoria por idade, são benefícios previdenciários de naturezas distintas. Enquanto o primeiro é prestação garantida aos dependentes, o segundo é prestação garantida ao próprio segurado, podendo ser percebidos simultaneamente. Recurso conhecido e provido.
(STJ — 5ª T.; REsp n. 289.915/RS; Proc. n. 2000.01.25193-7; DJ 18.6.2001; Rel. Min. Jorge Scartezzini (1113); Decisão: 17.4.2001). In www.stj.gov.br

PREVIDENCIÁRIO. RECURSO ESPECIAL. CUMULAÇÃO DE BENEFÍCIOS. APOSENTADORIA POR TEMPO DE SERVIÇO URBANO. PENSÃO POR MORTE DE TRABALHADOR RURAL. POSSIBILIDADE. Em tema de benefício previdenciário, embora em princípio deva ser observada a lei vigente ao tempo em que o beneficiário atenda às condições próprias exigidas, sua concessão deve observar a lei nova mais benéfica, em face da relevância da questão social que envolve o assunto. É legítima a percepção cumulativa da aposentadoria por tempo de serviço e da pensão por morte de trabalhador rural, benefícios previdenciários que apresentam pressupostos fáticos e fatos geradores diversos. Recurso especial não conhecido.
(STJ — 6ª T.; REsp — Recurso Especial n. 303.346; Proc. n. 2001.00.15599-5/RS; Decisão: 5.4.2001; DJ 28.5.2001; Rel. Vicente Leal). In www.cjf.gov.br

PROCESSUAL CIVIL. EMBARGOS INFRINGENTES EM AÇÃO RESCISÓRIA. MATÉRIA DE FUNDO SOBRE CUMULABILIDADE DE APOSENTADORIAS. IMPROCEDÊNCIA DA AÇÃO. JULGAMENTO QUE NÃO ADENTROU O *MERITUM CAUSAE*. INEXISTÊNCIA DE DIVERGÊNCIA. INCIDÊNCIA DA SÚMULA N. 354 DO STF. NÃO CONHECIMENTO DOS EMBARGOS. Não se conhece dos Embargos Infringentes em Ação Rescisória, se o julgamento foi unânime quanto à sua improcedência, em virtude da controvérsia pretoriana sobre o tema discutido, ao tempo da decisão rescindenda, sem propriamente adentrar o *meritum causae*. Incidência, na espécie, da Súmula n. 354 do Pretório Excelso, segundo a qual "em caso de Embargos Infringentes parciais, é definitiva a parte da decisão embargada em que não houve divergência na votação". Embargos não conhecidos. Decisão unânime.
(STJ — 1ª Seção; Emb. Infr. em Ação Resc. n. 173-0-SP; Rel. Min. Demócrito Reinaldo; j. 18.5.1993; v. u.). BAASP 1.811/371, de 8.9.1993.

PREVIDENCIÁRIO. CUMULAÇÃO DE BENEFÍCIOS. PENSÃO POR MORTE DE RURÍCOLA. APOSENTADORIA POR INVALIDEZ. POSSIBILIDADE. Não há vedação legal à cumulação do benefício de pensão por morte de trabalhador rural com o benefício da aposentadoria por idade, ao passo que se tratam de benefícios previdenciários que apresentam pressupostos fáticos e fatos geradores distintos. Recurso provido.
(STJ — 5ª T.; REsp n. 331.778/RS; Proc. n. 2001.00.93888-2; DJ 29.10.2001; Rel. Min. Felix Fischer (1109); Decisão 4.10.2001). In www.stj.gov.br

RECURSO ESPECIAL. PREVIDENCIÁRIO. O AUXÍLIO-ACIDENTE PODE SER CUMULADO COM A APOSENTADORIA, MAS NÃO DEVE INTEGRAR O SALÁRIO-DE-CONTRIBUIÇÃO PARA FINS DE CÁLCULO DESSA MESMA APOSENTADORIA. *BIS IN IDEM*. Segundo legislação vigente à época, "o auxílio-acidente poderia ser cumulado com o benefício da aposentadoria", por essa razão não deve o mesmo ser adicionado ao salário-de-contribuição, servindo de base para aposentadoria posterior, pois tal inclusão e posterior pagamento cumulativo acarretaria *bis in idem*, ou seja, ele pode ser cumulado com a aposentadoria, mas não deve ser somado ao salário-de-contribuição para o cálculo dessa mesma aposentadoria. Recurso conhecido mas improvido.
(STJ — 5ª T.; REsp n. 195.576; Proc. n. 1998.00.86220-0/SC; Decisão: 3.8.1999; DJ 6.9.1999; Rel. José Arnaldo da Fonseca). In www.cjf.gov.br

PROCESSUAL CIVIL. PREVIDENCIÁRIO. RECURSO ESPECIAL. ADMISSIBILIDADE. DISSÍDIO JURISPRUDENCIAL. AUSÊNCIA DE SIMILITUDE ENTRE OS CASOS CONFRONTADOS. CUMULAÇÃO DE BENEFÍCIOS. PENSÃO POR MORTE DE RURÍCOLA. APOSENTADORIA POR INVALIDEZ. POSSIBILIDADE. I — O recurso especial interposto pela alínea *c* da *Lex Maxima* pressupõe identidade entre os casos confrontados. Inexistindo similitude entre as situações fáticas, não se pode ter como demonstrada a divergência jurisprudencial, não podendo ser conhecido o recurso nesta parte.

II — Quanto ao fulcrado na alínea *a* do permissivo constitucional, resta incontroverso que não há vedação legal à cumulação do benefício de pensão por morte de trabalhador rural com o benefício da aposentadoria por invalidez, ao passo que se tratam de benefícios previdenciários que apresentam pressupostos fáticos e fatos geradores distintos, pois a pensão por morte está diretamente relacionada ao óbito do marido rurícola, enquanto que a aposentadoria por invalidez é inerente à incapacidade laborativa do obreiro. Recurso provido.
(STJ — 5ª T.; REsp n. 168.676/RS; Rel. Min. Felix Fischer; j. 20.6.2000; v.u.). BAASP 2190/1649-j, de 18.12.2000.

EMBARGOS DE DIVERGÊNCIA NO RECURSO ESPECIAL. PREVIDENCIÁRIO. APOSENTADORIA. CUMULAÇÃO. PENSÃO POR MORTE DE RURAL. ÓBITO OCORRIDO ANTES DA LC N. 16/73. LEI N. 8.213/91. CUMULAÇÃO. Legalidade da percepção cumulativa dos benefícios de que se trata, tendo em vista decorrerem de fatos geradores distintos e derivarem de situações diversas. Embargos conhecidos, mas rejeitados.
(STJ — 3ª Seção; EREsp— Embargos de Divergência no Recurso Especial n. 168.522; Proc. n. 2000.00.79118-0/RS; Decisão: 9.5.2001; DJ 18.6.2001; Rel. José Arnaldo da Fonseca). In www.cjf.gov.br

PREVIDENCIÁRIO. PENSÃO. VIÚVA E COMPANHEIRA. ACUMULAÇÃO. Companheira que percebe pensão em decorrência da morte do esposo, não tem direito de acumular quota de pensão pelo falecimento do companheiro.
(TFR — 2ª T.; Ap. Cív. n. 108.231-RJ; Rel. Min. Costa Lima; j. 7.10.1986; v. u.; DJU 13.11.1986, pág. 22.013, ementa). BAASP 1470/43, de 18.2.1987.

PREVIDÊNCIA SOCIAL. ACUMULAÇÃO DA PENSÃO ESPECIAL DEIXADA POR CÔNJUGE COM A RENDA ADVINDA DA CONDIÇÃO DE FUNCIONÁRIO PÚBLICO ESTADUAL. Inadmissibilidade, a teor do que reza a Súmula n. 228 do extinto Tribunal Federal de Recursos, ressalvado o direito de opção. Recurso a que se nega provimento.
(TRF — 3ª Reg., 2ª T.; Apel. em Mand. de Seg. n. 90.03.00366-1/SP; Rel. Juiz Souza Pires; j. 23.4.1991; v.u.; DOE, Poder Judic., Caderno I, 17.6.1991, pág. 103, ementa). BAASP 1724/11, de 8.1.1992.

PREVIDENCIÁRIO. PEDIDOS CUMULATIVOS. APOSENTADORIA POR INVALIDEZ E PENSÃO POR MORTE DO PAI. FILHA MAIOR E INTERDITA. INVALIDEZ INOCORRENTE. INDEVIDA A APOSENTADORIA. INDEVIDA A PENSÃO, POR FALTA DA CONDIÇÃO DE DEPENDENTE. RECURSO DESPROVIDO. 1 — Faz jus à percepção de aposentadoria por invalidez o segurado que tem comprovada a incapacidade total e definitiva para o trabalho. 2 — Hipótese de surdez desde o nascimento, que, embora limitando o contato da autora com o meio exterior, não lhe retirou a capacidade laboral, tanto que sempre exerceu a atividade de costureira. 3 — Fato de ser interdita que não induz tratar-se de pessoa inválida, tanto que a interdição pode ter por fundamento simplesmente a surdez. 4 — Não comprovação da existência de outro mal, que gerasse a incapacidade. 5 — Aposentadoria por invalidez indevida. 6 — Tratando-se de filha maior, e não-inválida, não se configura a condição de dependente de seu pai, de modo que é indevido também o benefício de pensão por morte deste. 7 — Pedidos improcedentes. 8 — Quanto à condenação em custas e honorários advocatícios, suas cobranças ficam condicionadas ao disposto nos arts. 11, § 2º, e 12 da Lei n. 1.060/50, por se tratar de beneficiária da Justiça Gratuita. 9 — Recurso desprovido.
(TRF — 3ª Reg.; AC — Apelação Cível n. 522.730; Proc. n. 1999.03.99.080240-6/SP; 1ª T.; Decisão: 16.10.2001; DJU 31.1.2002; Rel. Juiz Gilberto Jordan). In www.cjf.gov.br

PROCESSO CIVIL. AGRAVO DE INSTRUMENTO. MEDIDA CAUTELAR. LIMINAR. ACÚMULO DE VENCIMENTOS E PROVENTOS ANTERIORMENTE À LEI N. 9.528/97. AGRAVO IMPROVIDO. 1 — A agravada, quando do advento da Lei n. 9.528/97 já recebia, além de seus vencimentos, os proventos da aposentadoria que lhe foi concedida, não podendo sofrer os efeitos da lei nova, ainda que tenha firmado a opção prevista em seu artigo 11 (art. 5º, inciso XXXVI da CF e artigo 6º, LICC). 2 — Evidenciado o *periculum in mora* e o *fumus boni iuris* é de ser mantida a r. decisão que concedeu a liminar em medida cautelar. 3 — Agravo improvido.
(TRF — 3ª Reg.; AG — Agravo de Instrumento n. 78343; Proc. n. 1999.03.00.006846-3/SP; 5ª T.; Decisão: 11.10.2000; DJU 6.3.2001; Rel. Juíza Ramza Tartuce). In www.cjf.gov.br

PREVIDENCIÁRIO. DUPLO PENSIONAMENTO. Descabida a percepção cumulativa de pensão previdenciária e pensão acidentária, dado que não há dupla fonte de custeio capaz de gerar a dupla contraprestação. A contribuição adicional do empregador para a cobertura dos riscos acidentários integra a obrigação

contributiva à Previdência Social, pois se trata de incremento para custear um benefício que, via de regra, é de valor superior ao comum.
(TRF — 4ª Reg.; AC — Apelação Cível n. 190.243/ Proc. n. 97.04.24460-6/RS; 5ª T.; Decisão: 25.1.2001; DJU 7.3.2001; Rel. Juíza Virgínia Scheibe). In www.cjf.gov.br

EFEITO SUSPENSIVO CONCEDIDO. PERCEBIMENTO CUMULATIVO DE RENDA MENSAL VITALÍCIA COM OUTRO BENEFÍCIO. COMPENSAÇÃO REALIZADA DE FORMA DIRETA. ARBITRARIEDADE. DESCABIMENTO. I — A diferença de valores em favor do INSS não o autoriza a compensar, de forma direta e arbitrária, procedendo ao depósito de precatório valor inferior ao determinado, que entende devido, ainda mais quando não junta a necessária memória de cálculo que embasa o desconto. II — Agravo de Instrumento não provido.
(TRF — 4ª Reg.; AG — Agravo de Instrumento n. 80.424; Proc. n. 2001.04.01.028186-5/RS; 6ª T.; Decisão: 27.11.2001; DJU 23.1.2002; Rel. Juiz Luiz Fernando Wowk Penteado). In www.cjf.gov.br

PREVIDENCIÁRIO. PROCESSUAL CIVIL. REEXAME NECESSÁRIO. AMPARO PREVIDENCIÁRIO/RENDA MENSAL VITALÍCIA. CUMULAÇÃO COM PENSÃO. IMPOSSIBILIDADE. OPÇÃO PELO BENEFÍCIO MAIS VANTAJOSO. AUSÊNCIA DE REQUERIMENTO ADMINISTRATIVO. DIB. CORREÇÃO MONETÁRIA. HONORÁRIOS. CUSTAS PROCESSUAIS. AJG. 1 — Trata-se de hipótese sujeita ao duplo grau de jurisdição, já que a decisão foi proferida após a Lei n. 9.469, de 10 de julho de 1997 (DOU 11.7.97), que estendeu às autarquias o instituto previsto no art. 475, *caput* e inciso II, do CPC. 2 — O benefício de pensão por morte não é cumulável com o amparo previdenciário/renda mensal vitalícia (art. 139, § 4º, Lei n. 8.213/91), mas quando do pedido administrativo de pensão, presentes os requisitos à sua concessão, o que a autarquia não contestou, deveria ter sido apreciada a possibilidade de opção pelo mais vantajoso ao beneficiário (art. 2º, § 2º, Lei n. 6.179/74), sendo desnecessário pedido expresso nesse sentido. 3 — O benefício de pensão é devido desde o óbito do segurado, devendo ser compensados os valores recebidos a título de amparo previdenciário/renda mensal vitalícia, conforme constou da sentença. 4 — A correção monetária deve ser feita desde o vencimento de cada parcela, segundo os critérios da Lei n. 6.899/81 (ORTN/OTN/BTN), observada a variação do IPC nos meses de janeiro/89, março, abril e maio/90 e fevereiro/91 (Súmulas 32 e 37 desta Corte), caso aplicáveis, considerada a data do óbito; a partir de julho/91, com base nos critérios da Lei n. 8.213/91 (INPC de 07/91 a 12/92) e alterações (IRSM de 01/93 a 02/94, URV de 03/94 a 06/94, IPC-r de 07/94 a 06/95, INPC de 07/95 a 04/96 e IGP-DI a partir de 05/96). 5 — Honorários advocatícios a cargo do INSS reduzidos a 10% sobre o montante das parcelas vencidas até a execução do julgado, verba que a autarquia suportará por metade em face da sucumbência recíproca. 6 — Custas por metade, por se tratar de ação ajuizada perante a Egrégia Justiça Estadual do Rio Grande do Sul, devendo a autarquia arcar com 1/4 das custas processuais devidas. 7 — A autora é isenta de custas (art. 128, Lei n. 8.213/91) e beneficiária da assistência judiciária gratuita. 8 — Apelação e remessa oficial parcialmente providas.
(TRF — 4ª Reg.; AC — Apelação Cível n. 343.701; Proc. n. 2000.04.01.060137-5/RS; 5ª T.; Decisão: 22.6.2001; DJU 15.8.2001; Rel. Juiz Sergio Renato Tejada Garcia). In www.cjf.gov.br

PROCESSUAL CIVIL. EMBARGOS INFRINGENTES. PERCEPÇÃO DE BENEFÍCIOS INCOMPATÍVEIS. PENSÃO POR MORTE. RENDA MENSAL VITALÍCIA. DESCONTO DAS PARCELAS PAGAS INDEVIDAMENTE. ART. 115, II, DA LEI N. 8.213/91. 1 — É vedada a cumulação do benefício de pensão por morte com a renda mensal vitalícia, consoante dispõe o § 4º do art. 139 da Lei n. 8.213/91, verbis: "A Renda Mensal Vitalícia não pode ser acumulada com qualquer espécie de benefício do Regime Geral de Previdência Social, ou da antiga Previdência Social urbana ou rural, ou de outro regime". 2 — Uma vez constatada a percepção de benefícios incompatíveis, é plenamente viável a suspensão de um deles, bem assim o desconto das parcelas pagas indevidamente, a teor do art. 115, II, da Lei n. 8.213/ 91. 3 — A estipulação do percentual a ser descontado deve levar em conta a situação particular do segurado, tendo em vista o caráter alimentar de que se revestem os benefícios previdenciários. 4 — Hipótese em que, tratando-se de benefício de valor mínimo, deve-se ter em conta que qualquer desconto a ser autorizado acarretará sério gravame à segurada, que se privará de parte do benefício que recebe. 5 — Embargos infringentes providos.
(TRF — 4ª Reg.; EIREO — Embargos Infringentes na Remessa *Ex Officio* n. 241; Proc. n. 2000.04.01.031938-4/PR; 3ª Seção; Decisão: 18.4.2001; DJU 2.5.2001; Rel. Juiz Nylson Paim de Abreu). In www.cjf.gov.br

PREVIDENCIÁRIO. APOSENTADORIA POR INVALIDEZ DO IAPETC. APOSENTADORIA POR TEMPO DE SERVIÇO. CUMULAÇÃO.

1 — Se o Autor adquiriu direito à aposentadoria por invalidez devido ao vínculo com o extinto IAPETC, mas continuou vinculado ao IAPC, posteriormente passando para o Regime Geral, onde completou tempo de serviço suficiente à aposentadoria por tempo de serviço, pode receber ambos os benefícios previdenciários. Principalmente pelo fato de ausência de cômputo do tempo de serviço relativo ao vínculo com o IAPETC. 2 — Honorários advocatícios reduzidos. 3 — Apelação improvida e remessa oficial provida em parte.
(TRF — 4ª Reg.; AC — Apelação Cível n. 285.912; Proc. n. 1999.04.01.069091-4/RS; 5ª T.; Decisão: 18.12.2000; DJU 10.1.2001; Rel. Juíza Eliana Paggiarin Marinho). In www.cjf.gov.br.

AERONAUTA

É a pessoa habilitada pelo Ministério da Aeronáutica para exercer função remunerada a bordo de aeronave civil nacional. Teve regime especial de aposentadoria. Contando 45 anos de idade e 25 de serviço pode retirar-se da atividade, percebendo da previdência social uma renda de tantos 1/30 de seu salário-de-benefício quantos seus anos de serviço, sem ultrapassar 95% desse salário. (Art. 190 do Reps).

AFASTAMENTO DA ATIVIDADE

Fato que serve de termo inicial para a aposentadoria por idade e por tempo de serviço ou de contribuição se o segurado apresentar o requerimento antes de se desligar ou até 90 dias após. Consta ela da Carteira de Trabalho e Previdência Social do empregado. O afastamento da atividade é também importante para a concessão do auxílio-doença e da aposentadoria por invalidez, pois ambos são concedidos a partir do 16º dia de afastamento para os segurados empregados. Até o 16º de afastamento da atividade por incapacidade, a empresa deve pagar ao empregado sua respectiva remuneração. (Arts. 43, a e 60/42, a, 70 e 73).

AIDS

O portador de AIDS — Síndrome de deficiência imunológica adquirida — que a contraiu após filiar-se à previdência social, não precisa cumprir período de carência (v.) para ter direito a auxílio-doença e aposentadoria por invalidez. (Arts. 26, II, 151/30, III).

JURISPRUDÊNCIA

AGRAVO DE INSTRUMENTO. PREVIDENCIÁRIO. AUXÍLIO-DOENÇA. RESTABELECIMENTO DO BENEFÍCIO. Agravo de instrumento interposto em face da decisão que indeferiu o pedido de tutela antecipada, objetivando o restabelecimento do benefício de auxílio-doença. Verossimilhança da alegação, uma vez que o benefício fora concedido em decorrência de ser o segurado portador da síndrome da imunodeficiência adquirida — AIDS e foi cancelado porque estaria apto para o trabalho após perícia médica; entretanto a doença, motivo da concessão, não tem cura. Quaisquer irregularidades apontadas em benefício deverão ser apuradas em novo processo administrativo, respeitados seus princípios norteadores. Tutela antecipada concedida determinando o restabelecimento do benefício. Agravo de instrumento a que se dá provimento.
(TRF — 2ª Reg.; AG — Agravo de Instrumento n. 67.007; Proc. n. 2000.02.01.060973-4/RJ; 1ª T.; Decisão: 2.4.2001; DJU 5.6.2001; Rel. Juiz Ricardo Regueira). In www.cjf.gov.br

PREVIDENCIÁRIO. CONCESSÃO. AUXÍLIO-DOENÇA. SEGURADO PORTADOR DO VÍRUS HIV. PROVA PERICIAL. CONDIÇÕES PESSOAIS. CORREÇÃO MONETÁRIA. JUROS MORATÓRIOS. HONORÁRIOS ADVOCATÍCIOS. 1 — Nas ações em que se objetiva a aposentadoria por invalidez ou auxílio-doença, o julgador firma seu convencimento, via de regra, com base na prova pericial. 2 — Em se tratando de segurado portador do vírus HIV, o julgamento do pedido envolve, além da apreciação do laudo técnico, que constitui o fator preponderante, a consideração de outros aspectos, dentre os quais a gravidade da doença, o estigma que recai sobre o portador do vírus HIV, a necessidade de tratamento permanente e as conseqüências psicológicas, bem como as condições pessoais do requerente, notadamente as restrições ao exercício de atividades laborais que demandem esforço físico, a falta de habilitação para o exercício de labor intelectual e a sua faixa etária (52 anos de idade). 3 — Hipótese em que, tendo sido constatado pela perícia que

o autor apresenta capacidade laborativa parcial e temporária, com restrições para algumas atividades, e somando-se as particularidades do caso concreto, procede o pedido de concessão do benefício de auxílio-doença. 4 — No cálculo da correção monetária devem ser observadas as regras previstas na Lei n. 8.213/91 e alterações posteriores, inclusive quanto às parcelas anteriores ao ajuizamento da ação, desde a data em que se tornaram devidas, em consonância com os Enunciados ns. 43 e 148 da Súmula do Egrégio STJ. 5 — Juros de mora devidos à taxa de 1% ao mês, a contar da citação. Precedente do STJ. 6 — Verba honorária fixada no patamar de 10% sobre o montante da condenação, nesta compreendidas as parcelas vencidas até a execução do julgado. 7 — Apelação provida.
(TRF — 4ª Reg.; AC — Apelação Cível n. 399.119; Proc. n. 1999.71.08.004319-7/RS; 6ª T.; Decisão: 12.6.2001; DJU 11.7.2001; Rel. Juiz Nylson Paim de Abreu). In www.cjf.gov.br

PREVIDENCIÁRIO. PROCESSO CIVIL. TUTELA ANTECIPADA. SEGURADA PORTADORA DO VÍRUS HIV. AUXÍLIO-DOENÇA. REQUISITOS COMPROVADOS. Comprovado nos autos que a requerente é portadora do vírus HIV, deve ser deferida a antecipação de tutela.
(TRF — 4ª Reg.; AG — Agravo de Instrumento n. 73.954; Proc. n. 2000.04.01.147437-3/RS; 5ª T.; Decisão: 9.8.2001; DJU 29.8.2001; Rel. Juiz Paulo Afonso Brum Vaz). In www.cjf.gov.br

AJUDA DE CUSTO

Quantia recebida por empregados, em caráter eventual, que tem em vista ajudá-los em despesas esporádicas com a prestação do serviço. Com este critério, não deveria integrar o salário-de-contribuição porque pelo Direito do Trabalho não integram a remuneração. A orientação da previdência social, porém, vinha sendo no sentido de mandar incorporar o valor total da ajuda de custo no salário-de-contribuição. O que a lei previdencial, hoje, chama de ajuda de custo é o montante que o empregador dá ao empregado para despesas de mudança de local de serviço (CLT, art. 470), declarando-o como não integrante do salário-de-contribuição. (Arts. 28, § 9º, g, 214, § 8º, II).

ALIENAÇÃO MENTAL

Fato que, ocorrendo após a filiação à previdência social, dá direito, independentemente de período de carência, à percepção de auxílio-doença ou aposentadoria por invalidez pelo segurado. (Arts. 26, II e 151/30, III).

ALIMENTOS

Quando o cônjuge desquitado, separado ou divorciado do segurado(a) recebe alimentos, arbitrados judicialmente, ocorrendo a morte do(a) segurado(a) a pensão (v.) será concedida ao referido cônjuge e será rateada com os demais dependentes, inclusive a companheira. (Arts. 76, § 2º/III).

ALTA MÉDICA

Alta é a "nota ou licença dada pelo médico ao doente internado, autorizando a sua saída do hospital" (Aurélio Buarque de Holanda Ferreira, "Novo Dicionário da Língua Portuguesa", 1ª ed.). Na Previdência Social a alta médica se consubstancia na declaração dada pelo INSS de que o segurado em gozo de benefício por incapacidade pode retornar ao trabalho.

ANTECIPAÇÃO DE CONTRIBUIÇÕES

Não é permitido antecipar o recolhimento de contribuições (v. Custeio) para com isto gerar direito a benefícios. (Arts. 89, § 7º).

APARELHO DE ÓRTESE

V. Aparelho de prótese.

APARELHO DE PRÓTESE

Substituto ou sucedâneo de uma parte do corpo que foi perdida ou de um órgão ou parte dele ou auxílio de uma função natural (Aurélio Buarque de Holanda Ferreira, "Novo Dicionário Aurélio", 1ª ed., Prótese). Para a previdência social, quando a peça ou aparelho se destinam à correção e/ou complementação de membros ou órgãos do corpo, são denominados órtese. Deve ser fornecido pela previdência social ao beneficiário incapacitado total ou parcialmente para o trabalho, por qualquer motivo, desde que a incapacidade possa ser atenuada pelo seu uso. (Arts. 89, parágrafo único, 136 e 137, § 2º).

APOSENTADO

Pessoa que trabalhou e contribuiu para a previdência social e que, por invalidez, idade, tempo de contribuição ou tempo de serviço recebe uma renda mensal da mesma previdência social, estando proibida de trabalhar no caso de invalidez, mas não nos outros. O aposentado que volta a trabalhar, na mesma ou em outra atividade, é obrigado a filiar-se novamente à previdência social e para ela contribuir, tendo direito apenas a prestações decorrentes da situação de aposentado, como abono anual, salário-família e reabilitação profissional, se empregado ou avulso. Quem se aposentou pela aposentadoria especial não pode voltar a trabalhar em atividade insalubre ou perigosa. (Arts. 18, § 2º, 40, 57, § 6º).

APOSENTADORIA

É a retirada do trabalhador da atividade em virtude da ocorrência de um risco normal da existência. À renda previdencial decorrente desse afastamento dá-se também o nome de aposentadoria, quando seria mais conveniente denominá-la pensão. A aposentadoria no Brasil pode ser por invalidez, idade, tempo de serviço ou de contribuição. Mesmo as chamadas aposentadorias especiais (v.) levam em conta o fator idade e/ou tempo de serviço.

JURISPRUDÊNCIA

APOSENTADORIA PREVIDENCIÁRIA. DIREITO ADQUIRIDO. SÚMULA N. 359. Esta Primeira Turma (assim, nos RREE ns. 243.415, 266.927, 231.167 e 258.298) firmou o entendimento que é resumido na ementa do acórdão do primeiro desses recursos: "Aposentadoria: proventos: direito adquirido aos proventos conforme à lei regente ao tempo da reunião dos requisitos da inatividade, ainda quando só requerida após a lei menos favorável (Súmula n. 359, revista): aplicabilidade a fortiori à aposentadoria previdenciária". Dessa orientação divergiu o acórdão recorrido. Recurso extraordinário conhecido e provido nos termos do voto do relator.
(STF — 1ª T.; RE n. 262.496/RS. Rel. Min. Moreira Alves). In www.stf.gov.br
ADMINISTRATIVO. APOSENTADORIA. REVISÃO. I — O ato de aposentadoria é ato jurídico perfeito e acabado. Aplicar a ele lei nova, ainda que mais benéfica, há de depender de ordenamento expresso, sob pena de afrontar-se o § 3º, do art. 153 e o parágrafo único, do art. 165, da Constituição Federal. II — Apelação provida.
(TFR — 1ª T.; Ap. Cív. n. 103.268/SP; rel. Min. Costa Leite; j. 17.9.1985; v. u.). BAASP 1484/123 ,de 27.5.1987.

APOSENTADORIA COMPULSÓRIA

É o benefício previdencial concedido em razão de requerimento do empregador sendo, assim, obrigatório para o empregado. O empregador pode requerer tal aposentadoria quando o empregado tiver completado 70 anos de idade, se do sexo masculino, e 65, se do sexo feminino, e desde que preenchido o período de carência. É, pois, uma modalidade de aposentadoria por idade (v.), aplicando-se a ela os demais aspectos desta. O empregador deverá pagar ao empregado os 40% sobre os depósitos do FGTS, considerando-se como data de terminação do contrato a imediatamente anterior à do início da aposentadoria. (Arts. 51/54).

APOSENTADORIA DO AERONAUTA

Modalidade de aposentadoria que combinava os fatores idade e tempo de serviço com vantagens para o aeronauta, se comparada esta aposentadoria com as gerais. (v. Aeronauta). Era concedida se o aeronauta contasse 45 anos de idade e 25 de serviço, no valor de tantos 1/30 do seu salário-de-benefício, quantos fossem seus anos de serviço, sem ultrapassar 95% dele. (Art. 190, Reps).

APOSENTADORIA DO EX-COMBATENTE

Modalidade de aposentadoria por tempo de serviço conferida ao ex-combatente. É concedida aos 25 anos de serviço, em qualquer atividade vinculada à previdência social, com carência de 60 contribuições. É considerado como tempo de serviço o período de serviço militar prestado durante a guerra de 1939 a 1945. A renda mensal da aposentadoria por tempo de serviço é igual a 95% do salário-de-benefício. (Arts. 149/189).

APOSENTADORIA DO JORNALISTA

Modalidade de aposentadoria por tempo de serviço conferida a jornalista (v.). Era concedida aos 30 anos de serviço, com renda mensal igual ao salário ou se superior, igual a 95% do salário-de-benefício, com período de carência de 24 contribuições. (Reps, art. 190).

APOSENTADORIA ESPECIAL

É denominada de especial a aposentadoria concedida aos trabalhadores em atividades insalubres e perigosas, conforme quadro classificatório dessas atividades, baixado em anexo ao Reps. Conforme o referido quadro, o trabalho nessas atividades será de 15, 20 ou 25 anos de forma permanente, não ocasional. É, pois, uma modalidade de aposentadoria por tempo de serviço. A carência é de 180 contribuições mensais e a renda é eqüivalente a 100% do salário-benefício (v.). O benefício é concedido a partir do desligamento da atividade, se requerido dentro de 90 dias desse desligamento ou da entrada do requerimento, se requerido após os 90 dias. O segurado que tiver trabalhado subseqüentemente em diferentes atividades insalubres, penosas ou perigosas, sem preencher em nenhuma delas o prazo mínimo para aposentadoria, poderá somar os respectivos períodos, após a respectiva conversão, segundo critérios de equivalência fixados pelo MPAS. (Arts. 57 e 58/64 a 70).

JURISPRUDÊNCIA

ACÓRDÃO PELO QUAL FOI CASSADA DECISÃO DO EXTINTO TFR, CONFIRMATÓRIA DE SENTENÇA QUE TRANSFORMOU A APOSENTADORIA DE BENEFICIÁRIO DA PREVIDÊNCIA SOCIAL EM ESPECIAL. ALEGADA OFENSA AO ART. 153, § 3º, DA EC N. 01/69. Aposentadoria especial que, no caso, decorreu do fato de haver a lei reconhecido como de natureza penosa a atividade cumprida pelo filiado e não da aplicação retroativa da Lei n. 6.887/80, vedada pela jurisprudência do STF, como inadvertidamente entendido pelo acórdão impugnado. Manifesta ofensa ao dispositivo constitucional sob enfoque. Procedência da ação, com declaração de não conhecimento do recurso extraordinário.
(STF — Pleno. AR n. 1.345/SP. Rel. Min. Ilmar Galvão. DJ 13.2.98, j., 5.11.1997). In www.stf.gov.br

APOSENTADORIA ESPECIAL DE PROFESSOR. CONTAGEM DE TEMPO DE SERVIÇO EM ATIVIDADES FORA DE SALA DE AULA. IMPOSSIBILIDADE. Entendimento pacificado na jurisprudência do Supremo Tribunal Federal, em julgamentos proferidos por seu Plenário e por suas duas Turmas, no sentido da exigência do efetivo exercício de funções que são próprias do magistério, em sala de aula, para aposentadoria especial de professor. Agravo regimental desprovido.
(STF — 1ª T., AGRRE n. 276.040/SP Rel. Min. Ilmar Galvão. DJ 19.10.01; j., 11.9.2001). In www.stf.gov.br

PREVIDENCIÁRIO. APOSENTADORIA ESPECIAL. ELETRICITÁRIO. ART. 57 DA LEI N. 8.213/91. LIMITE DE IDADE. INEXIGIBILIDADE. Por força do art. 57 da Lei n. 8.213/91 é inexigível idade mínima para a concessão de Aposentadoria Especial àqueles que exerçam atividade profissional sujeita a condições especiais que prejudiquem a saúde ou a integridade física. Recurso conhecido e desprovido.
(STJ — 5ª T.; REsp — Recurso Especial n. 158.996; Proc. n. 1997.00.91061-0/MG; Decisão: 7.11.2000; DJ 5.2.2001; Rel. Jorge Scartezzini). In www.cjf.gov.br

PREVIDENCIÁRIO. APOSENTADORIA ESPECIAL. ATIVIDADE INSALUBRE. COMPROVAÇÃO POR PERÍCIA. POSSIBILIDADE. A jurisprudência desta Corte é no sentido de que ao trabalhador que exerce atividade insalubre, ainda que não inscrita em regulamento mas comprovada por perícia judicial, é devido o benefício de Aposentadoria Especial. Recurso conhecido, mas desprovido.
(STJ — 5ª T.; REsp — Recurso Especial n. 228.100; Proc. n. 1999.00.76902-3/RS; Decisão: 13.11.2000; DJ 5.2.2001; Rel. Jorge Scartezzini). In www.cjf.gov.br

PROCESSO CIVIL. PREVIDENCIÁRIO. RECURSO ESPECIAL. AÇÃO CIVIL PÚBLICA. CONCESSÃO DE APOSENTADORIA ESPECIAL, SEM A OBSERVÂNCIA DO LIMITE DE IDADE. AUSÊNCIA DE DIREITOS INDISPONÍVEIS. DISSÍDIO PRETORIANO NÃO COMPROVADO. ILEGITIMIDADE ATIVA DO MINISTÉRIO PÚBLICO FEDERAL. INEXISTÊNCIA DE VIOLAÇÃO AOS ARTS. 21, DA LEI N. 7.347/85, 6º, VII, D, DA LC N. 75/93 E 81 E 82, DA LEI N. 8.078/90. Divergência jurisprudencial não comprovada, a teor dos arts. 105, III, c, da Constituição Federal c/c. 255 e parágrafos, do RISTJ. A concessão ou não de aposentadoria especial, em razão do limite de idade, não é direito indisponível, mas, ao contrário, disponível, porquanto requer a provocação da parte interessada, uma vez que, sem este ato, a máquina estatal sequer será instada a se manifestar acerca do interesse do particular. Outrossim, os beneficiários da Previdência Social que pleiteiam referida aposentadoria, não estão enquadrados na definição de consumidor, de que trata o art. 2º, e seu parágrafo único, da Lei n. 8.078/90, tornando-se inaplicável, à espécie, os arts. 81 e 82, do citado diploma legal, bem como os arts. 21 da Lei n. 7.347/95 e 6º, VII, d, da Lei Complementar n. 75/93. Violação inexistente. Ilegitimidade do Ministério Público Federal para o caso em exame reconhecida, por tratar-se de direitos individuais disponíveis. Precedentes (REsp's ns. 114.908/SP, 144.030/GO, entre outros). Recurso conhecido somente pela alínea a e, neste aspecto, desprovido.
(STJ — 5ª T.; REsp — Recurso Especial n. 143.092; Proc. n. 1997.00.55116-4/PE; Decisão: 24.4.2001; DJ 18.6.2001; Rel. Jorge Scartezzini). In www.cjf.gov.br

PREVIDENCIÁRIO. APOSENTADORIA POR TEMPO DE SERVIÇO. ATIVIDADE INSALUBRE. DECRETO N. 83.080/79. VALORAÇÃO DA PROVA. POSSIBILIDADE. Comprovado o exercício de atividades insalubres, tais como extração de minérios em locais de subsolo, inseridas no quadro II, anexo II, do Decreto n. 83.080/79, deve ser computado o tempo de serviço como especial, para a concessão do benefício previdenciário de aposentadoria por tempo de serviço. A correta valoração da prova e sua aplicação ao direito aplicado não conduz ao exame de matéria fática, como vedado pela Súmula n. 7/STJ. Precedentes desta Corte. Recurso conhecido e provido.
(STJ — 5ª T.; REsp — Recurso Especial n. 310.713; Proc. n. 2001.00.30845-7/RJ; Decisão: 8.5.2001; DJ 18.6.2001; Rel. Jorge Scartezzini). In www.cjf.gov.br

PREVIDENCIÁRIO. APOSENTADORIA ESPECIAL. CONVERSÃO. ATIVIDADE INSALUBRE. AUSÊNCIA DE CLASSIFICAÇÃO EM REGULAMENTO. COMPROVAÇÃO. Não há distinguir para efeito de contagem de tempo de serviço para fins de aposentadoria especial, a atividade de mecânico de gráfica da de linotipista, porquanto exercidas no mesmo ambiente de exposição aos agentes nocivos à saúde. Recurso não conhecido.
(STJ — 5ª T.; REsp — Recurso Especial n. 253.224; Proc. n. 2000.00.28882-9/SP; Decisão: 19.6.2001; DJ 27.8.2001; Rel. Gilson Dipp). In www.cjf.gov.br

PREVIDENCIÁRIO. URBANO. TEMPO DE SERVIÇO EM CONDIÇÕES ESPECIAIS. RECONHECIMENTO. PRESCRIÇÃO. INÍCIO DE PROVA DOCUMENTAL. DECLARAÇÃO DE EMPRESA EM ATIVIDADE. CONVERSÃO DE APOSENTADORIA POR TEMPO DE SERVIÇO EM APOSENTADORIA ESPECIAL. I — O reconhecimento de tempo de serviço em condições especiais, para fins de concessão de benefício previdenciário, é matéria de direito previdenciário que, consoante art. 103, da Lei n. 8.213/91, na redação original vigente por ocasião do ajuizamento da ação, não alberga a prescrição de fundo, senão das parcelas não pagas nem reclamadas na época própria. II — Declaração de empresa em atividade, ainda que extemporânea ao tempo de serviço reclamado, serve como início de prova documental da atividade especial, a ensejar o reconhecimento de tempo de serviço em condições especiais. Precedentes. III — Recurso conhecido, mas desprovido.
(STJ — 5ª T.; REsp — Recurso Especial n. 253.365; Proc. n. 2000.00.29956-1/PE; Decisão: 28.06.2001; DJ 27/08/2001; Rel. Gilson Dipp). In www.cjf.gov.br

PREVIDENCIÁRIO. PROCESSUAL CIVIL. APOSENTADORIA ESPECIAL. ATIVIDADES PERIGOSAS/INSALUBRES. COMPROVAÇÃO. TERMO INICIAL DO BENEFÍCIO. REQUERIMENTO ADMINISTRATIVO. I — Prevalece, no caso de contradição entre o tipo de benefício pleiteado, conforme código impresso no formulário administrativo, como de aposentadoria por tempo de serviço e o conteúdo do pedido, do parecer do órgão examinador do pleito e da decisão administrativa, todos tratando do caso corretamente como de pedido de aposentadoria especial e, como tal, indeferindo-o, esta caracterização do requerimento administrativo, ou seja, do seu conteúdo, possibilitando, assim, concessão judicial do benefício especial, desde a data do requerimento administrativo. II — Inexistência, no caso, de inovação ou alteração do pedido anteriormente formalizado, perante a Administração, quando do ajuizamento da ação, por Aposentadoria Especial. III — Devidamente comprovado o exercício de atividades que se enquadram como perigosas, justificadoras de aposentadoria especial, com tempo de serviço reduzido, é de se conceder o benefício. IV — Apelação do INSS improvida.
(TRF — 1ª Reg. — 2ª T.; AC — Apelação Cível n. 131.191-2; Proc. n. 1996.01.31191-2/BA; Decisão: 8.5.2001; DJ 28.8.2001; Rel. p/ Acórdão Juiz Jirair Aram Meguerian; Rel. Juíza Assusete Magalhães). In www.cjf.gov.br

PREVIDENCIÁRIO. APOSENTADORIA ESPECIAL. REQUISITOS. HONORÁRIOS. 1 — A aposentadoria especial é uma prestação devida ao segurado que exerceu atividades profissionais prejudiciais á saúde ou à integridade física, por 15, 20 ou 25 anos. A diminuição do número de anos trabalhados é resultante de uma situação de excepcionalidade. 2 — É incompatível, a exigência de 50 anos, como requisito necessário para a concessão do benefício, devendo ser descartada tal hipótese, até mesmo pela falta de previsão constitucional e legal. 3 — Compensação dos honorários advocatícios, com fulcro nas disposições do art. 21, do CPC. 4 — Apelação parcialmente provida.
(TRF — 2ª Reg. — 5ª T.; AC — Apelação Cível n. 114.709; Proc. n. 96.02.25302-9/ES; Decisão: 6.3.2001; DJU 29.3.2001; Relator Juiz Raldênio Costa). In www.cjf.gov.br

ADMINISTRATIVO. ATIVIDADE INSALUBRE. LAUDO APRESENTADO. I — A aposentadoria especial não deixa de ser uma forma de aposentadoria por serviço, com a diferença de que se submete a prazos menos longos que os comumente exigidos para a obtenção normal do benefício, tendo em vista que o trabalho desem-

penhado apresenta-se em condições mais prejudiciais à saúde do trabalhador, face consubstanciar atividades penosas, insalubres ou perigosas, sendo que os requisitos, à época da propositura da presente ação, estavam delineados no artigo 35 do Decreto n. 89.312/84. II — Relevando o conjunto probatório, expresso na prova documental e testemunhal, que o autor laborou em atividade considerada nociva à saúde, é de ser deferida aposentadoria especial, dado que o tempo laborado em condições insalubres, somado do trabalho em atividades comuns, perfaz o tempo exigido, no caso, de 25 anos.
(TRF — 2ª Reg. — 1ª T.; AMS — Apelação em Mandado de Segurança n. 32.841; Proc. n. 2000.02.01.020833-8/RJ; Decisão: 9.10.2000; DJU 12.4.2001; Rel. Juíza Julieta Lídia Lunz). In www.cjf.gov.br

PREVIDENCIÁRIO. APOSENTADORIA. ATIVIDADE RURAL E ATIVIDADE URBANA. COMPROVAÇÃO. I — Comprovados o tempo de serviço como trabalhador rural, em regime de economia familiar, nos termos do artigo 106, inciso III, da Lei n. 8.213/91, com a redação anterior à alteração dada pela Lei n. 9.063/95, e o tempo de serviço na atividade de dentista, assiste direito ao autor à aposentadoria especial. II — Aplicação da lei vigente no momento que o segurado reuniu os requisitos necessários à aposentadoria. III — Verba honorária moderadamente fixada dentro dos limites do artigo 20, § 4º, do CPC. IV — Recurso e remessa necessária, a que se nega provimento.
(TRF — 2ª Reg. — 5ª T.; AC — Apelação Cível n. 223.016; Proc. n. 2000.02.01.000759-0/RJ; Decisão: 20.3.2001; DJU 31.5.2001; Rel. Juiz Ivan Athié). In www.cjf.gov.br

PREVIDENCIÁRIO. ATIVIDADE SUJEITA A CONDIÇÕES ESPECIAIS. AGENTES NOCIVOS. "GARI". APOSENTADORIA ESPECIAL. CONVERSÃO. I — As atividades profissionais de coleta de lixo domiciliar e de limpeza de vias públicas, prestadas pelo segurado em caráter permanente, nos períodos de 21.7.1965 a 26.5.1996, que o expôs ao lixo urbano de modo habitual, permanente e durante todo o tempo de serviço computado, sujeitando-o, ainda, a agentes físicos agressivos (mecânicos, acústicos e térmicos), prejudiciais à saúde ou à integridade física, ensejam a concessão da aposentadoria especial disciplinada no art. 62, do Dec. n. 2.172, de 5.3.1997. II — Evidenciado o exercício de tempo de serviço em atividade sujeita a condições especiais que prejudiquem a saúde ou a integridade física, faz jus o segurado à conversão de sua aposentadoria à modalidade especial. III — Apelação cível e remessa necessária improvidas.
(TRF — 2ª Reg. — 1ª T.; AC — Apelação Cível n. 219.445; Proc. n. 1999.02.01.057208-1/RJ; Decisão: 12.2.2001; DJU 7.6.2001; Rel. Juiz Ney Fonseca). In www.cjf.gov.br

PREVIDENCIÁRIO. APOSENTADORIA ESPECIAL. LEI N. 8.213/90 E LEGISLAÇÃO QUE LHE ANTECEDEU. APLICAÇÃO. I — A questão prende-se à comprovação dos requisitos de que trata a Lei n. 8.213/91 para o deferimento da aposentadoria por implemento legal. II — O conteúdo da Lei n. 5.890, de 1973, no sentido de que a aposentadoria especial é devida ao segurado que, contando no mínimo 60 (sessenta) contribuições mensais, trabalhou durante 15 (quinze), 20 (vinte) ou 25 (vinte e cinco) anos pelo menos, conforme a atividade profissional, em serviço considerado perigoso, insalubre ou penoso em decreto do Poder Executivo. III — O documento de fls. 08 elaborado pelo INSS, com base nas fichas de registro dos empregados, evidencia que o Autor trabalhou, "de modo habitual e permanente", no período de 23.1.52 até 31.10.78. IV — Preenchimento pelo Autor dos requisitos legais acima descritos para aposentadoria especial com 25 (vinte e cinco) anos de serviço.
(TRF — 2ª Reg. — 1ª T.; AC — Apelação Cível n. 214.978; Proc. n. 1999.02.01.050564-0/RJ; Decisão: 30.10.2000 ; DJU 19.6.2001; Rel. Juíza Julieta Lídia Lunz). In www.cjf.gov.br

PREVIDENCIÁRIO. CONCESSÃO DE BENEFÍCIO. ATENDIMENTO AOS REQUISITOS DO PLANO DE BENEFÍCIOS. Tendo o segurado preenchido os requisitos dos artigos 57 e 58 da Lei dos Planos de Benefícios, o autor faz jus à aposentadoria especial especificada na citada norma previdenciária. Remessa oficial improvida. Sentença confirmada.
(TRF — 2ª Reg. — 3ª T.; REO — Remessa Ex Officio n. 187.801; Proc. n. 98.02.48961-1/RJ; Decisão: 10.10.2000; DJU 19.6.2001; Rel. Juiz Francisco Pizzolante). In www.cjf.gov.br

CIVIL E PREVIDENCIÁRIO. APOSENTADORIA ESPECIAL. LEI N. 8.213/91, ART. 57. Devem ser aposentados em condições especiais os trabalhadores que lidam com agentes nocivos à saúde. Atividade e operação insalubres e perigosas — ação de ionizantes ou substâncias radiotivas.
(TRF — 2ª Reg. — 1ª T.; AC — Apelação Cível n. 176.093; Proc. n. 98.02.29090-4/RJ; Decisão: 6.11.2000; DJU 21.6.2001; Juíza Julieta Lídia Lunz). In www.cjf.gov.br

PREVIDENCIÁRIO. APOSENTADORIA ESPECIAL. LEI N. 8.213/91, ART. 57, § 4º. INSTITUIÇÃO. ATIVIDADES SUJEITAS A CONDIÇÕES ESPECIAIS. AUSÊNCIA DE PROVA. É necessária a demonstração, pelo segurado, de que

efetivamente esteve exposto aos agentes nocivos, químicos, físicos, ou biológicos. Além do antigo formulário denominado SB-40, exige-se a apresentação de laudo pericial, com a demonstração das condições especiais a que ter-se-ia sujeitado o obreiro, impedindo que o simples exercício de uma determinada profissão pudesse permitir o direito à aposentadoria especial.
(TRF — 2ª Reg. — 2ª T.; AC — Apelação Cível n. 238.711; Proc. n. 2000.02.01.036361-7/RJ; Decisão: 28.11.2001; DJU 10.01.2002; Rel. Juiz Espírito Santo). In www.cjf.gov.br

PREVIDÊNCIA SOCIAL. BENEFÍCIO. AUSÊNCIA DO CAT. LEI FEDERAL N. 8.213, DE 24.7.1991, ART. 23, PREVIDENCIÁRIO. APOSENTADORIA ESPECIAL. INSALUBRIDADE A NÍVEL TRABALHISTA E A QUE DÁ DIREITO À APOSENTADORIA ESPECIAL. EXAME DAS CONDIÇÕES LABORATIVAS. OCUPAÇÃO NÃO PREVISTA NOS ANEXOS DOS DECRETOS NS. 53.831/64, 72.713/73 E 83.080/79. 1 — Os fundamentos do adicional de insalubridade, no direito do trabalho, são distintos dos pressupostos para a concessão de aposentadoria especial. No primeiro, basta a presença de agentes nocivos ou insalubres no ambiente de trabalho, enquanto que para concessão do benefício previdenciário se exige que a insalubridade decorra da essência da atividade. 2 — A perícia foi conclusiva no sentido de que a atividade exercida pelo autor não lhe dá direito à aposentadoria especial, mesmo considerada a analogia com outras atividades. 3 — Apelação da autarquia a que se dá provimento, para julgar improcedente o pedido. Apelação do autor, pedindo reforma da sentença quanto à condenação dos honorários, prejudicada.
(TRF — 3ª Reg. — 5ª T.; AC n. 98.03.032551-5 — Santos/SP; Rela. Juíza Convocada Eva Regina; j. 14.3.2000; por maioria, dar provimento à apelação da autarquia e, por unanimidade, dar por prejudicada a apelação do autor). BAASP 2193/348-e, de 8.1.2001.

PREVIDENCIÁRIO. APOSENTADORIA ESPECIAL. INSALUBRIDADE. CONTRIBUIÇÕES PREVIDENCIÁRIAS. REQUISITOS COMPROVADOS. HONORÁRIOS ADVOCATÍCIOS. CUSTAS. PREQUESTIONAMENTO. I — O autor exerceu por mais de 25 anos atividades consideradas insalubres, comprovada através da SB-40. II — É devido o adicional a empregado que, de acordo com a prova documental, submete-se a trabalho em condições insalubres. III — Para a comprovação da condição de segurado, entende esta Turma ser matéria que refoge à responsabilidade do trabalhador, mesmo porque a lei elegeu o empregador contribuinte de parte da contribuição social em enfoque, sendo, ainda, responsável pela arrecadação da parte do empregado (artigo 139 da CLPS), disposição reeditada pela norma do artigo 39 do Decreto n. 356, de 7 de dezembro de 1991 — Regulamento da Organização e do Custeio da Seguridade Social. IV — O autor logrou comprovar documentalmente o preenchimento dos requisitos para a concessão da aposentadoria especial. V — Isento o INSS do pagamento de custas processuais, ante disposição legal. VI — Prejudicado o prequestionamento, ante a ausência de ofensa a dispositivo constitucional e/ou legislação federal. VII — Apelação improvido e remessa oficial parcialmente provida.
(TRF — 3ª Reg. — 1ª T; AC — Apelação Cível n. 457.935; Proc. n. 1999.03.99.010395-4/SP; Decisão: 28.8.2001; DJU 31.1.2002; Rel. Juiz Roberto Haddad, v. u.). In www.trf3.gov.br

PREVIDENCIÁRIO. APOSENTADORIA ESPECIAL POR TEMPO DE SERVIÇO. Comprovado através de perícia e demais elementos dos autos o exercício de atividade em local de alta periculosidade, faz jus o requerente ao benefício pleiteado. Salários periciais fixados com moderação. Apelo improvido.
(TRF — 3ª Reg.; 1ª T.; Apel. Civ. n. 89.03.08498-5; Rel. Juiz Jorge Scartezzini; j. 4.6.1991; v. u.; DOE, Poder Judic., Caderno 1, 17.6.1991, p. 84, ementa). BAASP 1724/11, de 8.1.1992.

PREVIDENCIÁRIO. CONVERSÃO DE APOSENTADORIA POR TEMPO DE SERVIÇO EM APOSENTADORIA ESPECIAL. I — O autor demonstrou o exercício de atividade especial, considerada penosa, insalubre ou perigosa pelo Decreto n. 72.711/73 e pela Circular n. 71/85 da autarquia-ré. II — O argumento da inaplicabilidade da Circular n. 71/85, in casu, por ser ela posterior à concessão da aposentadoria não pode prosperar pois sua edição vale como reconhecimento administrativo da insalubridade daquelas atividades. III — Sentença que se confirma. Negado provimento a ambos os recursos.
(TRF — 3ª Reg.; 2ª T.; Apel. Cível n. 89.03.37320-0/SP; Rel. Juiz Célio Benevides; j. 17.3.1992; v. u., DOE, Caderno 1, Poder Judic. 6.4.1992, p. 112, ementa). BAASP 1744/174, de 27.5.1992.

PROCESSO CIVIL. MANDADO DE SEGURANÇA. PREVIDENCIÁRIO. APOSENTADORIA ESPECIAL. INEXIGÊNCIA, NA ESPÉCIE, DE IDADE MÍNIMA DE 50 ANOS. ATIVIDADES LABORAIS PREVISTAS COMO ENSEJADORAS DO BENEFÍCIO. REMESSA OFICIAL IMPROVIDA. 1— Deve ser desconsiderado o requisito de idade mínima de cinqüenta anos, que foi exigida apenas no período de 26.8.60 (data de edição

da Lei n. 3.807) a 23.5.68 (data da Lei n. 5.440-A), para a concessão do benefício de aposentadoria especial. 2 — Tem direito ao benefício em tela o interessado que exerceu atividades laborais previstas nos itens 1.1.1 e 1.1.2 do Anexo do Decreto n. 53.381/64 e 1.1.1 e 1.1.2 do Anexo I do Decreto n. 83.080/79. 3 — Remessa oficial improvida.
(TRF — 3ª Reg. — 5ª T.; REO — Remessa Ex-officio n. 829; Proc. n. 89.03.033766-2/SP; Decisão: 15.08.2000; DJU 13.02.2001; Rel. Juiz Fausto de Sanctis). In www.cjf.gov.br

PROCESSUAL CIVIL. PREVIDENCIÁRIO. RECONHECIMENTO DE TEMPO DE SERVIÇO EXERCIDO EM CONDIÇÕES ESPECIAIS. TRATORISTA E OPERADOR DE MÁQUINAS. VERBA HONORÁRIA. I — Remessa oficial tida por interposta em observância às determinações da Medida Provisória n. 1.561/97, convertida na Lei n. 9.469/97. II — Atividade de natureza especial a ensejar a conversão nos termos do artigo 57, § 5º da Lei n. 8.213/91, restando comprovada a existência de insalubridade no trabalho desenvolvido. III — Honorários advocatícios fixados em 15% sobre o total da condenação. IV — Remessa oficial e recurso parcialmente providos.
(TRF — 3ª Reg. — 2ª T.; AC — Apelação Cível n. 642.315; Proc. n. 2000.03.99.065846-0/SP; Decisão: 12.12.2000; DJU 28.3./2001; Rel. Juiz Manoel Álvares). In www.cjf.gov.br

APOSENTADORIA ESPECIAL. ELETRICISTA. COMPROVAÇÃO DE ATIVIDADE PERIGOSA, DE MODO HABITUAL E PERMANENTE. 1 — O quadro a que se refere o Decreto n. 53.814/64 vigorou até 22 de maio de 1968, garantindo-se, para certas categorias posteriormente excluídas, direito adquirido à obtenção da aposentadoria especial nas condições revogadas, nos termos da Lei n. 5.527/68. 2 — No referido quadro, consta o trabalho "em operações em locais com eletricidade em condições de perigo de vida — trabalhos permanentes em instalações ou equipamentos elétricos — eletricistas, cabistas, montadores e outros". 3 — No que tange ao quadro anexo ao Decreto n. 83.080/79, não consta, especificamente, a profissão de eletricista, como ensejadora da aposentadoria especial. 4 — A própria Lei n. 7.369, de 20.9.1985, citada na inicial, que, aliás, não trata de direito previdenciário, conferiu adicional de periculosidade apenas para os eletricistas que atuassem, de modo habitual e permanente, em ambientes e atividades de risco, nos termos do quadro anexo, constante de seu respectivo regulamento (Decreto n. 93.412/86). 5 — Não há como extrair a ilação de que todo e qualquer eletricista faz jus à aposentadoria especial. As disposições legais são claras, no sentido de que somente aqueles que trabalham, — habitual e permanentemente — em atividades ou locais de risco têm direito a tal benesse. 6 — Constatada a falta de comprovação da atividade especial, no interstício de vinte e cinco anos, não se pode conceder a pretendida aposentadoria especial. 7 — Apelação provida. Sentença reformada.
(TRF — 3ª Reg. — 5ª T.; AC — Apelação Cível n. 87.452; Proc. n. 92.03.063081-3/SP; Decisão: 10.4.2001; DJU 5.6.2001; Rel. Juiz Santoro Facchini). In www.cjf.gov.br

MANDADO DE SEGURANÇA E PREVIDENCIÁRIO. ORDENS DE SERVIÇO NS. 600 E 612, DE 1998, AFASTADAS DE MODO A POSSIBILITAR, SEM SUA INCIDÊNCIA, APRECIAÇÃO DO PLEITO DE APOSENTADORIA ESPECIAL. NORMAS ILEGAIS. REGRAMENTO INFRALEGAL REVOGADO PELO PRÓPRIO INSS CONFORME A INSTRUÇÃO NORMATIVA N. 42 (DOU DE 24.1.2001). PRELIMINARES AFASTADAS. APELAÇÃO E REMESSA OFICIAL IMPROVIDAS. 1 — É plenamente cabível o mandado de segurança no âmbito da Previdência Social quando o segurado deseja discutir a legalidade de norma infralegal com efeitos concretos prejudiciais de seu alegado direito à concessão de benefício, especialmente quando o impetrante não discute a presença de requisitos materiais para percepção do mesmo, inexistindo debate sobre matéria de fato. Tal é a situação em que se questiona a validade das Ordens de Serviço ns. 600 e 612, de 1998, e as regras veiculadas na MP n. 1.663 acerca de aposentadoria especial, havendo no caso evidente interesse de agir pela via mandamental. 2 — Havendo incerteza quanto à data em que segurado efetivamente tomou conhecimento do indeferimento de pleito de benefício, negativa essa motivada nas ordens de serviço guerreadas no writ não se pode proclamar decadência do direito de manejar mandado de segurança, especialmente quando se sabe que em regra os segurados são pessoas simples com pequena capacidade de defender adequadamente seus interesses. 3 — Mantida a redação do § 5º do art. 57 da Lei n. 8.213/91, em face da superveniência da Lei n. 9.711 de novembro de 1998 que converteu a MP n. 1.663-15 sem acolher abolição da possibilidade de soma de tempo de serviço especial com o comum que a medida provisória pretendia instituir e ainda persistindo a redação do *caput* desse mesmo art. 57 tal como veiculada na Lei n. 9.032/95 (manutenção essa ordenada pelo expressamente no art. 15 da Emenda Constitucional n. 20, de 15.12.98) de modo que o regramento da aposentadoria especial continuou reservado à "lei", não existe respiradouro que dê sobrevida às Ordens de Serviço ns. 600 e 612, já que se destinavam justamente a disciplinar administrativamente o que acabou rejeitado pelo Poder Legislativo. 4 — Ordens de Serviço com efeito. retroativos em demérito de requisitos indispensáveis à concessão de aposentadoria especial já implementados gerando lesão a direitos adquiridos, sendo também por essa razão insustentáveis. Normas revogadas pela própria Previdência, através da Instrução Normativa n. 42/INSS, de 22 de janeiro de 2001, que passou a reconhecer a possibilidade de conversão do tempo de serviço exercido em condições prejudiciais à saúde ou à integridade física conforme a legislação da época e sem ressalvas temporais. 5 — Preliminares rejeitadas. Apelo e remessa improvidos.

(TRF — 3ª Reg. — 5ª T.; AMS — Apelação em Mandado de Segurança n. 206.432; Proc. n. 1999.61.83.000071-6/SP; Decisão: 17.4.2001; DJU 15.6.2001; Rel. Juiz Johonsom di Salvo). In www.cjf.gov.br

MANDADO DE SEGURANÇA. PROCESSUAL CIVIL. PREVIDENCIÁRIO. CARÊNCIA DA AÇÃO. CONVERSÃO DO TEMPO DE SERVIÇO ESPECIAL PARA TEMPO DE SERVIÇO COMUM. REVOGAÇÃO DO DIREITO DE CONVERSÃO DO TEMPO DE SERVIÇO ESPECIAL EM COMUM, PELA MEDIDA PROVISÓRIA N. 1.663-10, DE 29.5.98, CONVERTIDA NA LEI N. 9.711, DE 21.11.98. ILEGALIDADE DAS ORDENS DE SERVIÇO NS. 600 E 612, DE 1988. MANUTENÇÃO DO DIREITO DE CONVERSÃO DO TEMPO DE SERVIÇO ESPECIAL EXERCIDO ATÉ 28.5.98, INDEPENDENTEMENTE DE TER O SEGURADO DIREITO ADQUIRIDO À APOSENTADORIA ATÉ AQUELA DATA. I — Impugnando o *mandamus* um ato concreto de autoridade, reputado contrário à legislação regente da matéria, consistente em denegar a aposentadoria em razão da não conversão do tempo de serviço especial em comum, não há que se falar de discussão em tese de lei ou de argüição em tese da inconstitucionalidade de lei e, pois, em inadequação da ação de mandado de segurança. II — Ato que se fundou na OS n. 600/98, alterada pela OS n. 612/98, norma infralegal que determinou a conversão do tempo de serviço especial para comum apenas se o segurado tivesse direito adquirido à aposentadoria até 28.5.1998, dia anterior à edição da MP n. 1.663-10/98, que extinguiu o referido direito de conversão antes previsto no artigo 57, § 5º, da Lei n. 8.213/91. III — Ilegalidade destas normas infralegais, conforme o artigo 84, IV, da Constituição Federal, porque dispuseram de forma diversa da que estava prevista na medida provisória e suas reedições, eis que estas não dispuseram que estaria vedada a conversão de todo o tempo de serviço especial exercido pelos segurados até 28.5.98 se não implementadas todas as condições para a aposentadoria até aquela data. IV — Direito superveniente, expresso a partir da MP 1.663-13/98 e na lei em que se converteu — Lei n. 9.711/98, artigo 28 —, que tornou clara a vontade do legislador em preservar o direito de conversão do tempo de trabalho especial exercido até 28.5.98, independentemente da data do surgimento do direito à aposentadoria, evidenciando a ilegalidade das referidas ordens de serviço do INSS. V — Julgamento da questão que se restringe ao aspecto da legalidade das normas regulamentadoras quanto à possibilidade de conversão do tempo de serviço especial exercido até 28.5.98, não sendo examinada a constitucionalidade da extinção do direito de conversão a partir de 29.5.98 pelas referidas medidas provisórias e Lei n. 9.711/98, esta última questão não trazida na petição inicial. VI — A questão da comprovação do tempo de serviço especial não é objeto do presente *mandamus*, e cujo exame dependeria de dilação probatória para o que é inadequada esta ação especial. VII — A questão da exigência de 20% do tempo mínimo exigido para a aposentadoria especial, como requisito para o direito de conversão do tempo de serviço especial em comum, objeto do artigo 1º do Decreto n. 2.782, de 14.9.98, não é objeto do presente *mandamus*, pois não impugnado na petição inicial e nem impede que seja afastada a ilegalidade das OS ns. 600 e 612, de 1988, ora reconhecida. VIII — Segurança concedida para assegurar a análise do pedido de aposentadoria do segurado mediante a conversão do tempo de serviço até 28.5.98, ficando demais requisitos do benefício sujeitos à verificação da autoridade administrativa. IX — Apelação e remessa oficial desprovidas.

(TRF — 3ª Reg. — 1ª T.; AMS — Apelação em Mandado de Segurança n. 203.894; Proc. n. 1999.61.00.013789-0/SP; Decisão: 17.10.2000; DJU 9.10.2001; Rel. Juiz Souza Ribeiro). In www.cjf.gov.br

PREVIDENCIÁRIO. PEDIDO DE APOSENTADORIA ESPECIAL. ELETRICITÁRIO. DESCABIMENTO DO LIMITE DE IDADE DE 50 ANOS. ATIVIDADE LABORATIVA PERIGOSA E INSALUBRE. SENTENÇA MANTIDA. APELO DO AUTOR PROVIDO PARA ELEVAR HONORÁRIOS. 1 — Tendo sido revogada toda a legislação anterior à Lei n. 5.890/73, inclusive o Decreto n. 53.381/64, e não prevendo a Lei n. 8.213/91 e nem os seus regulamentos posteriores, a idade mínima de 50 anos, este requisito é inexigível para a concessão de aposentadoria especial ao eletricitário que, ao perfazer 25 anos de serviço, tem direito ao benefício. Trata-se de atividade laborativa reconhecidamente perigosa e insalubre que já na velha listagem veiculada no Decreto n. 53.831/64 era assim considerada. 2 — Elevam-se os honorários fazendo incidir o percentual sobre o montante da condenação — como pedido na inicial e no apelo — pena de se amesquinhar o trabalho do causídico, já que o valor dado à causa, e que serviu de base para a honorária na sentença, era apenas simbólico. 3 — Apelo do INSS improvido; recurso do autor provido.
(TRF — 3ª Reg. — 5ª T.; AC — Apelação Cível n. 250.988; Proc. n. 95.03.037241-0/SP; Decisão: 5.6.2001; DJU 30.10.2001; Rel. Juiz Johonsom di Salvo). In www.cjf.gov.br

PREVIDENCIÁRIO. APOSENTADORIA ESPECIAL. INSALUBRIDADE. CONTRIBUIÇÕES PREVIDENCIÁRIAS. REQUISITOS COMPROVADOS. HONORÁRIOS ADVOCATÍCIOS. CUSTAS. PREQUESTIONAMENTO. I — O autor exerceu por mais de 25 anos atividades consideradas insalubres, comprovada através da SB-40. II — É devido o adicional a empregado que, de acordo com a prova documental, submete-se a trabalho em condições insalubres. III — Para a comprovação da condição de segurado, entende esta Turma ser matéria que refoge à responsabilidade do trabalhador, mesmo porque a lei elegeu o empregador contribuinte de parte da contribuição social em enfoque, sendo, ainda, responsável pela arrecadação da parte do empregado (artigo 139 da CLPS), disposição reeditada pela norma do artigo 39 do Decreto n. 356, de 7 de dezembro de 1991 — Regulamento da Organização e do Custeio da Seguridade Social. IV — O autor logrou comprovar documentalmente o preenchimento dos requisitos para a concessão da aposentadoria especial. V — Isento o INSS do pagamento de custas processuais, ante disposição legal. VI — Prejudicado o prequestionamento, ante a ausência de ofensa a dispositivo constitucional e/ou legislação federal. VII — Apelação improvida e remessa oficial parcialmente provida.
(TRF — 3ª Reg. — 1ª T.; AC — Apelação Cível n. 457.935; Proc. n. 1999.03.99.010395-4/SP; Decisão: 28.8.2001; DJU 31.1.2002; Rel. Juiz Roberto Haddad). In www.cjf.gov.br

PREVIDENCIÁRIO. APOSENTADORIA POR TEMPO DE SERVIÇO. COMPROVAÇÃO DA ATIVIDADE. MOTORISTA. A profissão de motorista, por si só, não induz à insalubridade, eis que se faz necessária a confecção de laudo pericial, tendo em vista que somente considera-se insalubre o motorista de caminhão de carga. Havendo somente o contrato na CTPS do requerente de que o mesmo era motorista não induz ao desempenho de atividade insalubre. Apelo improvido.
(TRF — 3ª Reg.; AC — Apelação Cível n. 489.440; Proc. n. 1999.03.99.044089-2/SP; 1ªT.; Decisão: 31.10.2000; DJU 6.3.2001; Rel. Juiz Roberto Haddad). In www.cjf.gov.br

PREVIDENCIÁRIO. APOSENTADORIA PROPORCIONAL AO TEMPO DE SERVIÇO. CONVERSÃO PARA APOSENTADORIA ESPECIAL. TEMPO DE SERVIÇO ESPECIAL. ELETRICISTA. SALÁRIO-DE-BENEFÍCIO. 1 — Presente exposição habitual e permanente a tensões elevadíssimas, possível o enquadramento da atividade como especial, código 1.1.8 do Decreto n. 53.831/64. Inaplicabilidade do requisito idade mínima. 2 — Tendo o Autor obtido êxito em reclamatória trabalhista movida após a concessão do benefício, faz jus à revisão do cálculo do salário-de-benefício. 3 — Custas devidas por metade. 4 — Apelação improvida e remessa oficial provida em parte.
(TRF — 4ª Reg. — 5ª T.; AC — Apelação Cível n. 261.721; Proc. n. 1999.04.01.011719-9/SC; Decisão: 18.12.2000; DJU 10.1.2001; Rel. Juíza Eliana Paggiarin Marinho). In www.cjf.gov.br

TRIBUTÁRIO. CONTRIBUIÇÃO SOCIAL. SEGURO DE ACIDENTE DO TRABALHO. RECEPÇÃO PELA CONSTITUIÇÃO FEDERAL DE 1988. PRINCÍPIO DA LEGALIDADE. ENQUADRAMENTO. ISONOMIA. APOSENTADORIA ESPECIAL. ADICIONAL. LEI N. 9.732/98. I — A legislação ordinária que dispunha sobre a contribuição do seguro de acidente do trabalho foi recepcionada pela CF/88, pois seu conteúdo é compatível com as suas disposições de fundo, e a nova Carta previu (art. 195, I) a referida contribuição como fonte de financiamento da Seguridade Social. 2 — As Leis ns. 8.212/91 e 9.732/98 e respectivos decretos regulamentadores não ofendem os princípios da legalidade e da tipicidade, pois definidos os elementos essenciais dos tributos na própria lei, ficando a cargo do regulamento apenas relacionar as atividades preponderantes e correspondentes graus de risco. 3 — O Decreto n. 2.173/97 está em consonância com a Lei n. 8.212/91, ao determinar que a contribuição em exame seja calculada pelo grau de risco da atividade preponderante da empresa e não de cada estabelecimento. 4 — A legislação do SAT trata igualmente contribuintes que se encontram em situações semelhantes. 5 — Não se cuidando de novo tributo, por enquadrar-se no artigo 195, I da CF, o adicional destinado ao custeio da aposentadoria especial dispensa lei complementar para sua criação.

(TRF — 4ª Reg. — 2ª T.; AMS — Apelação em Mandado de Segurança n. 64.757; Proc. n. 2000.04.01.058880-2/SC; Decisão: 19.10.2000; DJU 31.1.2001; Rel. Juiz Élcio Pinheiro de Castro). In www.cjf.gov.br

PREVIDENCIÁRIO E PROCESSUAL CIVIL. POSSIBILIDADE JURÍDICA DO PEDIDO. IDADE MÍNIMA. EC N. 20/98. REVISÃO. CONVERSÃO DE APOSENTADORIA POR TEMPO DE SERVIÇO PROPORCIONAL EM APOSENTADORIA ESPECIAL. TELEFONISTA. LEI N. 7.850/89. MEDIDA PROVISÓRIA N. 1.523/96. 1 — O requisito etário previsto no artigo 9º da Emenda Constitucional n. 20/98 não se aplica aos segurados que, até a publicação daquela Emenda, tenham cumprido os requisitos para a obtenção do benefício de aposentadoria, com base nos critérios da legislação então vigente. Inteligência do art. 3º da mesma Emenda. O preenchimento, ou não, desse requisito, é questão atinente ao mérito do pedido. 2 — É considerado especial o tempo de serviço prestado na função de telefonista no período anterior a 14.10.96, data da publicação da Medida Provisória n. 1.523/96, que revogou a Lei n. 7.850/89. 3 — Se a segurada exerceu a profissão de telefonista por mais de 25 anos, no período anterior a 14.10.96, faz jus à aposentadoria especial. 4 — Preliminar rejeitada. Apelação e remessa oficial improvidas.

(TRF — 4ª Reg. — 6ª T.; AC — Apelação Cível n. 395.084; Proc. n. 1999.71.02.004731-9/RS; Decisão: 15.5.2001; DJU 20.6.2001; Rel. Juiz Nylson Paim de Abreu). In www.cjf.gov.br

PREVIDENCIÁRIO. EQUIPAMENTO DE PROTEÇÃO INDIVIDUAL. Menção ao fornecimento do mesmo no laudo pericial. Inexistência da prova de sua utilização, muito menos de que esta neutralizou efetivamente os efeitos nocivos do agente físico. Aposentadoria devida. Provimento da apelação.

(TRF — 4ª Reg. — AMS — Apelação em Mandado de Segurança n. 71.382; Proc. n. 2000.71.08.004078-4/RS; Decisão: 21.8.2001; DJU 5.9.2001; Rel. Juiz Carlos Eduardo Thompson Flores Lenz). In www.cjf.gov.br

PREVIDENCIÁRIO. APOSENTADORIA POR TEMPO DE SERVIÇO. RECONHECIMENTO DE ATIVIDADE ESPECIAL. TÉCNICO DE SEGURANÇA DO TRABALHO. Se não resta comprovada a exposição de maneira habitual e permanente ao agente eletricidade com tensão superior a 250 volts, não há como reconhecer as atividades do segurado Técnico de Segurança do Trabalho como especial para fins de concessão de aposentadoria por tempo de serviço. Apelação desprovida.

(TRF — 4ª Reg.; AC — Apelação Cível n. 338.667; Proc. n. 2000.04.01.046808-0/PR; 6ª T.; Decisão: 3.10.2000; DJU 21.2.2001; Rel. Juiz João Surreaux Chagas). In www.cjf.gov.br

APOSENTADORIA POR IDADE

Benefício concedido ao segurado que completa *65 anos de idade, se do sexo masculino, e 60, se do sexo feminino, com redução de cinco anos para os trabalhadores rurais. A velhice é uma contingência coberta pela previdência social porque é um fenômeno natural que acarreta o debilitamento da acuidade visual e auditiva, endurecimento dos músculos, perda da agilidade articular etc., e que, portanto, faz com que a pessoa seja rejeitada pelo mercado de trabalho. Além disto, há aspectos sociais e psicológicos que provocam um desinteresse do próprio trabalhador por uma atividade ligada a um posto de trabalho remunerado. A maioria dos idosos prefere exercer uma atividade lúdica. Assim sendo, a incapacidade do trabalhador pode ser física ou econômica. A física está explicada e a econômica está baseada na rejeição que o mercado de trabalho faz dos idosos, especialmente em países de população jovem, como o Brasil. O fundamento da diferença de idade para homens e mulheres seria, para alguns, o envelhecimento precoce da mulher, em virtude, seja de causas constitucionais, seja de condições de vida, pois as mulheres geralmente acumulam as funções de donas de casa com a de profissionais. Já que a mulher é mais longeva do que o homem, o que desmente o dito anteriormente, é mais razoável e jurídico aceitar como fundamento da diferença de tratamento a contrapartida ao maior esforço e dedicação da mulher trabalhadora ao lar, desde que ela acumula duas tarefas, ambas de interesse social e não só privado. O período de carência é de 180 contribuições mensais e a renda da aposentadoria por idade é igual a 70% do salário-de-benefício, mais 1% por grupo de 12 contribuições mensais, até o máximo de 30%. O benefício é con-*

cedido a partir da data do requerimento e, para os empregados da do desligamento do emprego, se o requerimento for feito antes ou dentro de 90 dias desse desligamento ou da data do requerimento se ele for apresentado após 90 dias do desligamento do emprego ou ele inexistir. (Arts. 48 a 51/51 a 55) (Aposentadoria Compulsória).

JURISPRUDÊNCIA

PREVIDENCIÁRIO. ART. 202, INC. I, DA CONSTITUIÇÃO FEDERAL. Com a promulgação das Leis ns. 8.212 e 8.213, ambas de 24.7.91, dispondo sobre os Planos de Custeio e de Benefícios da Previdência Social, foi implementada a disposição do art. 202, inc. I, da Constituição Federal (Plenário, MI's 183 e 306). Embora o acórdão recorrido tenha proclamado a auto-aplicabilidade da norma do inciso I do art. 202 da Carta, reconhecera o direito do recorrido aposentar-se a partir da data da citação, ou seja, 27.5.94, quando já vigentes as Leis ns. 8.212 e 8.213 ambas de 24.7.91. Recurso extraordinário não conhecido.
(STF — 1ª T.; RE n. 216.335/SP; Rel. Min. Ilmar Galvão; DJ 13.2.98; j. 31.10.1997). In www.stf.gov.br

PREVIDENCIÁRIO. APOSENTADORIA POR IDADE. LEI N. 6.260/75. AUSÊNCIA DE CONTRIBUIÇÕES. IMPROCEDÊNCIA. Verificado da prova coligida nos autos que o autor não é lavrador em regime de economia familiar, porém empregador rural, o benefício de aposentadoria por idade está condicionado ao atendimento das disposições da Lei n. 6.260/75, que, ao estender a tal categoria as vantagens do sistema previdenciário, instituiu, em contrapartida, o imprescindível recolhimento das contribuições, in casu não efetuado. Apelação provida.
(TRF — 1ª Reg. — 1ª T.; Ap. Cível n. 96.01.10178-0/MG; Rel. Juiz Aldair Passarinho Júnior; j. 20.8.1996; v. u.; ementa). BAASP 2002/37-e, de 12.5.1997; JSTJ/TRF 89/379, janeiro, 1997.

PREVIDÊNCIA SOCIAL. APOSENTADORIA POR IDADE. PARCELAMENTO. SÚMULA n. 473 DO STF. 1 — Se o segurado autônomo requereu, obteve e cumpriu parcelamento, alusivo a contribuições previdenciárias em atraso, de período de trabalho posterior à sua filiação ao regime previdenciário, não pode o INSS desconsiderar tais contribuições para conformar período de carência necessário à aposentadoria por idade, mormente se o requerimento administrativo do benefício foi protocolizado quando vigia interpretação mais benéfica ao segurado. 2 — Sentença confirmada. 3 — Apelo a que se nega provimento.
(TRF — 1ª Reg.; AC — Apelação Cível n. 1021203; (sic) Proc. n. 1995.01.02120-3/BA; 1ª T. Suplementar; Decisão: 28.8.2001; DJ 17.9.2001; Rel. Juiz José Henrique Guaracy Rebêlo (Conv.). In www.cjf.gov.br

APOSENTADORIA POR IDADE. CONDIÇÃO DE SEGURADA. PERÍODO DE CARÊNCIA. Comprovado o vínculo empregatício por início razoável de prova material, há de ser concedido o benefício vindicado. Demonstrado o período de carência faz jus a autora ao benefício da aposentadoria por idade. Apelo improvido.
(TRF — 3ª Região — 2ª T.; Ap. Cível n. 93.03.36860-6/SP; Rel. Juiz Kallás; j. 26.10.1993; v.u.; DOE, Poder Judic., Caderno 1, 1º.12.1993, p. 154, ementa). BAASP 1834/19-e, de 16.2.1994.

APOSENTADORIA POR IDADE. RURÍCOLA. PROVA. Comprovada a condição rurícola por certidão de casamento, corroborada por prova testemunhal, é de ser concedido o benefício. Apelo improvido.
(TRF — 3ª Reg., — 2ª T.; Ap. Cível n. 92.03.81471-0/SP; Rel. Juiz José Kallás; j. 26.12.1993; v. u.; DOE, Poder Judic., Caderno 1, 1.12.1993, p. 152, ementa). BAASP 1846/55-e, de 11.5.1994.

APOSENTADORIA POR IDADE. TRABALHADOR URBANO. DIREITO. Contando o(a) autor(a), trabalhador(a) urbano(a), com a idade exigida e preenchidos os demais requisitos legais, concede-se o benefício pleiteado. Incidência da correção monetária nos termos da Lei n. 6.899/81. Honorários advocatícios fixados em 15% sobre o total da condenação. Tratando-se de beneficiário da justiça gratuita, não há reembolso de custas a ser efetuado pela autarquia sucumbente. Efeitos patrimoniais, in casu, a partir da citação. Recurso parcialmente provido.
(TRF — 3ª Reg.; 2ª T.; Ap. Cível n. 93.03.55151-6/SP; Rel. Juiz Célio Benevides; j. 31.5.1994; v. u.; DJU, Seção II, 22.6.1994, p. 33.109, ementa). BAASP 1860/97, 17.8.1994.

MANDADO DE SEGURANÇA. APOSENTADORIA POR IDADE. ART. 143, LEI N. 8.213/91. FALTA DE RECOLHIMENTO. CARÊNCIA. CONCESSÃO. I — A perda da qualidade de segurada, não é óbice à obtenção do benefício, uma vez comprovado por decisão judicial que a Autora exerceu atividades laborativas rurais no período de 1930 a 1984. Ao caso, é de ser aplicado o disposto no artigo 102, § 1º da Lei n. 8.213. Precedentes do STJ. II — O entendimento que venha a se atribuir3 ao caso, não pode ocorrer sob rigor matemático. Opta-se pela aplicação do in dubio pro misero. III — Não se pode exigir da Autora comprovação do período legal de carência em tempo imediatamente

anterior ao requerimento do benefício, já que o tempo de trabalho reconhecido foi prestado em época bastante anterior à exigência legal. IV — A comprovação dos recolhimentos das contribuições previdenciárias também não pode ser exigida da Autora. Suficiente para obtenção do benefício, a comprovação do tempo de serviço prestado. V — A constituição dos créditos previdenciários deveria ter sido providenciada pelo Instituto, já que exerce e sempre exerceu o poder de polícia em matéria tributária. VI — A inércia de fiscalização ou a falta de recolhimentos por culpa do empregador, é circunstância da qual não pode decorrer prejuízos à Autora, ainda que o empregador fosse o seu marido, como enfatizado, revelando-se personalíssimo o direito pleiteado. VII — Apelação provida.
(TRF — 3ª Reg. — 2ª T.; AMS n. 98.03.079881-2/SP; Rel. Juiz Federal Batista Gonçalves; j. 21.3.2000; v. u.). BAASP 2184/330-e, de 6.11.2000.

PREVIDENCIÁRIO. APOSENTADORIA POR IDADE. RURÍCOLA. ADMISSIBILIDADE DA PROVA TESTEMUNHAL. CORREÇÃO MONETÁRIA. JUROS DE MORA. VERBA HONORÁRIA. A exigência de início de prova escrita, com relação aos rurícolas, deve ser abrandada, sobretudo quando a alegação da parte vem respaldada por depoimentos coerentes, firmados por pessoas idôneas, e o réu, presente a todos os atos, não refutou a prova apresentada. Prova testemunhal aceita como contribuição para formação da convicção do juiz. Efeitos patrimoniais, *in casu*, a partir da citação. Incidência da correção monetária nos termos da Lei n. 8.213/91 e subseqüentes critérios oficiais de atualização. Juros de mora à taxa de 6% ao ano (artigo 1.062 do Código Civil), a partir da citação (artigo 219 do Código de Processo Civil). Honorários advocatícios fixados em 15% sobre o total da condenação. Recurso provido.
(TRF — 3ª Reg. — 2ª T.; Ap. n. 96.03.044530-4/SP; Rel. Juiz Célio Benevides; j. 17.2.1998; v. u.; ementa). BAASP 2069/143-e, de 24.8.1998.

PREVIDENCIÁRIO. APOSENTADORIA POR IDADE. TÍTULO GRACIOSO. 1 — A realidade das funções exercidas pela Requerente não é objeto de dúvida. 2 — Dentro dos fins assistenciais que também norteiam a seguridade, houve por bem o legislador contemplar pessoas que consagraram sua vida a atividades espirituais, e que preencheram os demais requisitos de contribuição à previdência, com a possibilidade de obtenção dos benefícios previdenciários. 3 — Período de carência preenchido. 4 — Apelo improvido.
(TRF — 3ª Reg. — 1ª T.; AC n. 92.03.047165-0/SP; Rel. Juiz Federal Convocado David Diniz; j. 25.4.2000; v. u.). BAASP 2190/344-e, de 18.12.2000.

EMBARGOS DE DECLARAÇÃO. OMISSÃO. APOSENTADORIA POR IDADE. ARTIGO 11, INCISO VII, DA LEI FEDERAL N. 8.213/91. DESNECESSIDADE DE COMPROVAÇÃO DAS CONTRIBUIÇÕES. 1 — O equívoco constitui mero erro material, não implicando em qualquer contradição, porque as razões de decidir têm por fundamentação jurídica o disposto no artigo 11, inciso VII, e no artigo 48, ambos da Lei Federal n. 8.213/91, combinados com o inciso I, do artigo 202, da Constituição Federal, os quais disciplinam a concessão da aposentadoria por idade ao segurado especial. 2 — Não cabe a discussão quanto à necessidade do recolhimento das contribuições previdenciárias, por tratar-se de segurada especial. 3 — Embargos de declaração rejeitados.
(TRF — 3ª Reg.; EDAC — Embargos de Declaração na Apelação Cível n. 424.603; Proc. n. 98.03.048534-2/SP; 5ª T.; Decisão: 27.6.2000; DJU 6.3.2001; Rel. Juiz Fábio Prieto). *In* www.cjf.gov.br

PREVIDENCIÁRIO. APOSENTADORIA POR IDADE. NÃO CONCESSÃO. FUNCIONÁRIO PÚBLICO MUNICIPAL. REGIME JURÍDICO PRÓPRIO. Constatando-se que o Município de Potirendaba conta com regime próprio da Previdência Social para seus servidores, como é o caso da autora desde 1987, propiciando aposentadoria e pensão conforme documento de fls. 21/23 (Lei n. 1.378, de 23 de novembro de 1990), não há como conceder a aposentadoria por Idade pelo Regime Geral de Previdência Social. Apelação Improvida.
(TRF — 3ª Reg.; AC — Apelação Cível n. 571.905; Proc. n. 2000.03.99.010090-8/SP; 1ª T.; Decisão: 8.5.2001; DJU 14.8.2001; Rel. Juiz Roberto Haddad). *In* www.cjf.gov.br

PREVIDENCIÁRIO. APOSENTADORIA POR IDADE. NÃO CONCESSÃO. PROVA TESTEMUNHAL. REQUISITOS NÃO PREENCHIDOS. SÚMULA N. 149 DO SUPERIOR TRIBUNAL DE JUSTIÇA. I — Apesar da juntada dos documentos que instruíram a inicial, convém salientar que são insuficientes para a comprovação da atividade laborativa. II — A prova exclusivamente testemunhal não basta à comprovação da atividade laborativa (Súmula n. 149 do STJ). III — Apelação improvida.
(TRF — 3ª Reg.; AC — Apelação Cível n. 641.162; Proc. n. 2000.03.99.065073-8/MS; 1ª T.; Decisão: 28.11.2000; DJU 20.2.2001; Rel. Juiz Roberto Haddad). *In* www.cjf.gov.br

PREVIDENCIÁRIO. APOSENTADORIA POR IDADE. TRABALHADOR URBANO. PERDA DA QUALIDADE DE SEGURADO. HONORÁRIOS ADVOCATÍCIOS. DESPESAS PROCESSUAIS. Os requisitos necessários para a obtenção da Aposentadoria Urbana por idade são: qualidade de segurado, período de carência e idade. Não satisfazendo a autora os requisitos de forma simultânea, não faz jus ao benefício. O(a) autor(a) arcará com o pagamento de honorários advocatícios, em favor da Autarquia, arbitrado em 10% sobre o valor atribuído à causa, atualizado desde o ajuizamento da ação (Súm. n. 14, do E. STJ), atrelando o seu adimplemento à cessação da miserabilidade da mesma (art. 12, Lei n. 1.060/50), se este for beneficiário da Justiça Gratuita, conforme entendimento deste Colendo Tribunal. O(a) autor(a) está isento do pagamento das despesas processuais e custas eis que é beneficiário da Justiça Gratuita. Apelação e Remessa Oficial providas.
(TRF — 3ª Reg.; AC — Apelação Cível n. 666.011; Proc. n. 2001.03.99.006435-0/SP; 1ª T.; Decisão: 27.3.2001; DJU 31.1.2002; Rel. Juiz Roberto Haddad). In www.cjf.gov.br

PREVIDENCIÁRIO. REMESSA OFICIAL. LEI N. 9.469/97. APOSENTADORIA POR IDADE. REQUISITOS PREENCHIDOS. COMPROVAÇÃO DA ATIVIDADE. CUSTAS PROCESSUAIS. Em virtude do advento da Medida Provisória n. 1.561, de 20 de dezembro de 1996, convertida na Lei n. 9.469, de 10 de julho de 1997, as sentenças proferidas contra as autarquias e fundações públicas serão obrigatoriamente passíveis de remessa oficial, conforme preleciona o artigo 10 do citado Diploma Legal. Conforme se depreende dos autos, a autora trouxe à colação os documentos como início de prova material com o fito de embasar a sua pretensão, acrescidos da prova testemunhal. Embora este Magistrado tenha se posicionado no sentido de que a certidão de casamento ou outros assentamentos civis, nos quais somente o marido esteja qualificado como lavrador ou agricultor, não fazem prova quanto à esposa — ora qualificada como doméstica ou do lar, curvo-me ao entendimento do Colendo Superior Tribunal de Justiça para aceitar a Certidão de Casamento. Restou comprovado nos autos que a autora exerceu atividade laborativa pelo período necessário à concessão do benefício em período antecedente àquele necessário para a percepção do benefício, qual seja, número de meses idênticos à carência do referido benefício imediatamente anterior ao requerimento, conforme prevê o artigo 143, da Lei n. 8.213/91, e alterações dadas pela Lei n. 9.063/95. Quanto ao argumento de que não restou demonstrado o recolhimento das contribuições aos cofres previdenciários, para a comprovação da condição de segurado, entende esta Turma ser matéria que refoge à responsabilidade do trabalhador em regime de economia familiar pois existe nos autos Notas Fiscais onde se presume que foram efetuados os recolhimentos de 2,5% na comercialização dos produtos conforme preceitua o artigo 25, I da Lei n. 8.212/91. Quanto à indenização pretendida pela autarquia em suas razões de apelação, sendo a mesma devida, poderá ser objeto de parcelamento, a teor do que dispõe o artigo 191 e parágrafo único do Decreto n. 611/92, não causando óbice à concessão do benefício pleiteado. Quanto ao inconformismo da autarquia em relação à condenação do pagamento de custas, pertine salientar que carece de interesse de agir eis que não há condenação em custas na r. sentença (art. 515 do Código de Processo Civil) Quanto às despesas processuais, a autarquia não está isenta se acaso existentes. Apelação improvida. Remessa Oficial parcialmente provida.
(TRF — 3ª Reg.; AC — Apelação Cível n. 608.372; Proc. n. 2000.03.99.040575-6/SP; 1ª T.; Decisão: 7.11.2000; DJU 6.1.2001; Rel. Juiz Roberto Haddad). In www.cjf.gov.br

PREVIDENCIÁRIO. APOSENTADORIA POR IDADE. CONTRADIÇÃO ENTRE DOCUMENTOS PESSOAIS DA PARTE AUTORA. PROVAS SUFICIENTES ACERCA DOS EQUÍVOCOS EXISTENTES, MUITO COMUNS EM ÉPOCAS PASSADAS. DIREITO À OBTENÇÃO DO BENEFÍCIO, TENDO POR REFERÊNCIA OS DADOS CONSTANTES EM SEU REGISTRO DE NASCIMENTO. DESNECESSÁRIA A PRÉVIA RETIFICAÇÃO DE SEU REGISTRO, ATÉ PORQUE ESTARIA CORRETO. LIVRE CONVICÇÃO DO JUIZ NA APRECIAÇÃO DAS PROVAS. PRESCRIÇÃO QÜINQÜENAL. 1 — O fato da autora sempre ter usado nome diverso do que consta em seu registro, inclusive perante a Previdência Social, não impede a correção de seus documentos pessoais, nem obsta a concessão da aposentadoria por idade, uma vez esclarecidos os fatos e demonstrada a sua boa-fé. 2 — Em função do princípio do livre convicção motivada (CPC, art. 131), que dá ao juiz ampla liberdade na apreciação das provas, não há razão para condicionar a concessão da aposentadoria à prévia retificação dos documentos da parte autora. 3 — Prescrição qüinqüenal já

observada na decisão de primeiro grau. 4 — Sentença mantida. 5 — Apelação improvida.
(TRF — 3ª Reg.; AC — Apelação Cível n. 193.059; Proc. n. 94.03.060325-9/SP; 1ª T.; Decisão: 26.6.2001; DJU 16.10.2001; Rel. Juiz Rubens Calixto). In www.cjf.gov.br

APOSENTADORIA POR IDADE URBANA. REQUISITOS. PERDA DA QUALIDADE DE SEGURADA. 1 — Preenchidos os requisitos do art. 48 da Lei n. 8.213/91, ainda que não implementados ao mesmo tempo, é devida à concessão de aposentadoria por tempo de serviço. 2 — Em que pese a parte autora ter completado a idade mínima muito tempo depois da última contribuição, e não ter obedecido ao disposto no parágrafo único do art. 24 da Lei n. 8.213/91, tudo o que verteu aos cofres do INSS justifica o amparo agora, na sua velhice, consignando, assim, a finalidade da própria Previdência Social.
(TRF — 4ª Reg.; AC — Apelação Cível n. 295.852; Proc. n. 1999.04.01.086390-0/SC; 5ª T.; Decisão: 14.5.2001; DJU 15.8.2001; Rel. p/ Acórdão Juiz Tadaaqui Hirose, Rel. Juiz Altair Antonio Gregório). In www.cjf.gov.br

PREVIDENCIÁRIO. APOSENTADORIA POR IDADE URBANA. CONTRIBUIÇÕES COMO AUTÔNOMO. IRREGULARIDADE NA INSCRIÇÃO. 1 — A concessão de aposentadoria por idade depende do preenchimento de três requisitos: idade mínima, carência e qualidade de segurado. 2 — O fato de haver irregularidade na inscrição do Autor como contribuinte, realizada no ano de 1980, já que não referida expressamente a condição de autônomo, não se mostra suficiente ao afastamento de mais de 15 anos de contribuições regulares. 3 — Preenchimento dos requisitos legais pelo Autor, sendo a idade mínima completada poucos dias após o requerimento administrativo. Benefício devido a partir do aniversário de 65 anos, de acordo com pedido de reafirmação de DER encaminhado ao Autor pelo próprio INSS. 4 — Apelação do INSS improvida e remessa oficial provida em parte.
(TRF — 4ª Reg.; AC — Apelação Cível n. 388.927; Proc. n. 1999.71.00.013497-1/RS; 6ª T.; Decisão: 12.6.2001; DJU 4.7.2001; Rel. Juíza Eliana Paggiarin Marinho). In www.cjf.gov.br

PREVIDENCIÁRIO. APOSENTADORIA POR IDADE. TRABALHADOR EM ATIVIDADE URBANA. PERDA DA QUALIDADE DE SEGURADO. CORREÇÃO MONETÁRIA. VERBA HONORÁRIA. 1 — Tendo a parte autora permanecido de 1.9.61 a 31.7.95 sem estar filiada à Previdência Social, perdeu a qualidade de segurada, só podendo computar as contribuições anteriores a 31.7.95 se, em novo período de trabalho, houver somado o total de contribuições igual a 1/3 do período de carência, como prescreve o parágrafo único do art. 24 da LBPS, o que ocorreu no caso dos autos. 2 — Tendo a parte autora implementado o requisito etário, e comprovado a filiação ao sistema previdenciário anterior a 24.7.91, bem como o recolhimento de contribuições previdenciárias no período de carência exigido em lei, tem direito à aposentadoria por idade — área urbana, a contar do requerimento administrativo. 3 — Correção monetária segundo os critérios estabelecidos na Lei n. 6.899/81, inclusive para o período anterior ao ajuizamento da ação. 4 — Nas ações previdenciárias em que sucumbente o INSS, o percentual da verba honorária deve ser fixado em 10%, conforme precedentes desta Corte, incidindo o referido percentual apenas sobre as prestações vencidas até o início da execução.
(TRF — 4ª Reg.; AC — Apelação Cível n. 352.603; Proc. n. 2000.04.01.080873-5/SC; 5ª T.; Decisão: 22.6.2001; DJU 4.7.2001; Rel. Juiz Marcos Roberto Araújo dos Santos). In www.cjf.gov.br

PREVIDENCIÁRIO. APOSENTADORIA URBANA POR IDADE. REQUISITOS. Os requisitos necessários para a obtenção da aposentadoria urbana por idade são: 1) qualidade de segurado; 2) carência; e 3) idade. Se a autora não satisfaz os requisitos de forma simultânea, não faz jus ao benefício. Apelação desprovida.
(TRF — 4ª Reg.; AC — Apelação Cível n. 384.006; Proc. 1999.72.05.007860-6/SC; 6ª T.; Decisão: 13.2.2001; DJU 11.4.2001; Rel. Juiz João Surreaux Chagas). In www.cjf.gov.br

PREVIDENCIÁRIO. CONCESSÃO DE BENEFÍCIO. APOSENTADORIA POR IDADE. COMPROVAÇÃO DA CARÊNCIA NECESSÁRIA. INTELIGÊNCIA DO ARTIGO 142 C/C. ARTIGO 24, PARÁGRAFO ÚNICO DA LEI N. 8.213/91. 1 — Tendo sido a autora segurada da Previdência Social nos termos do artigo 142 da Lei n. 8.213/91, e não comprovado o número de contribuições exigidas no artigo 24, parágrafo único da mesma lei (1/3), não faz jus ao cômputo de contribuições anteriores à perda de sua qualidade de segurada. 2. Não perfazendo o total de contribuições exigidas para a concessão do benefício de aposentadoria por idade que pretende, impõe-se a improcedência da ação.
(TRF — 4ª Reg.; EIREO — Embargos Infringentes na Remessa Ex Officio n. 253; Proc. n. 1999.04.01.054127-1/RS; 3ª Seção; Decisão: 12.9.2001; DJU 3.10.2001; Rel. Juíza Virgínia Scheibe). In www.cjf.gov.br

APOSENTADORIA POR INVALIDEZ

Benefício concedido ao segurado considerado incapaz para o trabalho e insuscetível de reabilitação para atividade que lhe garanta a subsis-

tência, no momento do exame médico perante a previdência social. O período de carência é de 12 contribuições mensais, salvo no caso de invalidez proveniente de qualquer tipo de acidente e a renda é equivalente a 100% do salário-de-benefício. Se o segurado necessitar da assistência permanente de outra pessoa o valor do benefício será aumentado em 25%. A aposentadoria por invalidez dura até a morte do segurado, a não ser que ele recupere a capacidade de trabalho, e ele está impedido de trabalhar em qualquer atividade, sob pena de perder o benefício. A aposentadoria por invalidez pode ter sido precedida de auxílio-doença, se a perícia médica inicial tiver considerado o segurado portador de uma incapacidade temporária. Neste caso, o segurado passa de um benefício para outro. Em caso contrário, a aposentadoria por invalidez é devida a partir do 16º dia de incapacidade para os empregados (que têm o salário-enfermidade até o 15º dia de incapacidade). Se a aposentadoria por invalidez resultar de transformação do auxílio-doença, a renda inicial será igual a 100% do salário-de-benefício que serviu de base para o cálculo da renda mensal inicial do auxílio-doença, reajustada pelos índices de correção dos benefícios em geral. Se o empregado deixar passar mais de 30 dias entre a data de afastamento da atividade e o requerimento, valerá a data do requerimento. Para os demais segurados é devida a partir da entrada do requerimento se entre estas datas passarem mais de 30 dias. As seguintes causas dão direito à aposentadoria por invalidez, independentemente de período de carência: tuberculose ativa, hanseníase, alienação mental, neoplasia maligna, cegueira, paralisia irreversível e incapacitante, cardiopatia grave, doença de Parkinson, espondiloatrose anquilosante, nefropatia grave, estado avançado da doença de Paget (osteíte deformante), síndrome da deficiência imunológica adquirida — AIDS e contaminação por radiação. Ocorrendo recuperação da capacidade de trabalho, a aposentadoria pode ser cancelada a qualquer momento. Cancelada a aposentadoria existirá ou não o direito de retorno à função que o empregado exercia anteriormente na empresa, conforme o seguinte esquema:

Existe	Se a recuperação do segurado se der para a mesma função e no prazo de cinco anos do início da incapacidade.	Cessação imediata da aposentadoria e direito do art. 475 da CLT.
Inexiste	1. se a recuperação se der após cinco anos, mesmo que seja para a mesma função; 2. se a recuperação se der no prazo de cinco anos, mas não for total; 3. se a recuperação se der no prazo de cinco anos, mas for para função diversa.	Diminuição gradativa do valor da aposentadoria em 18 meses e ausência dos direitos do art. 475 da CLT.

Antes de completados cinco anos, assim, a aposentadoria por invalidez é sempre considerada provisória do ponto de vista do contrato de trabalho, que fica suspenso. Para o segurado que não era empregado, o benefício cessará após tantos meses quantos tiverem sido os anos de duração do auxílio-doença ou da aposentadoria por invalidez. Se o segurado filiar-se à previdência social já enfermo ou com alguma lesão, apenas no caso de incapacidade por progressão ou agravamento da enfermidade ou da lesão, poderá receber aposentadoria por invalidez. O aposentado por invalidez pode converter seu benefício em aposentadoria por idade ou tempo de contribuição, desde que preenchidas as condições para a sua concessão. Estas não exigem a apresentação freqüente do segurado para perícia médica e são irreversíveis. Se o segurado exercer mais de uma atividade e se incapacitar definitivamente para apenas uma delas não haverá concessão de aposentadoria por invalidez, continuando ele a receber auxílio-doença. O aposentado fica obrigado a submeter-se a exames médicos periódicos, perante a previdência social, e a tratamento por ela determinado, exceto cirurgia e transfusão de sangue. O aposentado que retornar voluntariamente à atividade terá seu benefício cancelado. (Arts. 42 a 47/101, 43 a 50, 102, 168, 170 e 171).

JURISPRUDÊNCIA

PREVIDENCIÁRIO. APOSENTADORIA POR INVALIDEZ. TERMO INICIAL. PRESCRIÇÃO DE PARCELAS. I — Inocorrência de prescrição de parcelas em vista do termo inicial do benefício contar-se a partir da apresentação do laudo em juízo. II — Constatada a incapacidade apenas em juízo, sem exame médico do INSS na via administrativa, o termo inicial deve ser contado da data do laudo que concluiu pela incapacidade. III — Recurso conhecido em parte e, nessa, provido.
(STJ — 5ª T.; REsp — Recurso Especial n. 256.756; Proc. n. 2000.00.40740-2/MS; Decisão: 28.8.2001; DJ 8.10.2001; Rel. Gilson Dipp). In www.cjf.gov.br

PREVIDENCIÁRIO. APOSENTADORIA POR INVALIDEZ. PREQUESTIONAMENTO. PERDA DA QUALIDADE DE SEGURADO. INCAPACITAÇÃO TOTAL E PERMANENTE. REEXAME DE PROVA. DOENÇA PREEXISTENTE. AGRAVAMENTO. ART. 42, § 2º, DA LEI N. 8.213/91. Matéria referente à exigência de comprovação de um período mínimo de carência não apreciada na instância a quo, sequer foram opostos embargos de declaração para provocar a manifestação do colegiado sobre o tema. Ausente, portanto, o indispensável prequestionamento da questão federal suscitada no apelo raro. Não implica na perda de direito ao benefício de aposentadoria por invalidez no caso de segurado que deixa de contribuir para previdência por estar incapacitado para o labor. A análise da alegação de que não restou comprovada a incapacitação total e permanente do beneficiário demandaria reexame de prova, o que é vedado em sede especial por força do contido na Súmula 7/STJ. A doença preexistente à filiação do segurado à previdência social conferirá direito à aposentadoria por invalidez quando a incapacidade sobrevier por motivo de progressão ou agravamento dessa doença. Recurso especial não conhecido.
(STJ — 5ª T.; REsp n. 217.727; Proc. n. 1999.00.48095-3/SP; Decisão: 10.8.1999; DJ 6.9.1999; Rel. Felix Fischer). In www.cjf.gov.br

PREVIDENCIÁRIO. APOSENTADORIA POR INVALIDEZ. HANSENÍASE. CURA SUPERVENIENTE. SUSPENSÃO DO BENEFÍCIO. PERMANÊNCIA DA INCAPACIDADE LABORATIVA DECORRENTE DE DOENÇA DIVERSA DAQUELA INICIALMENTE DIAGNOSTICADA. FORMALISMO EXCESSIVO. APELAÇÃO E REMESSA OFICIAL DESPROVIDAS. 1 — A necessidade de regularização da causa que deu origem ao benefício de aposentadoria por invalidez não pode implicar em lesão a direito do beneficiário, com a suspensão do pagamento de sua aposentadoria, quando se sabe da sua incontestável incapacidade laborativa, atestada por meio de perícia médica. 2 — A Justiça não pode estar alheia à realidade, devendo impedir que a Previdência Social mande de volta ao mercado de trabalho uma balconista com mais de 50 (cinqüenta) anos, que aos 24 (vinte e quatro) foi internada num leprosário, encontrando-se hoje, embora curada da hanseníase, incapacitada para o trabalho por outros motivos — Hipertensão Arterial e Diabetes Melito — pois, além de um excessivo formalismo, é uma falta de sensibilidade. 3 — Apelação e remessa desprovidas.
(TRF — 1ª Reg. — 1ª T.; AC — Apelação Cível n. 01000802346; Proc. n. 1998.010.00.80234-6/MG; Decisão: 13.2.2001; DJ 26.3.2001; Rel. p/ Acórdão Juiz Plauto Ribeiro, Rel. Juiz Luciano Tolentino Amaral). In www.cjf.com.br

PREVIDENCIÁRIO. APOSENTADORIA POR INVALIDEZ. TRATAMENTO CIRÚRGICO. 1 — Comprovada, por meio de laudo pericial, a incapacidade para o trabalho pesado e sendo o segurado trabalhador braçal, impõe-se a aposentadoria por invalidez. 2 — Não se pode obrigar o segurado a se submeter a processo cirúrgico para reversão de quadro clínico incapacitante. 3 — A declaração de inconstitucionalidade pelo STF (ADIn n. 1.252-5), da parte final do art. 128 da Lei n. 8.213/91, tornou aplicáveis os artigos 730 e 731 do CPC à execução previdenciária. IV — Apelação parcialmente provida.
(TRF — 1ª Reg. — 1ª T. Suplementar; AC — Apelação Cível n. 01023151; Proc. n. 1996.01.02315-1/MG; Decisão: 2.8.2001; DJ 17.8.2001; Rel. Juiz José Henrique Guaracy Rebêlo (Conv.). In www.cjf.gov.br

PREVIDENCIÁRIO. AUXÍLIO-DOENÇA E APOSENTADORIA POR INVALIDEZ. PROVA PERICIAL. RECONHECIMENTO DA INCAPACIDADE LABORATIVA TEMPORÁRIA DO AUTOR. IMPOSSIBILIDADE DE CONVERSÃO DO AUXÍLIO-DOENÇA EM APOSENTADORIA POR INVALIDEZ. I — Cabível a concessão de auxílio-doença ao segurado, enquanto permanecer a incapacidade temporária para o trabalho. II — Impossibilidade de transformação do auxílio-doença em aposentadoria por invalidez, em face da ausência de comprovação da incapacidade laborativa permanente do segurado para todo e qualquer trabalho, ressalvada, ao autor, a possibilidade de requerer a aposentadoria por idade, na forma da lei. III — Apelação parcialmente provida.
(TRF — 1ª Reg. n. 2ª T.; AC — Apelação Cível n. 01104985; Proc. n. 1991.01.10498-5/MG; Decisão: 9.4.1999; DJ 28.8.2001; Rel. p/ Acórdão Juíza Assusete Magalhães, Rel. Juiz Jirair Aram Meguerian). In www.cjf.gov.br

PREVIDENCIÁRIO. RESTABELECIMENTO DE BENEFÍCIO. AUXÍLIO-DOENÇA E SUA CONVERSÃO EM APOSENTADORIA POR INVALIDEZ. EXAME MÉDICO PERICIAL FAVORÁVEL. Em caso de divergência de laudos periciais, há de prevalecer o laudo de perito do juízo, pois sua linha de orientação se mantém eqüidistante dos interesses das partes. Comprovado por laudo pericial que o segurado é portador de doença incapacitante permanente, não há como lhe negar o direito à aposentadoria por invalidez.
(TRF — 2ª Reg. — 4ª T.; AC — Apelação Cível n. 237.723; Proc. n. 2000.02.01.033978-0/RJ; Decisão: 8.11.2000; DJU 15.2.2001; Rel. Juiz Fernando Marques). In www.cjf.gov.br

PREVIDENCIÁRIO. APOSENTADORIA POR INVALIDEZ. CESSAÇÃO. O benefício da aposentadoria por invalidez só é suscetível de cessação, mediante verificação da recuperação da capacidade laborativa, concluído processo de habilitação ou reabilitação social e profissional, com emissão de certificado individual, conforme artigo 47 c/c artigo 92 da Lei n. 8.213/91. Apelo e remessa necessária improvidos.
(TRF — 2ª Reg. — 4ª T.; AC — Apelação Cível n. 213.407; Proc. n. 1999.02.01.048151-8/RJ; Decisão: 27.9.2000; DJU 15.2.2001; Rel. Juiz Rogério Carvalho, Rev. Juiz Fernando Marques). In www.cjf.gov.br

PREVIDENCIÁRIO. RESTABELECIMENTO DE BENEFÍCIO. APOSENTADORIA POR INVALIDEZ. EXAME MÉDICO PERICIAL FAVORÁVEL. Em caso de divergência de laudos periciais, há de prevalecer o laudo de perito do Juízo, pois sua linha de orientação se mantém eqüidistante dos interesses das partes. Comprovado por laudo pericial que o segurado é portador de doença incapacitante permanente, há que se restabelecer o benefício anteriormente concedido.
(TRF — 2ª Reg. — 4ª T.; AC — Apelação Cível n. 238.648; Proc. n. 2000.02.01.036298-4/RJ; Decisão: 14.11.2000; DJU 1.3.2001; Rel. Juiz Fernando Marques) In www.cjf.gov.br

PREVIDENCIÁRIO. APOSENTADORIA POR INVALIDEZ. INCAPACIDADE LABORATIVA COMPROVADA. GRATIFICAÇÃO NATALINA. A incapacidade total e permanente do autor para o trabalho restou plenamente demonstrada através de laudo de vistor oficial que constatou ser o mesmo portador de seqüelas oriundas de acidente vascular que o impede de exercer o trabalho de professor ou qualquer outra atividade laborativa. * A partir da Carta Política de 1988 a gratificação natalina deve corresponder aos proventos pagos no mês de dezembro de cada ano. * Recurso e remessa improvidos.
(TRF — 2ª Reg. — 4ª T.; AC — Apelação Cível n. 206.130; Proc. n. 1999.02.01.035544-6/RJ; Decisão: 12.12.2000; DJU 29.3.2001; Rel. Juiz Fernando Marques). In www.cjf.gov.br

PREVIDENCIÁRIO. INCAPACIDADE LABORATIVA. APOSENTADORIA POR INVALIDEZ. HONORÁRIO. CORREÇÃO MONETÁRIA. CUSTAS. ISENÇÃO. I — Testificado, como *in casu,* que o segurado-periciado sofre de mal que o incapacita para o exercício de sua atividade laborativa remunerada habitual não há como negar-lhe a aposentadoria por invalidez, devida desde a data de suspensão do auxílio-doença. II — Se a patologia que padece o autor limita sobremaneira sua capacidade para o trabalho, vulnerada resta sua competitividade e sua readaptação ao mercado de trabalho, especialmente observando-se suas atividades até então habitualmente desempenhadas. III — Segundo a dosimetria adotada por esta Turma, a verba honorária sucumbencial é fixada em 10% (dez por cento) do valor da condenação. IV — Correção monetária de diferenças pelos critérios advindos da aplicação simultânea das Súmulas n. 148 e n. 43 do E. STJ. V — A forma dos pagamentos devidos pela Fazenda Pública federal, estadual ou municipal e pelas autarquias e fundações públicas, em virtude de sentença judiciária, observará os ditames do art. 100 da Constituição Federal c/c. o art. 6º da Lei n. 9.469, de 10.7.1997. VI — Juridicamente viável é o pagamento parcial da remessa necessária para o fim específico de integrar, explicar a sentença condenatória proferida contra a Fazenda Pública. VII — Apelação cível do INSS improvida, parcialmente provida a remessa e provido o recurso adesivo da parte autora.
(TRF — 2ª Reg. — 1ª T.; AC — Apelação Cível n. 246.625; Proc. n. 2000.02.01.055023-5/RJ; Decisão: 5.2.2001; DJU 6.4.2001; Rel. Juiz Ney Fonseca). In www.cjf.gov.br

PREVIDENCIÁRIO. RESTABELECIMENTO DE BENEFÍCIO DE APOSENTADORIA POR INVALIDEZ. LAUDO PERICIAL. É devido o restabelecimento de aposentadoria por invalidez, quando a perícia médica do juízo revela que o Autor está incapacitado para o trabalho. Na eventual divergência de laudos periciais, há de prevalecer o do juízo, posto que eqüidistante das partes e de confiança do juiz. Improvimento à apelação e à remessa.
(TRF — 2ª Reg. — 2ª T.; AC — Apelação Cível n. 216.516; Proc. n. 1999.02.01.052553-4/RJ; Decisão: 9.5.2001; DJU 5.6.2001; Rel. Juiz Espírito Santo). In www.cjf.gov.br

PREVIDENCIÁRIO. APOSENTADORIA POR INVALIDEZ. I — Inconteste o direito do Autor à percepção da aposentadoria por invalidez, haja vista o conclusivo laudo médico pericial de fls. 20/21, que sequer foi objeto de impugnação, além de não constar dos autos a perícia médica dita procedida pelo Recorrente, onde teria sido constatada a capacidade laborativa da parte autora. II — Não é privativa do INSS a verificação em perícia, de incapacidade laborativa, podendo, validamente, em Juízo ser feita a verificação por *expert* de confiança do Poder-Estado. III — Recurso e remessa a que se nega provimento para manter na íntegra a r. sentença *a quo.*
(TRF — 2ª Reg. — 5ª T.; AC — Apelação Cível n. 205.772; Proc. n. 1999.02.01.034428-0/RJ; Decisão: 8.5.2001; DJU 12.6.2001; Rel. Juiz Ivan Athié). In www.cjf.gov.br

PROCESSO CIVIL E ADMINISTRATIVO. AFASTAMENTO EM LICENÇA-SAÚDE PARA

TRATAMENTO MÉDICO. MEDIDA CAUTELAR. POSSIBILIDADE DE UTILIZAÇÃO DA VIA ELEITA. EXISTÊNCIA DE AÇÃO PRINCIPAL.
I — Manter a servidora trabalhando durante toda a tramitação de uma ação ordinária traria conseqüências imprevisíveis para a sua saúde. O reconhecimento do seu direito de permanecer em licença ou ser aposentada por invalidez, ao fim de uma ação ordinária, não poderia jamais recompor eventual piora do seu estado de saúde. A medida cautelar, em casos como o dos presentes autos, justifica o exercício do poder geral de cautela do magistrado. II — Apelação e remessa necessária improvidas.
(TRF — 2ª Reg. — 2ª T.; AC — Apelação Cível n. 173.054; Proc. n. 98.02.22416-2/RJ; Decisão: 22.5.2001; DJU 19.6.2001; Rel. Juiz Castro Aguiar). In www.cjf.gov.br

ADMINISTRATIVO E PREVIDENCIÁRIO. APOSENTADORIA POR INVALIDEZ. RESTABELECIMENTO DO AUXÍLIO-DOENÇA. CORREÇÃO MONETÁRIA. 1 — Definitivamente incapaz para exercer qualquer atividade laborativa, impõe-se a conversão do auxílio-doença do Autor em aposentadoria por invalidez, a partir de 25.11.96, data da realização da perícia judicial. 2 — "Não cessará o benefício até que seja dado como habilitado para o desempenho de nova atividade que lhe garanta a subsistência ou, quando considerado não recuperável, for aposentado por invalidez" (art. 63, 2ª parte, da Lei n. 8.213/91). 3 — "Em face do caráter alimentar do benefício previdenciário, a correção monetária deve incidir desde quando as parcelas em atraso não prescritas passaram a ser devidas, mesmo que em período anterior ao ajuizamento da ação" (STJ — EDREsp n. 92.867/PE — Min. Edson Vidigal). 4 — Remessa necessária e apelação do INSS improvidas. 5 — Recurso Adesivo parcialmente provido.
(TRF — 2ª Reg. — 5ª T.; AC — Apelação Cível n. 198.564; Proc. 99.02.15983-4/RJ; Decisão: 20.3.2001; DJU 19.6.2001; Rel. Juiz Raldênio Costa). In www.cjf.gov.br

REMESSA NECESSÁRIA EM MANDADO DE SEGURANÇA. ARTIGO 12 DA LEI N. 1.533/51. APOSENTADORIA POR INVALIDEZ. ART. 44 DA LEI N. 8.213/91. SÚMULAS NS. 269 E 271 DO STF. SENTENÇA IRRETOCÁVEL. REMESSA IMPROVIDA. I — Deve ser mantida a r. sentença que concedeu a segurança, confirmando a liminar, para que a parte impetrante e ora apelada tivesse o seu direito resguardado, no que concerne à percepção de sua aposentadoria por invalidez no valor de 100% do salário-de-benefício; II — O art. 44 da Lei n. 8.213/91 regula a aposentadoria por invalidez consistirá em renda mensal de 100% do valor do salário-de-contribuição, inclusive a decorrente de acidente de trabalho. III — Consoante as Súmulas 269 e 271 do STF e o art. 8º da Lei n. 1.533/51, o *mandamus* não é substitutivo de ação de cobrança, nem produz efeitos patrimoniais pretéritos. IV — Portanto, nega-se provimento à remessa, mantendo-se integralmente a r. sentença.
(TRF — 2ª Reg. — 5ª T.; REO — Remessa *Ex Officio* n. 19.358; Proc. n. 97.02.23670-3/RJ; Decisão: 20.3.2001; DJU 19.6.2001; Rel. Juiz Raldênio Costa). In www.cjf.gov.br

PROCESSO CIVIL. PREVIDENCIÁRIO. APOSENTADORIA POR INVALIDEZ. PROVA TÉCNICA. AUSÊNCIA. NULIDADE DA SENTENÇA.
I — Não se pode conceder aposentadoria por invalidez com base em perícia médica, trazida, de modo particular, pela parte autora. A perícia judicial é imprescindível à prova pretendida. II — Apelação e remessa necessária providas.
(TRF — 2ª Reg. — 2ª T.; AC — Apelação Cível n. 172.438; Proc. n. 98.02.21320-9/RJ; Decisão: 23.5.2001; DJU 21.6.2001; Rel. Juiz Castro Aguiar). In www.cjf.gov.br

PREVIDENCIÁRIO. APOSENTADORIA POR INVALIDEZ. DEFICIÊNCIA VISUAL. COSTUREIRA. INCAPACIDADE PARA PROVER O PRÓPRIO SUSTENTO. I — O fato de a autora possuir cegueira em apenas um dos olhos não exclui a incapacidade laborativa, sobretudo se considerarmos que sempre exerceu a atividade de costureira e que, contando hoje 45 anos de idade, muito improvavelmente conseguiria quem lhe desse emprego e, mais, para exercer outra atividade que não aquela para a qual está preparada. É claro que a invalidez a que se refere a lei não pode ser considerada a total. Na hipótese, está claro que a autora não tem condições de prover o próprio sustento, mostrando-se a aposentadoria a opção mais acertada. II — Apelação provida.
(TRF — 2ª Reg. — 2ª T.; AC — Apelação Cível n. 166.658; Proc. n. 98.02.12247-5/RJ; Decisão: 25.5.2001; DJU 21.6.2001; Rel. Juiz Castro Aguiar). In www.cjf.gov.br

PREVIDENCIÁRIO. APOSENTADORIA POR INVALIDEZ. INCAPACIDADE DA AUTORA PARA O EXERCÍCIO DE SUA ATIVIDADE LABORATIVA. I — Apresentando a autora distúrbio neurovegetativo, hipertensão arterial severa, diabetes e poliartralgia, com comprometimento importante da coluna vertebral, a aposentadoria por invalidez é a opção mais acertada, tendo em vista que, face ao seu quadro clínico e às limitações impostas pela sua idade (quase 58 anos) e pela própria doença, não terá condições de prover a subsistência, como dis-

põe a legislação previdenciária, exercendo sua atividade laborativa de lavadeira. II — Apelação provida.
(TRF — 2ª Reg.; AC — Apelação Cível n. 171.147; Proc. n. 98.02.19181-7/ 2ª T.; Decisão: 22.5.2001; DJU 21.6.2001; Rel. Juiz Castro Aguiar). In www.cjf.gov.br

PREVIDENCIÁRIO. TRABALHADORA URBANA. APOSENTADORIA POR INVALIDEZ. INCAPACIDADE TOTAL E PERMANENTE DEMONSTRADA. IMPROCEDÊNCIA DA AÇÃO. APELAÇÃO PROVIDA. I — Presentes os pressupostos legais e comprovada nos autos a incapacidade total e permanente da autora para o exercício de atividade laboral, impõe-se a concessão de aposentadoria por invalidez. II — Há de se considerar como incapacidade total e definitiva a incapacidade parcial e permanente atestada pelo Sr. Perito, dada a idade da autora, os vários problemas de saúde por ela apresentados e a atividade exercida (cozinheira), fatores que tornam remota a chance de um retorno da segurada ao mercado de trabalho. III — Apelação provida.
(TRF — 2ª Reg.; AC — Apelação Cível n. 51.324; Proc. n. 91.03.019955-0/SP; 5ª T.; Decisão: 18.4.2000; DJU 20.2.2001; Rel. Juíza Silvia Rocha). In www.cjf.gov.br

ADMINISTRATIVO. PREVIDENCIÁRIO. VIOLAÇÃO DE CONTRADITÓRIO. EXISTÊNCIA. TEMPO DE SERVIÇO ESPECIAL. INSALUBRIDADE. DESCONSTITUIÇÃO JUDICIAL DO LAUDO QUE A RECONHECEU EM SEDE TRABALHISTA, SEM A PARTICIPAÇÃO DO INSS. IMPOSSIBILIDADE DE ANULAÇÃO DE APOSENTAÇÃO. I — A prova produzida em sede trabalhista não aproveita o INSS, que dela não participou. II — Não havendo má-fé do segurado que obteve da Companhia Vale do Rio Doce o laudo pericial atestando o exercício de atividades em condições insalubres, não deve arcar, sozinho, com as conseqüências advindas com a invalidação dessa prova. Necessidade de instauração de processo administrativo ou judicial em que participem todos os envolvidos: o instituto previdenciário, o segurado e a empresa empregadora, para apuração das respectivas responsabilidades. III — Aplicação do enunciado da Súmula n. 160/TFR. IV — Apelo e remessa necessária a que se negam provimento.
(TRF — 2ª Reg.; AMS — Apelação em Mandado de Segurança n. 23.438; Proc. n. 98.02.37596-9/ES; 3ª T.; Decisão: 28.11.2000; DJU 15.2.2001; Rel. Juíza Virginia Procópio de Oliveira Silva). In www.cjf.gov.br

APOSENTADORIA POR INVALIDEZ. QUALIDADE DE SEGURADO. INCAPACIDADE ANTERIOR À FILIAÇÃO. INCAPACIDADE LABORATIVA. CONDIÇÕES DO SEGURADO. VALOR DO BENEFÍCIO. JUROS. CORREÇÃO MONETÁRIA. Tendo sido comprovado, por documentos, o exercício de atividade laborativa remunerada é de se considerar o trabalhador(a) como segurado(a) da Previdência Social. Incapacidade anterior à filiação não comprovada. Interpretação restritiva do artigo 99 da CLPS. Restando comprovada, através de perícia, a incapacidade do(a) autor(a), é de lhe ser concedida a aposentadoria por invalidez. Deve-se levar em conta as condições socioeconômicas do(a) trabalhador(a) e sua idade ao se avaliar as possibilidades de readaptação. O valor do benefício não pode ser inferior a um salário mínimo, segundo o disposto no artigo 201, § 5º da Constituição Federal. Precedentes da Corte e do Excelso Pretório. Os juros moratórios são de 6% ao ano, contados a partir da citação. A correção monetária deverá incidir sobre as parcelas vencidas, nos termos da Súmula n. 71 do extinto TFR até o ajuizamento da ação e a partir daí, pelo disposto na Lei n. 6.899/81 e legislação superveniente. Apelação improvida.
(TRF — 3ª Reg. — 1ª T.; Ap. Cível n. 92.03.63344-8/SP; Rel. Juiz Theotonio Costa; j. 3.5.1994; v. u.; DJU, Seção I, 27.9.1994, p. 54.649, ementa). BAASP 1869/121, 19.10.94.

OBREIRO PORTADOR DE CONJUNTO DE MALES QUE, SOMADOS À IDADE, AUTORIZAM A CONCESSÃO DA APOSENTADORIA POR INVALIDEZ. CÁLCULO DO SALÁRIO-DE-BENEFÍCIO (ARTIGO 30, § 1º, DA CLPS). HONORÁRIOS DE ADVOGADO. APELO AUTÁRQUICO IMPROVIDO. RECURSO DE APELAÇÃO DO AUTOR PARCIALMENTE PROVIDO. Autor sexagenário, portador de conjunto de enfermidades de natureza degenerativa, comprovado mediante perícia médica, faz jus à aposentadoria por invalidez, já que não reúne condições de obter colocação condigna no mercado de trabalho. Precedentes na Corte. A aposentadoria em tela consiste, além dos 70% do salário-de-benefício, mais 1% desse salário, por ano completo de atividade abrangida pela Previdência Social Urbana, até o máximo de 30% (artigo 30, § 1º, do Decreto n. 89.312/84 — CLPS). Segundo o entendimento a respeito já cristalizado nesta c. Turma, em ações semelhantes a esta, os honorários advocatícios são fixados em 15% sobre o montante da condenação, à época da liquidação, sem incidência sobre uma prestação ânua futura. Recurso autárquico improvido. Apelo do autor a que se dá parcial provimento.
(TRF — 3º Reg. — 1ª T.; Ap. Cível n. 89.03.24131-2/SP; Rela. Juíza Ramza Tartuce; j. 19.10.1993; v. u.; DJU, Seção II, 26.4.1994, pág. 18.269, ementa). BAASP 1851/70-e, de 15.6.1994.

PREVIDENCIÁRIO. APOSENTADORIA POR INVALIDEZ. GRAU DE INCAPACIDADE APRECIADO EM CONSONÂNCIA COM SITUAÇÃO FÁTICA SUBJACENTE. 1 — Muito embora o laudo mencione que, nas condições atuais, a autora pode realizar parte de suas atividades de doméstica, a decretação da improcedência da ação, no caso presente, não atende aos ditames da justiça, devendo ser observados outros elementos que afetam diretamente a segurada e capazes de modificar sua situação fática. 2 — O que poderia caracterizar, a princípio, incapacidade parcial, autoriza, no entanto, a concessão da aposentadoria por invalidez, porque a idade da segurada, suas condições socioeconômicas e culturais, estão a revelar que não detém possibilidades de desempenhar qualquer outra função que lhe permita a subsistência. 3 — Restou demonstrado que a apelante sempre exerceu as atividades de rurícola e doméstica, não sendo viável se lhe exigir que se adapte a outro mister qualquer para poder sobreviver, agora que teve a fatalidade de se ver com um câncer da mama (tendo sido necessário submeter-se à mastectomia radical esquerda). Até mesmo as afirmações contidas no laudo, de que a cirurgia a que foi submetida a autora, por tratar-se de mastectomia radical, retira os músculos grande e pequeno peitoral e leva a alguns distúrbios funcionais, pela ausência destes músculos, está a indicar que a apelante não tem mais condições físicas para continuar trabalhando. Indica, também, que dificilmente conseguirá arrumar novo emprego, desempregada que está, mormente estando com mais de 51 anos de idade e apresentando ausência da mama esquerda e limitação à movimentação do ombro esquerdo. 4 — Apelação da autora a que se dá provimento.
(TRF — 3ª Reg. — 5ª T.; AC — Apelação Cível n. 338.215; Proc. n. 96.03.073218-4/SP; Decisão: 2.5.2000; DJU 22.8.2000; Rel. Juíza Suzana Camargo). In www.cjf.gov.br

PROCESSO CIVIL. EMBARGOS DE DECLARAÇÃO. APOSENTADORIA POR INVALIDEZ. TERMO INICIAL. CARÁTER INFRINGENTE. IMPOSSIBILIDADE. PREQUESTIONAMENTO. I — Não há omissão a ser suprida, quando se verifica que a matéria suscitada nos embargos não foi devolvida em recurso próprio. A via dos declaratórios não se apresenta adequada ao reexame da causa. II — Mesmo que possível o prequestionamento com fundamento na Súmula n. 98 do Superior Tribunal de Justiça os embargos declaratórios opostos com esta finalidade, devem observar os pressupostos previstos no artigo 535, do Código de Processo Civil. III — Embargos rejeitados.
(TRF — 3ª Reg.; EDAC — Embargos de Declaração na Apelação Cível n. 293.724; Proc. n. 95.03.102048-4/SP; 5ª T.; Decisão: 12.12.2000; DJU 6.3.2001; Rel. Juíza Suzana Camargo). In www.cjf.gov.br

PREVIDENCIÁRIO. APOSENTADORIA POR INVALIDEZ. QUALIDADE DE SEGURADO. INCAPACIDADE LABORATIVA. 1 — Tendo sido comprovado, por documentos, o exercício de atividade laborativa remunerada, é de se considerar o trabalhador como segurado da Previdência Social, não perdendo esta qualidade mesmo que deixe de recolher aos cofres previdenciários por mais de doze meses, em razão dos males incapacitantes. 2 — Restando demonstrada, através de perícia médica, a incapacidade permanente do autor, é de lhe ser concedido o benefício previdenciário de aposentadoria por invalidez. 3 — Apelação do autor provida.
(TRF — 3ª Reg.; AC — Apelação Cível n. 563.153; Proc. n. 2000.03.99.001999-6/SP; 1ª T.; Decisão: 6.2.2001; DJU 3.4.2001; Rel. Juiz Theotonio Costa). In www.cjf.gov.br

PREVIDENCIÁRIO. APOSENTADORIA POR INVALIDEZ. PERDA DA QUALIDADE DE SEGURADA. ART. 102 DA LEI N. 8.213/91. INAPLICABILIDADE. 1 — Deixando a autora de exercer atividade laborativa ou contribuir à Previdência por mais de doze meses e, não comprovando a existência da incapacidade que a tenha impossibilitado de trabalhar, deve ser reconhecida a perda da qualidade de segurada. 2 — Não há como conceder o benefício se preenchidos os requisitos necessários à sua concessão somente após a perda da qualidade de segurada. Inaplicabilidade do art. 102 da Lei n. 8.213/91. 3 — As verbas de sucumbência não são devidas, por ser a autora beneficiária da Justiça Gratuita. 4 — Apelação parcialmente provida.
(TRF — 3ª Reg.; AC — Apelação Cível n. 651.620; Proc. n. 2000.03.99.073986-5/SP; 2ª T.; Decisão: 13.3.2001; DJU 30.4.2001; Rel. Juíza Marisa Santos). In www.cjf.gov.br

PREVIDENCIÁRIO. APOSENTADORIA POR INVALIDEZ. NÃO COMPROVAÇÃO DOS REQUISITOS. PRELIMINAR DE ANULAÇÃO DA SENTENÇA REJEITADA. Restando devidamente esclarecido através da perícia judicial a não existência da incapacidade do(a) autor(a) para suas atividades habituais, não há que se falar em renovação da perícia. Preliminar de cerceamento de defesa rejeitada. A jurisprudência desta Corte é unânime no sentido de que verificado por perícia que o(a) segurado(a) não apresenta incapacidade total e permanente e

parcial e temporária para o trabalho é de se lhe indeferir a aposentadoria por invalidez ou o auxílio-doença. Preliminar rejeitada. Apelação improvida.
(TRF — 3ª Reg.; AC — Apelação Cível n. 656.789; Proc. n. 2001.03.99.000717-2/SP; 1ª T.; Decisão: 13.3.2001; DJU 31.5.2001; Rel. Juiz Roberto Haddad). In www.cjf.gov.br

PREVIDENCIÁRIO. APOSENTADORIA POR INVALIDEZ. ACRÉSCIMO DE 25% (VINTE E CINCO POR CENTO). ART. 45 DA LEI N. 8.213/91. 1 — O acréscimo de vinte e cinco por cento sobre o valor da aposentadoria é direito do autor desde a data da aposentação, devido em razão de necessitar de assistência permanente de outra pessoa, não merecendo acolhida alegações no sentido de que o termo inicial do benefício deve ser fixado na data da citação. 2 — Os juros moratórios incidem a partir da citação. 3 — Recurso improvido.
(TRF — 3ª Reg.; AC — Apelação Cível n. 219.822; Proc. n. 94.03.097982-8/SP; 2ª T.; Decisão: 17.11.2000; DJU 6.6.2001; Rel. Juíza Marisa Santos). In www.cjf.gov.br

PREVIDENCIÁRIO. APOSENTADORIA POR INVALIDEZ. PERDA DA CONDIÇÃO DE SEGURADO. 1 — O direito ao benefício previdenciário é imprescindível, e, uma vez atendidos todos os requisitos para o seu deferimento, nem mesmo a perda posterior da condição de segurado elide tal direito. Ocorre que a incorporação do direito só se verifica quando todos os requisitos previstos na lei são atendidos. 2 — Não basta que alguém, no passado, tenha se vinculado à Previdência Social, e tenha cumprido o lapso mínimo de carência para o benefício, se, a essa época, também não se encontrava incapacitado para o trabalho. Todos os requisitos devem estar presentes, de forma simultânea, para que se adquira o direito ao benefício. Logo, se o indivíduo não estava incapacitado, e perdeu posteriormente a condição de segurado, não há direito ao benefício. 3 — Bem nesse sentido, é que se solidificou o entendimento das Cortes Federais. Assim, se o trabalhador, em razão das moléstias que o acometiam, está incapacitado e não consegue manter seu vínculo com a Previdência, não se considera que tenha perdido a condição de segurado, ainda que ultrapassados os prazos previstos na lei previdenciária. 4 — Cabe ao autor provar, no curso da lide, que os males incapacitantes é que o impediram de manter seu regular vínculo com o sistema previdenciário, desde época em que deixou de contribuir, e, assim, ver reconhecida a manutenção de sua condição de segurado. Tal comprovação escapa os limites das condições da ação, para adentrar ao mérito da causa, razão pela qual mostrou-se indevida a extinção liminar do processo. 5 — Apelação provida, para anular a sentença extintiva do processo, e permitir seu regular prosseguimento.
(TRF — 3ª Reg.; AC — Apelação Cível n. 86.790; Proc. n. 92.03.062344-2/SP; 5ª T.; Decisão: 20.3.2001; DJU 5.6.2001; Rel. Juiz Santoro Facchini). In www.cjf.gov.br

PREVIDENCIÁRIO. APOSENTADORIA POR INVALIDEZ. SENTENÇA CONCESSIVA. NÃO DEMONSTRADA A ATIVIDADE RURAL E A CONDIÇÃO DE SEGURADO. INÍCIO DE PROVA MATERIAL. AUSÊNCIA DE PROVA ORAL. RECURSO DO INSS E REMESSA OFICIAL PROVIDOS. SENTENÇA REFORMADA. 1 — Os documentos acostados aos autos são início de prova material, os quais isolados não são suficientes para embasar o pedido. 2 — O Juiz a quo ofereceu oportunidade para a parte autora apresentar do rol das testemunhas, porém, quedou-se inerte. 3 — Ausente um de seus pressupostos legais, vez que não demonstrada a atividade rural e a condição de segurada pela parte autora, impõe-se a denegação de aposentadoria por invalidez (art. 42 da Lei n. 8.213/91). 3 — Recurso do INSS e remessa oficial providos.
(TRF — 3ª Reg.; AC — Apelação Cível n. 509.084; Proc. n. 1999.03.99.065370-0/SP; 5ª T.; Decisão: 20.2.2001; DJU 2.10.2001; Rel. Juíza Ramza Tartuce). In www.cjf.gov.br

PREVIDENCIÁRIO. APOSENTADORIA POR INVALIDEZ. QUALIDADE DE SEGURADA. INCAPACIDADE LABORATIVA. TERMO INICIAL. HONORÁRIOS ADVOCATÍCIOS E PERICIAIS. CORREÇÃO MONETÁRIA. JUROS DE MORA. CUSTAS PROCESSUAIS. DESPESAS PROCESSUAIS. 1 — Tendo sido comprovado, por prova material e testemunhal, o exercício de atividade laborativa remunerada, é de se considerar o trabalhador como segurado da Previdência Social, não perdendo esta qualidade mesmo que deixe de recolher aos cofres previdenciários por mais de doze meses, em razão dos males incapacitantes. 2 — Restando demonstrada, através de perícia médica, a incapacidade total e permanente da apelada, é de lhe ser concedido o benefício previdenciário de aposentadoria por invalidez. 3 — Termo inicial do benefício mantido à data da citação. 4 — Honorários advocatícios mantidos ao índice de 15% sobre o montante da condenação; honorários periciais não discutidos, visto que a matéria não foi ventilada pelo juiz a quo. 5 — Para a correção monetária das diferenças devidas, utilizar-se-ão os critérios postos no Provimento n. 24/97 da Corregedoria-Geral da Justiça

Federal da Terceira Região. 6 — Os juros moratórios incidirão à base de 0,5% ao mês, a contar da data da citação. 7 — Incabível reembolso das custas processuais visto que a apelada é beneficiária da justiça gratuita. 8 — Devido reembolso das despesas processuais. Aplicação do art. 20 do CPC. 9 — Apelação do INSS e remessa oficial parcialmente providas.
(TRF — 3ª Reg.; AC — Apelação Cível n. 603.351; Proc. n. 2000.03.99.036563-1/SP; 1ª T.; Decisão: 14.8.2001; DJU 16.10.2001; Rel. Juiz Theotonio Costa). In www.cjf.gov.br

PROCESSO CIVIL. PREVIDENCIÁRIO. APOSENTADORIA POR INVALIDEZ. DEPÓSITO PARCIAL DO CRÉDITO APURADO COM BASE EM CONTA INCORRETA JÁ HOMOLOGADA. APURAÇÃO DO REAL VALOR DO SALDO REMANESCENTE. POSSIBILIDADE. I — A conta de liquidação originária apresenta diversos erros materiais, uma vez que na mesma não foram observados os critérios expressamente estabelecidos no respectivo título judicial em execução, não se justificando, portanto, que tal conta seja levada em consideração na apuração de eventual saldo remanescente decorrente de depósito parcial da dívida em cobrança. II — O erro de cálculo pode ser corrigido a qualquer tempo, mesmo havendo sentença de homologação da correspondente conta de liquidação, razão pela qual para apuração do saldo remanescente os cálculos devem ser refeitos. III — Apelação parcialmente provida.
(TRF — 3ª Reg.; AC — Apelação Cível n. 38.694; Proc. n. 90.03.041203-0/SP; 2ª T.; Decisão: 2.10.2001; DJU 17.1.2002; Rel. Juiz Sergio Nascimento). In www.cjf.gov.br

PREVIDENCIÁRIO. APOSENTADORIA POR INVALIDEZ. LAUDO MÉDICO. DESVINCULAÇÃO DO JUIZ. ARTIGO 436 DO CÓDIGO DE PROCESSO CIVIL. BENEFÍCIO DEVIDO. TERMO INICIAL. RENDA MENSAL. HONORÁRIOS PERICIAIS E ADVOCATÍCIOS. CORREÇÃO MONETÁRIA. APELAÇÃO DESPROVIDA. RECURSO ADESIVO PROVIDO. REMESSA OFICIAL PARCIALMENTE PROVIDA. 1 — Faz jus à percepção de aposentadoria por invalidez o segurado que tem comprovada a incapacidade total e definitiva para o trabalho. 2 — O juiz não está vinculado às conclusões dos laudos médicos, podendo formar seu convencimento com outros elementos ou fatos provados nos autos, consoante decorre do disposto no artigo 436 do Código de Processo Civil. 3 — Não tendo decorrido 30 dias entre o início da incapacidade e a propositura da ação, a aposentadoria por invalidez é devida desde o afastamento da atividade, a teor do artigo 43, § 1º, a, da Lei n. 8.213/91. 4 — Contudo, não tendo sido objeto de recurso, mantenho o termo inicial na data da citação. 5 — A renda mensal deve corresponder a 100% do salário-de-benefício, na forma do artigo 44 da Lei n. 8.213/91, respeitado o limite mínimo previsto no artigo 201, § 5º, da Constituição Federal. 6 — Honorários advocatícios em 15% do valor da condenação, e não da causa. Inteligência do artigo 20, § 3º, do Código de Processo Civil. 7 — Correção monetária na forma do Provimento n. 24 do Conselho da Justiça Federal da Terceira Região. 8 — Recurso desprovido. 9 — Recurso adesivo provido. 10 — Remessa oficial parcialmente provida.
(TRF — 3ª Reg.; AC — Apelação Cível n. 528.721; Proc. n. 1999.03.99.086626-3/SP; 1ª T.; Decisão: 16.10.2001; DJU 31.1.2002; Rel. Juiz Gilberto Jordan). In www.cjf.gov.br

PREVIDENCIÁRIO. APOSENTADORIA POR INVALIDEZ. INGRESSO NO SISTEMA PREVIDENCIÁRIO PORTANDO A DOENÇA INCAPACITANTE. 1 — A autora ingressou no sistema previdenciário já portadora do mal que a incapacita, o que contraria os dispositivos legais sobre o assunto. 2 — Apelação do autor improvida.
(TRF — 3ª Reg.; AC — Apelação Cível n. 646.386; Proc. n. 2000.03.99.069166-2/SP; 1ª T.; Decisão: 6.2.2001; DJU 3.4.2001; Rel. Juiz Theotonio Costa). In www.cjf.gov.br

PROCESSUAL CIVIL. PREVIDENCIÁRIO. MINISTÉRIO PÚBLICO. PERÍCIA. SENTENÇA NULIDADE. LIQUIDAÇÃO. I — Mero lapso de linguagem da sentença não enseja a decretação de nulidade. A sentença *extra petita* é aquela que decide lide diversa da proposta pelo demandado, mas assim não se qualifica a sentença que, apesar de enfrentar corretamente as questões propostas pelas partes, em claro *lapsus linguae*, menciona benefício de nome diverso daquele efetivamente concedido. II — Tratando-se de benefício previdenciário, como admite o recorrente em suas razões, é desnecessária a prova de nexo causal entre suposto acidente de trabalho e a espécie nosológica de que padece o segurado. III — Posto que desnecessária, a intervenção do Ministério Público em primeiro grau de jurisdição não contamina de nulidade os atos processuais praticados, à míngua de prejuízo para as partes. IV — A falta de resposta aos quesitos oferecidos pelo Ministério Público, consistente em indagações sobre o suposto acidente do trabalho — na linha de suas usuais intervenções em demandas acidentárias — exatamente por não indicação de acidente do trabalho, não com-

promete a validade da prova pericial. V — A prova pericial demonstra que o segurado sofre de patologias que o torna total e definitivamente incapacitado para a atividade laborativa (protusão discal, osteofitos, retinose pigmentar), fazendo jus à aposentadoria por invalidez. VI — É inaplicável o Recurso de Revista n. 9.859 para a liquidação de sentença previdenciária. VII — Recurso parcialmente provido.
(TRF — 3ª Reg.; AC — Apelação Cível n. 339.705; Proc. n. 96.03.075763-2/SP; 5ª T.; Decisão: 14.11.2000; DJU 20.2.2001; Rel. Juiz André Nekatschalow). In www.cjf.gov.br

APOSENTADORIA POR INVALIDEZ. REALIZAÇÃO DE PERÍCIA IMPRESCINDÍVEL. MODIFICAÇÃO DO PEDIDO. VEDAÇÃO. CPC, ARTIGOS 264 E 294. Para concessão de aposentadoria por invalidez, imprescindível à realização de perícia. Se não foi requerida na inicial a percepção do benefício previsto no artigo 203, V, da CF/88, fica vedado à parte autora fazê-lo na fase recursal, porque importa a modificação do pedido, nos termos dos artigos 264 e 294 do CPC.
(TRF — 4ª Reg.; 1ª T.; Ap. Cível n. 94.04.47115-1-PR; Rel. Juiz Vladimir Freitas; j. 17.11.1994; v. u.; DJU, Seção II, 25.1.1994, p. 2.155, ementa). BAASP 1888/26-e, de 1.3.1995.

PREVIDENCIÁRIO E PROCESSUAL CIVIL. COMPETÊNCIA. RESTABELECIMENTO DE BENEFÍCIO ACIDENTÁRIO. 1 — Em se tratando de ação que busca restabelecimento de aposentadoria por invalidez acidentária cessada por suposta recuperação da capacidade laborativa, a competência está afeta à justiça federal, pois não se discute matéria acidentária, mas tão-somente a permanência da incapacidade quando da cessação do benefício. 2 — Demonstrado que o autor, após a perda da mão direita, não tem mais condições de trabalhar na agricultura, bem como que suas condições pessoais não indicam possibilidade de reabilitação para outro ofício, correto o restabelecimento da aposentadoria. 3 — Apelação do INSS e remessa oficial improvidas.
(TRF — 4ª Reg.; AC — Apelação Cível n. 333.035; Proc. n. 2000.04.01.033893-7/SC; 6ª T.; Decisão: 12.6.2001; DJU 4.7.2001; Rel. Juíza Eliana Paggiarin Marinho). In www.cjf.gov.br

PREVIDENCIÁRIO. APOSENTADORIA POR INVALIDEZ. INCAPACIDADE PARA O TRABALHO. AGRAVAMENTO DE DEFORMAÇÕES CONGÊNITAS. 1 — Apesar das deformações congênitas, o Autor logrou êxito em trabalhar como cobrador de ônibus por mais de 11 anos. O agravamento decorrente da formação de calosidades em ambos os pés impedem a continuidade do seu trabalho ou de qualquer outro. Cabível a concessão de aposentadoria por invalidez. 2 — Apelação e remessa oficial improvidas.
(TRF — 4ª Reg.; AC — Apelação Cível n. 336.020; Proc. n. 2000.04.01.041072-7/SC; 6ª T.; Decisão: 12.6.2001; DJU 4.7.2001; Rel. Juíza Eliana Paggiarin Marinho). In www.cjf.gov.br

AUXÍLIO-DOENÇA. CONVERSÃO EM APOSENTADORIA POR INVALIDEZ. INCAPACIDADE LABORATIVA. Comprovado pela perícia judicial, em cotejo com o restante conjunto probatório, que a segurada é portadora da mesma moléstia, desde o requerimento administrativo, em 13.10.98, e que atualmente a incapacita de forma definitiva para o exercício de suas atividades laborativas, é de ser outorgado auxílio-doença a contar do requerimento e convertido em aposentadoria por invalidez a contar do laudo oficial.
(TRF — 4ª Reg.; AC — Apelação Cível n. 376.694; Proc. n. 1999.71.05.004558-1/RS; 5ª T.; Decisão: 25.6.2001; DJU 11.7.2001; Rel. Juiz Tadaaqui Hirose). In www.cjf.gov.br

APOSENTADORIA POR INVALIDEZ. INCAPACIDADE LABORATIVA. JUROS DE MORA. OBRIGAÇÃO ACESSÓRIA. MARCO INICIAL. 1 — Constatada pela perícia oficial e pelo conjunto probatório que a segurada encontra-se incapacitada definitivamente para o exercício de suas atividades laborativas, é de ser mantida a decisão que concedeu aposentadoria por invalidez a partir da perícia oficial. 2 — Sendo os juros moratórios obrigação acessória à principal e, restando fixado o início do benefício em data posterior à citação, a incidência dos juros é devida desde quando devido o benefício.
(TRF — 4ª Reg.; AC — Apelação Cível n. 376.516; Proc. n. 1999.71.05.002130-8/RS; 5ª T.; Decisão: 25.6.2001; DJU 11.7.2001; Rel. Juiz Tadaaqui Hirose). In www.cjf.gov.br

PREVIDENCIÁRIO. APOSENTADORIA POR INVALIDEZ. INCAPACIDADE DESDE A CESSAÇÃO DO AUXÍLIO-DOENÇA. PORTADOR DE HIV. AIDS EM ESTÁGIO AVANÇADO. É de ser mantida sentença que condenou o INSS a conceder aposentadoria por invalidez, amparada em laudo pericial que revelou a incapacidade laborativa do segurado, portador de HIV, em estágio avançado da síndrome de imunodeficiência adquirida — SIDA ("AIDS").
(TRF — 4ª Reg.; REO — Remessa Ex Officio n. 25.213; Proc. n. 1999.71.08.007467-4/RS; 8ª T.; Decisão: 8.5.2001; DJU 20.6.2001; Rel. Juiz Luiz Carlos de Castro Lugon). In www.cjf.gov.br

AGRAVO DE INSTRUMENTO. ANTECIPAÇÃO DE TUTELA. PROVIDÊNCIAS INSTRUTÓRIAS PRÉVIAS. POSSIBILIDADE. 1 — O juiz pode determinar, de ofício, a realização de prova pericial com urgência antes de decidir quanto à antecipação da tutela, mesmo que a parte não requeira e até em justificação prévia, uma vez

que estará agindo com alicerce no artigo 130 do Código de Processo Civil. 2 — Agravo de instrumento improvido.
(TRF — 4ª Reg.; AG — Agravo de Instrumento n. 73.927; Proc. n. 2000.04.01.147397-6/RS; 5ª T.; Decisão: 13.6.2001; DJU 18.7.2001; Rel. Juiz Sergio Renato Tejada Garcia). In www.cjf.gov.br

APOSENTADORIA POR INVALIDEZ. CONCESSÃO. INCAPACIDADE LABORATIVA. EXERCÍCIO DE ATIVIDADE LABORATIVA APÓS CANCELAMENTO NÃO DESCONSTITUI DIREITO AO BENEFÍCIO. MATÉRIA ALEGADA INOPORTUNAMENTE. NÃO CONHECIMENTO. 1 — Constatado pela perícia oficial que o segurado continua padecendo da mesma moléstia incapacitante, desde quando cancelado o auxílio-doença, é de ser mantida decisão que, em ação cautelar restabelece o benefício e determinou na ação ordinária a outorga de aposentadoria por invalidez a contar daquele termo, sobretudo se considerada a idade avançada e a natureza da moléstia. 2 — O exercício de atividade laborativa após o cancelamento do benefício, não tem o condão de afastar o direito ao restabelecimento, quando comprovado que o autor não possui condições físicas para o trabalho, devendo ser reformada sentença que julgou procedente a reconvenção. 3 — Não se conhece matéria alegada inoportunamente.
(TRF — 4ª Reg.; AC — Apelação Cível n. 122.977; Proc. n. 95.04.25518-3/SC; 5ª T.; Decisão: 25.6.2001; DJU 18.7.2001; Rel. Juiz Tadaaqui Hirose). In www.cjf.gov.br

PREVIDENCIÁRIO. CONCESSÃO DE BENEFÍCIO POR INCAPACIDADE. VISÃO MONOCULAR. Se a visão monocular não impede o exercício da profissão habitual do segurado (agricultor), ele não faz jus ao benefício por invalidez. Apelação e remessa oficial providas.
(TRF — 4ª Reg.; AC — Apelação Cível n. 15.075; Proc. n. 1999.04.01.097579-9/PR; 6ª T.; Decisão: 7.11.2000; Data 21.3.2001; Rel. p/ Acórdão Juiz João Surreaux Chagas, Rel. Juíza Eliana Paggiarin Marinho). In www.cjf.gov.br

PREVIDENCIÁRIO. APOSENTADORIA POR INVALIDEZ OU AUXÍLIO-DOENÇA. SEGURADA FACULTATIVA. INEXISTÊNCIA DE INCAPACIDADE PARA O EXERCÍCIO DE SUAS ATIVIDADES HABITUAIS. 1 — Se a Autora iniciou contribuições como facultativa aos 64 anos de idade, e o laudo pericial concluiu pela ausência de incapacidade para as tarefas domésticas, correta a sentença que deu pela improcedência do pedido de concessão de aposentadoria por invalidez formulado após cerca de 3 anos de contribuições. 2 — Ainda que esteja claro que a Autora, aos 68 anos de idade, não teria condições de ingresso no mercado de trabalho, também não o tinha quando da sua inscrição como facultativa. O benefício seria devido apenas se não tivesse a Autora condições de saúde justamente para as tarefas domésticas que realizava aos 64 anos de idade. 3 — Apelação da parte Autora improvida.
(TRF — 4ª Reg.; AC — Apelação Cível n. 378.879; Proc. n. 2000.04.01.133771-0/SC; 6ª T.; Decisão: 21.8.2001; DJU 5.9.2001; Rel. Juíza Eliana Paggiarin Marinho). In www.cjf.gov.br

PREVIDENCIÁRIO. RESTABELECIMENTO DE AUXÍLIO-DOENÇA. APOSENTADORIA POR INVALIDEZ. Ainda que a perícia oficial conclua pela incapacidade definitiva do segurado para a sua atividade laborativa, a sua pouca idade indica a possibilidade de reabilitação para outra profissão que lhe garanta a subsistência. O indivíduo aposentado por invalidez precocemente torna-se alheio ao meio em que vive e a sua improdutividade conduz, muitas vezes, à depressão e a sentimentos de desvalia. Apelação e remessa oficial providas em parte.
(TRF — 4ª Reg.; AC — Apelação Cível n. 398.595; Proc. n. 2001.04.01.010749-0/SC; 6ª T.; Decisão: 4.9.2001; DJU 19.9.2001; Rel. Juiz Luiz Fernando Wowk Penteado). In www.cjf.gov.br

PREVIDENCIÁRIO. EMBARGOS. APOSENTADORIA. RMI CORRESPONDENDO AO SALÁRIO-DE-CONTRIBUIÇÃO DO DIA DO ACIDENTE. CORREÇÃO DO VALOR. DESNECESSIDADE DE PERÍCIA. AGRAVO RETIDO DESACOLHIDO. 1 — Estabelecido que o valor da aposentadoria, concedida em janeiro de 1994, deveria corresponder ao último salário-de-contribuição na data do acidente, reajustado segundo os aumentos concedidos na forma da lei, imperiosa a utilização dos índices oficiais para reajustar o salário-de-contribuição, buscando apurar o valor da RMI, e não índices diversos. 2 — Não é de ser acolhido agravo retido por cerceamento de defesa se a apuração da RMI prescinde de perícia.
(TRF — 4ª Reg.; AC — Apelação Cível n. 412.423; Proc. n. 2001.04.01.027799-0/RS; 5ª T.; Decisão: 27.9.2001; DJU 10.10.2001; Rel. Juiz Paulo Afonso Brum Vaz). In www.cjf.gov.br

PREVIDENCIÁRIO. APOSENTADORIA POR INVALIDEZ. CARÊNCIA NÃO IMPLEMENTADA. PERDA DA QUALIDADE DE SEGURADO. ART. 42 DA LEI N. 8.213/91. Improvimento do agravo retido e da apelação.
(TRF — 4ª Reg.; AC — Apelação Cível n. 353.027; Proc. n. 2000.04.01.087181-0/RS; 6ª T.; Decisão: 25.9.2001; DJU 10.10.2001; Rel. Juiz Carlos Eduardo Thompson Flores Lenz). In www.cjf.gov.br

PREVIDENCIÁRIO. APOSENTADORIA POR INVALIDEZ E SALÁRIO-FAMÍLIA. CUMULAÇÃO. CABIMENTO. CORREÇÃO MONETÁRIA. ÍNDICES. 1 — Estando o segurado em gozo de

aposentadoria por invalidez, tem direito a perceber o benefício do salário-família por sua prole menor. 2 — A correção monetária deve ser feita pelos sucessivos índices legais de atualização dos débitos previdenciários: INPC até dezembro de 1992 (Lei n. 8.213/91, art. 41, II), IRSM de janeiro de 1993 a fevereiro de 1994 (Lei n. 8.542/92, art. 9º, § 2º), URV de março a junho de 1994 (Lei n. 8.880/94, art. 20, § 5º), IPC-r de julho/94 a junho/95 com base na Lei n. 8.880/94, art. 20, §§ 5º e 6º; pelo INPC de julho/95 a abril/96, nos termos da MP n. 1.058/95, art. 8º, § 3º; e, a partir de maio/96, pelo IGP-DI, com amparo na MP n. 1.415/96 e sucessivas reedições, inclusive n. 1.540 de novembro/97.
(TRF — 4ª Reg.; AC — Apelação Cível n. 210.203; Proc. n. 97.04.67401-5/RS; 6ª T.; Decisão: 6.11.2001; DJU 16.1.2002; Rel. Juiz Néfi Cordeiro). In www.cjf.gov.br

PREVIDENCIÁRIO. APOSENTADORIA POR INVALIDEZ. TRABALHADOR RURAL. RESTABELECIMENTO. 1 — Comprovada a incapacidade decorrente da amputação total de uma perna, sem possibilidade de colocação de prótese, cabível a concessão de aposentadoria por invalidez. 2 — Apelação provida em parte.
(TRF — 4ª Reg.; AC — Apelação Cível n. 76.101; Proc. n. 93.04.39101-6/RS; 6ª T.; Decisão: 19.6.2001; DJU 4.7.2001; Rel. Juíza Eliana Paggiarin Marinho). In www.cjf.gov.br

APOSENTADORIA POR TEMPO DE CONTRIBUIÇÃO

Benefício criado pela EC n. 20, de 15 de dezembro de 1998, para os trabalhadores que ingressaram no regime da previdência social daquela data em diante, para substituir a aposentadoria por tempo de serviço (v.). O pretenso evento coberto seria o completamento de um determinado número de anos de contribuição para a previdência social, fato que não é, tecnicamente, uma contingência social (v.). Só se o nosso regime de custeio da previdência social fosse o de capitalização poder-se-ia aceitar esta prestação. O benefício é concedido aos 30 anos de contribuição para a mulher e aos 35 para o homem, com redução de cinco anos para ambos os sexos, quando se tratar de professor(a) que tenha igual tempo de exercício de trabalho na sala de aula (o mais extenuante), menos para os professores universitários. O período de carência é de 180 contribuições mensais, visto que há algumas ficções legais, ou seja, períodos em que não há contribuições como, por exemplo, o lapso de tempo em que o segurado esteja recebendo auxílio-doença, aposentadoria provisória por invalidez, salário-maternidade e outras situações discriminadas no art. 60 do Reps. Seu valor é igual a 100% do salário-de-benefício. (Arts. 56 a 61 do Reps).

APOSENTADORIA POR TEMPO DE SERVIÇO

Benefício que tem por base o complemento pelo segurado de determinado número de anos de serviço. Tecnicamente não se justifica, pois aquele fato, por si só, não constitui uma contingência. Se o benefício estivesse ligado a uma política de emprego, tendo a intenção de afastar do mercado de trabalho determinado número de pessoas mais idosas para dar lugar aos mais jovens, então não teria sido permitido o retorno à atividade a esses aposentados. Mas não era e não é o que acontece. O aposentado por tempo de serviço podia voltar à atividade, acumulando renda da aposentadoria e do trabalho. O tempo de serviço exigido para dar direito ao benefício é de, pelo menos, 30 anos para o homem e 25 para a mulher, para quem tiver completado este requisito até a data da Emenda Constitucional n. 20, de 15.12.98. Com estes tempos ambos se aposentam com 70% do salário-de-benefício, havendo um acréscimo de 6% para cada ano excedente, de forma que, aos 35 e 30 anos, respectivamente, terão 100% do salário-de-benefício. Após a vigência da EC n. 20/98, quem ainda não tiver adquirido direito à aposentadoria por tempo de serviço, ou seja, não tenha preenchido todos os requisitos legais até a data de sua promulgação, só poderá aposentar-se nesta modalidade reunindo as seguintes condições, conforme o sexo.

Aposentadoria integral	Homem:	idade: 53 anos
		tempo de contribuição: 35 anos
		acréscimo de contribuição: 20% do tempo que, em 15.12.1998, faltava para atingir o limite de 35 anos
	Mulher:	idade: 48 anos
		tempo de contribuição: 30 anos
		acréscimo de contribuição: 20% do tempo que, em 15.12.1998, faltava para atingir o limite de 30 anos.

Aposentadoria proporcional

- Homem: *idade:* 53 anos
  tempo de contribuição: 30 anos
  acréscimo de contribuição: 40% do tempo que, em 15.12.1998, faltava para atingir o limite de 30 anos
- Mulher: *idade:* 48 anos
  tempo de contribuição: 25 anos
  acréscimo de contribuição: 40% do tempo que, em 15.12.1998, faltava para atingir o limite de 25 anos
- Valor da renda: para ambos os sexos, 70% do salário-de-benefício, mais 5% por período de 12 meses de contribuição que ultrapasse os 30 ou 25 anos, respectivamente.

O período de carência é de 126 meses em 2002 (v. art. 142 da Lei n. 8.213/91). Para o segurado que se filiou à previdência social até 24 de julho de 1991 o período de carência pode ser inferior, conforme a escala do referido art. 142. O benefício é concedido, para o empregado, a partir da data do requerimento, quando não houver desligamento do emprego ou da data desse desligamento, quando requerida até essa data ou até 90 dias depois dela. Para os demais segurados vale a data da entrada do requerimento. O professor com 30 anos de serviço efetivo no magistério (menos no universitário) e a professora com 25, aposentam-se com 100% do salário-de-benefício. Conforme Súmula n. 242 do Superior Tribunal de Justiça, é cabível ação declaratória perante a Justiça Federal (não trabalhista) para comprovar tempo de serviço para fins previdenciais. (Arts. 52 a 56/62, 63, 168, 181-B, 187, 188).

JURISPRUDÊNCIA

PREVIDÊNCIA SOCIAL. O direito à aposentadoria, com salário integral, aos trinta anos de trabalho, conferido à mulher, pelo art. 165, XIX, da Constituição de 1967 (Emenda n. 1/69), não exclui a observância do teto de 95% do salário-de-benefício instituído pelo § 7º do art. 3º da Lei n. 5.890-73, com a redação dada pela Lei n. 6.210/75.
(STF — 1ª T. — RE n. 120.109/RJ; Rel. Min. Octavio Gallotti; DJ 28.9.90; Ement. Vol. 1596-01, pág. 203; j. 14.8.1990). *In* www.stf.gov.br

PREVIDENCIÁRIO. APOSENTADORIA POR TEMPO DE SERVIÇO. CONVERSÃO DO TEMPO DE SERVIÇO ESPECIAL. DIREITO ADQUIRIDO. RESTRIÇÕES IMPOSTAS PELAS ORDENS DE SERVIÇO NS. 600 E 612/98. MP N. 1.663-13, ART. 28. A Lei n. 9.711/98, bem como o Decreto n. 3.048/99, resguardam o direito adquirido dos segurados à conversão do tempo de serviço especial prestado, sob a égide da legislação anterior, observados para fins de enquadramento os Decretos em vigor à época da prestação dos serviços. Com a alteração introduzida pela MP n. 1.663-13, as Ordens de Serviço ns. 600 e 612/98, perderam sua validade, revelando-se ilegais as exigências impostas pela Autarquia Seguradora, uma vez que o art. 57, § 5º, da Lei n. 8.213/91, passou a ter a redação do art. 28 da Medida Provisória mencionada. Precedentes desta Corte. Recurso conhecido, mas desprovido.
(STJ — REsp — Recurso Especial n. 300.125; Proc. n. 2001.00.05326-2/RS; 5ª T.; Decisão: 7.8.2001; DJ 1.10.2001; Rel. Jorge Scartezzini). *In* www.cjf.gov.br

CONSTITUCIONAL. PREVIDENCIÁRIO. SALÁRIO-DE-BENEFÍCIO. QUESTÃO DE CUNHO CONSTITUCIONAL. APOSENTADORIA PROPORCIONAL POR TEMPO DE SERVIÇO. PERCENTUAL. ARTIGO 53, I e II, DA LEI N. 8.213/91. Segundo a moldura esculpida no art. 105, III, da Carta Magna, o recurso especial é cabível quando a decisão recorrida violar tratado ou lei federal, negar-lhes vigência ou prevalência sobre o direito local, ou ainda conferir-lhe exegese divergente da proclamada por outro tribunal. Em tema de benefícios previdenciários, a forma de cálculo da renda mensal inicial rege-se pelas normas vigentes ao tempo em que os benefícios foram concedidos. O cálculo do valor inicial da aposentadoria por tempo de serviço deve observar a regra do artigo 53, I e II, da Lei n. 8.213/91, que estabeleceu uma relação de proporcionalidade entre o tempo de serviço efetivamente prestado e o percentual de concessão. Recurso especial não conhecido.
(STJ — REsp — Recurso Especial n. 271.598; Proc. n. 2000.00.80013-9/RS; 6ª T.; Decisão: 26.3.2001; DJ 23.4.2001; Rel. Vicente Leal). *In* www.cjf.gov.br

PROCESSUAL CIVIL. EMBARGOS DE DECLARAÇÃO EM EMBARGOS DE DECLARAÇÃO. EFEITO INFRINGENTE. POSSIBILIDADE. APOSENTADORIA POR TEMPO DE SERVIÇO. NECESSIDADE DE COMPROVAÇÃO DO RECOLHIMENTO DAS CONTRIBUIÇÕES. Embora os embargos de declaração tenham por escopo expungir do julgamento obscuridades ou contradições, ou suprir omissão sobre tema de pronunciamento obrigatório pelo Tribunal, segundo o comando expresso no art. 535, do CPC, a tal recurso é possível conferir-se efeito modificativo ou infringente, desde que a alteração do julgamento decorra da correção daqueles citados defeitos. Os segurados especiais da previdência social, dentre eles os produtores, parceiros, meeiros e arrendatários rurais que exerçam suas atividades em regime de economia familiar, não têm assegurado o direito à contagem do tempo de serviço como rurícola em regime de economia familiar de forma a desobrigar-se do cumprimento do prazo de carência do benefício, cuja concessão vincula-se à observância dos requisitos inscritos nos artigos 52 e 25, II, da Lei n. 8.213/91, no que tange ao período trabalhado e ao recolhimento das contribuições mensais. Embargos acolhidos. Recurso especial não conhecido.
(STJ — EEREsp — Embargos de Declaração nos Embargos de Declaração nos EDREsp n. 179.275; Proc. n. 1998.00.46390-9/SP; 6ª T.; Decisão: 28.6.2001; DJ 20.8.2001; Rel. Vicente Leal). In www.cjf.gov.br

PROCESSUAL CIVIL. RECURSO ESPECIAL. TEMPO DE SERVIÇO. RURÍCOLA. MENOR DE 12 ANOS. LEI N. 8.213/91, ART. 11, INCISO VII. PRECEDENTES. SÚMULA N. 7/STJ. 1 — Demonstrado o exercício da atividade rural do menor de doze anos, em regime de economia familiar, o tempo de serviço é de ser reconhecido para fins previdenciários, porquanto as normas que proíbem o trabalho do menor foram editadas para protegê-lo e não para prejudicá-lo. Precedentes. 2 — Recurso especial conhecido.
(STJ — REsp — Recurso Especial n. 331.568; Proc. n. 2001.00.93416-0/RS; 6ª T.; Decisão: 23.10.2001; DJ 12.11.2001; Rel. Fernando Gonçalves). In www.cjf.gov.br

RECURSO ESPECIAL. PREVIDENCIÁRIO. APOSENTADORIA POR TEMPO DE SERVIÇO. VALORAÇÃO DE PROVA. INÍCIO DE PROVA MATERIAL. EXISTÊNCIA. 1 — "A comprovação do tempo de serviço para os efeitos desta Lei, inclusive mediante justificação administrativa ou judicial, conforme o disposto no art. 108, só produzirá efeito quando baseada em início de prova material, não sendo admitida prova exclusivamente testemunhal, salvo na ocorrência de motivo de força maior ou caso fortuito, conforme disposto no Regulamento" (artigo 55, § 3º, da Lei n. 8.213/91). 2 — O início de prova material, de acordo com a interpretação sistemática da lei, é aquele feito mediante documentos que comprovem o exercício da atividade nos períodos a serem contados, devendo ser contemporâneos dos fatos a comprovar, indicando, ainda, o período e a função exercida pelo trabalhador. 3 — As certidões que nada dispõem acerca da função exercida pelo trabalhador e do período trabalhado não se inserem no conceito de início razoável de prova material. 4 — A jurisprudência desta Corte é firme no sentido de que as declarações prestadas pelos ex-empregadores somente podem ser consideradas como início de prova material, quando contemporâneas à época dos fatos alegados. Precedente da 3ª Seção. 5 — Recurso conhecido e provido.
(STJ — REsp — Recurso Especial n. 280.420; Proc. n. 2000.00.99734-0/SP; 6ª T.; Decisão: 26.3.2001; DJ 10.9.2001; Rel. Hamilton Carvalhido). In www.cjf.gov.br

ADMINISTRATIVO. PREVIDENCIÁRIO. CONCESSÃO DE APOSENTADORIA POR TEMPO DE SERVIÇO COM PROVENTOS PROPORCIONAIS. COMPROVAÇÃO DO TEMPO DE SERVIÇO NECESSÁRIO À DATA DO REQUERIMENTO ADMINISTRATIVO. Possibilidade, in casu, da conversão de tempo de trabalho exercido em condições especiais em tempo comum. Presença de requisitos legais para a concessão do benefício. Apelo e remessa necessária improvidos.
(TRF — 2ª Reg.; AC — Apelação Cível n. 239.623; Proc. n. 2000.02.01.038588-1/RJ; 4ª T.; Decisão: 25.10.2000; DJU 15.2.2001; Rel. Juiz Rogério Carvalho). In www.cjf.gov.br

EMBARGOS DE DECLARAÇÃO. PREVIDENCIÁRIO. APOSENTADORIA POR TEMPO DE SERVIÇO. PROPORCIONALIDADE. OMISSÃO VERIFICADA. INTEGRAÇÃO DO JULGADO. CONCLUSÃO INALTERADA. 1 — Nos estritos termos do art. 53 e inciso I, da Lei n. 8.213, de 24.7.1991, a aposentadoria por tempo de serviço para mulher consistirá numa renda mensal de 70% (setenta por cento) do salário-de-benefício aos 25 (vinte e cinco) anos de serviço, mais 6% (seis por cento) deste, para cada novo ano completo de atividade, até o máximo de 100% (cem por cento) do salário-de-benefício aos 30 (trinta) anos de serviço. 2 — A proporcionalidade de 70% (setenta por cento) atingida na apuração da renda mensal da aposentadoria titula-

da pela autora-embargante evidencia-se em perfeita consonância com a regra genericamente estatuída em lei, face ao tempo de serviço considerado de 25 anos, 4 meses e 27 dias. 3 — Reconhecida a omissão do julgado proferido por esta E. 1ª T., no que tange à questão atinente ao percentual do salário-de-benefício na concessão de aposentadoria por tempo de serviço, restando, todavia, inalterada a conclusão do julgado, que merece manutenção integral em que pese sua substância ter sido, de fato, integrada por meio apreciação dos embargos opostos contra o referido decisório. 4 — Embargos providos, com Voto integrado e Acórdão mantido em sua disposição. Decisão unânime.
(TRF — 2ª Reg.; AC — Apelação Cível n. 159.036; Proc. 98.02.00411-1/RJ; 1ª T.; Decisão: 11.12.2000; DJU 8.2.2001; Rel. Juiz Ney Fonseca). In www.cjf.gov.br

PREVIDENCIÁRIO. APOSENTADORIA POR TEMPO DE SERVIÇO. ART. 53 DA LEI N. 8.213/91. NA REDAÇÃO ORIGINAL. REVISÃO DA RENDA MENSAL INICIAL — ART. 202 DA CONSTITUIÇÃO FEDERAL. VALOR-TETO DE BENEFÍCIO. REVISÃO DE BENEFÍCIO. ART. 201 DA CONSTITUIÇÃO FEDERAL. APLICABILIDADE DA SÚMULA N. 17 DESTA CORTE. I — Descabe qualquer argüição de inaplicabilidade da redação original do art. 53 da Lei n. 8.213/91, que regula a concessão de aposentadoria por tempo de serviço, especialmente face à natureza estatutária da disciplina jurídico-previdenciária, bem como porque inexiste qualquer ilegalidade *(lato sensu)* naquela disciplina normativa. II — O art. 202 da Constituição Federal determina, de forma clara e independente de regulamentação, que a renda mensal inicial seja calculada com base na média dos últimos trinta e seis salários-de-contribuição, corrigidos monetariamente mês a mês. III — A revisão das aposentadorias é direito dos segurados do INSS, de modo a mantê-las correspondentes aos valores inicialmente estabelecidos. Natureza alimentar do benefício previdenciário. IV — O valor do salário-de-benefício, e conseqüentemente o valor do benefício, não pode ser constrangido pelo limite máximo do salário-de-contribuição imposto pela legislação previdenciária vigente ao momento de concessão, vez que, à vista do comando constitucional, devem ser absolutamente respeitadas as contribuições efetivamente efetuadas pelo segurado. V — Aplicabilidade da Súmula n. 17 deste Tribunal, observada a utilização do Piso Nacional do Salário Mínimo. Precedentes desta Corte. VI — Cuidando-se de hipótese de dívida pecuniária, a correção monetária incide desde quando devidas as prestações de benefício previdenciário pagas a menor. VII — Correção monetária de diferenças pelos critérios advindos da aplicação simultânea das Súmulas n. 148 e n. 43 do E. STJ e, subsidiariamente, os percentuais do IPC nos meses dos denominados expurgos inflacionários ocasionados pelos diversos Planos Governamentais de Estabilização Econômica. VIII — A forma de pagamento das diferenças apuradas observará os ditames da novel dicção do art. 128 da Lei n. 8.213, de 24.7.1991, dada pela Lei n. 10.099, de 19.12.2000, que autoriza e disciplina a execução de créditos previdenciários reconhecidos judicialmente em ações de concessão e de revisão de benefício, de valor até R$ 5.180,25 (cinco mil, cento e oitenta reais e vinte e cinco centavos) por autor-exeqüente, a serem quitados independente de expedição de precatório. Verba honorária de 10% (dez por cento) do valor da condenação. IX — Apelação parcialmente provida.
(TRF — 2ª Reg.; AC — Apelação Cível n. 215.924; Proc. 1999.02.01.051870-0/RJ; 1ª T.; Decisão: 12.2.2001; DJU 20.3.2001; Rel. Juiz Ney Fonseca). In www.cjf.gov.br

PREVIDENCIÁRIO. APOSENTADORIA POR TEMPO DE SERVIÇO. ELEMENTOS QUE NÃO SUPREM O PROCEDIMENTO ADMINISTRATIVO. I — Nos autos não se contém a comprovação dos requisitos que conduzam a afirmar-se a legitimidade do deferimento do benefício suspenso pela autarquia. II — Matéria de prova junto ao órgão previdenciário, sendo insuficientes à comprovação do procedimento administrativo as peças colacionadas pela autora.
(TRF — 2ª Reg.; AC — Apelação Cível n. 193.368; Proc. 99.02.05876-0/RJ; 1ª T.; Decisão: 16.10.2000; DJU 6.3.2001; Rel. Juíza Julieta Lídia Lunz). In www.cjf.gov.br

PREVIDENCIÁRIO. CONVERSÃO DE TEMPO DE SERVIÇO PRESTADO SOB CONDIÇÕES ESPECIAIS. APOSENTADORIA POR TEMPO DE SERVIÇO. I — A atividade considerada nociva, a ensejar aposentadoria especial, não precisa estar entre aquelas previstas no regulamento específico da Previdência, uma vez que a lista ali exposta não é taxativa, mas exemplificativa, concluindo-se pelas condições especiais de trabalho através de provas anexadas aos autos. II — É permitida a conversão de tempo de serviço prestado sob condições especiais em comum, para fins de concessão de aposentadoria. III — Art. 57, §§ 3º e 5º da Lei n. 8.213/91. IV — Improvimento da apelação e remessa necessária.
(TRF — 2ª Reg.; AMS — Apelação em Mandado de Segurança n. 35.033; Proc. 2000.02.01.037478-0/RJ; 3ª T.; Decisão: 6.3.2001; DJU 29.3.2001; Rel. Juíza Tania Heine). In www.cjf.gov.br

PREVIDENCIÁRIO. REVISÃO DE RMI DE APOSENTADORIA POR TEMPO DE SERVIÇO. EQUIVALÊNCIA AO NÚMERO DE SALÁRIOS MÍNIMOS VERIFICADO NA DATA DA CONCESSÃO DO ABONO DE PERMANÊNCIA EM SERVIÇO. IMPOSSIBILIDADE. 1 — Não pode ser acolhido o pedido de vinculação inicial da aposentadoria ao número de salários mínimos verificado na época da concessão do abono de permanência em serviço. Inexiste na legislação previdenciária qualquer dispositivo legal que autorize esta vinculação. Trata-se de benefícios totalmente distintos, que diferem na fórmula para a fixação do valor inicial, não havendo nenhum dispositivo legal que determine que o abono de permanência sirva como base de cálculo para qualquer outro benefício. 2 — Apelação parcialmente provida.
(TRF — 2ª Reg.; AC — Apelação Cível n. 194.100; Proc. n. 99.02.06807-3/RJ; 2ª T.; Decisão: 25.5.2001; DJU 21.6.2001; Rel. Juiz Cruz Netto). In www.cjf.gov.br

PROCESSUAL CIVIL. MANDADO DE SEGURANÇA. DESCABIMENTO. AUSÊNCIA DE COMPROVAÇÃO DE DIREITO LÍQUIDO E CERTO. 1 — Descabe mandado de segurança, quando o pedido exija comprovação dos fatos e situações. Destarte, torna-se improsperável, pela via escolhida, a pretensão do impetrante — concessão de benefício previdenciário por tempo de serviço — uma vez que para isto necessite-se de dilação probatória. 2 — Apelação improvida.
(TRF — 2ª Reg.; AMS — Apelação em Mandado de Segurança n. 36.985; Proc. n. 2000.02.01.055138-0/RJ; 4ª T.; Decisão: 29.11.2000; DJU 1.3.2001; Rel. Juiz Rogério Carvalho). In www.cjf.gov.br

PROCESSUAL CIVIL E PREVIDENCIÁRIO. Pedido de aposentadoria por tempo de serviço de trabalhador avulso requerido administrativamente pelo próprio e indeferido pelo INSS. Comprovação da atividade laborativa no período vindicado. Pagamento de atrasados à companheira e filho desde a data do requerimento administrativo até o falecimento do segurado. Cabimento. Remessa necessária improvida.
(TRF — 2ª Reg.; REO — Remessa Ex Officio n. 238.547; Proc. n. 2000.02.01.036073-2/RJ; 4ª T.; Decisão: 20.6.2001; DJU 28.8.2001; Rel. Juiz Rogério Carvalho). In www.cjf.gov.br

PROCESSUAL CIVIL. SENTENÇA. NULIDADE INTERESSE DE AGIR. Incide em nulidade sentença que, no relatório, não faz menção ao nome dos litigantes. Dizendo a petição inicial resistir a Autarquia Ré à pretensão de reconhecimento do tempo de serviço, para fins de aposentadoria especial, independentemente da prova do contato com agentes nocivos, presente se faz o interesse de agir. Recurso provido.
(TRF — 2ª Reg.; AC — Apelação Cível n. 238.551; Proc. n. 2000.02.01.036077-0/RJ; 4ª T.; Decisão: 18.10.2000; DJU 15.2.2001; Rel. Juiz Rogério Carvalho). In www.cjf.gov.br

APOSENTADO. PERMANÊNCIA NO EMPREGO. REVISÃO DE BENEFÍCIO. APOSENTADORIA POR TEMPO DE SERVIÇO. COEFICIENTE DE CÁLCULO. ART. 33 DO DECRETO N. 89.312/84. RETROATIVIDADE DA LEI N. 8.213/91. ART. 5º, XXXVI, CF/88. DIREITO ADQUIRIDO. CORREÇÃO MONETÁRIA. JUROS. CUSTAS PROCESSUAIS. HONORÁRIOS ADVOCATÍCIOS. RECURSO DO AUTOR PROVIDO. INVERSÃO DO ÔNUS DA SUCUMBÊNCIA. SENTENÇA REFORMADA. Em matéria previdenciária, deve ser aplicada a lei vigente no momento em que o segurado implementou as condições nela previstas para efeito de concessão do benefício. Mesmo que a lei posterior determine, expressamente, a sua retroatividade, deverá respeitar o ato jurídico perfeito, o direito adquirido e a coisa julgada (artigo 5º, XXXVI, CF/88). Aplicação do princípio da irretroatividade da lei in pejus. A correção monetária das prestações vencidas deve ser fixada nos termos da Súmula n. 8 deste Tribunal, Lei n. 6.899/81, Lei n. 8.213/91 e legislação superveniente, respeitada a prescrição qüinqüenal. Os juros de mora são devidos no percentual de 6% ao ano, contados da citação. Honorários advocatícios fixados em 15% sobre o valor total da condenação, conforme a jurisprudência deste Tribunal. Sem custas, em face do disposto no artigo 128 da Lei n. 8.213/91. Recurso do Autor provido. Sentença reformada.
(TRF — 3ª Reg. — 5ª T.; Ap. Cível n. 98.03.101861-2/SP; Rela. Desa. Ramza Tartuce; j. 29.3.1999; v. u.). BAASP 2114/1044-j, de 5.7.1999.

PREVIDENCIÁRIO. APOSENTADORIA POR TEMPO DE SERVIÇO. INÍCIO RAZOÁVEL DE PROVA MATERIAL. I — Constituem início razoável de prova material a declaração da sucessora do falecido empregador e o título eleitoral do segurado que, acrescidos de prova testemunhal, são suficientes para comprovar o alegado vínculo empregatício. II — Recurso improvido.
(TRF — 3ª Reg. — 2ª T.; Ap. Cível n. 90.03.22458-7/SP; Rel. Juiz Aricê Amaral; j. 30.6.1992; v. u.; DOE, Poder Judic., Caderno 1, 10.8.1992, pág. 117, ementa). BAASP 1763/384, de 7.10.1992.

CIVIL. PREVIDENCIÁRIO. RECONHECIMENTO DE TEMPO DE SERVIÇO. ELEVAÇÃO DO COEFICIENTE DE CÁLCULO DA APOSENTADORIA POR TEMPO DE SERVIÇO. ARTIGO

33, § 1º, DO DECRETO N. 89.312/84. HONORÁRIOS ADVOCATÍCIOS. DESPESAS PROCESSUAIS. Há nos autos razoável início de prova material, harmônica com a testemunhal coligida, que permitem a conclusão de que o autor laborou, no período de 31.12.1945 a 11.12.1952, num total de 6 (seis) anos, 11 (onze) meses e 11 (onze) dias. Consoante o disposto no artigo 33, § 1º, do Decreto n. 89.312/84 a concessão de aposentadoria por tempo de serviço pressupõe a comprovação do recolhimento de 60 (sessenta) contribuições mensais, e o exercício de atividade laborativa durante 30 (trinta) anos, cuja renda mensal consiste em 95% (noventa e cinco por cento) do salário-de-benefício para a segurada, e 80% (oitenta por cento) do salário-de-benefício para o segurado, acrescido de 3% (três por cento) deste para cada novo ano completo de atividade até o máximo de 95% (noventa e cinco por cento), aos 35 (trinta e cinco anos) de serviço. O requerente percebe aposentadoria por tempo de serviço, desde 4.5.1984, com o percentual de 83% (oitenta e três por cento) do salário-de-benefício e o tempo de 31 (trinta e um) anos, 4 (quatro) meses e 23 (vinte e três). Este montante somado ao ora reconhecido (seis anos, onze meses e onze dias) totaliza 38 (trinta e oito) anos, 4 (quatro) meses e 4 (quatro) dias, suficientes para elevar o percentual para 95% (noventa e cinco por cento), que deverá ser pago, a partir do deferimento do benefício, quando o recorrente perfez os requisitos exigidos no artigo 33, § 1º, do Decreto n. 89.312/84. O autor demonstrou 27 (vinte e sete) anos, 1 (um) mês e 5 (cinco) dias de atividade urbana, entre 15.6.1974 e 1.4.1976 e de 6.4.1976 a 30.7.1994, sendo que a última sob condições especiais, enquadrada no código 1.1.8 do Decreto n. 53.831/64, com direito à conversão do tempo especial em comum (artigo 57, § 3º, da Lei n. 8.213/91 c/c o artigo 64 do Decreto n. 611/92). As prestações devidas em atraso deverão ser acrescidas de juros de mora de 0,5% (meio por cento) ao mês, desde a citação, com correção monetária, nos moldes da Lei n. 6.899/81, após, pelo artigo 41 da Lei n. 8.213/91, observadas as modificações das Leis ns. 8.542/92, 8.880/94 e, ainda, a legislação subseqüente, respeitada a prescrição qüinqüenal. Responderá a autarquia pelo pagamento de honorários advocatícios fixados em 15% (quinze por cento) sobre o valor da condenação e das despesas processuais em reembolso está isenta em razão de o requerente litigar sob os auspícios da justiça gratuita. Apelo provido. Sentença reformada. Ação julgada procedente.
(TRF — 3ª Reg.; AC — Apelação Cível n. 99.282; Proc. 93.03.012739-0/SP; 5ª T.; Decisão: 20.3.2001; DJU 20.11.2001; Rel. Juiz André Nabarrete). In www.cjf.gov.br

EMBARGOS DE DECLARAÇÃO. CONVERSÃO DO ABONO DE PERMANÊNCIA EM SERVIÇO EM APOSENTADORIA POR TEMPO DE SERVIÇO. MATÉRIA NÃO ABORDADA PELA SENTENÇA. I — O Embargante em nenhum momento, mas apenas nestes embargos de declaração, argüiu critério de cálculo de benefício, matéria sequer abordada pela sentença monocrática. II — Tanto a r. sentença, quanto o v. acórdão, assentaram a legalidade da conversão do abono de permanência em serviço a que fazia jus o Autor para aposentadoria por tempo de serviço, nada mencionado a respeito de cálculos, não havendo, assim, as omissões apontadas. III — Embargos desprovidos, e com imposição de multa de 1% (um por cento) do valor atualizado da causa, art. 538, parágrafo único do CPC.
(TRF — 2ª Reg.; EDAC — Embargos de Declaração na Apelação Cível; Proc. 90.02.05786-5/RJ; 5ª T.; Decisão: 25.4.2001; DJU 5.6.2001; Rel. Juiz Ivan Athié). In www.cjf.gov.br

MANDADO DE SEGURANÇA. APOSENTADORIA POR TEMPO DE SERVIÇO. CÔMPUTO DE ATIVIDADE ESPECIAL. LIMITE DE IDADE. INEXIGIBILIDADE. 1 — A legislação previdenciária vigente à época do requerimento do benefício não previa limite mínimo de idade para a concessão de aposentadoria, ainda que seja computado período de trabalho sob condições especiais. 2 — Apelação e remessa ex officio improvidas. Sentença mantida.
(TRF — 3ª Reg.; AMS — Apelação em Mandado de Segurança n. 181.301; Proc. 97.03.052188-6/SP; 2ª T.; Decisão: 13.2.2001; DJU 8.6.2001; Rel. Juíza Sylvia Steiner). In www.cjf.gov.br

PREVIDENCIÁRIO. APOSENTADORIA. TEMPO DE SERVIÇO. COMPROVAÇÃO DA ATIVIDADE. ATIVIDADE INSALUBRE. CUSTAS PROCESSUAIS. HONORÁRIOS ADVOCATÍCIOS. A prova testemunhal acompanhada de início de prova documental, ainda que esta não seja contemporânea aos fatos, é hábil à comprovação da atividade rural. A atividade insalubre desenvolvida pelo autor restou sobejamente comprovada através das SBs-40 acostadas aos autos. Convertendo-se o período de atividade insalubre e somando-o aos demais períodos, atinge-se tempo suficiente a ensejar a concessão do benefício ao autor. A Autarquia previ-

denciária não esta isenta do pagamento dos honorários advocatícios, ainda que o autor seja beneficiário da justiça gratuita. Remessa Oficial e Apelação da Autarquia improvidas.
(TRF — 3ª Reg.; AC — Apelação Cível n. 537.262; Proc. 1999.03.99.095363-9/SP; 1ª T.; Decisão: 10.10.2000; DJU 20.2.2001; Rel. Juiz Roberto Haddad). In www.cjf.gov.br

PREVIDENCIÁRIO. APOSENTADORIA POR TEMPO DE SERVIÇO. COMPROVAÇÃO DA ATIVIDADE. MOTORISTA. A profissão de motorista, por si só, não induz à insalubridade, eis que se faz necessária a confecção de laudo pericial, tendo em vista que somente considera-se insalubre o motorista de caminhão de carga. Havendo somente o contrato na CTPS do requerente de que o mesmo era motorista não induz ao desempenho de atividade insalubre. Apelo improvido.
(TRF — 3ª Reg.; AC — Apelação Cível n. 489.440; Proc. n. 1999.03.99.044089-2/SP; 1ª T.; Decisão: 31.10.2000; DJU 6.3.2001; Rel. Juiz Roberto Haddad). In www.cjf.gov.br

PREVIDENCIÁRIO. APOSENTADORIA POR TEMPO DE SERVIÇO. COMPROVAÇÃO DA ATIVIDADE. HONORÁRIOS ADVOCATÍCIOS. ATIVIDADE INSALUBRE. CUSTAS PROCESSUAIS. TERMO INICIAL. A prova documental constante dos autos é suficiente a comprovar o efetivo exercício das atividades bem como o preenchimento do período de carência e o recolhimento das contribuições previdenciárias. Havendo nos autos as SBs-40 e os respectivos laudos, não há que se aludir não constar as atividades dos Decretos reguladores das profissões insalubres. É entendimento reiterado desta Turma, a fixação dos honorários advocatícios em 15% sobre o total da condenação. A Autarquia previdenciária está isenta do pagamento das custas processuais. O termo inicial do benefício deve ser mantido a partir da citação, ante a inexistência de pedido administrativo. Remessa Oficial parcialmente provida. Apelo da Autarquia parcialmente provido. Recurso Adesivo improvido.
(TRF — 3ª Reg.; AC — Apelação Cível n. 470.492; Proc. n. 1999.03.99.023315-1/SP; 1ª T.; Decisão: 17.10.2000; DJU 15.3.2001; Rel. Juiz Roberto Haddad). In www.cjf.gov.br

PREVIDENCIÁRIO. APOSENTADORIA POR TEMPO DE SERVIÇO. COMPROVAÇÃO DA ATIVIDADE. TERMO INICIAL. CORREÇÃO MONETÁRIA. JUROS DE MORA. HONORÁRIOS ADVOCATÍCIOS. Restou sobejamente comprovado o efetivo exercício de atividade sob condições de insalubridade (ruído excessivo), através da SB-40. O termo inicial do benefício deve ser fixado a partir do requerimento administrativo. Precedentes desta Corte. O valor do benefício deve ser calculado segundo os critérios estabelecidos no artigo 53, II, da Lei n. 8.213/91, eis que o trabalhador comprovou mais de 35 anos de atividade. Segundo entendimento desta Turma, os honorários advocatícios são fixados em 15% sobre o total da condenação em causas desta complexidade, segundo a moderação contida no artigo 20, § 4º, do Código de Processo Civil, sem incidência sobre prestações vincendas. A correção monetária deverá obedecer os critérios estabelecidos na Lei n. 8.213/91, artigo 41, § 7º, e posteriores alterações. Juros incidentes a contar da citação, à ordem de 6% a/a. Artigos 1.062 e 1.536, do Código Civil e 219 do Código de Processo Civil. A teor do artigo 8º, § 1º, da Lei n. 8.620/93, a Autarquia Federal está isenta do pagamento de custas processuais. Apelo provido.
(TRF — 3ª Reg.; AC — Apelação Cível n. 524.223; Proc. n. 1999.03.99.081939-0/SP; 1ª T.; Decisão: 17.4.2001; DJU 29.6.2001; Rel. Juiz Roberto Haddad). In www.cjf.gov.br

PREVIDENCIÁRIO. APOSENTADORIA POR TEMPO DE SERVIÇO. INSALUBRIDADE. REQUISITOS COMPROVADOS. I — O autor exerceu durante um período a atividade de conserveiro, a qual através da SB-40 foi comprovada que é insalubre. II — É devido o adicional a empregado que, de acordo com a prova documental, submete-se a trabalho em condições insalubres. III — Requisitos para a concessão do benefício comprovados, através de prova documental. IV — Apelação e remessa oficial improvidos.
(TRF — 3ª Reg.; AC — Apelação Cível n. 610.103; Proc. n. 2000.03.99.041986-0/SP; 1ª T.; Decisão: 20.3.2001; DJU 31.5.2001; Rel. Juiz Roberto Haddad). In www.cjf.gov.br

PREVIDENCIÁRIO. AVERBAÇÃO E APOSENTADORIA POR TEMPO DE SERVIÇO INTEGRAL. PROVA MATERIAL E TESTEMUNHAL. TEMPO DE SERVIÇO UTILIZADO PARA A CONCESSÃO DE APOSENTADORIA EM OUTRO SISTEMA. ART. 96, INCISO III, DA LEI N. 8.213/91. TEMPO DE FILIAÇÃO INFERIOR A 35 ANOS. VERBAS DE SUCUMBÊNCIA: ISENÇÃO. RECURSO DO INSS PROVIDO. 1 — A certidão de fls. 92 consubstancia-se em razoável início de prova material que, somada aos testemunhos de fls. 38/42, evidencia que o autor efetivamente trabalhou na alfaiataria J. B. Magazine de 1º.9.49 a dezembro de 1953. 2 — O período compreendido entre julho de 1954 a novembro de 1961, em que o Autor foi sócio da Empresa Martoni & Filhos, já utilizado para fins de concessão da aposentadoria anterior obtida sob outro sistema previdenciário, não pode compor o tempo aquisitivo do direito à aposentadoria regulada pelo Regime Geral da Previdência Social pleiteada na presente ação, conforme vedação expressa prevista no inciso III, do art. 96 da Lei n. 8.213/91. 3 — Na hipótese o tempo de serviço prestado pelo Autor na Firma João Brufatto & Cia. Ltda. (J. B. Magazine), de 1º.9.49 a dezembro de 1953, com o período em que ele esteve inscrito no IAPI, como empregador, de janeiro de 1963 a dezembro de 1964, e o tempo de trabalho autônomo exercido de maio de 1965 até dezembro de 1978, mais o período em que ele foi sócio do Escritório de Representações Edmar Ltda., de janeiro de 1979 a maio de 1992, não totalizam o tempo de 35 (trinta e cinco) anos de filiação à Previdência Social, exigido para a concessão da aposentadoria por tempo de serviço integral. 4 — O Autor está isento do pagamento das verbas de sucumbência por ser beneficiário da Justiça Gratuita. 5 — Recurso do INSS provido.

(TRF — 3ª Reg.; AC — Apelação Cível n. 271.493; Proc. n. 95.03.069676-3/SP; 5ª T.; Decisão: 17.4.2001; DJU 15.6.2001; Rel. Juíza Ramza Tartuce). In www.cjf.gov.br

PREVIDENCIÁRIO. PEDIDO DE RECONHECIMENTO DE TEMPO DE SERVIÇO RURAL E URBANO COMO "FRENTISTA" A SER SOMADO A PERÍODOS REGISTRADOS EM CTPS, A FIM DE SER O INSS CONDENADO A PRESTAR APOSENTADORIA POR TEMPO DE SERVIÇO. PRELIMINARES REPELIDAS. PRESCRIÇÃO INEXISTENTE. DEMONSTRAÇÃO INEQUÍVOCA DO TEMPO RURAL VEICULADA POR TESTEMUNHOS E INÍCIO DE PROVA DOCUMENTAL. TEMPO TRABALHADO COMO "FRENTISTA"TAMBÉM RECONHECIDO. TEMPO TRABALHADO QUANDO O AUTOR ERA MENOR DEVE SER APROVEITADO EM SEU FAVOR. NATUREZA INSALUBRE E PERIGOSO DA ATIVIDADE DO "FRENTISTA". CONDENAÇÃO DO INSS EM HONORÁRIOS DE VALOR FIXO, RESTANDO INÚTIL INSURGÊNCIA DO ÓRGÃO SOBRE "PRESTAÇÕES VINCENDAS" COMO BASE DE CÁLCULO. 1 — O prévio exaurimento da via administrativa perante o INSS não pode ser considerado requisito para ingresso em Juízo a fim de vindicar benefício previdenciário, sua conversão em outro ou revisão de renda mensal, sob pena de afronta ao inc. XXXV do art. 5º da Constituição Federal. Aplicação das Súmulas ns. 213/TFR e 9/TRF da 3ª Região. 2 — É perfeitamente possível o uso de ação declaratória para reconhecimento judicial do tempo urbano ou rural — porque o reconhecimento de um fato (o tempo de serviço) assume evidentes repercussões quanto ao direito, qual seja, cômputo do tempo que vai repercutir na situação do autor perante a possibilidade de obter, dentro do sistema de seguridade social, um benefício de caráter previdenciário, sendo esse o pedido principal veiculado na demanda. Nessa perspectiva, a ação deve ser mesmo movida contra o INSS porquanto o autor vindica reconhecimento de tempo do serviço prestado através do trabalho que hoje é vinculado ao Regime Geral da Previdência Social, o qual é atendido pela autarquia, visando sua condenação a implantá-lo. 3 — O reconhecimento de tempo laboral para futuro pleito de benefício previdenciário deve ser manejado contra o INSS, e não contra o ex-empregador; o autor não quer anotação do emprego em CTPS, e sim validar judicialmente um labor que tentará aproveitar no âmbito do Regime Geral da Previdência Social, o que basta para revelar a legitimidade passiva da autarquia. 4 — Declaração de tempo do serviço é matéria que não prescreve, tratando-se do autêntico fundo de direito, pois apenas eventuais conseqüências pecuniárias é que serão atingidas pelo tempo. 5 — Testemunhos de contemporâneos do autor, aliados à prova documental consistente em certidões e certificados do origem pública, permitem se reconheça sua condição do trabalhador rural e urbano e o tempo do serviço desejado sob os dois aspectos, achando-se satisfeitos o art. 55, § 3º do PBPS e a Súmula n. 149/STJ. 6 — O trabalho como "frentista" — com exposição diária e constante a derivados do petróleo, líquidos e gasosos — evidentemente é tarefa perigosa por haver trato direto com elementos altamente intoxicantes ou combustíveis. Tanto assim que a atividade laboral no comércio a varejo de combustíveis é classificada como risco grave face à periculosidade do trabalho, nos termos do item 50.50-4 do anexo V do Dec. n. 3.048/99 (RPS). 7 — Normas legais de proibição do trabalho infantil, limitando o termo inicial para que o mesmo seja legalmente tolerado, não podem retroagir em desfavor de quem laborou na infância, pois se isso ocorresse acabaria por prejudicar justamente os hipossuficientes de épocas passadas sem qualquer proveito prático para a geração moderna. 8 — A insurgência do INSS quanto à base de cálculo dos honorários, pretendendo afastamento de incidência sobre prestações vincendas, mostra que a sentença

não foi sequer lida direito, já que nela os honorários foram fixados em R$ 100,00 e por isso essa parte do apelo que não corresponde a texto do dispositivo da sentença — não merece ser conhecida. 9 — Recurso conhecido em parte. Preliminares e prescrição rejeitadas. Apelo improvido.
(TRF — 3ª Reg.; AC — Apelação Cível n. 300.771; Proc. n. 96.03.008298-8/SP; 5ª T.; Decisão: 27.3.2001; DJU 8.5.2001; Rel. Juiz Johonsom di Salvo). In www.cjf.gov.br

PREVIDENCIÁRIO. REVISÃO. TEMPO DE SERVIÇO. MARCO. JUROS MORATÓRIOS. PRESCRIÇÃO QÜINQÜENAL. DESPESAS PROCESSUAIS. HONORÁRIOS ADVOCATÍCIOS. I — Somando-se o período rural ao período laborado em atividades comuns, verifica-se que o autor faz jus à Aposentadoria por Tempo de Serviço integral por ter somado mais de 35 anos de trabalho. II — Quanto ao marco inicial da revisão ser considerado a partir de 9.10.97, por não ter sido objeto do pedido do autor, o mesmo não poderia ter sido deferido pelo meritíssimo Juízo monocrático e, portanto, não pode ser mantido por este Juízo, sob pena de se estar caracterizando julgamento *ultra petita*. Assim, é de se tê-lo a partir da data de concessão do benefício, eis que o período reconhecido já havia sido requerido administrativamente. III — Juros incidentes a contar da citação, à ordem de 6% a/a. Artigos 1.062 e 1.536, do Código Civil e 219 do Código de Processo Civil. IV — O decurso de prazo superior a 5 (cinco) anos não obsta o ajuizamento da ação, eis que a prescrição tem efeito meramente patrimonial, imperceptíveis as parcelas não compreendidas no qüinqüênio anterior ao ajuizamento da ação. V — Sendo os autores beneficiários da assistência judiciária gratuita, é entendimento consolidado que está a autarquia previdenciária isenta do pagamento de custas processuais e, inclusive, do reembolso das despesas antecipadas. VI — Os honorários advocatícios devem ser mantidos ao índice arbitrado pelo MM. Juízo monocrático, dado que fixados moderadamente e em conformidade ao artigo 20, § 4º do CPC. VII — Remessa oficial à qual se dá parcial provimento.
(TRF — 3ª Reg.; REO — Remessa *Ex Officio* n. 624.590; Proc. n. 2000.03.99.053255-9/SP; 1ª T.; Decisão: 28.8.2001; DJU 31.1.2002; Rel. Juiz Roberto Haddad). In www.cjf.gov.br

PREVIDENCIÁRIO. PROCESSUAL CIVIL. AÇÃO DECLARATÓRIA. RECONHECIMENTO DE TEMPO DE SERVIÇO. PROVA DOCUMENTAL E TESTEMUNHAL. COMPROVAÇÃO DE RECOLHIMENTO DE CONTRIBUIÇÃO À PREVIDÊNCIA SOCIAL PELO EMPREGADO. HONORÁRIOS ADVOCATÍCIOS. 1 — A prova testemunhal, acompanhada de um início de prova material é suficiente para comprovação do tempo de serviço do trabalhador rural. 2 — Comprovado o tempo de serviço por testemunhas e ratificado por documentos juntados aos autos, faz jus o autor ao reconhecimento do tempo de serviço prestado como rurícola. 3 — A responsabilidade pelo recolhimento das contribuições à previdência social não pode ser cometida, *in casu*, ao trabalhador, e sim ao seu empregador, a quem cabe, à evidência, sua comprovação, segundo o artigo 39 do Decreto n. 356/91. 4 — Honorários advocatícios fixados no percentual de 15% sobre o valor da causa. Artigo 20, § 4º, do CPC. Vedada a vinculação do salário mínimo para qualquer fim. Artigo 7º, IV, da CF. 5 — Apelação improvida. Remessa oficial parcialmente provida.
(TRF — 3ª Reg.; AC — Apelação Cível n. 453.609; Proc. n. 1999.03.99.005143-7/SP; 1ª T.; Decisão: 22.2.2000; DJU 20.2.2001; Rel. Juiz Oliveira Lima). In www.cjf.gov.br

PREVIDENCIÁRIO. RECONHECIMENTO DE TEMPO DE SERVIÇO PRESTADO EM PORTUGAL. RECIPROCIDADE DIANTE DO ACORDO REALIZADO ENTRE BRASIL E PORTUGAL EM 7.5.91 E PROMULGADO PELO DECRETO N. 1.457/95 QUE APERFEIÇOOU O ANTIGO ACORDO REALIZADO ENTRE ESSAS NAÇÕES EM 17.10.69. HONORÁRIOS ADVOCATÍCIOS. I — Há de ser reconhecido tempo de serviço prestado por brasileiro em Portugal, para fins previdenciários, em virtude da reciprocidade instituída pelo acordo realizado em 17 de outubro de 1969, aperfeiçoado pelo acordo de 7 de maio de 1991 entre a República Federativa do Brasil e a República Portuguesa, promulgado pelo Decreto n. 1.457/95. II — Honorários advocatícios mantidos em 10% (dez por cento) sobre o valor da causa, a teor do que dispõe o § 3º do artigo 20 do CPC. III — Apelação e remessa oficial improvidas.
(TRF — 3ª Reg.; AC — Apelação Cível n. 454.801; Proc. n. 1999.03.99.006348-8/SP; 1ª T.; Decisão: 7.8.2001; DJU 9.10.2001; Rel. Juiz Theotonio Costa). In www.cjf.gov.br

PROCESSUAL CIVIL. PREVIDENCIÁRIO. ATIVIDADE DE NATUREZA ESPECIAL A ENSEJAR CONVERSÃO PARA A COMUM. CONCESSÃO DE BENEFÍCIO. APOSENTADORIA POR TEMPO DE SERVIÇO. TERMO INICIAL. VERBA HONORÁRIA. CUSTAS PROCESSUAIS. I — Atividade de natureza especial a ensejar a conversão nos termos do art. 57, § 5º da Lei n. 8.213/91. II — Reconhecido o tempo

de serviço, viabilizada está a concessão do respectivo benefício previdenciário, uma vez atendidos os requisitos legais. III — Termo inicial do benefício a partir da data da citação. IV — Verba honorária mantida nos termos do *decisum*. V — Tratando-se de beneficiário da justiça gratuita não há reembolso de custas e despesas a ser efetuado pela autarquia sucumbente, sem prejuízo do reembolso das devidamente comprovadas. VI — Remessa oficial e recurso parcialmente providos.
(TRF — 3ª Reg.; AC — Apelação Cível n. 662.394; Proc. n. 1999.61.02.000004-0/SP; 2ª T.; Decisão: 13.3.2001; DJU 25.4.2001; Rel. Juiz Manoel Álvares). *In* www.cjf.gov.br

PROCESSUAL CIVIL. PREVIDENCIÁRIO. ATIVIDADE DE NATUREZA ESPECIAL A ENSEJAR CONVERSÃO PARA A COMUM. REVISÃO DE BENEFÍCIO. CORREÇÃO MONETÁRIA. VERBA HONORÁRIA. CUSTAS PROCESSUAIS. I — Atividade de natureza especial a ensejar a conversão nos termos do art. 57, § 5º da Lei n. 8.213/91. II — Reconhecido o tempo de serviço, viabilizada está a revisão do respectivo benefício previdenciário. III — A correção monetária incide desde a constituição do débito previdenciário até seu efetivo pagamento conforme a Súmula n. 8 desta Corte e Súmula n. 148 do STJ. IV — Verba honorária mantida nos termos do *decisum*. V — Tratando-se de beneficiário da justiça gratuita não há reembolso de custas a ser efetuado pela autarquia sucumbente. VI — Remessa oficial e recurso parcialmente providos.
(TRF — 3ª Reg.; AC — Apelação Cível n. 534.125; Proc. n. 1999.03.99.091980-2/SP; 2ª T.; Decisão: 6.3.2001; DJU 25.4.2001; Rel. Juiz Manoel Álvares). *In* www.cjf.gov.br

PROCESSUAL CIVIL. PREVIDENCIÁRIO. ATIVIDADE DE NATUREZA ESPECIAL A ENSEJAR CONVERSÃO PARA A COMUM. CONCESSÃO DE BENEFÍCIO. AUSÊNCIA DOS REQUISITOS LEGAIS. 1 — O agravo retido será apreciado quando a parte o requerer, expressamente, nas razões ou resposta da apelação. Inteligência do artigo 523, § 1º do Código de Processo Civil. 2 — Atividade de natureza especial a ensejar a conversão nos termos do artigo 57, § 5º da Lei n. 8.213/91. 3 — Inviabilizando a concessão do benefício de aposentadoria por tempo de serviço em face da não implementação dos requisitos legais, *in casu*, não comprovação do período mínimo necessário. 4 — Agravo retido não conhecido. Recurso improvido.
(TRF — 3ª Reg.; AC — Apelação Cível n. 657.162; Proc. n. 2001.03.99.001084-5/SP; 2ª T.; Decisão: 6.3.2001; DJU 25.4.2001; Rel. Juiz Manoel Álvares). *In* www.cjf.gov.br

PREVIDÊNCIA SOCIAL. CONCESSÃO DE APOSENTADORIA POR TEMPO DE SERVIÇO À RURÍCOLA NA CONDIÇÃO DE SEGURADO ESPECIAL (ART. 11, VII, LBPS). VERBA HONORÁRIA. CUSTAS PROCESSUAIS. 1 — O trabalhador rural segurado especial da Previdência Social na forma do inciso VII do art. 11 da LBPS — que contribui em percentual calculado sobre o resultado da comercialização da sua produção, em talão de produtor — só faz jus ao benefício da aposentadoria por tempo de serviço mediante o recolhimento de contribuições na condição de segurado facultativo (arts. 27, II e 39, I e II, da Lei n. 8.213/91). Precedentes jurisprudenciais das 5ª e 6ª Turmas do TRF/4ª Região. 2 — Verba honorária fixada em 10% sobre o valor atribuído à causa. 3 — Demanda isenta de custas (art. 128 da Lei n. 8.213/91).
(TRF — 4ª Reg.; AC — Apelação Cível n. 370.853; Proc. n. 2000.04.01.117175-3/RS; 5ª T.; Decisão: 6.9.2001; DJU 12.9.2001; Rel. Juiz Dirceu de Almeida Soares). *In* www.cjf.com.br

AGRAVO DE INSTRUMENTO. PROCESSO CIVIL. TUTELA ANTECIPADA DEFERIDA NO BOJO DA SENTENÇA. REQUERIMENTO. REQUISITOS LEGAIS. CPC, ART. 273. CPC, ART. 475. REEXAME NECESSÁRIO. EXECUTORIEDADE IMEDIATA. 1 — A antecipação dos efeitos da tutela pode ser requerida pelo autor a qualquer momento, não sendo necessário que seja formulada por ocasião da peça inicial. 2 — Os requisitos legais para a antecipação dos efeitos da tutela pretendida evidenciam-se no caráter alimentar do benefício e na precária situação de saúde e socioeconômica do segurado. 3. Carecendo a sentença de efeitos imediatos, admissível a antecipação de tutela, se preenchidos os requisitos legais, para dotar o julgado de executoriedade imediata. 4 — Em que pese o caráter alimentar dos proventos de aposentadoria, deve estar presente a irreparabilidade de dano ao segurado, até porque, após o trânsito em julgado da sentença, se a mesma restar mantida, os valores atrasados serão pagos corrigidos monetariamente. Presente sim, o risco de irreparabilidade de dano à Autarquia, se mantida a antecipação determinada em primeiro grau. 5 — Agravo de instrumento provido.
(TRF — 4ª Reg.; AG — Agravo de Instrumento n. 70.314; Proc. n. 2000.04.01.129922-8/RS; 5ª T.; Decisão: 14.5.2001; DJU 13.6.2001; Rel. Juiz Sergio Renato Tejada Garcia). *In* www.cjf.gov.br

MANDADO DE SEGURANÇA. ADEQUAÇÃO DA VIA PROCESSUAL ELEITA. CONVERSÃO DE TEMPO DE SERVIÇO ESPECIAL. EMENDA CONSTITUCIONAL N. 20/98. 1 — Não se co-

nhece do apelo no tocante à exigência de implementação de idade mínima, nos termos da EC n. 20/98, por não se tratar de concessão de benefício previdenciário, mas apenas de reconhecimento de tempo de serviço. 2 — Presente a prova pré-constituída das situações e fatos que amparam o direito do autor, adequada à utilização da via processual eleita. 3 — Tendo o segurado completado, até 28.5.98, 20% do tempo necessário para a obtenção de aposentadoria especial, é de garantir-lhe a conversão do pretendido tempo de serviço prestado em condições especiais para fins de concessão de outros benefícios.
(TRF — 4ª Reg.; AMS — Apelação em Mandado de Segurança n. 71.024; Proc. n. 2000.71.02.000206-7/RS; 5ª T.; Decisão: 13.6.2001; DJU 18.7.2001; Rel. Juíza Virgínia Scheibe). In www.cjf.gov.br

PREVIDENCIÁRIO. ATIVIDADES CONCOMITANTES. ART. 32 DA LEI N. 8.213/91. ART. 201, § 4º, DA CF. Nos casos de atividades concomitantes, quando se tratar de benefício por tempo de serviço, o percentual a ser aplicado na apuração do salário-de-benefício relativo à atividade secundária será o resultante da relação entre os anos completos de atividade e o número de anos de serviço considerado para a concessão do benefício. O artigo 32 da Lei n. 8.213/91 regulamentou o disposto no art. 201, § 4º, da CF, sem implicar inconstitucionalidade.
(TRF — 4ª Reg.; AC — Apelação Cível n. 363.629; Proc. n. 2000.04.01.105510-8/RS; 5ª T.; Decisão: 25.10.2001; DJU 7.11.2001; Rel. Juiz Paulo Afonso Brum Vaz). In www.cjf.gov.br

PREVIDENCIÁRIO. MANDADO DE SEGURANÇA. DIREITO LÍQUIDO E CERTO. DISPONIBILIDADE DO SEGURADO EM ESCOLHER DA DATA DO INÍCIO DO BENEFÍCIO. RENÚNCIA À PARTE DE PROVENTOS ATRASADOS. POSSIBILIDADE. 1 — Comprovando-se os fatos de plano pelos documentos, presente o direito líquido e certo na ação mandamental. 2 — Independente da comprovação do tempo de serviço estar sub judice em outra lide judicial, é plenamente possível ao segurado optar pelo início do benefício quando lhe aprouver, pois se caracteriza a ação em disponibilidade patrimonial quanto a valores que teria direito dos proventos em atraso. 3 — Apelação do INSS e remessa oficial improvidas.
(TRF — 4ª Reg.; AMS — Apelação em Mandado de Segurança n. 66.307; Proc. n. 2000.71.02.000179-8/RS; 5ª T.; Decisão: 13.6.2001; DJU 11.7.2001; Rel. Juiz Marcos Roberto Araújo dos Santos). In www.cjf.gov.br

PREVIDENCIÁRIO. PROCESSO CIVIL. PENSÃO POR MORTE. CONCESSÃO JUDICIAL DE APOSENTADORIA. NOVA APOSENTADORIA ADMINISTRATIVAMENTE CONCEDIDA.

VEDAÇÃO DA COISA JULGADA. INOCORRÊNCIA. 1 — A concessão judicial de aposentadoria não impede que o segurado venha a buscar novo e diverso benefício de aposentadoria, mais vantajoso, garantida apenas a inacumulabilidade. 2 — O reconhecimento judicial do direito à aposentadoria não pode servir de prejuízo ao segurado que simultânea ou ulteriormente venha a ter direito a benefício financeiramente mais benéfico.
(TRF — 4ª Reg.; AC — Apelação Cível n. 271.464; Proc. n. 1999.04.01.028538-2/RS; 5ª T.; Decisão: 11.12.2000; DJU 17.1.2001; Rel. Juiz Néfi Cordeiro). In www.cjf.gov.br

PREVIDENCIÁRIO. TEMPO DE SERVIÇO. JULGAMENTO ANTECIPADO DA LIDE. INDEFERIMENTO DA INICIAL. NULIDADE DA SENTENÇA. 1 — Se o Juiz analisa a prova documental, entendendo-a como inábil à formação de início razoável de prova material a sustentar a comprovação do tempo de serviço, não se está diante de hipótese de inépcia da inicial por ausência de documento indispensável à propositura da ação, mas sim de verdadeiro juízo de improcedência do pedido. 2 — Hipótese em que a sentença não poderia ser interpretada como improcedência do pedido neste tribunal, para fins de reanálise da prova e verificação do mérito do pedido, já que a instrução do processo não foi concluída. 3 — Apelação provida. Sentença que se anula.
(TRF — 4ª Reg.; AC — Apelação Cível n. 395.076; Proc. n. 2000.72.01.001771-4/SC; 6ª T.; Decisão: 3.4.2001; Decisão: 11.4.2001; Rel. juíza Eliana Paggiarin Marinho). In www.cjf.gov.br

ARRECADAÇÃO

É o ato de descontar ou cobrar dos segurados as quantias por eles devidas à previdência social. Distingue-se do recolhimento. A empresa deve descontar da remuneração de seus empregados e trabalhadores avulsos uma porcentagem que varia entre 8, 9 e 11%, conforme a remuneração destes segurados, até o teto do salário-de-contribuição (v.). O empregador doméstico deve descontar da remuneração de seu empregado 8% a 11% do salário efetivamente percebido, até o limite do salário-de-contribuição. O piso, para todos, é o salário mínimo, a não ser que haja piso salarial fixado por convenção ou sentença normativa (arts. 30, I e V/216).

ARRESTO

O benefício devido pela previdência social não pode ser objeto de arresto salvo em caso de prestação alimentícia reconhecida por sentença judicial ou quanto a valor devido à previdência social (arts. 114/153).

ASSISTÊNCIA REEDUCATIVA

V. Reabilitação profissional

ASSISTÊNCIA SOCIAL

Consiste na ação pessoal da previdência social junto aos beneficiários, por meio da técnica do serviço social, visando a superar dificuldades na obtenção de documentos necessários à habilitação aos benefícios e à manutenção deles (arts. 88/161). Forma de cobertura estatal das necessidades decorrentes da realização de uma contingência humana, às pessoas não ligadas ao sistema de previdência social, mediante a avaliação da ausência de recursos da pessoa atingida pela contingência (Augusto Venturi, *"I fondamenti scientifici della sicurezza sociale"*, Milão, 1954, págs. 270/271) *conseguiu sintetizar, de forma feliz, a distinção entre a previdência social e a assistência social. Diz este autor que previdência e assistência, por suas naturezas e técnicas completamente diferentes, agem, em realidade, em dois planos completamente distintos. A previdência social garante o direito a prestações reparadoras ao verificar-se o evento previsto, antes que os danos possam determinar o estado de indigência, de privação, da pessoa golpeada. A assistência intervém, não de direito, mas segundo avaliação discricionária, somente quando, por causa de eventos previstos ou não previstos, esteja já em ato um estado de indigência, de privação, que ela tem o fim de combater. Em outras palavras, podemos afirmar que a assistência social age a posteriori, isto é, depois que a pessoa já caiu em estado de necessidade. Na previdência social, como não podia deixar de ser, desde que tomou o modelo do seguro privado, a relação jurídica se forma a priori, antes do momento da reparação do dano. A Constituição Federal, arts. 203 e 204, considerou a Assistência Social como parte do sistema de Seguridade Social e deu alguns passos na direção do conceito acima ao garantir benefício igual a um salário mínimo aos deficientes e idosos que* comprovem *não possuir meios de subsistência, além de manter a assistência em prol da maternidade, infância, velhice, crianças e adolescentes carentes. A Lei n. 8.742, de 7 de dezembro de 1993 organizou o sistema de assistência social no Brasil, consentâneo com o conceito doutrinário acima exposto alargando-o, porém, para considerar assistência social também as ações de atendimento das necessidades vitais feitas por organizações não governamentais* (art. 4º da Lei n. 8.212).

ATESTADO MÉDICO

Declaração fornecida pela previdência social, lançada na Carteira de Trabalho e Previdência Social, que indica a data provável do parto da empregada segurada, para fins de seu afastamento da atividade e conseqüente direito ao salário-maternidade. O INSS também concede atestado médico certificando que a função exercida pela gestante lhe é prejudicial, o que permite à empregada solicitar de seu empregador mudança de função (CLT, art. 393, § 4º). O INSS também deve fornecer atestado para justificar afastamento do trabalho de segurado incapacitado, assim como certificado de capacidade indicando a recuperação para o exercício de atividade, com suspensão de aposentadoria por invalidez (arts. 42, 43, 47, 59/43, 44, 49, 71, 96).

ATIVIDADES PENOSAS, INSALUBRES E PERIGOSAS

V. Aposentadoria Especial

ATLETA DE FUTEBOL

V. Jogador de Futebol

ATUALIZAÇÃO MONETÁRIA

V. Correção Monetária

AUMENTO DE SALÁRIO

A fim de não elevar maliciosamente o salário-de-contribuição e, conseqüentemente, o salário-de-benefício, o Direito brasileiro não considera as majorações salariais efetuadas pelo empregador nos trinta e seis meses anteriores ao início do benefício, a não ser que tais aumentos sejam decorrentes de sentença normativa, convenção ou acordo coletivo ou de promoções reguladas por normas gerais da empresa, admitidas pela legislação do trabalho. Destinado a limitar a possibilidade de fraude mediante conluio entre empregado e empregador, tal dispositivo tem, na prática, levado a algumas injustiças. Ocorre, com freqüência, que, justamente às vésperas de o empregado se aposentar, o empregador resolve dar-lhe, como forma de prêmio, a promoção a um cargo não previsto pelas normas gerais da empresa, às vezes criado especialmente para tal empregado. O empregador não está pensando em lesar o órgão previdencial ocasionando um aumento no salário-de-contribuição que irá refletir-se no salário-de-benefício. Ele quer compensar o empregado pelos longos anos de serviços a ele prestados, com a promoção em si mesma. Ocorre aqui interpretar o texto acima reproduzido para se saber se a validade do aumento de salário dependerá da existência conjunta de duas condições: 1. promoção regulada por normas gerais da empresa; e 2. promoção admitida pela legislação do trabalho. Por normas da empresa devemos entender os usos e costumes e o seu regulamento escrito. O qualificativo de gerais indica que tais normas se aplicam a todos os empregados, ou a parte deles em situações semelhantes, ou, ainda, a uma única situação específica, mas não a uma pessoa específica. Devemos concluir, portanto, que, para os fins previdenciais, uma norma contratual que previsse uma promoção com paralelo aumento de salário, ou apenas este, no interregno de 36 meses anteriores ao início do benefício, não teria validade alguma. Mesmo que total boa-fé estivesse informando este negócio jurídico, a entidade previdencial não aceitaria esta cláusula, pois apenas às normas unilaterais da empresa a lei dá validade. Quanto ao segundo item ora analisado, embora a interpretação meramente gramatical e literal leve à conclusão de que ele seria explicativo do primeiro, nosso entendimento não é esse. Inicialmente a expressão "admitidas" pela legislação do trabalho deve ser entendida como "permitidas", como, aliás, era a redação anterior do texto. Em segundo lugar, dizer apenas legislação do trabalho é absolutamente restritivo visto que a nossa legislação só indiretamente cogita de promoções, o mesmo não acontecendo com a doutrina. Em todo o caso, a norma é de fato restritiva. Há que fazer-se, por fim, as seguintes perguntas: há promoções permitidas pela legislação do trabalho que não façam parte, necessariamente, "das normas gerais da empresa"? Há possibilidade de promoções previstas pelas normas gerais da empresa não serem permitidas pela legislação do trabalho? A resposta há que ser positiva para a 1ª pergunta, nos casos de equiparação salarial prevista pelo art. 461 da Consolidação das Leis do Trabalho, que não trata exclusivamente de promoção, mas de aumento de salário, muitas vezes determinado por decisão judicial. E também para as hipóteses de término de aprendizagem, em que é deixada a condição de aprendiz — portanto promoção — com conseqüente aumento salarial. Quanto à segunda indagação, a resposta há de ser negativa, se considerarmos que a promoção é quase sempre uma vantagem. Ora, a legislação social estabelece um mínimo de garantias para os trabalhadores subordinados e tudo o que o empregador quiser conceder a mais é permitido. Assim, a conclusão a que chegamos é a de que as promoções aceitas pela previdência social, com aumento natural de salário, são aquelas previstas pelas normas gerais da empresa ou admitidas pela legislação do trabalho (arts. 29, § 4º/32, § 5º).

AUSÊNCIA DO SEGURADO

Configura-se quando o segurado está desaparecido há mais de seis meses, sendo declarada sua morte presumida pela justiça ordinária. Se o segurado desaparecer em razão de catástrofe, acidente ou desastre ele também é considerado ausente. As situações de direito à pensão provisória aos dependentes do segurado. Se o desaparecimento do segurado se der em virtude de acidente, desastre ou catástrofe, haverá o mesmo direito à pensão, independentemente da declaração de morte presumida e do prazo de seis meses (arts. 78/112).

AUTOMATISMO

Existe na formação da relação jurídica de previdência social, pois esta independe de qualquer providência das partes nela envolvidas, especialmente o segurado. Mesmo nos regimes previdenciais onde é exigida a inscrição do segurado perante o órgão previdencial, para que ele tenha direito às prestações, isto não impede a formação automática da relação jurídica previdencial que se forma ope legis. A inscrição, sendo requisito para a postulação das prestações previdenciais, figura como condição suspensiva legal. Automatismo existe também na atribuição das prestações aos segurados empregados, pois estes não precisam demonstrar que fizeram o recolhimento de suas contribuições, visto tratar-se de um dever do empregador proceder ao desconto nos salários e ao recolhimento das cotas dos empregados. (Arts. 19 e 20 do Reps).

AUXÍLIO-ACIDENTE

Benefício concedido pela previdência social na hipótese de a conseqüência de um acidente qualquer (não precisa ser acidente do trabalho) acarretar seqüela que: 1. reduza a capacidade para o trabalho que o segurado habitualmente exerça, de tal maneira que o trabalhador não possa voltar para a mesma atividade, conforme situações discriminadas no Anexo III do Decreto n. 3.048/99; 2. se isto for possível, exija maior esforço para o seu desempenho; 3. impede o exercício da mesma atividade, mas não o de outra, após processo de reabilitação profissional (v.). O art. 104, § 4º, inciso II do Decreto n. 3.048 estabelece que, se a empresa mudar o empregado de função, como medida preventiva, o benefício não será devido. Ora, se a medida é preventiva ela vai impedir a ocorrência da incapacidade relativa, não havendo que se cogitar, portanto, de auxílio-acidente. É ele concedido a partir do término do auxílio-doença, independentemente de qualquer remuneração ou rendimento do acidentado e durará até a sua aposentadoria. Seu valor integra o salário-de-contribuição para o cálculo do salário-de-benefício e sua outorga independe de período de carência. (Arts. 26, I, 86/104, § 15 do 214).

JURISPRUDÊNCIA

CONSTITUCIONAL. PREVIDÊNCIA SOCIAL. AUXÍLIO-ACIDENTE. I — Percentual majorado pela Lei n. 9.032/95. Inocorrência de ofensa a dispositivo constitucional. II — RE inadmitido. Agravo não provido.
(STF — 2ª T. — AGRAG n. 306.092/SC. Rel. Min. Carlos Velloso; DJ 16.11.2001; Ement. vol. 02052-05, pág. 01045, j. 16.10.2001). In www.stf.gov.br

PREVIDENCIÁRIO. AUXÍLIO-ACIDENTE. BENEFÍCIO MENSAL E VITALÍCIO. INCLUSÃO. SALÁRIOS-DE-CONTRIBUIÇÃO. APOSENTADORIA PREVIDENCIÁRIA. IMPOSSIBILIDADE. A Lei de Planos de Benefícios da Previdência Social, reeditando as disposições contidas na Lei n. 6.367/76, elevou o auxílio-acidente à dignidade de benefício previdenciário autônomo e vitalício, concedido ao segurado incapacitado para o desempenho de suas atividades laborais em virtude de acidente de trabalho, ex vi do artigo 86. Tratando-se de benefício de natureza mensal e vitalícia, não se pode admitir que seus valores sejam incluídos nos salários-de-contribuição que compõe o cálculo de renda mensal inicial da aposentadoria previdenciária, sob pena de ocorrência de bis In idem. Recurso especial conhecido.
(STJ — 6ª T.; REsp n. 193305; Proc. n. 1998.00.79370-4-SP; Decisão: 9.2.1999; DJ 8.3.1999; Rel. Vicente Leal). In www.cjf.gov.br

PREVIDENCIÁRIO. AUXÍLIO-ACIDENTE. SALÁRIO-DE-CONTRIBUIÇÃO. INTEGRAÇÃO. IMPOSSIBILIDADE. BIS IN IDEM. LEI N. 6.367/76, ART. 6º, § 1º. O benefício do auxílio-acidente, dada sua natureza vitalícia e autônoma, não pode integrar o salário-de-contribuição para fins de cálculo de aposentadoria, sob pena de ocorrência de bis in idem. Precedentes. Recurso desprovido.
(STJ — 5ª T.; REsp n. 175.913; Proc. n. 1998.00.39360-9-SC; Decisão: 20.5.1999; DJ 2.8.1999; Rel. Felix Fischer). In www.cjf.gov.br

ACIDENTE DO TRABALHO. DISACUSIA. APOSENTADORIA. AUXÍLIO-ACIDENTE. ACUMULAÇÃO. POSSIBILIDADE. A disacusia, em grau mínimo, definida em ato regulamentar, não exclui, por si só, a concessão do auxílio-acidente. É cabível a acumulação do auxílio-acidente com a aposentadoria por tempo de serviço. Precedentes. Recurso improvido.
(STJ — 2ª T.; REsp n. 10.481-0-SP; Rel. Min. Américo Luz; j. 1º.12.1993; v.u.; DJU, Seção I, 7.2.1994, pág. 1.153, ementa). In BAASP 1846/55-e, de 11.5.1994.

PREVIDENCIÁRIO. ACIDENTE DE TRABALHO. BENEFÍCIO AUXÍLIO-ACIDENTE. LEI REGENTE. LEI MAIS BENIGNA. TERMO INICIAL. Em tema de benefício decorrente de acidente de trabalho, embora em princípio deva ser observada a lei vigente ao tempo do infortúnio, os seus valores devem ser calculados com base na lei nova mais benéfica, em face da relevância da questão social que envolve o assunto. A incidência da lei nova mais benéfica aos casos pendentes de concessão de benefício acidentário é matéria já pacificada no âmbito desta Corte. Torna-se devido, em regra, o benefício previdenciário permanente, decorrente de acidente de trabalho — auxílio-acidente —, em razão de perícia médica que ateste a incapacidade permanente ou a consoli-

dação das lesões conseqüentes do infortúnio. Recurso especial parcialmente conhecido e nesta extensão provido.
(STJ — 6ª T.; REsp. n. 162.426-SP; Rel. Min. Vicente Leal; j. 28.4.1998; v. u.; ementa). BAASP 2064/135-e, de 20.7.1998, DJU, Seção I, 1º.6.1998, pág. 208.

PREVIDENCIÁRIO. ALTERAÇÃO. PERCENTUAL. AUXÍLIO-ACIDENTE. BENEFÍCIO CONCEDIDO ANTES DA LEI N. 9.032/95. IMPOSSIBILIDADE. 1 — A retroatividade da lei previdenciária mais benéfica abrange unicamente os casos pendentes, não atingindo situações consolidadas. 2 — O percentual de 50%, estabelecido pela Lei n. 9.032/95, que alterou o § 1º, do art. 86, da Lei n. 8.213/91, não se aplica aos benefícios já concedidos sob a égide da legislação anterior. 3 — Malgrado a tese de dissídio jurisprudencial, há necessidade, diante das normas legais regentes da matéria (art. 541, parágrafo único do CPC c/c. o art. 255 do RISTJ) de confronto, que não se satisfaz com a simples transcrição de ementas, entre trechos do acórdão recorrido e das decisões apontadas como divergentes, mencionando-se as circunstâncias que identifiquem ou assemelhem os casos confrontados. Ausente a demonstração analítica do dissenso, incide o óbice da Súmula n. 284 do Supremo Tribunal Federal. 4 — Recurso especial conhecido em parte (alínea a).
(STJ — REsp — Recurso Especial n. 282.821; Proc. n. 2000.01.05634-4/SC; 6ª T.; Decisão: 7.6.2001; DJ 13.8.2001; Rel. Fernando Gonçalves). In www.cjf.gov.br

PREVIDENCIÁRIO. AUXÍLIO-ACIDENTE CONCEDIDO NA VIGÊNCIA DA LEI N. 6.367/76. ALTERAÇÃO DO PERCENTUAL. LEI N. 9.032/95. IRRETROATIVIDADE. ATO JURÍDICO PERFEITO. 1 — A concessão de benefício previdenciário deve obedecer às normas vigentes à época em que preenchidos os requisitos essenciais; concedido o auxílio-acidente sob a égide da Lei n. 6.367/76, no percentual de 40%, descabe alegar direito à revisão desse percentual com o advento da Lei n. 9.032/95, sob pena de afronta a ato jurídico perfeito. 2 — Recurso conhecido e provido.
(STJ — REsp — Recurso Especial n. 247.709; Proc. n. 2000.00.11416-2/SC; 5ª T.; Decisão: 3.10.2000; DJ 12.2.2001; Rel. Jorge Scartezzini). In www.cjf.gov.br

PREVIDENCIÁRIO. AUXÍLIO-ACIDENTE. LESÕES POR ACIDENTE. NATUREZA DA INCAPACIDADE LABORATIVA. O artigo 86 da Lei n. 8.213/90, regulamentado pela Lei n. 9.032/95, é expresso ao estatuir que o benefício previdenciário do auxílio-acidente é devido quando demonstrado o nexo de causalidade entre a redução de natureza permanente da capacidade laborativa e o desempenho do serviço. Revelando o quadro fático a autora sofreu efetivo prejuízo no que tange à funcionalidade da mão esquerda, não se pode alegar inexistência de dano apto a gerar direito à percepção de auxílio-acidente. Recurso especial conhecido.
(STJ — REsp — Recurso Especial n. 299.586; Proc. n. 2001.00.03508-6/SP; 6ª T.; Decisão: 5.4.2001; DJ 28.5.2001; Rel. Vicente Leal). In www.cjf.gov.br

PREVIDENCIÁRIO. BENEFÍCIO. AUXÍLIO-ACIDENTE. LEI MAIS BENÉFICA (9.032/95). APLICAÇÃO. CASOS PENDENTES. 1 — O deferimento do benefício em 28 de maio de 1996, ou seja, na vigência da Lei n. 8.213/91, com a redação dada pela Lei n. 9.032/95, não importa em concessão de auxílio suplementar, adotando a 3ª Seção o entendimento da aplicação da lei mais benéfica ao segurado nos casos pendentes, ut EREsp n. 98.669-SP. 2 — Ação rescisória procedente.
(STJ — AR — Ação Rescisória n. 1.266; Proc. n. 2000.00.17388-6/SP; 3ª Seção; Decisão: 9.5.2001; DJ 3.9.2001; Rel. p/ Acórdão Fernando Gonçalves, Rel. José Arnaldo da Fonseca). In www.cjf.gov.br

PREVIDENCIÁRIO. RECURSO ESPECIAL. AUXÍLIO-ACIDENTE. TETO. APLICAÇÃO DAS LEIS VIGENTES À ÉPOCA DA CONFIRMAÇÃO DA MOLÉSTIA. RECURSO PROVIDO. "Não merece conhecimento o recurso especial pelas alegadas violações aos dispositivos da Lei n. 8.213/91, pois ausente o necessário prequestionamento." Teto. Limitação. Aplica-se aos benefícios acidentários, visto que abrangidos pelo sistema previdenciário, a limitação do teto máximo do salário-de-benefício. Recurso parcialmente conhecido e, nesta parte, provido.
(STJ — REsp — Recurso Especial n. 225.195; Proc. n. 1999.00.68482-6/SP; 5ª T.; Decisão: 3.5.2001; DJ 25.6.2001; Rel. José Arnaldo da Fonseca). In www.cjf.gov.br

RECURSO ESPECIAL. PREVIDENCIÁRIO. O AUXÍLIO-ACIDENTE PODE SER CUMULADO COM A APOSENTADORIA, MAS NÃO DEVE INTEGRAR O SALÁRIO-DE-CONTRIBUIÇÃO PARA FINS DE CÁLCULO DESSA MESMA APOSENTADORIA. Segundo legislação vigente à época, "o auxílio-acidente pode ser cumulado com o benefício da aposentadoria", por essa razão não deve o mesmo ser adicionado ao salário-de-contribuição, servindo de base para aposentadoria posterior, pois tal inclusão e posterior pagamento cumulativo acarretaria bis in idem. O auxílio-acidente pode ser cumulado com a aposentadoria, mas não deve ser somado ao salário-de-contribuição para o cálculo dessa mesma aposentadoria. Termo inicial do benefício é o da

apresentação do laudo pericial em juízo. Recurso conhecido e parcialmente provido.
(STJ — REsp — Recurso Especial n. 316.071; Proc. n. 2001.00.38903-1/SP; 5ª T.; Decisão: 7.8.2001; DJ 15.10.2001; Rel. José Arnaldo da Fonseca). In www.cjf.gov.br

RECURSOS ESPECIAIS. PREVIDENCIÁRIO. BENEFÍCIO ACIDENTÁRIO. AUXÍLIO-ACIDENTE. TERMO INICIAL. LAUDO PERICIAL. CÁLCULO. TETO MÁXIMO. SALÁRIO-DE-CONTRIBUIÇÃO E SALÁRIO-DE-BENEFÍCIO. ARTS. 29, 33 E 136 DA LEI N. 8.213/91. I — Termo inicial do benefício é o da apresentação do laudo pericial em juízo, e não a citação da autarquia previdenciária no processo. Precedentes. II — Aplica-se aos benefícios acidentários a limitação do teto máximo do salário-de-benefício. III — Legalidade do art. 29, § 2º, da Lei n. 8.213/91 ao estabelecer que "o valor do salário-de-benefício não será inferior ao de um salário mínimo, nem superior ao do limite máximo do salário-de-contribuição na data de início do benefício". IV — O art. 136 da Lei n. 8.213/91 atua em momento distinto do estabelecido no art. 29, § 2º, referindo-se tão-somente ao salário-de-contribuição para cálculo do salário-de-benefício. Recursos providos.
(STJ — REsp — Recurso Especial n. 299.721; Proc. n. 2001.00.03788-7/SP; 5ª T.; Decisão: 19.6.2001; DJ 20.8.2001; Rel. Felix Fischer). In www.cjf.gov.br

PREVIDENCIÁRIO. BENEFÍCIO ACIDENTÁRIO. AUXÍLIO-DOENÇA. AUXÍLIO-ACIDENTE. TERMO INICIAL. CONCESSÃO ADMINISTRATIVA. Havendo pagamento de auxílio-doença à segurada, o auxílio acidente terá seu termo inicial, no dia seguinte ao da alta médica, como o disposto na Lei n. 8.213/91, art. 86, § 2º. Não tendo sido pedido na inicial, deve ser mantido o dia de sua concessão na via administrativa. Precedentes desta Corte. Recurso desprovido.
(STJ — REsp — Recurso Especial n. 237.357; Proc. n. 1999.01.00400-4/SP; 5ª T.; Decisão: 10.4.2001; DJ 18.6.2001; Rel. Jorge Scartezzini). In www.cjf.gov.br

PREVIDENCIÁRIO. BENEFÍCIO ACIDENTÁRIO. AUXÍLIO-DOENÇA. AUXÍLIO-ACIDENTE. TERMO INICIAL. CONCESSÃO ADMINISTRATIVA. Havendo pagamento de auxílio-doença à segurada, o auxílio acidente terá seu termo inicial, no dia seguinte ao da alta médica, como o disposto na Lei n. 8.213/91, art. 86, § 2º. Não tendo sido pedido na inicial, deve ser mantido o dia de sua concessão na via administrativa. Precedentes desta Corte. Recurso desprovido.
(STJ — REsp — Recurso Especial n. 237.357; Proc. n. 1999.01.00400-4/SP; 5ª T.; Decisão: 10.4.2001; DJ 18.6.2001; Rel. Jorge Scartezzini). In www.cjf.gov.br

ADIÇÃO DO AUXÍLIO-ACIDENTE AO SALÁRIO-DE-CONTRIBUIÇÃO PARA CÁLCULO DE APOSENTADORIA POR INVALIDEZ. IRRELEVÂNCIA DE O BENEFÍCIO TER SIDO CONCEDIDO IMEDIATAMENTE ANTES DE SUA CONVERSÃO EM APOSENTADORIA POR INVALIDEZ. Aplicação do Enunciado n. 171, da Súmula do extinto Tribunal Federal de Recursos: "No cálculo da renda mensal do benefício de aposentadoria-invalidez é considerado como de atividade o período em que o segurado tenha percebido auxílio-doença ou outra aposentadoria-invalidez." Onde a lei não distingue não cabe ao intérprete fazê-lo. Irrelevante se o benefício foi concedido antes da volta do segurado ao trabalho, ou da conversão do mesmo em aposentadoria por invalidez. Recurso autárquico a que se nega provimento.
(TRF — 3ª Reg.; 1ª T.; Ap. Cível n. 89.03.01732-3/SP; Rel. Juiz Pedro Rotta; j. 21.8.1990; v. u.; DJU, Seção II, 26.4.1994, pág. 18.254, ementa). BAASP 1849/64-e, de 1.6.1994.

PREVIDENCIÁRIO. ACIDENTÁRIA. TERMO INICIAL. PERÍCIA JUDICIAL. HONORÁRIOS ADVOCATÍCIOS. SÚMULA N. 111/STJ. INCIDÊNCIA. PRECEDENTES. O termo inicial para a concessão do benefício de auxílio-acidente é o da apresentação do laudo médico-pericial em juízo, quando não reconhecida a incapacidade administrativamente. Nas ações acidentárias, os honorários advocatícios não incidem sobre as prestações vincendas, assim consideradas as posteriores à prolação da sentença monocrática. Recurso especial conhecido e provido. Recurso adesivo da autora conhecido mas desprovido.
(STJ — REsp — Recurso Especial n. 316.030; Proc. n. 2001.00.38696-2/SP; 5ª T.; Decisão: 17.5.2001; DJ 18.6.2001; Rel. Jorge Scartezzini). In www.cjf.gov.br

AUXÍLIO-ACIDENTE. INTEGRAÇÃO DO SALÁRIO-DE-CONTRIBUIÇÃO PARA FINS DE APOSENTADORIA. APELAÇÃO PROVIDA. SENTENÇA QUE SE MODIFICA. AÇÃO PROCEDENTE. Auxílio-acidente obtido sob a égide da Lei n. 5.316/67, através de sentença judicial trânsita em julgado. Alegação não infirmada pelo INPS. Aplicação do disposto no artigo 302, caput, do Código de Processo Civil. Direito adquirido do segurado. A legislação acidentária, pertinente ao INPS (Lei n. 3.367/76), não exclui a possibilidade de o benefício do auxílio-acidente integrar o salário-de-contribuição, para fins de aposentadoria do sistema. Precedentes do Tribunal Federal de Recursos. O auxílio-acidente integra o salário-de-contribuição, para fins de aposentadoria. Inexistência de violação à Constituição da República, em seu artigo 5º, incisos II e XXXVI, e artigo 195,

§ 5º. Por efeito da sucumbência arcará o INPS com o pagamento de juros legais, honorários de 15% (quinze por cento) sobre o *quantum* apurado em liqüidação de sentença. O INPS está isento de custas. O autor litigou sob o pálio da justiça gratuita. Não há custas a considerar.
(TRF — 3ª Reg.; 1ª T.; Ap. Cível n. 89.03.09680-0/SP; Rel. Juiz Pedro Rotta; j. 15.3.1990; v. u.; DJU, Seção II, 1.2.1994, pág. 2.389, ementa). BAASP 1836/25-e, de 2.3.1994.

PREVIDENCIÁRIO. REVISÃO DE BENEFÍCIO. ADIÇÃO DO AUXÍLIO-ACIDENTE AO SALÁRIO-DE-CONTRIBUIÇÃO, PARA FINS DE CONTRIBUIÇÃO, PARA FINS DE CÁLCULO DA RENDA MENSAL INICIAL DA APOSENTADORIA. LEIS NS. 5.316/67 E 6.367/76. INEXISTÊNCIA DE DUPLA INDENIZAÇÃO. CORREÇÃO MONETÁRIA. JUROS. HONORÁRIOS ADVOCATÍCIOS. CUSTAS. RECURSO DO AUTOR PROVIDO. SENTENÇA REFORMADA. 1 — A Lei n. 6.367/76, que revogou a Lei n. 5.316/67, instituindo novas determinações acerca da concessão, cálculo e manutenção do auxílio-acidente, nenhuma disposição introduziu no sentido de proibir a inclusão do valor correspondente a esse benefício aos salários-de-contribuição, para fins de aposentadoria. 2 — Inexistência de dupla indenização, vez que a incorporação pretendida constitui tão-somente uma compensação financeira que deve ser assegurada ao Autor que, em face da redução de seu empenho em exercer a função habitual, viu-se obrigado a dedicar-se à atividade menos vantajosa economicamente, experimentando prejuízos que, provavelmente, os valores recebidos a título de auxílio-doença não estão aptos a mitigar. 3 — A correção monetária das prestações vencidas deve ser fixada nos termos da Súmula 08 deste Tribunal, Lei n. 6.899/81, Lei n. 8.213/91 e legislação superveniente, respeitada a prescrição qüinqüenal. 4 — Os juros de mora são devidos no percentual de 6% ao ano, contados da citação. 5 — Verba honorária fixada em 15% do valor da condenação. 6 — Sem condenação em custas. 7 — Recurso do Autor provido. Sentença reformada.
(TRF — 3ª Reg.; AC — Apelação Cível n. 612.497; Proc. n. 1999.61.04.007982-7/SP; 5ª T.; Decisão: 21.11.2000; DJU 27.3.2001; Rel. Juíza Ramza Tartuce). *In* www.cjf.gov.br

PREVIDENCIÁRIO. AUXÍLIO-ACIDENTE. VALOR NÃO INFERIOR A UM SALÁRIO MÍNIMO: DESCABIMENTO. NÃO OCORRÊNCIA DA HIPÓTESE PREVISTA NO ARTIGO 201, PARÁGRAFO 2º DA CONSTITUIÇÃO DA REPÚBLICA. I — Súmula n. 175, STJ: "Descabe o depósito prévio nas ações rescisórias propostas pelo INSS". Preliminar rejeitada. II — O auxílio-acidente, mensal e vitalício, corresponderá a 50% do salário-de-benefício (Lei n. 8.213/91, art. 86, § 1º). III — O benefício em causa não está inserido naqueles que são substitutivos do salário-de-contribuição ou do rendimento do trabalho, previstos pela Constituição Federal em seu artigo 201, § 2º. IV — Rescisória procedente.
(TRF — 3ª Reg.; AR — Ação Rescisória n. 419; Proc. n. 96.03.057405-8/SP; 1ª Seção; Decisão: 20.9.2000; DJU 21.8.2001; Rel. Juiz Oliveira Lima). *In* www.cjf.gov.br

PREVIDENCIÁRIO: RECONHECIMENTO DO DIREITO DE ADICIONAR O VALOR EQUIVALENTE AO AUXÍLIO-ACIDENTE PARA O CÁLCULO DA APOSENTADORIA PREVIDENCIÁRIA. INDEPENDÊNCIA DOS BENEFÍCIOS DA LEI DA INFORTUNÍSTICA. DUPLICIDADE DE BENEFÍCIOS. PRESTAÇÃO DE CARÁTER VITALÍCIO. HONORÁRIOS ADVOCATÍCIOS. I — Os benefícios da Lei de Infortunística são independentes daqueles previstos no sistema geral da Previdência Social, executando-se os decorrentes do mesmo acidente. II — Não há que falar em duplicidade de benefícios se, na verdade, o auxílio-acidente é de natureza indenizatória. III — Trata-se, o auxílio-acidente, de prestação de caráter vitalício (RBPS, art. 239). IV — Os honorários advocatícios devem ser fixados em 15% sobre o montante da condenação, excluídas as prestações vincendas. V — Recurso provido.
(TRF — 3ª Reg.; AC — Apelação Cível n. 530.176; Proc. n. 1999.03.99.088021-1/SP; 2ª T.; Decisão: 20.2.2001; DJU 25.4.2001; Rel. Juiz Aricê Amaral). *In* www.cjf.gov.br

PREVIDENCIÁRIO. AUXÍLIO-ACIDENTE. LEI N. 9.032/95. IRRETROATIVIDADE. A Lei n. 9.032/95 não tem força suficiente para alcançar benefícios acidentários já definidos antes de sua vinda ao mundo jurídico. As regras para o cálculo de proventos previdenciários são aquelas em vigor na data da respectiva concessão (*tempus regit actum*). Entendimento contrário viola não só o princípio constitucional da irretroatividade, mas, também, o da isonomia.
(TRF — 4ª Reg.; EIAC — Embargos Infringentes na Apelação Cível n. 10.938; Proc. n. 1999.04.01.087300-0/SC; 3ª Seção; Decisão: 21.2.2001; DJU 14.3.2001; Rel. Juiz Tadaaqui Hirose). *In* www.cjf.gov.br

PREVIDENCIÁRIO. CONCESSÃO DE AUXÍLIO-ACIDENTE. O fato de o Impetrante estar desempregado não constitui óbice para a concessão do benefício de auxílio-acidente, eis que não deixou de pertencer à categoria de "empregado", mantendo tal condição enquanto estiver vinculado à Previdência Social pelas contribuições vertidas nessa condição.
(TRF — 4ª Reg.; REO — Remessa *Ex Officio* — 11.738; Proc. n. 2000.04.01.001431-7/PR; 5ª T.; Decisão: 16.8.2001; DJU 10.10.2001; Rel. Juíza Virgínia Scheibe). *In* www.cjf.gov.br

ACIDENTE DO TRABALHO. MINEIRO. MOLÉSTIA LOMBAR. SEQÜELAS. AUXÍLIO-ACIDENTE. PRESCRIÇÃO. TERMO INICIAL DA OBRIGAÇÃO. PERCENTUAL. LEI NOVA. INCIDÊNCIA IMEDIATA. EFEITOS PATRIMONIAIS. HONORÁRIOS ADVOCATÍCIOS. SUCUMBÊNCIA. 1 — A prescrição alcança somente as parcelas dos benefícios previdenciários e acidentários compreendidas no qüinqüênio anterior ao da propositura da ação (Lei n. 8.213/91, artigo 103). 2 — Resultando do acidente do trabalho seqüelas que implicam a redução da capacidade laborativa, exigindo maior esforço para exercer as atividades habituais, faz jus o segurado ao auxílio-acidente (Lei n. 8.213/91, artigo 86). 3 — O auxílio-acidente é "devido a partir do dia seguinte ao da cessação do auxílio-doença, independentemente de qualquer remuneração ou rendimento auferido pelo acidentado" (Lei n. 8.213/91, artigo 86, § 2º). 4 — A lei nova, quando mais benéfica ao segurado do sistema previdenciário, aplica-se aos sinistros ocorridos anteriormente à data da sua vigência, exceto no tocante aos efeitos patrimoniais, os quais não retroagem. 5 — "No âmbito previdencial, a atualização monetária das parcelas em atraso é feita em obediência ao comando do artigo 41, II, § 7º, da Lei n. 8.213/91 c/c. o artigo 20 da Lei n. 8.880/94, não mais considerando-se, para tanto, os índices de variação salarial da categoria profissional do segurado acidentado" (AC n. 97.008828-0, Des. Trindade dos Santos). 6 — "A verba honorária decorrente de condenação acidentária a cargo do INSS, via de regra e na consonância com o artigo 20, § 4º, do CPC, deve ser fixada com moderação. Isto quer dizer que a sua incidência deve ser sempre sobre as prestações vencidas (Súmula n. 111 do STJ) e só excepcionalmente, quando o processo reclamar maior empenho do advogado, é que devem ultrapassar o percentual de 10% até o limite de 15%, tendo em vista a finalidade social da instituição que suporta o encargo" (AC n. 51.923, Des. Anselmo Cerello). 7 — "O INSS não goza de isenção do pagamento de custas e emolumentos nas ações acidentárias e de benefícios, propostas na Justiça Estadual" (STJ, Súmula n. 178).
(TJSC — 1ª Câm. Cível; Ap. Cível n. 98.016050-2-Lauro Müller-SC; Rel. Des. Newton Trisotto; j. 28.6.1999; v.u.; ementa). BAASP 2153/271-e, de 3.4.2000.

ACIDENTE DO TRABALHO. AUXÍLIO-ACIDENTE. REDUÇÃO DA CAPACIDADE AUDITIVA DO OBREIRO EM RAZÃO DE SUA ATIVIDADE EM AMBIENTE RUIDOSO. BENEFÍCIO DEVIDO MESMO QUE REDUZIDO O DÉFICIT, EM VIRTUDE DE SER A MOLÉSTIA PROGRESSIVA E IRREVERSÍVEL. VOTO VENCIDO. Constatada que a deficiência auditiva foi provocada por excesso de ruído no ambiente de trabalho, com traumatismo acústico, devido é o auxílio-acidente, mesmo que reduzido o déficit auditivo. É reconhecida na disacusia neurossensorial bilateral característica, de progressividade e irreversibilidade do quadro, tornando, no mínimo, definitivas as seqüelas decorrentes da perda auditiva induzida por ruído. Desse modo, se o trabalhador já apresenta déficit auditivo, ainda que não tenha atingido os 9% de perda bilateral, mas reconhecido o nexo causal, tem direito à concessão do auxílio-acidente. Ementa do Voto Vencido — Se a redução auditiva do obreiro não atinge o limite de 9%, e, portanto, considerada dentro dos parâmetros normais, não caracteriza incapacidade e prejuízo ao segurado, é assim inadmissível a concessão de indenização acidentária.
(2º TACivil — 6ª Câm.; Ap. s/ Rev. n. 454.866-00/8-SP; Rel. Juiz Paulo Hungria; j. 29.5.1996; maioria de votos; ementa). BAASP 1996/25-e, de 26.3.1997; RT, 733/266, novembro, 1996.

AUXÍLIO-DESEMPREGO

V. Seguro-Desemprego

AUXÍLIO-DOENÇA

Benefício devido em caso de incapacidade temporária para o trabalho, verificada em exame médico perante a previdência social. É concedido a partir do 16º dia de incapacidade, sendo que nos primeiros 15 o empregado mantém direito ao salário, devido pelo empregador. Para os demais segurados, é devido a partir do início da incapacidade, se o segurado estiver afastado há mais de 30 dias, o benefício será concedido a partir da data da entrada do requerimento. O período de carência é de 12 meses a não ser para as moléstias relacionadas no art. 151, para as quais é dispensado o período de carência. O pagamento do auxílio-doença será mensal, enquanto durar a incapacidade do segurado, que será submetido periodicamente a exames médicos, e será igual a uma porcentagem de 91% do salário-de-benefício. O salário-de-benefício para o auxílio-doença é igual à média aritmética simples dos 80 maiores salários-de-contribuição, extraídos de todo o período contributivo, devidamente corrigidos (arts. 29, II, 59 a 63, 101/32, II, 71 a 80).

JURISPRUDÊNCIA

PREVIDENCIÁRIO. SEGURADO APÓS 55 ANOS. BENEFÍCIO. AUXÍLIO-DOENÇA. PERÍCIA MÉDICA. OBRIGATORIEDADE. LEIS NS. 8.213/91 E 9.032/95. A Lei n. 9.032/95, que modificou o art. 101 da 8.213/91, impõe a realização da perícia em todos os benefícios, independentemente da idade. O auxílio-doença por ser um benefício de natureza temporária, pode ser revisto e ser for o caso, transformado em outro benefício adequado à situação em que se encontra o segurado. Recurso especial conhecido.
(STJ — REsp — Recurso Especial n. 294.130; Proc. n. 2000.01.36154-6/SC; 6ª T.; Decisão: 17.5.2001; DJ 13.8.2001; Rel. Vicente Leal). In www.cjf.gov.br

PROCESSUAL CIVIL E PREVIDENCIÁRIO. SEGURADO INCAPAZ. INTERDIÇÃO. AUXÍLIO-DOENÇA. CONCESSÃO. CORREÇÃO MONETÁRIA. A interdição de qualquer pessoa tem de ser declarada judicialmente, e se esta não o foi, quer por falta de provocação das partes, quer por iniciativa do Ministério Público, não há por que se falar em nulidade processual. A interdição, com a nomeação de curador, só beneficia a parte interdita, não podendo ser alegada, intempestivamente, para prejudicá-la. Atestada a incapacidade laboral do segurado, através de prova técnica constante nos autos, deve lhe ser concedido o benefício de auxílio-doença. Correção monetária incidente nos exatos termos da Súmula n. 71-TFR, até o advento da Lei n. 6.899/81, quando então, passará a ser pelos ditames desta. Apelo desprovido.
(TFR — 3ª T.; Ap. Cív. n. 92.869/RJ; Rel. Min. Flaquer Scartezzini; j. 4.9.1984; v. u.; DJU, 2.5.1985, pág. 6.236, ementa). BAASP 1379/130 de 22.5.1985.

PREVIDENCIÁRIO. AUXÍLIO-DOENÇA. CONTRIBUIÇÃO PREVIDENCIÁRIA. REPETIÇÃO DE INDÉBITO. PROVA DOS RECOLHIMENTOS. 1 — A retribuição recebida pelo empregado doente, nos primeiros quinze dias de afastamento do trabalho, tem caráter previdencial, sobre ela não incidindo a contribuição previdenciária. Precedentes do TFR e da 3ª Turma. 2 — Na repetição de indébito, a prova do recolhimento objurgado pela parte deve ser feita no processo de conhecimento, pois representa precisamente a demonstração dos fatos da causa de pedir. 3 — Provimento parcial da apelação do INSS. Apelação das autoras prejudicada.
(TRF — 1ª Reg.; AC — Apelação Cível n. 01030956; Proc. n. 1996.01.03095-6/DF; 3ª T.; Decisão: 6.2.2001; DJ 6.4.2001; Rel. p/ Acórdão Juiz Olindo Menezes (Conv.), Rel. Juiz Antonio Ezequiel). In www.cjf.gov.br

PREVIDENCIÁRIO. INCAPACIDADE PARCIAL PARA O TRABALHO. AUXÍLIO-DOENÇA. QUALIDADE DE SEGURO. EXERCÍCIO DE ATIVIDADE. 1 — A incapacidade parcial para o trabalho, sem definição de limites, não enseja a concessão de auxílio-doença, que supõe incapacidade total por mais de quinze dias (art. 26, CLPS). 2 — Não tem a qualidade de segurado quem, embora com anotação em carteira de trabalho, em realidade não exerce a atividade indicada e nem outra qualquer sujeita ao regime da previdência social urbana.
(TFR — 1ª T.; Ap. Cív. n. 129.852/RS; Rel. Min. Dias Trindade; j. 27.10.1987; v. u.; DJU, 26.11.1987, pág. 26.609, ementa). BAASP 1517/12, de 13.1.1988.

PREVIDENCIÁRIO. AUXÍLIO-DOENÇA E APOSENTADORIA POR INVALIDEZ. PROVA PERICIAL. RECONHECIMENTO DA INCAPACIDADE LABORATIVA TEMPORÁRIA DO AUTOR. IMPOSSIBILIDADE DE CONVERSÃO DO AUXÍLIO-DOENÇA EM APOSENTADORIA POR INVALIDEZ. I — Cabível a concessão de auxílio-doença ao segurado, enquanto permanecer a incapacidade temporária para o trabalho. II — Impossibilidade de transformação do auxílio-doença em aposentadoria por invalidez, em face da ausência de comprovação da incapacidade laborativa permanente do segurado para todo e qualquer trabalho, ressalvada, ao autor, a possibilidade de requerer a aposentadoria por idade, na forma da lei. III — Apelação parcialmente provida.
(TRF — 1ª Reg.; AC — Apelação Cível n. 01104985; Proc. n. 1991.01.10498-5/MG; 2ª T.; Decisão: 9.4.1999; DJ 28.8.2001; Rel. p/ Acórdão Juíza Assusete Magalhães, Rel. Juiz Jirair Aram Meguerian). In www.cjf.gov.br

PREVIDENCIÁRIO. APOSENTADORIA POR INVALIDEZ. INCAPACIDADE TRANSITÓRIA. CONCESSÃO DE AUXÍLIO-DOENÇA. 1 — Comprovada a existência de incapacidade transitória, é forçoso reconhecer o direito da segurada ao auxílio-doença, ainda que o pedido inicial tenha sido de aposentadoria por invalidez, tendo em vista que os dois benefícios são firmados sobre os mesmos fundamentos, sendo que o segundo importa em um requisito a mais que o primeiro, a permanência do estado mórbido (Precedentes do TRF da 3ª Região). 2 — Apelação a que dá provimento.
(TRF — 1ª Reg.; AC — Apelação Cível n. 01160362; Proc. n. 1991.01.16036-2/MG; 2ª T.; Decisão: 26.10.1999; DJ 10.8.2001; Rel. Juiz Jirair Aram Meguerian). In www.cjf.gov.br

PREVIDENCIÁRIO. CONSTITUCIONAL. RECÁLCULO. Tendo sido o benefício auxílio-doença concedido anteriormente à edição do Plano de Custeio e Benefícios (Lei n. 8.213), não há

como se conceder o recálculo da renda mensal inicial, com a correção dos 36 últimos salários-de-contribuição. Já a aposentadoria por tempo de serviço foi calculada nos termos do art. 29 da Lei n. 8.213, como comprova do documento anexado aos autos.
(TRF — 2ª Reg.; AC — Apelação Cível n. 223.585; Proc. n. 2000.02.01.001550-0/RJ; 2ª T.; Decisão: 23.5.2001; DJU 21.6.2001; Rel. Juiz Espírito Santo). In www.cjf.gov.br

PREVIDENCIÁRIO. AUXÍLIO-DOENÇA. CESSAÇÃO DO BENEFÍCIO. INCAPACIDADE LABORATIVA NÃO VERIFICADA POR PERITO MÉDICO NOMEADO PELO JUÍZO. I — Concluindo a perícia médica, determinada no processo judicial e levada a efeito por *expert* nomeado pelo Juízo, pela inexistência de incapacidade ao momento de sua realização, não há como reconhecer-se o direito do segurado ao restabelecimento do auxílio-doença cessado regularmente na via administrativa ao mesmo fundamento. II — Em caso de agravamento da moléstia portada pelo segurado (Síndrome Epilepiforme), evidenciando ulterior incapacidade laborativa, não tem ele frustrado o direito à concessão de qualquer benefício previdenciário, observada a lei de regência. III — Apelação improvida.
(TRF — 2ª Reg.; AC — Apelação Cível n. 199.384; Proc. n. 99.02.17487-6/RJ; 6ª T.; Decisão: 30.5.2001; DJU 21.6.2001; Rel. Juiz Sergio Schwaitzer). In www.cjf.gov.br

PREVIDENCIÁRIO. AUXÍLIO-DOENÇA. HIPERTENSO. IMPOSSIBILIDADE DE EXERCER A PROFISSÃO. I — Demonstrado por laudo pericial que o autor está impossibilitado de exercer sua profissão, está correta a sentença que determinou o restabelecimento do benefício, pelo prazo mínimo de 24 meses e até que seja procedida a sua reabilitação. II — Apelação e remessa oficial improvidas.
(TRF — 2ª Reg.; AC — Apelação Cível n. 204.993; Proc. n. 1999.02.01.032731-1/RJ; 1ª T.; Decisão: 4.12.2000; DJU 8.2.2001; Rel. Juiz Ney Fonseca). In www.cjf.gov.br

PREVIDENCIÁRIO. AUXÍLIO-DOENÇA. INCAPACIDADE TOTAL PARA O TRABALHO. INDENIZAÇÃO. NEGLIGÊNCIA. FALTA DE COMPROVAÇÃO. I — O benefício de auxílio-doença é devido ao segurado que, havendo cumprido o período de carência, ficar incapacitado para o seu trabalho ou para sua vida habitual por mais de quinze dias consecutivos. II — A perícia médica conclui pela incapacidade total do autor para o trabalho, de forma permanente, devendo estar sempre sob o controle e tratamento médico. III — Preenchidos os requisitos, é devido o benefício de auxílio-doença desde a data do requerimento administrativo — 20.12.1988. IV — Não restando comprovada qualquer irregularidade dos médicos, eis que estes apenas examinaram o autor, na qualidade de peritos para fins de concessão do benefício, não lhe assistindo, nem prescrevendo qualquer medicação, não prosperam os pedidos indenizatórios por negligência médica. V — Remessa improvida.
(TRF — 2ª Reg.; REO — Remessa *Ex Officio* n. 252.159; Proc. n. 2000.02.01.065850-2/RJ; 1ª T.; Decisão: 16.4.2001; DJU 21.6.2001; Rel. Juiz Carreira Alvim). In www.cjf.gov.br

PREVIDENCIÁRIO. RESTABELECIMENTO DE BENEFÍCIO. PERSISTÊNCIA DA DOENÇA. LAUDO PERICIAL. COMPROVAÇÃO. Tendo o segurado necessidade de tratamento médico ambulatorial devido ao seu estado de deficiência psíquica, de acordo com laudo pericial, o benefício previdenciário de auxílio-doença deve ser restabelecido, uma vez que persistem os motivos originários da concessão do mesmo. Remessa oficial improvida. Sentença confirmada.
(TRF — 2ª Reg.; REO — Remessa *Ex Officio* — 170.298; Proc. 98.02.17786-5/RJ; 3ª T.; Decisão: 10.10.2000; DJU 19.6.2001; Rel. Juiz Francisco Pizzolante). In www.cjf.gov.br

PREVIDENCIÁRIO. AUXÍLIO-DOENÇA. PROVA PERICIAL. CESSAÇÃO. DESCABIMENTO. O sistema processual civil pátrio permite que o magistrado forme livremente seu juízo, baseado nos elementos de convicção presentes no feito. No presente caso, a clareza e objetividade do laudo pericial conclusivo da total e permanente incapacidade laborativa da segurada, não conduzem a outro caminho que não o do reconhecimento da pretensão inicial, com o conseqüente restabelecimento do auxílio-doença cessado. A Autarquia-Ré não logrou comprovar que realizou a habilitação e a reabilitação profissional e social da Autora (Lei n. 8.213/91, arts. 89/92), não se justificando o cancelamento do benefício, depois de mais de treze anos de concessão. Remessa necessária e Apelação improvidas.
(TRF — 2ª Reg.; AC — Apelação Cível n. 231.710; Proc. n. 2000.02.01.020231-2/RJ; 2ª T.; Decisão: 8.11.2000, DJU 22.2.2001; Rel. Juiz Sergio Feltrin Correa). In www.cjf.gov.br

AUXÍLIO-DOENÇA. APOSENTADORIA POR INVALIDEZ. CORREÇÃO MONETÁRIA. Comprovada por perícia médico-judicial a incapacidade total e permanente da segurada, é de se restabelecer o auxílio-doença retroativo à data do seu cancelamento indevido, até a citação. A partir daí, é de se lhe deferir a aposentadoria por invalidez. Correção monetária devida nos termos da Súmula n. 71 do TFR até o ajuiza-

mento da ação. A partir daí pela Lei n. 6.899/81. Parcialmente provido o Recurso do réu. Improvido. Recurso da autora.
(TRF — 3ª Reg.; 2ª T.; Ap. Cível n. 92.03.81827-8/SP; Rel. Juiz Célio Benevides; j. 7.6.1994; v. u.; DJU, Seção II, 29.6.1994, pág. 35.134, ementa). BAASP 1858/93, 03.08.1994.

AUXÍLIO-DOENÇA. HONORÁRIOS ADVOCATÍCIOS. TERMO INICIAL. Preenchidos os requisitos legais e devidamente comprovada nos autos a total mas temporária incapacidade laborativa do autor, justifica-se a concessão do benefício a partir da indevida alta médica. Honorários advocatícios fixados em 15% (quinze por cento) sobre o total da condenação, conforme jurisprudência assente no extinto Tribunal Federal de Recursos. Negado provimento ao recurso do Instituto Previdenciário e provido o recurso do autor.
(TRF — 3ª Reg. — 1ª T.; Ap. Cível n. 90.03.15045-1/SP; Rel. Juiz Pedro Rotta; j. 10.11.1993; v. u.; DOE, Poder Judic., Caderno 1, 1.12.1993, pág. 100, ementa). BAASP 1832/15-e, de 2.2.1994.

AUXÍLIO-DOENÇA. APOSENTADORIA POR INVALIDEZ. CORREÇÃO MONETÁRIA. Comprovada por perícia médico-judicial a incapacidade total e permanente da segurada, é de se restabelecer o auxílio-doença retroativo à data do seu cancelamento indevido, até a citação. A partir daí, é de se lhe deferir a aposentadoria por invalidez. Correção monetária devida nos termos da Súmula n. 71 do TFR até o ajuizamento da ação. A partir daí pela Lei n. 6.899/81. Parcialmente provido o Recurso do réu. Improvido — Recurso da autora.
(TRF — 3ª Reg.; 2ª T.; Ap. Cível n. 92.03.81827-8/SP; Rel. Juiz Célio Benevides; j. 7.6.1994; v. u.; DJU, Seção II, 29.6.1994, pág. 35.134, ementa). BAASP 1858/93, 3.8.1994.

PREVIDENCIÁRIO. GRATIFICAÇÃO NATALINA. AUXÍLIO-DOENÇA. COMPROVAÇÃO. PAGAMENTO. NÃO DEMONSTRADO. 1 — A autarquia concorda com a existência de um valor a ser pago a título de gratificação de natal. 2 — Não questionando a Autarquia sobre o direito postulado nos autos e não tendo demonstrado o efetivo pagamento nem tampouco a disponibilização do referido numerário a favor da autora, a apelação interposta não merece ser agasalhada. 3 — A manutenção do julgado não traz prejuízo à autarquia, na medida em que poderá, em sendo o caso, lançar mão dos competentes embargos à execução, caso já tenha satisfeito integralmente a sua obrigação veiculada na presente demanda. 4 — Apelo improvido.
(TRF — 3ª Reg.; AC — Apelação Cível n. 171.251; Proc. n. 94.03.030848-6/SP, 1ª T.; Decisão: 26.9.2000; DJU 20.2.2001; Rel. Juiz David Diniz). In www.cjf.gov.br

PREVIDENCIÁRIO. REMESSA OFICIAL. AUXÍLIO-DOENÇA. PERÍODO DE CARÊNCIA E INCAPACIDADE TOTAL E TEMPORÁRIA COMPROVADOS. CORREÇÃO MONETÁRIA. JUROS. Presentes os pressupostos legais, consubstanciados na comprovação do período de carência e a existência da incapacidade total e temporária da autora para o exercício de atividade laboral, por perícia médica, impõe-se a concessão do auxílio-doença (artigo 59 e seguintes da Lei n. 8.213/91). A correção monetária é devida a partir do vencimento de cada prestação do benefício, nos termos do § 7º do art. 41 da Lei n. 8.213/91, Leis ns. 6.899/81, 8.542/92 e 8.880/94 e demais legislação pertinente bem como atendendo à Súmula n. 8 deste Egrégio Tribunal. Relativamente aos juros moratórios são devidos à base de 6% ao ano, contados a partir da citação, o que decorre do disposto no artigo 1.062 do Código Civil, combinado com o artigo 219 do Código de Processo Civil, prevalecendo, portanto, o critério legal. Recurso de apelação do INSS a que se nega provimento e remessa oficial a que se dá parcial provimento.
(TRF — 3ª Reg.; AC — Apelação Cível n. 479.001; Proc. n. 1999.03.99.031941-0/SP; 5ª T.; Decisão: 15.5.2001; DJU 2.10.2001; Rel. Juíza Suzana Camargo). In www.cjf.gov.br

PREVIDENCIÁRIO. CONCESSÃO. AUXÍLIO-DOENÇA. PROVA PERICIAL. EPILEPSIA. INCAPACIDADE NÃO CONSTATADA. 1 — Nas ações em que se objetiva a aposentadoria por invalidez ou o auxílio-doença, o julgador firma seu convencimento, via de regra, com base na prova pericial. 2 — Improcede o pedido de concessão do benefício de auxílio-doença se a prova pericial concluiu que epilepsia que acomete o autor não é enquadrada como de difícil controle e não o incapacita para o exercício de atividade laboral. 3 — Apelação improvida.
(TRF — 4ª Reg.; AC — Apelação Cível n. 398.025; Proc. n. 2001.04.01.009823-2/RS; 6ª T.; Decisão: 12.6.2001; DJU 4.7.2001; Rel. Juiz Nylson Paim de Abreu). In www.cjf.gov.br

AUXÍLIO-DOENÇA. INCAPACIDADE LABORATIVA. FATO SUPERVENIENTE. CONCESSÃO. UTILIDADE E ECONOMIA PROCESSUAL. 1 — Comprovado pela perícia judicial que o segurado é portador de moléstia que o incapacita temporariamente para o exercício de suas atividades laborativas, é de ser outorgado auxílio-doença, a contar da data em que teve início a incapacidade. 2 — O evento que, ocorrido após iniciada a demanda que busca restabelecer auxílio-doença, constitui direito à concessão de novo benefício é de ser considerado no momen-

to da decisão, devendo, com base nos princípios da utilidade e economia processual, ser consentida a concessão do auxílio-doença mesmo sem que haja pedido expresso.
(TRF — 4ª Reg.; AC — Apelação Cível n. 396.066; Proc. n. 2001.04.01.007546-3/SC; 5ª T.; Decisão: 25.6.2001; DJU 11.7.2001; Rel. Juiz Tadaaqui Hirose). In www.cjf.gov.br

PREVIDENCIÁRIO. AUXÍLIO-DOENÇA. RESTABELECIMENTO. 1 — Deve ser restabelecido o benefício de auxílio-doença, uma vez que o laudo concluiu estar o Autor definitivamente incapacitado para o exercício de sua profissão (caminhoneiro) por apresentar crises epiléticas refratárias. 2 — O restabelecimento ocorrerá a partir da perícia judicial, pois o segurado não compareceu para a elaboração da perícia administrativa.
(TRF — 4ª Reg.; AC — Apelação Cível n. 15.467; Proc. n. 2000.04.01.010590-6/SC; 6ª T.; Decisão: 31.10.2000; DJU 9.5.2001; Rel. p/ Acórdão Juiz Luiz Carlos de Castro Lugon, Rel. Juiz Sergio Renato Tejada Garcia). In www.cjf.gov.br

PREVIDENCIÁRIO. AUXÍLIO-DOENÇA. BENEFÍCIO CONCEDIDO JUDICIALMENTE. CANCELAMENTO ADMINISTRATIVO. POSSIBILIDADE. É possível a administração previdenciária cancelar auxílio-doença concedido na esfera judicial, quando constatada por perícia médica a aptidão laborativa do beneficiário, porquanto benefício de caráter temporário.
(TRF — 4ª Reg.; AC — Apelação Cível n. 356.106; Proc. n. 1999.71.12.001399-0/RS; 5ª T.; Decisão: 13.6.2001; DJU 18.7.2001; Rel. p/ Acórdão Juiz Tadaaqui Hirose, Rel. Juíza Virgínia Scheibe). In www.cjf.gov.br

PREVIDENCIÁRIO. AUXÍLIO-DOENÇA. INCAPACIDADE PERMANENTE PARA A ATIVIDADE HABITUAL. SÍNDROME DE REITER. 1 — Se o laudo pericial concluiu pela presença de incapacidade permanente para o trabalho habitual, correta a sentença que concedeu auxílio-doença a segurado portador de Síndrome de Reiter. Incontroversos os requisitos carência e qualidade de segurado. 2 — Apelação e Remessa Oficial improvidas.
(TRF — 4ª Reg.; AC — Apelação Cível n. 403.405; Proc. n. 2001.04.01.016303-0/PR; 6ª T.; Decisão: 12.6.2001; DJU 4.7.2001; Rel. Juíza Eliana Paggiarin Marinho). In www.cjf.gov.br

PREVIDENCIÁRIO. AUXÍLIO-DOENÇA. INCAPACIDADE TEMPORÁRIA. CONCESSÃO. Atestada por perícia judicial a incapacidade temporária da autora, portadora de asma brônquica e rinite alérgica, servente de estabelecimento escolar, em contato constante com agentes alergênicos, é de ser concedido o auxílio-doença.
(TRF — 4ª Reg.; AC — Apelação Cível n. 15163; Proc. n. 1999.04.01.090679-0/SC; 6ª T.; Decisão: 12.12.2000; DJU 28.2.2001; Rel. p/ Acórdão Juiz Luiz Carlos de Castro Lugon, Rel. Juiz Sebastião Ogê Muniz). In www.cjf.gov.br

PREVIDENCIÁRIO. AUXÍLIO-DOENÇA. RESTABELECIMENTO. 1 — Correta a determinação de restabelecimento de auxílio-doença, tendo em vista que a perícia médica atestou a existência de moléstia incapacitante, não tendo havido melhora ou solução de continuidade do quadro mórbido que justificasse o seu cancelamento.
(TRF — 4ª Reg.; AC — Apelação Cível n. 14.889; Proc. n. 2000.04.01.026609-4/SC; 5ª T.; Decisão: 4.12.2000; DJU 31.1.2001; Rel. p/ Acórdão Juíza Virgínia Scheibe, Rel. Juíza Maria Lúcia Luz Leiria). In www.cjf.gov.br

PREVIDENCIÁRIO. AUXÍLIO-DOENÇA. VISÃO MONOCULAR. Embora possua visão monocular, o autor não está incapacitado para trabalho compatível com sua deficiência, para tal fim devendo ser reabilitado profissionalmente. Enquanto isto não ocorrer, dever-lhe-á ser concedido o auxílio-doença.
(TRF — 4ª Reg.; AC — Apelação Cível n. 247.197; Proc. n. 1998.04.01.073039-7/SC; 6ª T.; Decisão: 12.12.2000; DJU 17.1.2001; Rel. Juiz Sebastião Ogê Muniz). In www.cjf.gov.br

PREVIDENCIÁRIO. EXTINÇÃO DE FUNDO MUNICIPAL. LEI N. 9.717/99. AUXÍLIO-DOENÇA. REQUISITOS. ATENDIMENTO POSTERIOR. LEI N. 8.213/91. 1 — A teor do art. 10 da Lei n. 9.717/99, havendo extinção de regime próprio de previdência social, o ente federativo assumirá integralmente a responsabilidade pelo pagamento do benefício concedido durante a sua vigência, bem como nos casos em que os requisitos foram atendidos anteriormente. 2 — Hipótese em que as condições para a obtenção do auxílio-doença somente foram cumpridas pela impetrante após a extinção do Fundo Municipal de Aposentadoria, Pensões e Previdência, Assistência Social e à Saúde — FAPS, de Catanduvas/SC, na forma do art. 60, § 1º, da Lei n. 8.213/91. 3 — Apelação e remessa oficial improvidas.
(TRF — 4ª Reg.; AMS — Apelação em Mandado de Segurança n. 72.642; Proc. n. 2000.72.03.000407-5/SC; 6ª T.; Decisão: 25.9.2001; DJU 7.11.2001; Rel. Juiz Luiz Fernando Wowk Penteado). In www.cjf.gov.br

PREVIDENCIÁRIO. TUTELA ANTECIPADA. AUXÍLIO-DOENÇA. NEFROPATIA GRAVE. DISPENSA DO PERÍODO DE CARÊNCIA (ART. 151 DA LEI DE BENEFÍCIOS). Comprovado que o autor é portador de nefropatia grave, não tendo, desse modo, condições de exercer atividade laborativa, deve ser antecipada a tutela. O art. 151 da LB dispensa, nesses casos, o período de carência.
(TRF — 4ª Reg.; AG — Agravo de Instrumento n. 78.562; Proc. n. 2001.04.01.020644-2/RS; 5ª T.; Decisão: 9.8.2001; DJU 29.8.2001; Rel. Juiz Paulo Afonso Brum Vaz). In www.cjf.gov.br

AUXÍLIO PARA TRATAMENTO

Benefício atribuído ao segurado ou dependente, submetido a processo de reabilitação, que necessite de tratamento ou exames médicos fora do local de seu domicílio. É dado na forma de uma diária para auxiliar nas despesas de locomoção. (Arts. 91/171).

AUXÍLIO-RECLUSÃO

Prestação continuada devida aos dependentes do segurado que perceba salário de até 398,48 reais, em caso de sua detenção ou reclusão, a partir de seu efetivo recolhimento à prisão. É calculado segundo os critérios da pensão por morte, pois equivale à substituição da remuneração, que o segurado deixa de perceber, independe de carência. É concedido mediante prova de despacho de prisão preventiva ou de sentença condenatória e atestado de recolhimento à prisão. (Arts. 80/116 a 119).

JURISPRUDÊNCIA

PREVIDENCIÁRIO. AUXÍLIO-RECLUSÃO. REQUISITOS PREENCHIDOS. PERDA DA QUALIDADE DE SEGURADO: INOCORRÊNCIA. 1 — O benefício de auxílio-reclusão é devido aos dependentes do segurado recolhido à prisão, nas mesmas condições da pensão por morte, desde que o preso não esteja recebendo remuneração da empresa ou qualquer outro benefício previdenciário, nos termos do artigo 80 da Lei n. 8.213/91. 2 — Preenchidos os requisitos necessários à concessão do benefício, a perda da qualidade de segurado não interfere no direito do dependente à percepção do auxílio-reclusão. Precedentes na Corte. 3 — Apelação improvida.
(TRF — 3ª Reg. — 1ª T.; AC n. 295.308/SP; Rel. Des. Federal Oliveira Lima; j. 8.6.1999; v. u.; ementa). BAASP 2179/313-e, de 2.10.2000.

AUXÍLIO-RECLUSÃO. COMPROVAÇÃO DOS REQUISITOS LEGAIS. DEPENDENTES DO SEGURADO. SOLTURA POSTERIOR NÃO RETIRA DOS DEPENDENTES O DIREITO AO BENEFÍCIO DURANTE O PERÍODO EM QUE O SEGURADO PERMANECEU PRESO. A DEMORA DA PRESTAÇÃO JURISDICIONAL NÃO PODE PREJUDICAR A PARTE QUE A ELA NÃO DEU CAUSA. 1 — Restou demonstrada a qualidade de segurado (trabalhador urbano nos doze meses anteriores à prisão) e dos seus dependentes, perante o INSS, bem como a prisão preventiva e a condenatória do segurado. 2 — Preenchidos os requisitos legais, posterior soltura do segurado não implica em perda de direito dos seus dependentes às parcelas vencidas, durante o período da prisão. 3 — Correção monetária, desde cada vencimento e juros moratórios de 6% ao ano, desde a citação do INSS. Cálculos conforme o Provimento n. 24/97 do TRF da 3ª Região. 4 — Apelação a que se dá provimento.
(TRF — 3ª Reg.; AC — Apelação Cível n. 282.942; Proc. n. 95.03.086136-5/SP; 2ª T.; Decisão: 28.8.2001; DJU 24.1.2002; Rel. Juíza Vera Lucia Jucovsky). In www.cjf.gov.br

PROCESSUAL CIVIL E PREVIDENCIÁRIO. AUXÍLIO-RECLUSÃO. ART. 80 DA LEI N. 8.213/91. POSSIBILIDADE JURÍDICA DO PEDIDO. REMESSA OFICIAL. LEI N. 9.469, DE 10.7.97. 1 — Consoante o disposto no art. 80 da Lei n. 8.213/91, o auxílio-reclusão é devido aos dependentes do segurado recolhido à prisão, não sendo possível a este postular o benefício em nome próprio. 2 — Processo extinto sem julgamento do mérito (art. 267, VI do CPC). 3 — Sentença submetida ao reexame necessário, a teor do artigo 10 da Lei n. 9.469/97. 4 — Remessa oficial provida. Apelação prejudicada.
(TRF — 4ª Reg.; AC — Apelação Cível n. 398.892; Proc. n. 2001.04.01.011182-0/RS; 6ª T.; Decisão: 12.6.2001; DJU 4.7.2001; Rel. Juiz Nylson Paim de Abreu). In www.cjf.gov.br

AVOCATÓRIA

É o chamamento a si, pelo Ministro da Previdência e Assistência Social, do julgamento de questões já decididas pelos órgãos da previdência social, para revê-las, nos casos de: violação de lei, julgamento ultra ou extra petita, conflito entre órgãos do MPAS ou tratar-se de questão previdencial ou assistencial de relevante interesse público ou social. (Art. 309 do Reps).

AVULSO

V. Trabalhador avulso

B

BENEFICIÁRIO

Toda pessoa que está protegida pelo sistema previdencial, seja na qualidade de segurado como na de dependente. Tecnicamente, diz-se que os beneficiários estão dentro do campo de aplicação (v.) do sistema previdencial. Para uma discriminação dos segurados ver os verbetes acima indicados. Juridicamente, são sujeitos da relação jurídica de previdência social em posição ativa quanto às prestações e passiva quanto às contribuições apenas os segurados. (Art. 10/8º).

BENEFÍCIO

É a prestação pecuniária exigível pelo beneficiário, desde que preenchidas as condições legais. Divide-se em benefício instantâneo e benefício de prestação continuada ou pagamento continuado. Juridicamente, é um dos objetos da relação jurídica de previdência social, em relação ao qual o beneficiário se coloca em posição ativa e a entidade previdencial em posição passiva. O benefício não recebido em vida só será pago aos dependentes habilitados à pensão (v.) ou, na sua falta, aos seus sucessores na forma da lei civil, independentemente de inventário ou arrolamento. (Arts. 18/110, 25, 165).

BENEFÍCIO DE PAGAMENTO CONTINUADO

Chamado também benefício de prestação continuada, é aquele que se repete no tempo, com uma certa periodicidade, em virtude da realização de uma mesma e só contingência. São exemplos o auxílio-doença, as diversas aposentadorias, o abono anual (v.).

BENEFÍCIO EM MANUTENÇÃO

Expressão sinônima de benefício de pagamento continuado.

BENEFÍCIO INSTANTÂNEO

Designação dos benefícios que são concedidos uma única vez pela realização de uma mesma contingência, em contraposição aos benefícios de duração continuada, que se repetem no tempo. São denominados, também, benefícios una tantum. Os benefícios instantâneos, por exemplo, são os seguintes: auxílio-funeral, auxílio-natalidade, todos os pecúlios. Nossa legislação não concede mais nenhum deles.

BENEFÍCIO PERIÓDICO

Expressão sinônima de benefício de pagamento continuado.

BENEFÍCIO POR INCAPACIDADE

É a prestação previdencial que substitui a renda do trabalho, que o segurado deixa de perceber, por estar incapaz de trabalhar, seja por doença como por acidente, do trabalho ou não.

C

CAIXAS DE APOSENTADORIAS E PENSÕES

Sistema pelo qual surgiu a previdência social no Brasil. Pelo Decreto Legislativo n. 4.682, de 24.1.1923, é criada em cada uma das empresas de estradas de ferro no País uma Caixa de Aposentadoria e Pensões para os respectivos empregados. O custeio era tripartido. O empregado contribuía com 3% dos respectivos vencimentos, as empresas com 1% de sua renda bruta anual, entrando mensalmente com uma quantia igual à devida pelos seus empregados e fazendo-se anualmente o confronto entre aquele valor e a contribuição já feita. A coletividade contribuía mediante o pagamento de um aumento de 1 e 1/2% sobre as tarifas da estrada de ferro. Os segurados eram os empregados das empresas de estrada de ferro, com mais de 6 meses de serviços contínuos. Os dependentes eram a viúva ou o viúvo, pais, filhas solteiras, filhos de até 18 anos, irmãs solteiras. As contingências cobertas eram doença, invalidez, velhice, tempo de serviço, acidente do trabalho, morte.

CÁLCULO DOS BENEFÍCIOS

O cálculo dos benefícios de prestação continuada, com exceção do salário-família e do salário-maternidade, é feito tomando-se por base o salário-de-contribuição e o salário-de-benefício (v.). Em cada verbete dos benefícios, apresentamos sua forma de cálculo. (Arts. 28/31).

JURISPRUDÊNCIA

PREVIDÊNCIA SOCIAL. Esta Corte já firmou o entendimento de que o disposto no artigo 202 da Carta Magna sobre o cálculo do benefício da aposentadoria não é auto-aplicável, por depender de legislação que posteriormente entrou em vigor (Leis ns. 8.212 e 8.213, ambas de 24.7.91). Portanto, a esse propósito e até a entrada em vigor da legislação acima referida, continuaram vigentes as normas editadas anteriormente à atual Carta Magna, razão por que foi correto o cálculo feito pelo recorrente quanto ao valor do benefício, que também levou em conta a atualização monetária das contribuições consideradas para esse cálculo, segundo aquelas normas, não se desrespeitando assim o princípio reafirmado no artigo 201, § 3º, da atual Constituição — de que todos os salários-de-contribuição considerados no cálculo de benefício serão corrigidos monetariamente. Dessa decisão discrepou o acórdão recorrido. Por outro lado, a questão relativa ao artigo 58 do ADCT não foi prequestionada (Súmulas ns. 282 e 356). Recurso extraordinário conhecido em parte, e nela provido.
(STF — 1ª T. — RE n. 323.945/SP; Rel. Min. Moreira Alves). In www.stf.gov.br

PREVIDENCIÁRIO. APOSENTADORIA PROPORCIONAL. Cálculo do benefício (art. 53, I e II da Lei n. 8.213/91). Ofensa indireta à Constituição. Agravo regimental desprovido.
(STF — 1ª T. AGRRE-252.544-RS. Rel. Min. Ellen Gracie). In www.stf.gov.br

PREVIDENCIÁRIO. BENEFÍCIO. CÁLCULO. SALÁRIOS-DE-CONTRIBUIÇÃO. INPC. ARTIGOS 31 E 145, DA LEI N. 8.213/91. RMI. VALOR-TETO. ARTS. 29, 33 E 136 DA LEI N. 8.213/91. Após o advento da Lei n. 8.213/91, cujos efeitos tiveram seu termo inicial em 5.4.1991, a teor de seu art. 145, a atualização de todos os salários-de-contribuição, computados no cálculo do valor do benefício, efetua-se mediante o índice do INPC e sucedâneos legais. Tratando-se, portanto, de benefício concedido em 22.4.1992, há que ser observado o artigo 31, do mencionado regramento previdenciário. Por decisão plenária, o STF firmou entendimento no sentido da não auto-aplicabilidade do art. 202 da Carta Magna, "por necessitar de integração legislativa, para complementar e conferir eficácia ao direito nele inserto" (RE n. 193.456-5/RS, DJU de 7.11.1997). No cálculo do salário-de-benefício deve ser observado o limite máximo do salário-de-contribuição, na data inicial do benefício. Inteligência do art. 29, § 2º, da Lei n. 8.213/91. As disposições contidas nos artigos 29, § 2º, 33 e 136, todos da Lei n. 8.213/91, não são incompatíveis e visam a preservar o valor real dos benefícios. Precedentes. Recurso conhecido e provido.
(STJ— REsp — Recurso Especial n. 253.438; Proc. n. 2000.00.30460-3/SP; 5ª T.; Decisão: 13.9.2000; DJ 19.2.2001; Rel. Jorge Scartezzini). In www.cjf.gov.br

PROCESSUAL CIVIL. PREVIDENCIÁRIO. RECURSO ESPECIAL. ADMISSIBILIDADE. DISPOSITIVO LEGAL INAPLICÁVEL AO CASO. BENEFÍCIO. SALÁRIO-DE-BENEFÍCIO. CÁLCULO. TETO MÁXIMO. ARTS. 29, 33 E 136 DA LEI N. 8.213/91. I — Não se conhece em parte do recurso especial, ao passo que o recorrente indica dispositivo de lei federal inaplicável ao caso. II — Legalidade do art. 29, § 2º, da Lei n. 8.213/91, que limita o salário-de-benefício ao valor do salário-de-contribuição. III — O preceito contido no art. 136 da Lei n. 8.213/91 atua em momento distinto do estabelecido no art. 29, § 2º, referindo-se tão-somente ao salário-de-contribuição para cálculo do salário-de-benefício. Recurso parcialmente conhecido, e nesta parte, provido.
(STJ — REsp — Recurso Especial n. 280.868; Proc. n. 2000.01.00410-7/SP; 5ª T.; Decisão: 13.12.2000; DJ 12.2.2001; Rel. Felix Fischer). In www.cjf.gov.br

PREVIDENCIÁRIO. SALÁRIO-DE-BENEFÍCIO. VALOR MÁXIMO. ARTS. 29 E 33 DA LEI N. 8.213/91. CONSTITUCIONALIDADE. RMI. ART. 202 DA CF. I — É constitucional a fixação de um valor máximo para o salário-de-benefício, que não deverá ser superior ao do limite máximo do salário-de-contribuição na data da concessão do benefício, a teor do disposto no art. 29, § 2º, e art. 33 da Lei n. 8.213/91. Precedentes do STJ. II — O Supremo Tribunal Federal tem firmado entendimento no sentido de que a norma consubstanciada no art. 202 da Constituição não se reveste de auto-aplicabilidade, dependendo, para efeito de sua plena eficácia, da necessária *interpositio legislatoris*. III — Somente a edição da Lei n. 8.212/91 e da Lei n. 8.213/91 viabilizou, de modo integral, a aplicabilidade dos critérios constantes do art. 202, *caput*, da Carta da República, ao definir o regime jurídico concernente à aposentadoria previdenciária instituída em favor dos trabalhadores urbanos e rurais. IV — Apelação do Instituto Nacional do Seguro Social — INSS e remessa necessária providas.
(TRF — 2ª Reg.; AC — Apelação Cível n. 236.486; Proc. n. 2000.02.01.030478-9/RJ; 3ª T.; Decisão: 17.4.2001; DJU 28.6.2001; Rel. Juíza Tania Heine). In www.cjf.gov.br

PREVIDENCIÁRIO. REVISÃO DE BENEFÍCIO. ADIÇÃO DO AUXÍLIO-ACIDENTE AO SALÁRIO-DE-CONTRIBUIÇÃO, PARA FINS DE CONTRIBUIÇÃO, PARA FINS DE CÁLCULO DA RENDA MENSAL INICIAL DA APOSENTADORIA. LEIS NS. 5.316/67 E 6.367/76. INEXISTÊNCIA DE DUPLA INDENIZAÇÃO. CORREÇÃO MONETÁRIA. JUROS. HONORÁRIOS ADVOCATÍCIOS. CUSTAS. RECURSO DO AUTOR PROVIDO. SENTENÇA REFORMADA. 1 — A Lei n. 6.367/76, que revogou a Lei n. 5.316/67, instituindo novas determinações acerca da concessão, cálculo e manutenção do auxílio-acidente, nenhuma disposição introduziu no sentido de proibir a inclusão do valor correspondente a esse benefício aos salários-de-contribuição, para fins de aposentadoria. 2 — Inexistência de dupla indenização, vez que a incorporação pretendida constitui tão-somente uma compensação financeira que deve ser assegurada ao Autor que, em face da redução de seu empenho em exercer a função habitual, viu-se obrigado a dedicar-se a atividade menos vantajosa economicamente, experimentando prejuízos que, provavelmente, os valores recebidos a título de auxílio-doença não estão aptos a mitigar. 3 — A correção monetária das prestações vencidas deve ser fixada nos termos da Súmula n. 8 deste Tribunal, Lei n. 6.899/81, Lei n. 8.213/91 e legislação superveniente, respeitada a prescrição qüinqüenal. 4 — Os juros de mora são devidos no percentual de 6% ao ano, contados da citação. 5 — Verba honorária fixada em 15% do valor da condenação. 6 — Sem condenação em custas. 7 — Recurso do Autor provido. Sentença reformada.
(TRF — 3ª Reg.; AC — Apelação Cível n. 612.497; Proc. n. 1999.61.04.007982-7/SP; 5ª T.; Decisão: 21.11.2000; DJU 27.3.2001; Rel. Juíza Ramza Tartuce). In www.cjf.gov.br

PREVIDENCIÁRIO. REVISÃO DE BENEFÍCIO. DIREITO ADQUIRIDO À APOSENTADORIA POR TEMPO DE SERVIÇO E NÃO AO CÁLCULO DESSE BENEFÍCIO, POR CRITÉRIOS VIGENTES À ÉPOCA EM QUE O AUTOR IMPLEMENTOU AS CONDIÇÕES PARA A OBTENÇÃO DO MESMO. RECURSO DO AUTOR IMPROVIDO. SENTENÇA MANTIDA. 1 — Como o autor requereu o benefício na vigência da Lei n. 8.213/91, deve ter o cálculo de sua renda mensal inicial em consonância com tal legislação, vez que referido cálculo leva em consideração os últimos salários-de-contribuição, pressupondo o requerimento do benefício ou o óbito do segurado, quando diz respeito à pensão. 2 — O autor adquiriu o direito à aposentadoria, mas não ao cálculo da renda mensal inicial, pelo critério da legislação revogada. 3 — Ao Judiciário não compete a tarefa de legislar e tampouco conjugar leis, para delas extrair um benefício maior do que o previsto em cada uma delas, isoladamente, favorecendo tão-só e, exclusivamente, o autor. 4 — Recurso do autor improvido. Sentença mantida.
(TRF — 3ª Reg. — 5ª T.; Ap. Cível n. 96.03.002292-6/SP; Rela. Desa. Federal Ramza Tartuce; j. 7.6.1999; v. u.; ementa). BAASP 2176/308-e, de 11.9.2000.

PREVIDENCIÁRIO. VALOR-TETO DAS CONTRIBUIÇÕES. LEI N. 7.787/89. CÁLCULO DO SALÁRIO-DE-BENEFÍCIO. ART. 58 DO ATO DAS DISPOSIÇÕES CONSTITUCIONAIS TRANSITÓRIAS. 1 — A Lei n. 7.787/89 dispôs sobre alterações na legislação de custeio da Previdência Social, onde houve um realinhamento no valor do teto das contribuições previdenciárias, que chegou a ser fixado em 10 vezes o valor do salário mínimo. 2 — Não há que se falar em direito adquirido à forma de cálculo, mas somente quanto ao direito à aposentadoria, que permanece íntegro, haja vista que o valor do benefício é apurado de acordo com os valores das contribuições efetivamente recolhidas no período básico de cálculo. 3 — É inaplicável o artigo 58 do ADCT para os benefícios concedidos após a promulgação da Constituição de 1988. 4 — Apelação provida.
(TRF — 3ª Reg.; AC — Apelação Cível n. 86.150; Proc. n. 92.03.061696-9/SP; 2ª T.; Decisão: 22.9.2000; DJU 25.4.2001; Rel. Juíza Marisa Santos). In www.cjf.gov.br

PREVIDENCIÁRIO. ATUALIZAÇÃO DOS SALÁRIOS-DE-CONTRIBUIÇÃO. MAIOR E MENOR VALOR-TETO. LEI N. 8.213/91. INPC. ÍNDICES INFLACIONÁRIOS. APLICAÇÃO DE ÍNDICE INTEGRAL NO PRIMEIRO REAJUSTE. 1 — A questão envolvendo a limitação da renda mensal inicial em razão da aplicação do valor-teto previsto nos arts. 29, § 2º e 33, da Lei n. 8.213/91, para o cálculo do salário-de-benefício, restou pacificada no âmbito do Colendo Superior Tribunal de Justiça, não havendo falar, pois, em eliminação dos respectivos tetos. 2 — É aplicável, na atualização dos salários-de-contribuição que irão compor o benefício, a variação do INPC, conforme Lei n. 8.213/91 e legislação subseqüente, excluídos os percentuais expurgados da economia nacional. 3 — Não há que se falar em direito adquirido de recolher as contribuições com o teto fixado em 20 salários mínimos. Aplicação da Lei n. 7.787/89. 4 — Legalidade da aplicação de critérios proporcionais para o primeiro reajuste do benefício, com base nas Leis ns. 8.213/91 e 8.542/92. 5 — Aplicação dos arts. 31 e 41, II, da Lei n. 8.213/91, que integraram a eficácia do comando constitucional do § 2º, do artigo 201, da CF, quando dispuseram sobre o índice aplicável na correção dos salários-de-contribuição e nos reajustes. 6 — Apelação improvida.
(TRF — 3ª Reg.; AC — Apelação Cível n. 484.235; Proc. n. 1999.03.99.037567-0/SP; 2ª T.; Decisão: 12.6.2001; DJU 4.10.2001; Rel. Juíza Sylvia Steiner). In www.cjf.gov.br

PREVIDENCIÁRIO. RENDA MENSAL INICIAL. CÁLCULO DO BENEFÍCIO. INEXISTÊNCIA DE PROPORCIONALIDADE ENTRE O SALÁRIO-DE-BENEFÍCIO E O SALÁRIO-DE-CONTRIBUIÇÃO. SALÁRIO MÍNIMO. IMPOSSIBILIDADE. I — O entendimento jurisprudencial tem-se firmado no sentido de que não há equivalência entre o salário-de-contribuição e o salário-de-benefício do segurado, para efeito de cálculos da renda mensal e dos benefícios previdenciários. Neste sentido o Tribunal Regional Federal da 4ª Região até editou súmula (Súmula n. 40). II — O valor do benefício previdenciário não está vinculado ao número de salários mínimos, nem mesmo em função da Súmula n. 260 do TFR. III — Apelação improvida.
(TRF — 2ª Reg.; AC — Apelação Cível n. 155.524; Proc. n. 97.02.41388-5/RJ; 2ª T.; Decisão: 7.2.2001; DJU 22.2.2001; Rel. Juiz Castro Aguiar). In www.cjf.gov.br

PREVIDENCIÁRIO. CÁLCULO DE BENEFÍCIO. ART. 144 DA LEI N. 8.213/91. SALÁRIOS-DE-CONTRIBUIÇÃO. SALÁRIO-DE-BENEFÍCIO. TETO LEGAL. ART. 29 DA LB. IPCS EXPURGADOS. DIREITO ADQUIRIDO À CONTRIBUIÇÃO COM BASE NO EQUIVALENTE A 20 SALÁRIOS MÍNIMOS. Tendo o benefício sido concedido durante o chamado "Buraco Negro", deve ter sua renda mensal inicial recalculada e reajustada por força da disciplina contida no art. 144 da Lei n. 8.213/91, conforme procedeu o INSS. Não há direito adquirido à contribuição previdenciária sobre o teto máximo de 20 salários mínimos após a entrada em vigor da Lei n. 7.787/89. Súmula n. 50 desta Corte. Inexistência de inconstitucionalidade na aplicação dos tetos limitadores dos benefícios previdenciários. Precedentes da 3ª Seção e do Egrégio STJ. Quanto aos critérios de correção monetária dos salários-de-contribuição, é assente a jurisprudência no sentido de que se deva, para os benefícios concedidos após o advento da Lei n. 8.213/91, considerar o indexador nesta lei previsto, que é o INPC (art. 31). Os expurgos inflacionários ocorreram na variação do IPC. Se antes do advento da Lei n. 7.787/89, contribuía o segurado sobre o equivalente a (10) dez salários mínimos, não há, portanto, falar-se em direito adquirido, até porque não podia este evoluir na escala de salários-base de forma abrupta, sem obedecer aos interstícios legais.
(TRF — 4ª Reg.; AC — Apelação Cível n. 366.586; Proc. n. 2000.72.07.000447-5/SC; 5ª T.; Decisão: 27.9.2001; DJU 10.10.2001; Rel. Juiz Paulo Afonso Brumvaz). In www.cjf.gov.br

PREVIDENCIÁRIO. EMBARGOS À EXECUÇÃO DE TÍTULO JUDICIAL. MAIOR E MENOR

TETO. 1 — O título executivo determinou a aplicação da Súmula n. 2 desta Corte no recálculo da renda mensal inicial do benefício do embargado, enunciado que se refere ao regime anterior à edição da Lei n. 8.213/91; razão por que aplicáveis os limites do menor e maior valor-teto. 2 — Calcula-se a aposentadoria por tempo de serviço do autor em duas parcelas; no caso, a primeira equivalente a 83% do menor valor-teto, e a segunda correspondente a 2/30 do valor excedente, nos termos do artigo 23 do Decreto n. 89.312/84. 3 — Efetuada a citação do INSS para pagamento sem a inclusão dos expurgos inflacionários referidos nas Súmulas ns. 32 e 37 desta Corte, é vedado ao exeqüente, em sede de embargos, pleitear a incidência dos correspondentes índices. 4 — Apelação parcialmente provida.
(TRF — 4ª Reg.; AC — Apelação Cível n. 337.948; Proc. n. 1999.71.04.003296-6/RS; 5ª T.; Decisão: 5.3.2001; DJU 14.3.2001; Rel. Juiz Sergio Renato Tejada Garcia). In www.cjf.gov.br

PREVIDENCIÁRIO. RECÁLCULO DA RENDA MENSAL INICIAL. REPERCUSSÃO DE SENTENÇA TRABALHISTA. As parcelas reconhecidas através de sentença trabalhista que passam a integrar o salário do segurado, situadas no período básico de cálculo da renda mensal, devem ser consideradas para recálculo da RMI. A correção monetária, devida desde o vencimento de cada parcela, deve ser calculada com base na legislação de regência. Honorários advocatícios fixados em 10% (dez por cento) sobre o valor das parcelas vencidas, isto é, aquelas devidas até a data da efetiva implantação da nova renda mensal. Apelação e remessa oficial parcialmente providas.
(TRF — 4ª Reg.; AC — Apelação Cível n. 375.058; Proc. n. 2000.04.01.126177-8/RS; 5ª T.; Decisão: 13.9.2001; DJU 3.10.2001; Rel. Juiz Paulo Afonso Brum Vaz). In www.cjf.gov.br

BENEFÍCIO PREVIDENCIÁRIO. CÁLCULO. INCAPACIDADE LABORATIVA. A ausência de melhora significativa, após um período de 3 anos de afastamento, sugere sua definitividade. HONORÁRIOS ADVOCATÍCIOS. A isenção do pagamento das verbas relativas à sucumbência em Ações Acidentárias, aplica-se somente em favor do obreiro.
(2º TACivil — 6ª Câm.; Ap. s/ Rev. n. 37.183-00-2/SP; Rel. Juiz Laerasta Neto; j. 15.12.1993; v. u.). BAASP 1838/84-j, 16.3.1994.

CÂMARAS DE JULGAMENTO

Órgãos paritários do Conselho de Recursos da Previdência Social, *em número de oito, com sede em Brasília, com a competência para julgar em segunda instância os recursos interpostos contra as decisões proferidas pelas* Juntas de Recursos *que infringirem lei, regulamento, enunciado ou ato normativo ministerial. São, todavia, única instância para julgar os recursos interpostos contra decisões do INSS em matéria de interesse do contribuinte. (Art. 303, § 1º, II do Reps).*

CAMPO DE APLICAÇÃO

Usa-se tal expressão para designar as pessoas protegidas por um dado sistema previdencial.

CANCELAMENTO

Dá-se o cancelamento de benefício de prestação continuada quando desaparecem as razões que determinaram sua concessão. Assim, a recuperação da capacidade de trabalho, quando o segurado está recebendo auxílio-doença ou aposentadoria por invalidez, determina sua supressão. A aposentadoria por invalidez é cancelada quando o segurado passa a trabalhar, seja qual for a modalidade de trabalho, isto é, subordinado ou não. Ver no verbete correspondente a cada benefício a ocasião e o motivo de seu cancelamento. A palavra é usada também para designar o ato de supressão de inscrição de dependente, especialmente o cônjuge, que perde tal condição em caso de separação judicial ou divórcio sem direito a alimentos, anulação de casamento. Se fraude é descoberta, o benefício também é cancelado.

JURISPRUDÊNCIA

PREVIDENCIÁRIO. BENEFÍCIO DE ABONO DE PERMANÊNCIA EM SERVIÇO CASSADO. SUSPEITA DE FRAUDE. SÚMULA N. 160 DO EXTINTO TFR. 1 — Os procedimentos para obtenção dos benefícios previdenciários, não estão imunes de auditagem. Verificando-se qualquer possível ocorrência de fraude, deve a autarquia através de regular processo administrativo, averiguar e comprovar a fraude, observando a garantia constitucional da audiência bilateral. 2 — Entendimento jurisprudencial de que o benefício previdenciário não pode ser cassado ou suspenso, de plano, por mera suspeita de fraude, sem a prévia instauração do devido processo legal. 3 — Submetida a sentença ao duplo grau obrigatório de jurisdição, restou flagrante a pertinência com o enunciado da Súmula n. 160 do extinto TFR. 4 — Remessa oficial improvida.
(TRF — 1ª Reg. — 2ª T.; REO — Remessa *Ex Officio* n. 01268408; Proc. n. 1992.01.26840-8/MG; Data da Decisão: 22.2.1999; DJ 30.3.1999; Rel. Juíza Solange Salgado). In www.cjf.gov.br

PREVIDENCIÁRIO. BENEFÍCIO POR INVALIDEZ. CANCELAMENTO. AUSÊNCIA DE DEMONSTRAÇÃO DE QUE PRECEDEU AO ATO PROCEDIMENTO ADMINISTRATIVO, NO QUAL ASSEGURADA AMPLA DEFESA AO BENEFICIÁRIO. PROCESSO CAUTELAR. PRESENÇA DOS REQUISITOS NECESSÁRIOS À SUA CONCESSÃO. 1 — Inexistindo demonstração de que o cancelamento do benefício foi precedido de regular procedimento administrativo, onde assegurada ampla defesa ao beneficiário, se faz presente, na hipótese, ante o enunciado na Súmula n. 160 do extinto Tribunal Federal de Recursos, o requisito relativo à plausibilidade do direito alegado. 2 — Caracterização, outrossim, do requisito relativo ao risco da demora, em face do caráter alimentício da prestação suspensa em seu pagamento, benefício previdenciário de renda mínima. 3 — Tendo o processo cautelar por escopo único o de assegurar o resultado útil da lide principal, não se prestando a satisfazer a pretensão de direito material que nela venha a ser deduzida, inadmissível decreto condenatório ao pagamento de prestações atrasadas. 4 — Recurso de apelação de que não se conhece, por suscitar questão estranha ao conteúdo decisório do ato jurisdicional impugnado. 5 — Remessa oficial parcialmente provida.
(TRF — 1ª Reg. ; 2ª T.; AC — Apelação Cível n. 01000570267; Proc. n. 2000.010.00.57026-7/PI; Decisão: 19.9.2000; DJ 15.3.2001; Rel. Juiz Carlos Moreira Alves). In www.cjf.gov.br

CONSTITUCIONAL E PREVIDENCIÁRIO. CANCELAMENTO DE BENEFÍCIO. SUSPEITA DE IRREGULARIDADE NA CONCESSÃO. AUSÊNCIA DE PROCEDIMENTO ADMINISTRATIVO. 1 — A garantia constitucional do devido processo legal exige que a autoridade administrativa, no exercício de suas atividades, atue de maneira não abusiva e não arbitrária, para que seus atos tenham legitimidade ético-jurídica. 2 — "A suspeita de irregularidade na concessão de benefício previdenciário não enseja, de plano, a sua suspensão ou cancelamento, mas dependerá de apuração em procedimento administrativo" (Súmula n. 160 do extinto Tribunal Federal de Recursos) 3 — Apelação do INSS a que se nega provimento. 4 — Sem remessa oficial em face da inexistência de determinação legal à época da prolação da sentença.
(TRF — 1ª Reg.; 1ª T.; AMS — Apelação em Mandado de Segurança n. 01000403002; Proc. n. 1997.010.00.40300-2/PI; Decisão: 21.8.2001; DJ 10.9.2001; Rel. Juiz Amílcar Machado). In www.cjf.gov.br

PREVIDENCIÁRIO. APOSENTADORIA POR INVALIDEZ. CANCELAMENTO. HONORÁRIOS ADVOCATÍCIOS. CUSTAS PROCESSUAIS. I — Constatado, através de prova pericial, que a segurada é inválida para o exercício de qualquer atividade laborativa, deve ser restabelecido o benefício de aposentadoria por invalidez recebido desde 1963. II — Honorários moderadamente fixados. III — Não são, na hipótese, devidas custas pelo INSS, consoante o art. 7º, I, da Lei n. 1.010/86. IV — Recurso e remessa oficial parcialmente providos.
(TRF — 2ª Reg.; 4ª T.; AC — Apelação Cível n. 222.576; Proc. n. 1999.02.01.062255-2/RJ; Decisão: 13.9.2000; DJU 20.3.2001; Rel. Juiz Valmir Peçanha). In www.cjf.gov.br

PREVIDENCIÁRIO. ADMINISTRATIVO. CANCELAMENTO DE BENEFÍCIO POR SUSPEITA DE FRAUDE. OFENSA AO PRINCÍPIO GARANTIDOR DO DEVIDO PROCESSO LEGAL. AUSÊNCIA DE DEFESA TÉCNICA. NULIDADE. 1 — Todo aquele que esteja numa relação de litigância com a Administração, seja administrado, seja como funcionário, tem direito subjetivo a um processo que lhe assegure o contraditório e a ampla defesa, na forma prevista na Constituição. O administrado poderá produzir sua defesa e participar da fase probatória. 2 — É corolário da ampla defesa que aquele que for "acusado" ou "litigante" em processo administrativo tem que ser defendido por advogado. Caso não o tenha, caberá à autoridade que conduz o processo nomear-lhe defensor dativo. É direito do "acusado" ou "litigante", mesmo em sede administrativa, produzir defesa técnica, inerente ao conceito de ampla defesa. 3 — Em se tratando de cancelamento de benefício previdenciário ou assistencial, a violação do devido processo legal vai mais longe, vez que atinge o objetivo maior da Ordem Social, que é a justiça social, cuja implementação se faz através da Seguridade Social. 4 — Ficando reconhecida a nulidade do processo administrativo, o restabelecimento do benefício se impõe desde o seu cancelamento, como conseqüência lógica da decretação da nulidade. 5 — Nulo o processo administrativo, abre-se para a Administração a possibilidade de, novamente, exercer sua atividade, desta vez com o respeito aos cânones constitucionais. Poderá, então, em processo administrativo que assegure o contraditório e a ampla defesa, apurar eventual fraude para obtenção do benefício e chegar à sua cassação, se for o caso. 6 — Os juros moratórios incidem desde a citação, e a correção monetária é computada a partir do vencimento de cada parcela. 7 — Honorários de sucumbência de 15% sobre as parcelas vencidas, na

forma da jurisprudência desta Corte. 8 — Apelação parcialmente provida, para restabelecer o benefício previdenciário a partir de seu cancelamento, ressalvando a possibilidade de instauração de regular processo administrativo para apuração da fraude apontada.
(TRF — 3ª Reg.; AC — Apelação Cível n. 398.451; Proc. n. 97.03.079460-2/SP; 2ª T.; Decisão: 1.12.2000; DJU 6.6.2001; Rel. Juíza Marisa Santos). In www.cjf.gov.br

PREVIDÊNCIA SOCIAL. RESTABELECIMENTO DE APOSENTADORIA POR IDADE. Os processos de restabelecimento de aposentadoria, a princípio, devem ser enfocados de forma diversa dos de concessão de aposentadoria. Nos processos de concessão, cabe ao autor provar que faz jus ao benefício. Nos processos de restabelecimento, ao contrário, têm como particularidade o fato de que o autor recebia o benefício. O ato administrativo de concessão de aposentadoria se reveste de presunção de legitimidade. Presume-se que os requisitos legais para a aposentação tenham sido preenchidos. Portanto, o que está em discussão nos processos de restabelecimento é a legitimidade do ato de cancelamento do benefício, mais do que o próprio direito, o que resulta na inversão do ônus da prova. Se não for comprovada alguma ilegalidade no ato de concessão do benefício, o cancelamento é indevido. É o INSS que tem o ônus de provar que o benefício foi mal concedido e não o segurado de provar o contrário. Se resulta comprovado no procedimento de revisão que o trabalhador rural se mudou para a cidade antes de completado o período aquisitivo do direito, abandonando a atividade agrícola, foi correto o cancelamento do benefício. No caso, não se trata de modificação nos critérios utilizados na apreciação de provas de tempo de serviço ou nova valoração do conjunto probatório ou de sua reinterpretação, mas sim de descaracterização do regime de economia familiar por fatos conhecidos supervenientemente e omitidos pelo trabalhador por ocasião do requerimento administrativo. Apelação desprovida.
(TRF — 4ª Reg.; AC — Apelação Cível n. 367.007; Proc. n. 2000.04.01.111367-4/RS; 6ª T.; Decisão 6.2.2001; DJU 6.6.2001; Rel. Juiz João Surreaux Chagas). In www.cjf.gov.br

PREVIDENCIÁRIO. APOSENTADORIA POR IDADE. NÃO COMPROVAÇÃO DA ATIVIDADE. PERDA DA QUALIDADE DE SEGURADO. Embora o conjunto probatório comprove que o autor trabalhou por algum período como trabalhador urbano e ter sido filiado ao Instituto Nacional do Seguro Social — INSS desde 1946 até 1990 como trabalhador urbano, o mesmo ocorreu em período antecedente àquele necessário para a percepção do benefício, sem que o(a) autor(a) comprovasse a idade necessária à aposentação, eis que completou 65 (sessenta e cinco) anos em 1992. Apelação improvida.
(TRF — 3ª Reg.; AC — Apelação Cível n. 662.499; Proc. n. 2001.03.99.004411-9/SP; 1ª T.; Decisão 13.3.2001; DJU 31.5.2001; Rel. Juiz Roberto Haddad). In www.cjf.gov.br

PREVIDENCIÁRIO. CANCELAMENTO DE APOSENTADORIA POR INVALIDEZ. REQUISITOS NÃO OBSERVADOS. Se o segurado aposentado por invalidez contava com idade igual ou superior a cinqüenta e cinco anos, na vigência do art. 101 da Lei n. 8.213/91, na sua redação original, ele não era obrigado a se submeter a exames periódicos a cargo da Previdência Social, já que esse limite de idade foi afastado da legislação somente com a edição da Lei n. 9.032/95. Apelação provida.
(TRF — 4ª Reg.; AC — Apelação Cível n. 396.992; Proc. n. 2001.04.01.008833-0/RS; 6ª T.; Decisão: 10.4.2001; DJU 18.7.2001; Rel. Juiz João Surreaux Chagas). In www.cjf.com.br

CAPACIDADE DE TRABALHO

Sua existência é condição para que sejam cancelados certos benefícios, exatamente os que têm por fundamento sua perda. São eles: auxílio-doença e aposentadoria por invalidez. No caso de o segurado estar recebendo auxílio-doença, como é ele concebido em caso de incapacidade temporária, recuperada a capacidade de trabalho não há mais razão para a sua manutenção. Na hipótese de aposentadoria por invalidez, a recuperação da capacidade de trabalho traz conseqüências referentes ao contrato de trabalho eventualmente suspenso (v. o verbete Suspensão do contrato de trabalho). Se a recuperação da capacidade de trabalho se der após 5 anos de aposentadoria, ou não for total ou o segurado for declarado apto para o exercício de trabalho diverso do que habitualmente exercia, a aposentadoria será mantida, mesmo que o segurado arranje outro emprego, da seguinte maneira: a) durante os 6 primeiros meses no seu valor integral; b) nos 6 meses subseqüentes com redução de 50%; c) durante mais 6 meses com redução de 75%. O aposentado por invalidez que considerar que recuperou sua capacidade de trabalho pode solicitar exame médico perante o INSS, para cancelamento do benefício. (Arts. 47/49).

CARDIOPATIA GRAVE

Doença que dá direito a auxílio-doença ou à aposentadoria por invalidez, independentemente do período de carência (v.), desde que, ao filiar-se à previdência social, o segurado não seja portador dela. (Arts. 26, II e 151/186).

CARÊNCIA

V. Período de carência

CARTEIRA DE TRABALHO E PREVIDÊNCIA SOCIAL

As anotações constantes da Carteira de Trabalho e Previdência Social disciplinada pela legislação trabalhista (CLT, arts. 13 a 40), valem para todos os efeitos como comprovação de filiação à previdência social, dispensando qualquer registro interno de inscrição. Daí resulta o princípio do automatismo na concessão das prestações previdenciais. (Art. 19 do Reps).

CASAMENTO

É um dos fatores tanto para a aquisição da condição de dependente, como para sua perda. Assim, a esposa é dependente econômica do marido, mesmo que seja apta para o trabalho extra-doméstico e ainda que o exerça; assim como o marido o será de sua consorte. A separação judicial e o divórcio sem direito a alimentos também retiram a condição de dependente, assim como a anulação do casamento. (Arts. 16, I, 17, I).

CASO FORTUITO

Acontecimento imprevisível e inevitável provocado ou agravado pelo tipo de trabalho executado ou da instalação utilizada pelo empregador e que acarreta um acidente do trabalho. Distingue-se da força maior naquilo em que guarda ligação, quanto ao seu desencadear, com o trabalho realizado pelo empregado ou com as instalações na qual ele trabalha. Esta sutil distinção nem sempre tem merecido o aplauso da doutrina. Nosso Direito positivo, diante da distinção doutrinária, resolveu ser expresso e incluir tanto o caso fortuito como o de força maior como caracterizadores do acidente do trabalho, desde que ocorridos no local e no horário de trabalho, além de ter feito uma lista de alguns casos fortuitos e de força maior. (Arts. 19, 20 e 21/337).

CEGUEIRA

Condição incapacitante que dá direito a auxílio-doença ou à aposentadoria por invalidez, independentemente de período de carência, desde que, ao filiar-se à previdência social o segurado não seja portador dela. A renda da aposentadoria por invalidez será majorada em 25% pelo fato de o segurado necessitar da assistência permanente de outra pessoa. Tal posição do nosso Direito positivo é discutível, pois o cego pode ser reabilitado, de maneira a dispensar aquela assistência de outra pessoa. (Art. 45/45).

CERTIDÃO DE NASCIMENTO

A certidão de nascimento de filho do segurado é condição para recebimento dos seguintes benefícios: salário-família, pelo empregado ou empregada. A aposentadoria por velhice, que tem como contingência a idade, também dela depende. (Arts. 67/84).

CERTIDÃO NEGATIVA DE DÉBITO

Assim chamado o documento que é fornecido pelo INSS às empresas para prova de inexistência de débito, com validade de seis meses, necessário para a prática dos seguintes atos: a) a contratação com o Poder Público e no recebimento de benefícios ou incentivo fiscal ou creditício concedido por ele; b) alienação ou oneração, a qualquer título, de bem imóvel ou direito a ele relativo; c) alienação ou oneração, a qualquer título, de bem móvel de certo valor, incorporado ao ativo permanente da empresa; d) registro ou arquivamento, no órgão próprio, de ato relativo à baixa ou redução de capital de firma individual, redução de capital social, cisão total ou parcial, transformação ou extinção de entidade ou sociedade comercial ou civil. É também exigida do proprietário, pessoa física ou jurídica, de obra de construção civil, quando de sua averbação no registro de imóveis, salvo na construção sem mão-de-obra assalariada. A prova de inexistência de débito deve ser exigida da empresa em relação a todas as suas dependências, estabelecimentos e obras de construção civil, independentemente do local onde se encontrem, ressalvado aos órgãos competentes o direito de cobrança de qualquer débito apurado posteriormente. (Arts. 47/257).

CERTIFICADO DE CAPACIDADE

É o documento expedido pelo INSS, após terminado o processo de reabilitação profissional, que indica as profissões que podem ser exercidas pelo reabilitado. O certificado não impede que o segurado exerça outras atividades para as quais se considere capaz. (Arts. 92/140).

CERTIFICADO DE MATRÍCULA

Documento fornecido pelo INSS às empresas ou a pessoas a elas equiparadas que nele devem registrar-se juntamente com sua inscrição no Cadastro Nacional da Pessoa Jurídica ou no prazo de 30 dias, do início de sua atividade, se não obrigadas a inscrever-se no CNPJ. Esse registro chama-se matrícula e à mesma corresponde um número que vem no Certificado, pelo qual a empresa se identificará perante a previdência social. (Arts. 49/256).

JURISPRUDÊNCIA

TRIBUTÁRIO. FORNECIMENTO DE CND. LANÇAMENTO POR HOMOLOGAÇÃO. INCONSTITUCIONALIDADE DO TRIBUTO. COMPENSAÇÃO. POSSIBILIDADE. LEIS NS. 8.383/91, 9.212/91, 9.032 E 9.129, DE 1995. 1 — A Lei n. 8.383/91 autoriza o contribuinte a efetuar a compensação de tributos e contribuições federais pagos indevidamente ou a maior com exações da mesma espécie. 2 — O contribuinte tem direito ao fornecimento da certidão negativa de débito se a recusa da autoridade administrativa funda-se em compensação entre crédito resultante de lei declarada inconstitucional, como é o caso da contribuição previdenciária sobre o pro labore de administradores e autônomos. Precedentes do STJ. 3 — Os recolhimentos anteriores à edição das Leis ns. 9.032 e 9.129, de 1995, que alteraram o art. 89 da Lei n. 8.212/91, não se sujeitam às exigências nelas estabelecidas. 4 — Recurso especial conhecido, porém, improvido.
(STJ — 2ª T.; REsp n. 173.822 Proc. n. 1998.00.32203-5/SC; Data da Decisão: 20.10.1998; DJ 12.4.1999; Rel. Peçanha Martins). In www.cjf.gov.br

PROCESSUAL CIVIL E TRIBUTÁRIO. CERTIDÃO NEGATIVA DE DÉBITO. CONTRIBUIÇÃO PREVIDENCIÁRIA. TRIBUTO SUJEITO A LANÇAMENTO POR HOMOLOGAÇÃO. AUSÊNCIA DE CRÉDITO CONSTITUÍDO. RECUSA À EXPEDIÇÃO. ILEGALIDADE. DISSÍDIO JURISPRUDENCIAL SUPERADO. SÚMULA N. 83/STJ. MÉRITO DA COMPENSAÇÃO. TEMA DIVERSO. VIOLAÇÃO DE PRECEITOS LEGAIS NÃO CONFIGURADA. PREQUESTIONAMENTO AUSENTE. DIVERGÊNCIA JURISPRUDENCIAL NÃO COMPROVADA (RISTJ, ART. 255 E PARÁGRAFOS) PRECEDENTES. Em se tratando de tributo sujeito a lançamento por homologação, inexistente este, não há que se falar em crédito constituído e vencido, o que torna ilegítima a recusa da autoridade coatora em expedir a CND. Dissídio pretoriano superado (Súmula 83/STJ). Não cabe ao STJ apreciar questões não examinadas nas instâncias ordinárias e que se desviam do núcleo da controvérsia travada nos autos. Os arestos colacionados como paradigmas devem apreciar o mesmo tema de direito decidido no acórdão recorrido, dando-lhes soluções distintas, à luz da mesma legislação federal, para que se tenha por configurada a divergência jurisprudencial invocada. Recurso não conhecido.
(STJ — REsp — Recurso Especial n. 211.899; Proc. n. 1999.00.38238-2/RS; 2ª T.; Decisão: 16.8.2001; DJ 1º.10.2001; Rel. Francisco Peçanha Martins). In www.cjf.gov.br

PROCESSUAL CIVIL. MANDADO DE SEGURANÇA. SENTENÇA CONCESSIVA. CERTIDÃO NEGATIVA DE DÉBITO — CND. DECURSO DO PRAZO DE VALIDADE. APELAÇÃO E REMESSA OFICIAL JULGADAS PREJUDICADAS. PERDA DO OBJETO. PRECEDENTES. 1 — O fato de haver expirado o prazo de validade da Certidão Negativa de Débito — CND, não torna sem objeto a ação proposta. A satisfação de liminar ou de sentença ainda não transitada em julgado não conduz à extinção do processo ao extremo de se reconhecer a prejudicialidade dos recursos voluntário e oficial. 2 — Persistindo o interesse processual, há de ser reconhecido o direito de o recorrente em obter pronunciamento definitivo acerca da questão de fundo objeto da controvérsia. A jurisdição não acaba antes do trânsito em julgado da sentença de mérito. Precedentes desta Corte Superior. 3 — Embargos de Divergência acolhidos.
(STJ — EResp — Embargos de Divergência no Recurso Especial n. 238.877; Proc. n. 2000.01.02843-0/SC; 1ª Seção; Decisão: 13.12.2000; DJ 4.3.2002; Rel. José Delgado). In www.cjf.gov.br

TRIBUTÁRIO E PROCESSUAL CIVIL. AGRAVO REGIMENTAL CONTRA DECISÃO QUE NEGOU PROVIMENTO A AGRAVO DE INSTRUMENTO. DÉBITO PREVIDENCIÁRIO. CERTIDÃO POSITIVA COM EFEITO DE NEGATIVA. DÉBITO PARCELADO. MULTA PROCRASTINATÓRIA. 1 — Agravo Regimental interpos-

to contra decisão que, com amparo no art. 544, § 2º, do CPC, negou provimento a agravo de instrumento. 2 — É possível a obtenção de Certidão Positiva, com efeito de Negativa de Débito — CND (art. 205, c/c. o art. 206, do CTN). 3 — Estando regular o parcelamento, com o cumprimento, no prazo, das obrigações assumidas pelo contribuinte, não pode ser negado o fornecimento de CND, sob a alegação de que inexiste garantia para a transação firmada. Se o credor não exige garantia, para a celebração do acordo de parcelamento, não pode, no curso do negócio jurídico firmado, inovar. 4 — A questão que o recorrente pretendia ver prequestionada já está por demais debatida no âmbito dos Tribunais Superiores, conforme amplamente demonstrado, sendo público e notório que a orientação do acórdão é na mesma linha, o que por si só torna cristalina a intenção meramente procrastinatória, presente quando da oposição dos embargos. Ademais, não houve qualquer omissão para que se interpusessem os referidos embargos. Confirmação da multa imposta pelo v. acórdão atacado quando da interposição dos embargos de declaração. 5 — Agravo regimental improvido.
(STJ — AGA — Agravo Regimental no Agravo de Instrumento n. 363.137; Proc. n. 2001.00.06183-4/SP; 1ª T.; Decisão: 24.4.2001; DJ 25.6.2001; Rel. José Delgado). In www.cjf.gov.br

MANDADO DE SEGURANÇA. DISCUSSÃO ADMINISTRATIVA E JUDICIAL DA AUTUAÇÃO FISCAL. SÚMULA TFR N. 29. CERTIDÃO NEGATIVA DE DÉBITO — CND. PREVIDENCIÁRIO. 1 — Enquanto estiver o débito pendente de decisão, na via administrativa ou judicial, não poder ser negada a certidão negativa, por força do art. 5º, inciso XXXIV, b, da Constituição Federal. 2 — Aplicação da Súmula TFR n. 29 por analogia. 3 — Recurso a que se dá provimento para reformar a sentença extintiva do processo, que entendeu inexistir direito líquido e certo à expedição da CND. Baixa dos autos à Vara de origem para prosseguimento do feito.
(TRF — 2ª Reg.; AMS — Apelação em Mandado de Segurança n. 24.189; Proc. n. 98.02.49729-0/RJ; 3ª T.; Decisão: 28.11.2000; DJU 19.6.2001; Rel. Juíza Virginia Procópio de Oliveira Silva). In www.cjf.gov.br

PROCESSUAL CIVIL. OBTENÇÃO DE CERTIDÃO NEGATIVA DE DÉBITOS. CAUÇÃO ATRAVÉS DE TÍTULOS DA DÍVIDA AGRÁRIA. I — Impossível o deferimento de pedido de obtenção de Certidão Negativa de Débitos mediante caução através de Títulos da Dívida Agrária, pois os mesmos não se prestam a substituir o depósito em dinheiro, diante da impossibilidade de serem imediatamente convertidos em renda, caso a Fazenda seja vencedora. II — Apelação improvida.
(TRF — 2ª Reg.; AC — Apelação cível n. 225.434; Proc. n. 2000.02.01.004501-2/RJ; 2ª T.; Decisão: 22.5.2001; DJU 21.6.2001; Rel. Juiz Castro Aguiar). In www.cjf.gov.br

PROCESSUAL CIVIL. LIMINAR EM MANDADO DE SEGURANÇA. PODER GERAL DE CAUTELA DO JUIZ QUANDO AFERIDOS OS PRESSUPOSTOS DA MEDIDA. CERTIDÃO NEGATIVA DE DÉBITO — CND. PARCELAMENTO DE DÉBITO. ART. 206 DO CTN. I — A decisão agravada concedeu liminar parcial para determinar à autoridade impetrada que providencie a emissão da Certidão prevista no art. 206 do CTN, ressalvando que para tanto o acordo de parcelamento deve estar sendo regularmente cumprido pelo contribuinte e que não deve existir qualquer outra razão para a recusa. II — Providências liminares, deferidas ou não pelos Juízes de primeiro grau de jurisdição, devem ser prestigiadas, sobretudo em face do poder geral de cautela que lhes é inerente, devendo apenas verificar-se se foram aferidos os pressupostos da medida, o que in casu foi feito. III — Sem ilegalidade, abuso de poder ou teratologia no decisum, devendo ser confirmado. IV — Agravo de instrumento improvido.
(TRF — 2ª Reg.; AG — Agravo de Instrumento n. 46.885; Proc. n. 1999.02.01.051582-6/RJ; 1ª T.; Decisão: 5.3.2001; DJU 5.4.2001; Rel. Juiz Ney Fonseca). In www.cjf.gov.br

REVISÃO CRIMINAL. FALSIFICAÇÃO DE CERTIDÃO NEGATIVA DE DÉBITO — CND. CONDENAÇÃO COM BASE NO ART. 297 DO CÓDIGO PENAL. PEDIDO DE DESCLASSIFICAÇÃO PARA O ART. 301, § 1º, DO MESMO DIPLOMA. PRINCÍPIO DA ESPECIALIDADE. PROCEDÊNCIA DA REVISÃO, COM DECLARAÇÃO DA EXTINÇÃO DA PUNIBILIDADE PELA PRESCRIÇÃO DE PRETENSÃO PUNITIVA DO ESTADO. 1 — Ação ajuizada para a desclassificação de condenação a 3 anos de reclusão com base no art. 297 do Código Penal pela falsificação de Certidão Negativa de Débito do extinto IAPAS. 2 — O tipo do art. 301, § 1º, do Código Penal é crime comum quanto ao sujeito, não se tratando de crime próprio de funcionário público, podendo, conseqüentemente, ser cometido por qualquer pessoa. 3 — Tratando ali de certidão, é especial em relação aos demais tipos constantes dos arts. 297 e 299 do Código Penal, limitando-os quanto a tal documento. 4 — Procedência do pedido para desclassificar a falsificação de Certidão Negativa de Débito — CND do art. 297 para o 301, § 1º,

do Código Penal, reconhecendo-se a extinção da punibilidade pela punição da pretensão punitiva do Estado, por maioria.
(TRF — 2ª Reg.; RvCr — Revisão Criminal n. 33; Proc. n. 98.02.02509-7/RJ; 1ª Seção; Decisão: 19.4.2001; DJU 5.6.2001; Rel. p/ Acórdão Juiz Ricardo Regueira, Rel. Juíza Julieta Lídia Lunz). In www.cjf.gov.br

TRIBUTÁRIO. PARCELAMENTO DE DÉBITO. CERTIDÃO NEGATIVA. I — Estando a impetrante em dia com os pagamentos das prestações decorrentes do parcelamento especial de que trata a Lei n. 8.620/93, não pode a impetrada indeferir o pedido de certidão negativa, sob a alegação de que não há garantia para tal parcelamento. II — Recurso e remessa necessária improvidos.
(TRF — 2ª Reg.; AMS — Apelação em Mandado de Segurança n. 21.075; Proc. n. 97.02.43444-0/RJ; 5ª T.; Decisão: 21.11.2000; DJU 3.5.2001; Rel. Juiz Chalu Barbosa). In www.cjf.gov.br

TRIBUTÁRIO. PARCELAMENTO DE DÉBITO. FORNECIMENTO DE CND. EXIGÊNCIA DE GARANTIA. IMPOSSIBILIDADE. I — Considerando-se que a exigibilidade do crédito se encontra suspensa por força do parcelamento da dívida, tem o contribuinte o direito à certidão Negativa de Débito prevista no art. 205 do CTN, independentemente da garantia. II — Qualquer inovação efetivada pela Autarquia previdenciária posteriormente ao acordo de parcelamento de débito, mesmo que sob a invocação do art. 47, § 8º, da Lei n. 9.032/95, caso procedida sem a devida anuência do contribuinte, haverá de ser repelida, sob pena de violação do negócio jurídico firmado. III — Apelação e remessas improvidas.
(TRF — 2ª Reg.; AMS — Apelação em Mandado de Segurança n. 12.394; Proc. n. 95.02.00311-0/ES; 6ª T.; Decisão: 16.5.2001; DJU 7.6.2001; Rel. Juiz Sergio Schwaitzer). In www.cjf.gov.br

TRIBUTÁRIO. COMPENSAÇÃO. CERTIDÃO NEGATIVA DE DÉBITO. Nos tributos lançados por homologação, a compensação pode ser efetuada livremente pelo contribuinte; no entanto, para obtenção da CND deve o procedimento ser previamente submetido à apreciação da autoridade administrativa competente, devido à necessidade de aferição de sua regularidade e da inexistência de saldo devedor a ser cobrado. Ainda no caso de compensação de tributos pagos a maior já declarados inconstitucionais pelo STF, há que se averiguar com que tipo de débitos procedeu-se à compensação, só permitida com tributos da mesma espécie.
(TRF — 2ª Reg.; AMS — Apelação em Mandado de Segurança n. 28.314; Proc. n. 1999.02.01.046738-8/RJ; 4ª T.; Decisão: 14.3.2001; DJU 7.6.2001; Rel. Juiz Fernando Marques). In www.cjf.gov.br

MANDADO DE SEGURANÇA. PREVIDENCIÁRIO. CND. PARCELAMENTO. EXIGÊNCIA DE GARANTIA. INADMISSIBILIDADE. RECURSO IMPROVIDO. I — Parcelamento concedido sem exigência de garantia, cujas prestações estão sendo regularmente quitadas. II — Ilegítima a exigência de garantia não solicitada na época da concessão do parcelamento. III — Precedentes desta E. Corte. V — Apelação e Remessa oficial improvidas.
(TRF — 3ª Reg.; AMS — Apelação em Mandado de Segurança n. 222.026; Proc. n. 2000.61.12.009504-0/SP; 1ª T.; Decisão: 28.8.2001; DJU 31.1.2002; Rel. Juiz Roberto Haddad). In www.cjf.gov.br

MANDADO DE SEGURANÇA. PREVIDENCIÁRIO. CND. PARCELAMENTO. INADIMPLEMENTO. INADMISSIBILIDADE. RECURSO IMPROVIDO. I — Comprovado o inadimplemento do parcelamento pactuado, inexiste ilegalidade na recusa da Autarquia em expedir a certidão pretendida. II — Apelação improvida.
(TRF — 3ª Reg.; AMS — Apelação em Mandado de Segurança n. 207.809; Proc. n. 1999.61.14.005440-3/SP; 1ª T.; Decisão: 4.9.2001; DJU 31.1.2002; Rel. Juiz Roberto Haddad). In www.cjf.gov.br

MANDADO DE SEGURANÇA. PREVIDENCIÁRIO. CND. PARCELAMENTO. DENÚNCIA ESPONTÂNEA. INOCORRÊNCIA. DIREITO LÍQUIDO E CERTO. INEXISTÊNCIA. RECURSO IMPROVIDO. I — Parcelamento avençado não adimplido, inviabilizando a expedição da pretendida CND. II — Ante o inadimplemento, restou prejudicada discussão acerca da inclusão da multa moratória. III — A concretização da denúncia espontânea se configura com o pagamento. IV — Inexistência do direito líquido e certo alegado. V — Recurso improvido.
(TRF — 3ª Reg.; AMS — Apelação em Mandado de Segurança n. 19465; Proc. n. 1999.03.99.088129-0/SP; 1ª T.; Decisão: 27.6.2000; DJU 15.3.2001; Rel. Juiz Roberto Haddad). In www.cjf.gov.br

TRIBUTÁRIO. APELAÇÃO EM MANDADO DE SEGURANÇA. NEGATIVA DE EXPEDIÇÃO DE CND. EXISTÊNCIA DE PARCELAMENTO COM O INSS. INADMISSIBILIDADE E INTELIGÊNCIA DOS ARTS. 151, I, 152, II E 206 DO CTN. RECURSO VOLUNTÁRIO PARCIALMENTE PROVIDO. 1 — Ato de autoridade que se recusa a fornecer certidão positiva, com efeito de negativa, com base na existência de parcelamento fere direito líquido e certo. 2 — Os artigos 151, I, 152, II e 206, todos do CTN, autorizam expedição de certidão positiva, com efeito de negativa, uma vez que o parcelamento configura hipótese de suspensão da exigibilidade do crédito tributário, revelando-se ilegal condicio-

nar o ato à prestação de garantia não exigida. 3 — Consulta administrativa que não se caracteriza como protelatória suspende a exigibilidade do crédito tributário. 4 — Apelação parcialmente provida.
(TRF — 3ª Reg.; AMS — Apelação em Mandado de Segurança n. 141.966; Proc. n. 94.03.005719-0/SP; 5ª T.; Decisão: 8.8.2000; DJU 27.3.2001; Rel. Juiz Fausto de Sanctis). In www.cjf.gov.br

MANDADO DE SEGURANÇA. CND. DÉBITO TRIBUTÁRIO NÃO CONSTITUÍDO. GREVE NOS SERVIÇOS PÚBLICOS. A empresa impetrante não possui qualquer crédito tributário constituído em seu desfavor, não podendo ver-se prejudicada por greve nos serviços públicos. Comete abuso de poder a autoridade administrativa que nega o fornecimento de Certidão Negativa de Débitos, quando preenchidos os requisitos legais para tal concessão.
(TRF — 4ª Reg.; REO — Remessa Ex Officio n. 12.494; Proc. n. 2000.72.02.001917-3/SC; 2ª T.; Decisão: 8.3.2001; DJU 6.6.2001; Rel. Juiz Vilson Darós). In www.cjf.gov.br

MANDADO DE SEGURANÇA. EMPRESA DE TERRAPLANAGEM. OPÇÃO PELO SIMPLES. POSSIBILIDADE. EXPEDIÇÃO CND. Enquanto não houver manifestação da Secretaria da Receita Federal, autoridade administrativa competente para fiscalizar o SIMPLES, não se pode falar em restrições quanto às prestações de serviço de terraplanagem. É da Secretaria da Receita Federal a competência para fiscalizar a opção e o recolhimento pelo SIMPLES, não cabendo ao INSS emitir normas que tratam da matéria. Desta feita, não há que se falar em enquadramento da impetrante nas proibições do art. 9º da Lei n. 9.317. Possibilidade de expedição de Certidão Negativa de Débito.
(TRF — 4ª Reg.; AMS — Apelação em Mandado de Segurança n. 52.928; Proc. n. 1998.04.01.030783-0/RS; 2ª T.; Decisão: 28.9.2000; DJU 24.1.2001; Rel. Juiz Vilson Darós). In www.cjf.gov.br

TRIBUTÁRIO. ARQUIVAMENTO DE ATAS DE ASSEMBLÉIA GERAL. NÃO APRESENTAÇÃO DE CND. O arquivamento de atas de assembléia geral independem da apresentação de Certidão Negativa de Débito, eis que o Decreto que as exige é decreto estadual, que não pode regulamentar lei federal.
(TRF — 4ª Reg.; REO — Remessa Ex Officio n. 9.560; Proc. n. 97.04.08486-2/PR; 1ª T.; Decisão: 9.11.2000; DJU 14.3.2001; Rel. Juiz Guilnerme Beltrami). In www.cjf.gov.br

CIRURGIA

Parte da assistência médica. O segurado que esteja recebendo auxílio-doença ou aposentadoria por invalidez é obrigado a submeter-se ao tratamento indicado pela previdência, salvo cirurgia. (Arts. 59/46 e 77).

COBRANÇA DE DÍVIDA

A cobrança de dívida dos contribuintes da previdência social é feita por esta, judicialmente, com as mesmas prerrogativas e privilégios da Fazenda Nacional. O INSS tem a prerrogativa de cobrar as contribuições devidas pelas empresas, incidentes sobre a remuneração paga aos segurados ao seu serviço, a dos empregadores domésticos e as dos trabalhadores, em geral. A Receita Federal o faz com referência às contribuições sobre o faturamento e o lucro e as incidentes sobre a receita de concursos de prognósticos. (Arts. 33/229). V. Constituição de crédito e Decadência.

COMPANHEIRA(O)

É considerada companheira do segurado e, portanto, dependente, a pessoa que com ele viva em união estável, desde que ambos sejam solteiros, separados judicialmente, divorciados ou viúvos ou tenham prole comum. São provas de vida em comum o mesmo domicílio, conta bancária conjunta, procuração ou fiança reciprocamente outorgadas, registro em qualquer associação em que figure a companheira como dependente, entre outras. A companheira concorre com a esposa ou ex-esposa do segurado, se ela estiver recebendo pensão alimentícia, e com filhos. (CF/art. 226, § 3º, Art. 16, I).

JURISPRUDÊNCIA

Ver no verbete Dependente

COMPENSAÇÃO

Na hipótese de recolhimento indevido de contribuições previdenciárias, pode haver compensação, ou seja, encontro de débito e crédito, o que significa uma restituição de valores pagos. Não pode superar, porém, 30% do valor a ser recolhido em cada mês pelo contribuinte. Haverá atualização monetária do montante a ser compensado, além de juros. Diz a lei, que só pode ser compensado ou restituído o montante referente à contribuição incidente sobre o trabalho prestado à empresa. Outra restrição, é que a parcela, por sua natureza, não tenha sido transferida ao custo de bem ou serviço oferecido à sociedade. Entendemos que cabe ao INSS o ônus de fazer a prova deste fato, eis que a empresa ou o segurado não têm qualquer possibilidade de controle sobre o que foi *arrecadado e sua destinação, em termos quantitativos. Sabe-se, por exemplo, que o adicional de contribuição em razão da agressividade do ambiente de trabalho destina-se à aposentadoria especial (v.). Não há, como saber-se, contudo, os valores efetivamente destinados a este benefício. (Arts. 89/247 a 254).*

JURISPRUDÊNCIA

PROCESSO CIVIL E TRIBUTÁRIO. CONTRIBUIÇÃO PREVIDENCIÁRIA. COMPENSAÇÃO. LEI N. 9.250/95. CORREÇÃO MONETÁRIA. 1 — Jurisprudência da Primeira Seção uniformizou entendimento favorável à compensação (EREsp n. 98.446/RS — Rel. Min. Ari Pargendler — julgado em 23.4.97). 2 — Em se cuidando de compensação de Contribuição Previdenciária incidente sobre o pagamento de *pró-labore* dos administradores, segurados avulsos e autônomos, por submissão à uniformização da jurisprudência datada pela Primeira Seção (EREsp n. 168.469/SP), é desnecessária a prova algemada à não transferência do ônus financeiro ao contribuinte de fato ("repercussão"). 3 — Na repetição do indébito, os juros SELIC são contados a partir da data da entrada em vigor da lei que determinou a sua incidência do campo tributário (art. 39, § 4º, da Lei n. 9.250/95). 4 — Constituída a causa jurídica da correção monetária, no caso, por submissão à jurisprudência uniformizadora ditada pela Corte Especial, adota-se o IPC, observando-se os mesmos critérios até a vigência da Lei n. 8.177/91 (art. 4º), quando emergiu o INPC/IBGE. 5 — Recurso provido.
(STJ; REsp — Recurso Especial n. 272.351; Proc. n. 2000.00.81593-4/SP; 1ª T.; Decisão: 10.10.2000; DJ 5.2.2001; Rel. Milton Luiz Pereira). In www.cjf.gov.br

PROCESSO CIVIL E TRIBUTÁRIO. CONTRIBUIÇÃO PREVIDENCIÁRIA. COMPENSAÇÃO. LEIS NS. 7.787/89, 8.212/91, 8.383/91 E 9.250/95. PROVA DE NÃO REPERCUSSÃO. LIMITES. CORREÇÃO MONETÁRIA. 1 — Jurisprudência da Primeira Seção uniformizou entendimento favorável à compensação (EREsp n. 98.446/RS — Rel. Min. Ari Pargendler — julgado em 23.4.97). 2 — Em se cuidando de compensação de Contribuição Previdenciária incidente sobre o pagamento de *pro labore* dos administradores, segurados avulsos e autônomos, por submissão à uniformização da jurisprudência datada pela Primeira Seção (EREsp n. 168.469/SP), é desnecessária a prova algemada à não transferência do ônus financeiro ao contribuinte de fato ("repercussão"). 3 — Reconhecido o direito à compensação, os valores compensáveis até a data das publicações (Leis ns. 9.032/95 e 9.129/95) estão resguardados dos limites percentuais fixados (art. 89, § 3º), enquanto que os créditos remanescentes, cujos débitos venceram-se posteriormente, sujeitam-se àquelas limitações. 4 — Na repetição do indébito, os juros SELIC são contados a partir da data da entrada em vigor da lei que determinou a sua incidência do campo tributário (art. 39, § 4º, da Lei n. 9.250/95). 5 — Constituída a causa jurídica da correção monetária, no caso, por submissão à jurisprudência uniformizadora ditada pela Corte Especial, adota-se o IPC, observando-se os mesmos critérios até a vigência da Lei n. 8.177/91 (art. 4º), quando emergiu o INPC/IBGE. 6 — Não ocorrência da prescrição 7 — Recursos sem provimento.
(STJ; REsp — Recurso Especial n. 285.789; Proc. n. 2000.01.12637-7/PR; 1ª T.; Decisão: 13.2.2001; DJ 13.8.2001; Rel. Milton Luiz Pereira). In www.cjf.gov.br

PROCESSUAL E TRIBUTÁRIO. CONTRIBUIÇÃO PREVIDENCIÁRIA. ADMINISTRADORES E AUTÔNOMOS. MEDIDA CAUTELAR. SUSTAÇÃO DE PROCEDIMENTOS ADMINISTRATIVOS. POSSIBILIDADE. 1 — Assente o entendimento da Eg. Primeira Seção sobre a compensação de tributos lançados por homologação recolhidos indevidamente ou a maior, é admissível o deferimento de medida cautelar para impedir a Administração de autuar ou impor sanções ao contribuinte, até o julgamento da ação principal onde será discutida a legitimidade da exação, uma vez comprovados o perigo de lesão e a relevância do pedido. 2 — Recurso especial conhecido e provido.
(STJ — REsp — Recurso Especial n. 190271; Proc. n. 1998.00.72347-1/SP; 2ª T.; Decisão: 16.11.2000; DJ 5.2.2001; Rel. Francisco Peçanha Martins). In www.cjf.gov.br

TRIBUTÁRIO. CONTRIBUIÇÃO PREVIDENCIÁRIA. AUTÔNOMOS, AVULSOS E ADMINISTRADORES. COMPENSAÇÃO. PROVA DA REPERCUSSÃO. DESNECESSIDADE. 1 — A Primeira Seção desta Corte pacificou o entendimento segundo o qual, por ser a contribuição previdenciária dos valores pagos como remuneração a autônomos, avulsos e administradores, de natureza direta, a repetição do indébito e a compensação podem ser deferidas sem a prova da não repercussão (EREsp n. 168.469/SP, DJU de 17.12.99). 2 — Embargos de divergência acolhidos.
(STJ; EResp — Embargos de Divergência no Recurso Especial n. 228.750; Proc. n. 2000.00.20402-1/SC; 1ª Seção; Decisão: 8.11.2000; DJ 5.2.2001; Rel. Paulo Gallotti). In www.cjf.gov.br

AGRAVO DE INSTRUMENTO. TRIBUTÁRIO. CONTRIBUIÇÃO PREVIDENCIÁRIA SOBRE *PRO LABORE* PAGO A AUTÔNOMOS E ADMINISTRADORES. COMPENSAÇÃO. PRESCRIÇÃO. ANTECIPAÇÃO DE TUTELA. I — A matéria relativa à Contribuição Previdenciária sobre *pro labore* pago a autônomos e administradores encontra-se inteiramente pacificada pelo pronunciamento do E. STF na ADIn n. 1.102-2 e Resolução do Senado, ambas de 1995. II — O prazo prescricional de cinco anos para compensação de crédito correspondente à Contribuição Previdenciária recolhida indevidamente sobre remuneração dos trabalhadores avulsos, autônomos e administradores, só começa a fluir da data da decisão do STF na ADIn n. 1.102-2/DF. III — O percentual a compensar deve obedecer aos limites prescritos nas Leis ns. 9.032 e 9.129/95. IV — Provimento parcial ao agravo.
(TRF — 2ª Reg.; AG — Agravo de Instrumento n. 60.529; Proc. n. 2000.02.01.037229-1/RJ; 3ª T.; Decisão: 14.11.2000; DJU 29.3.2001; Rel. Juíza Tania Heine). In www.cjf.gov.br

CONSTITUCIONAL. PREVIDENCIÁRIO. TRIBUTÁRIO. TRABALHADORES AVULSOS, AUTÔNOMOS E ADMINISTRADORES. CONTRIBUIÇÃO PREVIDENCIÁRIA. ART. 22, I, DA LEI N. 8.212/91. INCONSTITUCIONALIDADE. COMPENSAÇÃO. LIMITE. LEI N. 9.032/95. LEI N. 9.129/95. LANÇAMENTO POR HOMOLOGAÇÃO. PRESCRIÇÃO. INÍCIO DE CONTAGEM. Contribuição previdenciária incidente sobre a remuneração de trabalhadores avulsos, autônomos e administradores. Art. 22, I, da Lei n. 8.212/91. Inconstitucionalidade. Inexistência de relação jurídica com o INSS. Suspensão da execução da expressão "avulsos, autônomos e administradores" contida no art. 3º, I, da Lei n. 7.787/89. Resolução n. 14/95. Limite à compensação imposta pelo § 3º da Lei n. 8.212/91, com observância à vigência das Leis ns. 9.032/95 e 9.129/95. Não incidência. Lei n. 9.250/95. Em se tratando de lançamento por homologação, a prescrição tem por termo inicial a homologação tática, ou seja, 5 anos após o lançamento. Apelação do INSS improvida. Apelação da autora provida. Sentença reformada em parte.
(TRF — 2ª Reg.; AC — Apelação Cível n. 144.452; Proc. n. 97.02.25067-6/RJ; 3ª T.; Decisão: 12.9.2000; DJU 1º.3.2001; Rel. Juiz Francisco Pizzolante). In www.cjf.gov.br

TRIBUTÁRIO E PROCESSUAL CIVIL. AGRAVO DE INSTRUMENTO. CONTRIBUIÇÃO PREVIDENCIÁRIA INCIDENTE SOBRE A REMUNERAÇÃO DE ADMINISTRADORES, TRABALHADORES AUTÔNOMOS E AVULSOS. LEI N. 7.787/89, ART. 3º, INC. I. COMPENSAÇÃO. ANTECIPAÇÃO DE TUTELA. I — É entendimento pretoriano não ser possível deferir-se a compensação de tributos ou de contribuição previdenciária, seja através de medida liminar (Súmula n. 212, do STJ) ou tutela antecipada, esta ante a necessidade de se verificar, para os propósitos do reconhecimento da compensação, se estão presentes os requisitos legais, nos termos do art. 170, CTN. II — Todavia na hipótese *sub judice* merece tratamento diverso, uma vez ter sido declarada a inconstitucionalidade do art. 3º, inc. I, da Lei n. 7.787/89 (ADIn n. 1.102/2 do STF) e, posteriormente, pela Resolução n. 14/95 do Senado Federal, suspensa a sua eficácia. Verifica-se ser esta uma daquelas hipóteses em que se justifica a exceção à regra, considerando que o direito é, antes de tudo, lógica e bom senso. Portanto, *in casu*, mesmo em sede de antecipação de tutela deve-se declarar compensável a exação ilegal com a contribuição para custeio da Previdência Social. III — Recurso a que se nega provimento.
(TRF — 2ª Reg.; AG — Agravo de Instrumento n. 49.450; Proc. n. 2000.02.01.005370-7/ES; 3ª T.; Decisão: 22.8.2000; DJU 15.2.2001; Rel. Juíza Maria Helena Cisne). In www.cjf.gov.br

COMPETÊNCIA JUDICIAL

Para julgar as causas em que os interesses dos beneficiários ou contribuintes da Previdência Social estejam em discussão são competentes os juízes federais, com fundamento no art. 109 da Constituição Federal, já que uma autarquia federal, o INSS, será ré. Não tendo o foro de domicílio do segurado Vara da Justiça Federal, será competente o juiz da Justiça Estadual, consoante § 3º do art. 109 da CF. Já para as ações que versem sobre direitos previdenciais concernentes a acidentes do trabalho são competentes os juízes estaduais das varas privativas de acidentes do trabalho. Para uma corrente, o fundamento desta competência estaria no inciso I, do art. 109 da CF. Outra vertente, considera, competente a própria Justiça do Trabalho. Nas ações em que se discute, exclusivamente, o reajuste do benefício acidentário, a jurisprudência considera competente a Justiça Federal. Para as ações de responsabilidade civil, decorrentes de acidente do trabalho, a maioria considera competente a Justiça comum, mas já se delineia corrente favorável à Justiça Trabalhista. A Lei n. 10.259, de 12.7.01 criou os Juizados Especiais Cíveis na Justiça Federal, que julgam ações previdenciais com valor de até 60 salários mínimos. (Arts. 129/344).

JURISPRUDÊNCIA

AÇÃO ENTRE PREVIDÊNCIA SOCIAL E SEGURADO. COMPETÊNCIA. ART. 109, § 3º DA CF/88. Em se tratando de ação previdenciária, o segurado pode optar por ajuizá-la perante o juízo federal de seu domicílio ou perante as varas federais da capital, não podendo a norma do art. 109, § 3º, da Constituição Federal, instituída em seu benefício, ser usada para prejudicá-lo. Precedentes. Recurso extraordinário provido.
(STF — 1ª T. — RE n.285.936/RS, Rel. Min. Ellen Gracie, DJ 29.6.01; Ement. vol. 02037-08, págs. 01570. j. 5.6.2001). In www.stf.gov.br

AÇÃO ENTRE PREVIDÊNCIA SOCIAL E SEGURADO. COMPETÊNCIA. ART. 109, § 3º DA CF/88. Em se tratando de ação previdenciária, o segurado pode optar por ajuizá-la perante o juízo federal de seu domicílio ou perante as varas federais da capital, não podendo a norma do art. 109, § 3º, da Constituição Federal, instituída em seu benefício, ser usada para prejudicá-lo. Precedentes. Recurso extraordinário não conhecido.
(STF — 1ª T. — RE n. 314.309/RS, Rel. Min. Ellen Gracie). In www.stf.gov.br

COMPETÊNCIA DOS JUÍZES FEDERAIS DA CAPITAL DO ESTADO PARA O JULGAMENTO DE CAUSAS ENTRE O INSS E SEGURADO DOMICILIADO EM MUNICÍPIO SOB JURISDIÇÃO DE OUTRO JUIZ FEDERAL. O art. 109, § 3º, da Constituição, apenas faculta ao segurado o ajuizamento da ação no foro do seu domicílio, podendo este optar por ajuizá-la perante as varas federais da capital (AgRAg n. 207.462 e AgRAg n. 208.833, Gallotti, 1ª Turma, 14.4.98).
(STF — 1ª T.; RE n.223.139/RS; Rel. Min. Sepúlveda Pertence; DJ 18.9.98; Ement. vol. 01923-07, págs. 01429; j. 25.8.1998). In www.stf.gov.br

DIREITO CONSTITUCIONAL, PREVIDENCIÁRIO E PROCESSUAL CIVIL. JURISDIÇÃO. COMPETÊNCIA. COMPLEMENTAÇÃO DE PENSÃO OU DE PROVENTOS DE APOSENTADORIA, QUANDO DECORRENTE DO CONTRATO DE TRABALHO. COMPETÊNCIA DA JUSTIÇA DO TRABALHO. RECURSO EXTRAORDINÁRIO: PRESSUPOSTOS DE ADMISSIBILIDADE. PREQUESTIONAMENTO. AGRAVO. 1 — Este é o teor da decisão agravada: "A questão suscitada no recurso extraordinário já foi dirimida por ambas as Turmas do Supremo Tribunal Federal, segundo as quais compete à Justiça do Trabalho o julgamento das questões relativas à complementação de pensão ou de proventos de aposentadoria, quando decorrente de contrato de trabalho (Primeira Turma, RE n.135.937, Rel. Ministro Moreira Alves, DJU de 26.8.94, e Segunda Turma, RE n.165.575, Rel. Ministro Carlos Velloso, DJU de 29.11.94). Diante do exposto, valendo-me dos fundamentos deduzidos nesses precedentes, nego seguimento ao agravo de instrumento (art. 21, § 1º, do RISTF, art. 38 da Lei n. 8.038, de 28.5.1990, e art. 557 do CPC)". 2 — E, no presente Agravo, não conseguiu o recorrente demonstrar o desacerto dessa decisão, sendo certo, ademais, que o tema do art. 202, § 2º, da CF, não se focalizou no acórdão recorrido. 3 — Agravo improvido.
(STF — 1ª T.; AGRAG n.198.260/MG, Rel. Min. Sydney Sanches, DJ 16.11.01. j. 7.8.2001). In www.stf.gov.br

CONSTITUCIONAL. CONFLITO DE COMPETÊNCIA. AÇÃO REVISIONAL DE BENEFÍCIO PREVIDENCIÁRIO RESULTANTE DE ACIDENTE DO TRABALHO. I — A ação de acidente do trabalho é processada e julgada pela Justiça Comum Estadual (art. 109, I, da CF e Súmula n. 15, do STJ). II — A ação revisional de benefício previdenciário, ainda que decorrente de acidente do trabalho, não é um prolongamento desta. Os benefícios previdenciários são os instituídos e reajustados pela legislação própria sem subordinação à acidentária. III — Conflito conhecido, declarando-se competente o Juízo Federal.
(STJ — 3ª Seção; Confl. Comp. n. 3.825-9/RJ; Rel. Min. Costa Lima; j. 17.12.1992. v. u.; DJU, Seção I, 15.2.1993, pág. 1.661, ementa.). In BAASP 1795/203-e, de 19.5.1993.

CONSTITUCIONAL. CONFLITO DE COMPETÊNCIA. ACIDENTE DO TRABALHO. AÇÃO REVISIONAL DE BENEFÍCIO. A Justiça Estadual, competente para processar e julgar as causas de acidente do trabalho, também o é para as ações de revisão dos benefícios decorrentes destas ações. Precedentes. Conhecido o conflito, para declarar competente o Juízo Estadual. Decisão unânime.
(STJ — 1ª Seção; Conf. Comp. n. 2.712-0/SC; Rel. Min. Demócrito Reinaldo; j. 24.3.1992. v. u.; DJU, Seção I, 20.4.1992, pág. 5.194, ementa). In BAASP 1750/240, de 8.7.1992.

PROCESSUAL CIVIL. COMPETÊNCIA. REAJUSTE DE PENSÃO DECORRENTE DE ACIDENTE DO TRABALHO. Tem natureza previdenciária a ação que, sem pretender qualquer exame de matéria relacionada à legislação acidentária pede apenas a revisão de cálculo de benefício. Competência da Justiça Federal.
(STJ — 3ª Seção; Confl. de Comp. n. 3.886-7/RJ; Rel. Min. Assis Toledo; j. 17.12.1992; DJU, Seção I, 15.2.1993, pág. 1.662, ementa). In BAASP 1798/237-e, de 9.6.1993.

RECURSO ESPECIAL. PREVIDENCIÁRIO. COMPETÊNCIA. JUSTIÇA ESTADUAL. AÇÃO ACIDENTÁRIA. LEI NOVA MAIS BENÉFICA ATINGE UNICAMENTE CASOS PENDENTES. NÃO INTERFERE EM SITUAÇÕES CONSOLIDADAS. O tema tratado no feito é de índole acidentária e não previdenciária. Portanto, não há o que reparar na decisão recorrida no tocante à competência da Justiça Estadual para analisar o presente pedido (Precedentes). A retroatividade da lei previdenciária mais benéfica abrange unicamente os casos pendentes, não atingindo situações consolidadas. Recurso parcialmente provido.
(STJ — REsp — Recurso Especial n. 279.511; Proc. n. 2000.00.97820-5/SC; 5ª T.; Decisão: 3.5.2001; DJ 25.6.2001; Rel. José Arnaldo da Fonseca). In www.cjf.gov.br

PREVIDENCIÁRIO. CONTAGEM RECÍPROCA. TEMPO DE SERVIÇO EXCEDENTE. CONSIDERAÇÃO PARA A CONCESSÃO DE NOVO BENEFÍCIO EM OUTRO REGIME. POSSIBILIDADE. Tendo o autor contado, junto ao Estado do Rio Grande do Sul, pequena parte do tempo de serviço prestado ao Regime Geral de Previdência Social, não se justifica a recusa à consideração do excesso de tempo para concessão de aposentadoria especial previdenciária (art. 98, da Lei n. 8.213/91), já que ambos os direitos não se excluem. Precedentes desta Corte. As atividades alegadamente desenvolvidas como engenheiro civil são consideradas como tempo comum, diante da ausência de provas da presença de agentes nocivos à saúde ou integridade física no período correspondente. A correção monetária deve observar os critérios da Lei n. 8.213/91 e alterações, desde o vencimento. Juros de mora calculados em 1% (um por cento) ao mês, a contar da citação, por tratar-se de verba alimentar. Honorários advocatícios fixados em 10% sobre o montante das parcelas vencidas até a execução do julgado. Apelação parcialmente provida.
(TRF — 4ª Reg.; AC — Apelação Cível n. 263.930; Proc. n. 1999.04.01.008471-6/RS; 6ª T.; Decisão: 28.11.2000; DJU 10.1.2001; Rel. Juiz Sergio Renato Tejada Garcia). In www.cjf.gov.br

PREVIDENCIÁRIO. TEMPO DE SERVIÇO CONCOMITANTE NA ATIVIDADE PÚBLICA E NA ÁREA PRIVADA. ART. 96 DA LEI N. 8.213/91. O art. 96, II, da Lei n. 8.213/91 veda que seja contado duas vezes o mesmo período em virtude do exercício de atividades concomitantes na área privada e outra sujeita a um regime próprio de previdência. Não é o caso da autora, que implementou os requisitos necessários à concessão da aposentadoria em cada qual dos regimes previdenciários, fazendo jus ao benefício de aposentadoria por tempo de serviço também no Regime Geral de Previdência. A correção monetária deve observar os critérios da Lei n. 8.213/91 e alterações, desde o vencimento de cada parcela. Apelação e remessa oficial parcialmente providas.
(TRF — 4ª Reg.; AC — Apelação Cível n. 299.270; Proc. n. 1999.04.01.093070-6/RS; 6ª T.; Decisão: 28.11.2000; DJU 10.1.2001; Rel. Juiz Sergio Renato Tejada Garcia). In www.cjf.gov.br

PREVIDENCIÁRIO. TEMPO DE SERVIÇO MILITAR. TEMPO DE SERVIÇO ESPECIAL. PRETENDIDO RECONHECIMENTO. Comprovada a efetiva prestação de serviço militar, o segurado tem direito a sua contagem, para fins de aposentadoria por tempo de serviço. Pelo exercício puro e simples de atividade de piloto de lancha não se presume que o trabalhador fica exposto, habitual e permanentemente, à umidade excessiva.
(TRF — 4ª Reg.; AC — Apelação Cível n. 234.133; Proc. n. 1998.04.01.050634-5/PR; 6ª T.; Decisão: 12.12.2000; DJU 17.1.2001; Rel. Juiz Sebastião Ogê Muniz). In www.cjf.gov.br

PREVIDENCIÁRIO. APOSENTADORIA POR IDADE. CONTAGEM RECÍPROCA. APOSENTADO NO SERVIÇO PÚBLICO FEDERAL. 1— Inobstante aposentado por outro regime previdenciário, onde computou alguns anos de tempo de serviço de vinculação com o RGPS, não há impeditivo legal à concessão de outra aposentadoria ao Autor, se já somou tempo suficiente ao benefício, excluído aquele primeiro interregno contado reciprocamente. 2 — A vedação de contagem recíproca de apenas parte do tempo de serviço de vinculação cogente com o RGPS, constante no regulamento de benefícios, não encontra amparo na Lei n. 8.213/91, que não estabelece tal restrição. Se o segurado valeu-se de apenas parte do tempo de serviço no outro regime previdenciário, o excedente continuará presente no RGPS, para todos os efeitos previdenciários. 3 — A vedação de contagem em dobro de tempo de serviço prestado concomitantemente a regimes previdenciários diversos refere-se à obtenção de benefício no mesmo regime. 4 — Apelação provida.
(TRF — 4ª Reg.; AC — Apelação Cível n. 400435; Proc. n. 1999.71.00.020012-8/RS; 6ª T.; Decisão 16.10.2001; DJU 31.10.2001; Rel. Juíza Eliana Paggiarin Marinho). In www.cjf.gov.br

COMUNICAÇÃO DO ACIDENTE

A comunicação de ocorrência de acidente do trabalho deve ser feita pela empresa ao INSS até o 1º dia útil subseqüente e, no caso de morte, de imediato à autoridade policial, sob pena de multa. Tratando-se de trabalhador temporário acidentado, a empresa tomadora comunica o ocorrido à empresa de trabalho temporário, que fará a notificação ao INSS. Há um formulário para esta comunicação, conhecida como CAT, de que o acidentado deve receber cópia. Omitindo-se a empresa em fazer a CAT, como é muito freqüente, o próprio segurado ou seus dependentes, seu sindicato, o médico que o atendeu ou qualquer autoridade pública poderão fazê-lo, o que não exime o empregador da multa (Arts. 22/336).

CONCORRÊNCIA

Chama-se concorrência a situação de vários dependentes do segurado estarem habilitados simultaneamente ao gozo das prestações previdenciais. A regra é a da exclusão, isto é, a existência de alguns dependentes elimina da habilitação os demais. É possível a concorrência entre as seguintes pessoas: o cônjuge com a companheira ou o companheiro e os filhos não emancipados, de qualquer condição, menores de 21 anos ou inválidos. A existência destes exclui da concorrência os demais dependentes. Irmãos não emancipados, de qualquer condição, menores de 21 anos ou inválidos, concorrem entre si. Os pais também (Arts. 16, § 1º/16, § 2º).

CONDÔMINO

É solidariamente responsável com o construtor pelo cumprimento das obrigações previdenciais (desconto, recolhimento e arrecadação), ressalvado seu direito regressivo contra o executor das obras. É legalmente admitida a retenção das quantias a este devidas para garantia do cumprimento daquelas obrigações até a expedição do documento de inexistência de débito pelo INSS (Arts. 30, n. VI e 47/220).

CONFISSÃO DE DÍVIDA

As pessoas em débito com a previdência social podem reconhecê-lo por meio de "confissão de dívida", a qual servirá de título para a sua cobrança judicial (Arts. 38 e 39/244).

CÔNJUGE

É dependente do segurado a esposa ou o esposo. A Constituição Federal (art. 201, V) passou a considerar o marido dependente da segurada para efeito da pensão por morte. V. Dependente (Art. 16, n. I/16, n. I).

CONSELHO NACIONAL DE PREVIDÊNCIA SOCIAL

O Conselho Nacional de Previdência Social — CNPS, é órgão superior de deliberação colegiada, e terá como membros: a) seis representantes do Governo Federal; b) nove representantes da sociedade civil, sendo: a) três representantes dos aposentados e pensionistas; b) três representantes dos trabalhadores em atividade; c) três representantes dos empregadores. Compete-lhe: a) estabelecer diretrizes gerais e apreciar as decisões de políticas aplicáveis à previdência social; b) participar, acompanhar e avaliar, sistematicamente, a gestão previdenciária; c) apreciar e aprovar os planos e programas da previdência social; d) apreciar e aprovar as propostas orçamentárias da previdência social, antes de sua consolidação na proposta orçamentária da seguridade social; e) acompanhar e apreciar, mediante relatórios gerenciais por ele definidos, a execução dos planos, programas e orçamentos no âmbito da previdência social; f) acompanhar a aplicação da legislação pertinente à previdência social; g) apreciar a prestação de contas anual a ser remetida ao Tribunal de Contas da União — TCU, podendo, se for necessário, contratar auditoria externa; h) estabelecer os valores mínimos em litígio, acima dos quais será exigida a anuência prévia do Procurador-Geral ou do Presidente do Instituto Nacional do Seguro Social — INSS para formalização de desistência ou transigência judiciais, conforme o disposto no art. 153; i) elaborar e aprovar seu regimento interno (Arts. 295 a 302 do Reps).

CONSELHO NACIONAL DA SEGURIDADE SOCIAL

Órgão colegiado que existiu até ser abolido pela MP 2041, de 28.7.2000. Era constituído de 17 membros, sendo 4 representantes do Governo Federal, 1 representante dos Governos Estaduais e 1 das Prefeituras Municipais e mais 8 representantes da sociedade civil, sendo 4 trabalhadores, dos quais, pelo menos, 2 aposentados, e 4 empresários. Além destes, havia 3 representantes, 1 da área de saúde, e os outros das áreas de previdência e assistência social.

CONSELHO DE RECURSOS DA PREVIDÊNCIA SOCIAL

Órgão colegiado do Ministério da Previdência e Assistência Social, cuja finalidade é exercer um controle jurisdicional das decisões do INSS. O Conselho de Recursos da Previdência Social — CRPS, compreende os seguintes órgãos: a) vinte e quatro Juntas de Recursos — JR, com a competência de julgar em primeira instância, os recursos interpostos contra as decisões prolatadas pelos órgãos regionais do Instituto Nacional do Seguro Social — INSS, em matéria de interesse de seus beneficiários; b) oito Câmaras de Julgamento — CaJ, com sede em Brasília-DF, com a competência para julgar em segunda instância os recursos interpostos contra as decisões proferidas pelas Juntas de Recursos — JR, que infringirem lei, regulamento, enunciado ou ato normativo ministerial e, em única instância, os recursos interpostos contra decisões do Instituto Nacional do Seguro Social — INSS em matéria de interesse dos contribuintes, inclusive a que indefere o pedido de isenção de contribuições, bem como, com efeito suspensivo à decisão cancelatória da isenção já concedida; c) Conselho Pleno, com a competência para uniformizar a jurisprudência previdenciária através de enunciados, podendo ter outras definidas no Regimento Interno do Conselho de Recursos da Previdência Social — CRPS (Arts. 303 e 304 do Reps).

CONSOLIDAÇÃO DAS LEIS DA PREVIDÊNCIA SOCIAL

Compilação e sistematização da legislação de previdência social existente até 1983, elaborada pelo Ministério da Previdência e Assistência Social, realizada em decorrência do disposto no art. 6º da Lei n. 6.243, de 24.9.75, que dispôs: "O Poder Executivo expedirá por decreto, dentro de 60 dias da data da publicação desta Lei, a consolidação da Lei Orgânica da Previdência Social, com a respectiva legislação complementar, em texto único revisto, atualizado e renumerado, sem alteração da matéria legal substantiva, repetindo anualmente essa providência". A primeira "CLPS", como passou a ser conhecida, foi promulgada pelo Decreto n. 77.077, de 24 de janeiro de 1976.

CONSTITUIÇÃO DE CRÉDITO

O direito da seguridade social de apurar e constituir seus créditos se extingue em 10 anos, contados segundo os critérios estabelecidos no art. 45, incisos I e II, da Lei n. 8.212/91. Por esta razão é que os documentos comprobatórios dos recolhimentos previdenciais devem ser arquivados pelo período de 10 anos. O direito de pleitear judicialmente a desconstituição dos créditos constituídos em razão de procedimento administrativo, extingue-se após 180 dias, contados da intimação da referida decisão. (Arts. 32, § 11, 45/284, § 5º, 348).

CONTAGEM RECÍPROCA DE TEMPO DE SERVIÇO

É a possibilidade de o segurado da previdência social que tenha num momento de sua vida de trabalho exercido atividade filiada à previdência dos servidores públicos federais, estaduais ou municipais, por trabalho prestado à administração direta ou indireta, contar este tempo para fins de benefício perante o INSS e vice-versa. A aposentadoria por tempo de serviço mediante a contagem de tempo em outro regime previdencial só é devida ao segurado com 35 anos de serviço, no mínimo, a não ser que se trate de mulher (30 anos), ou professor do magistério infantil, fundamental ou médio. Só se a legislação estadual ou municipal garantir reciprocidade mediante lei própria, a previdência social urbana aceita a contagem do tempo de serviço prestado a entidades estaduais e municipais, inclusive autárquicas. O benefício resultante desta contagem será outorgado e pago pelo sistema a que o segurado pertencer no momento do requerimento. Os diversos sistemas de previdência social compensar-se-ão financeiramente segundo critérios estabelecidos em lei (Arts. 94 a 99/125 a 135).

CONTINGÊNCIA

Toda ocorrência que elimina ou limita a capacidade de trabalho ou de ganho de uma pessoa ou que acarreta um aumento de despesas, suscetível de desequilibrar o orçamento doméstico. São as conseqüências desses eventos que a previdência social, modernamente, procura cobrir. Num primeiro estágio, a previdência social dava cobertura às conseqüências da ocorrência de um risco, tomada a palavra no seu sentido comum de acontecimento incertus an e incertus quando, que acarretava, numa situação de impossibilidade de sustento próprio e da família, um determinado dano. Em outras palavras, a realização do risco colocava a vítima em estado de necessidade em virtude de perder ela a possibilidade de ganho e, por isso, de subsistência própria e de sua família. Sir Willian Beveridge, em seu plano para reforma do seguro social inglês, elaborado em 1942, após amplas pesquisas, informou: "O Plano de Segurança Social, por onde finaliza este trabalho, surgiu de uma diagnose da miséria, das circunstâncias nas quais, nos anos que precederam a presente guerra, famílias e indivíduos ingleses podiam carecer dos meios de salutar subsistência. Durante aqueles anos, autoridades científicas imparciais investigaram as condições de vida, em algumas das principais cidades da Grã-Bretanha, incluindo-se entre estas Londres, Liverpool, Sheffield, Plymouth, South-ampton, York e Bristol. Determinaram as proporções de população, em cada cidade, cujos meios de vida eram inferiores ao padrão julgado necessário para a subsistência e analisaram a extensão e as causas dessa deficiência. De cada uma dessas investigações sociais emergiu o mesmo e largo resultado. Dentre todas as causas de miserabilidade, apontadas pela pesquisa, 3/4 a 5/6 — segundo o padrão preciso escolhido — eram atribuíveis à interrupção ou perda da produtividade. Praticamente, a parte restante, ou seja, 1/4 a 1/6, era devida à incapacidade de obter rendimentos proporcionais ao tamanho da família. Essas pesquisas foram feitas antes que a introdução das pensões suplementares houvesse reduzido o pauperismo entre as pessoas de idade avançada. Isso, porém, não prejudica a principal conclusão de tais pesquisas: que a abolição da miséria requer uma dupla redistribuição das rendas: pelo seguro social e pelas necessidades da família". Outros acontecimentos, porém, não incertos quanto ao momento e à vontade, trazem um aumento de despesas que, se não atendido por uma provisão, pode levar as pessoas ao estado de necessidade. Tal se dá especialmente com o nascimento e a criação de filhos e o matrimônio. Assim, do conceito de risco como base do seguro social, passou-se à noção de contingência humana, mais ampla que a anterior. As contingências cobertas pelo Direito brasileiro são: doença, invalidez, acidente, infortúnio do trabalho, velhice, morte, parto, criação de filhos, reclusão, desemprego, tempo de serviço ou de contribuição, esta, uma falsa contingência (CF/art. 201, ns. I a V).

CONTRATO DE TRABALHO

Do fato de ser celebrado um contrato de trabalho surge, em virtude de lei, um conjunto de direitos, deveres e poderes que abrangem algumas pessoas, concernentes à cobertura das contingências humanas que podem atingir o empregado. Tais pessoas são o empregado, o empregador, os órgãos previdenciais e o Estado. No ordenamento jurídico brasileiro do simples fato da existência do contrato de trabalho, surge automaticamente a obrigação de o empregador descontar do empregado sua contribuição ao custeio do sistema e recolhê-la juntamente com a por ele devida à entidade seguradora, surgindo, em conseqüência, o direito do empregado às prestações previdenciais. O contrato de trabalho é, pois, pressuposto fático para a existência da relação de previdência social (Arts. 19 e 20 do Reps).

CONTRIBUIÇÕES

V. Custeio

CONTRIBUIÇÕES SOCIAIS

A atual Constituição, no art. 195, declara que a seguridade social, de que a previdência social é uma parte, será financiada de forma direta e indireta, por toda a sociedade, mediante contribuições sociais e outros recursos provenientes do orçamento da União, dos Estados, dos Territórios, do Distrito Federal e dos Municípios, na forma da lei. Diz ainda o artigo, que as contribuições sociais são as seguintes: I — do empregador, da empresa e da entidade a ela equiparada na forma da lei, incidentes sobre: a) a folha de salários e demais rendimentos do trabalho pagos ou creditados, a qualquer título, à pessoa física que lhe preste serviço, mesmo sem vínculo empregatício; b) a receita ou o faturamento; c) o lucro; II — do trabalhador e dos demais segurados da previdência social, não incidindo contribuição sobre aposentadoria e pensão concedidas pelo regime geral de previdência social de que trata o art. 201; III — sobre a receita de concursos de prognósticos. Esta é a relação das contribuições sociais destinadas ao custeio da segurança ou seguridade social, de que a previdência social é uma parte, havendo outras exações, denominadas de contribuições sociais, com destinação diversa (art. 149 da CF/88). Na opinião da doutrina, as contribuições sociais têm a natureza jurídica de tributo, muito embora nem todos os princípios constitucionais aplicáveis aos tributos abranjam, também, estas. Para aqueles, prevalece o princípio da anualidade (art. 150, n. III, b, da CF), enquanto que as contribuições para a segurança social podem entrar em vigor 90 dias após sua instituição (art. 195, § 6º, da CF). A verdadeira essência das contribuições sociais destinadas à segurança social ainda não foi desvendada, de forma a distingui-las dos demais tributos. Os próprios tributaristas fazem alguma confusão a respeito. Verifica-se, por exemplo, José Eduardo Soares de Melo ("Curso de Direito Tributário"). Diz ele que a característica básica das contribuições consiste na sua vinculação a fundos, entidades, categorias profissionais, beneficiando indiretamente a terceiros, que não os seus contribuintes. Esta é uma verdade não absoluta, eis que as contribuições versadas pelos trabalhadores para a previdência social irão beneficiá-los. Ao se estudar a natureza jurídica das contribuições sociais destinadas à segurança social há que se fazer uma separação entre os diversos tipos, previstos pelo art. 195 da CF, acima citados, pois, com exceção das contribuições dos trabalhadores, empregados ou não, e a dos empregadores, as demais têm base de incidência diferente. Assim, conforme opinião majoritária, a contribuição dos empregadores seria um imposto, já que é uma exação obrigatória, que não o beneficia de forma direta. Com as contribuições dos trabalhadores acontece, exatamente, o contrário, conforme já ressaltado. Teriam, então, a natureza, de taxa. Segundo o citado Soares de Melo "... essa equiparação revela-se problemática uma vez que deveria ser atendido o princípio da retribuição, procurando-se adequá-lo a uma certa proporcionalidade, pela dificuldade de a remuneração corresponder exatamente à prestação dos serviços, mormente no caso dos benefícios serem apenas colocados à disposição dos beneficiários. A contribuição sobre o lucro, sem dúvida, é imposto, embora sua base de incidência possa diferir daquela que serve para o imposto de renda. A contribuição sobre o faturamento, criada pela Lei Complementar n. 70, de 30.12.91, que instituiu a Contribuição para o Financiamento da Seguridade Social — COFINS, não deixa, também, de ser um imposto. Aspectos referentes à sua base de incidência podem ser pormenorizados, eis que não é a simples existência de fatura que gera a obrigação contributiva, pois ela representa, apenas, um registro contábil.

JURISPRUDÊNCIA

TRIBUTÁRIO. CONTRIBUIÇÃO PREVIDENCIÁRIA. LEI N. 7.787/89, ART. 3º, INCISO I. INCONSTITUCIONALIDADE DA EXAÇÃO IMPUGNADA. AUSÊNCIA DE TÍTULO A SER EXECUTADO. 1 — O STF, em sede de recurso extraordinário, reconheceu a inconstitucionalidade da exação criada pela Lei n. 7.787/89, art. 3º, I, ora impugnada, mas não houve condenação do INSS a sua restituição. 2 — Tendo a Egrégia Corte acolhido apenas o pleito declaratório — embora o pedido de restituição tenha constado na inicial — não há o que executar. 3 — Devem os autores, em princípio, obter o título que os habilite a receberem de volta o que foi indevidamente recolhido. 4 — Apelação a que se nega provimento.
(TRF — 1ª Reg.; AC — Apelação Cível n. 01000539636; Proc. n. 1997.010.00.53963-6/MG; 3ª T.; Decisão: 29.9.1998; DJ 31.1.2001; Rel. p/ Acórdão Juiz Olindo Menezes, Rel. Juiz Tourinho Neto). In www.cjf.gov.br

TRIBUTÁRIO. CONTRIBUIÇÃO SOCIAL SOBRE A FOLHA DE SALÁRIOS. TRABALHADORES AVULSOS, ADMINISTRADORES E AUTÔNOMOS. LEI N. 7.787/89, ART. 3º. INCONSTITUCIONALIDADE. JULGAMENTO *ULTRA PETITA*. ADEQUAÇÃO DO JULGADO AOS TERMOS DO PEDIDO. 1 — Ação ordinária pedindo a declaração de inexistência de relação jurídica entre as partes quanto à em relação à contribuição social instituída pela Lei n. 8.212, de 24 de julho de 1991 (art. 22, I). 2 — Sentença que condenou a ré à repetição de indébito das parcelas recolhidas a título de contribuição previdenciária, julgando além do pedido. Adequação aos limites do pedido, conforme entendimento do Superior Tribunal de Justiça. 3 — Apelação provida, em parte, para excluir da sentença a condenação do INSS e seus consectários. Mantidos os ônus da sucumbência.
(TRF — 2ª Reg.; AC — Apelação Cível n. 160476; Proc. n. 98.02.02522-4/RJ; 3ª T.; Decisão: 10.10.2000; DJU 29.3.2001; Rel. Juiz Paulo Barata). *Sic*. In www.cjf.gov.br

PREVIDENCIÁRIO. ANOTAÇÃO POSTERIOR DO TRABALHO. POSSIBILIDADE. CONTRIBUINTE EM DOBRO. MANUTENÇÃO DA CONDIÇÃO DE SEGURADO. DIREITO AO RECOLHIMENTO EM ATRASO. RELAÇÃO DE EMPREGO ENTRE CONCUBINOS. NÃO ACOLHIDA. 1 — É possível a anotação posterior de contrato de trabalho, evitando inclusive lide trabalhista para esse fim. 2 — Não demonstrada fraude do período posteriormente anotado, é computado o labor. 3 — Tendo o contribuinte em dobro recolhido mais de 120 contribuições, ainda permanecerá na condição de segurado por período de até 24 meses, podendo recolher retroativamente as contribuições atrasadas. 4 — É presumida a fraude do trabalho como doméstica entre concubinos, relação que se torna certa pela gravidez ao início do período de trabalho. (TRF — 4ª Reg.; AC — Apelação Cível n. 312.295; Proc. n. 1999.04.01.124578-1/ RS; 5ª T.; Decisão: 18.12.2000; DJU 24.1.2001; Rel. Juiz Néfi Cordeiro). *In* www.cjf.gov.br

CONTRIBUINTE

V. Custeio

CONTRIBUINTE EM DOBRO

V. Segurado facultativo

CONTRIBUINTE INDIVIDUAL

É assim denominado o segurado obrigatório da previdência social que, pelo fato de exercer uma atividade não subordinada, não tem o empregador para, simultaneamente, com ele contribuir. Daí a adjetivação 'individual'. As empresas, todavia, têm obrigação de contribuir quando recebem a prestação de serviço de alguns tipos desses trabalhadores (v. Custeio). São eles: 1. a pessoa física proprietária ou não, que explora atividade agropecuária ou pesqueira, em caráter permanente ou temporário, diretamente ou por intermédio de prepostos e com auxílio de empregados, utilizados ainda que de forma não contínua; 2. a pessoa física que explora atividade de extração mineral — garimpo; 3. o ministro de confissão religiosa, desde que mantido pela entidade a que pertence; 4. o membro de congregação ou ordem religiosa, nas mesmas condições; 5. o brasileiro civil que trabalha no exterior para organismo internacional de que o Brasil é membro, salvo se coberto por regime próprio de previdência; 6. o titular de firma individual; 7. o diretor não empregado; 8. o membro de conselho de administração de sociedade anônima; 9. o sócio-cotista e o sócio-gerente que recebem remuneração; 10. todos os sócios, nas sociedades em nome coletivo e de capital e indústria; 11. o associado eleito para cargo de direção em cooperativa ou qualquer outra organização, inclusive o síndico, desde que recebam remuneração; 12. o trabalhador autônomo; 13. o trabalhador eventual (Arts. 11, V/9º, V).

CONVÊNIO

É o acordo entre órgãos da previdência social e a empresa ou o sindicato pelo qual estes se encarregam de: 1. processar os pedidos de benefícios, preparando-os e instruindo-os de maneira que possam ser despachados; 2. pagar benefícios; 3. submeter os seus empregados a exames médicos, inclusive complementares, encaminhando ao INSS os respectivos laudos, para a concessão dos benefícios que dependam de avaliação de incapacidade. A previdência social reembolsará a empresa ou o sindicato pela prestação dos serviços dos números 2 e 3 supra, segundo padrões que têm variado (Arts. 117/311).

CORREÇÃO MONETÁRIA

Na previdência social existe correção monetária, chamada de atualização monetária, tanto para os salários-de-contribuição, para se calcular o salário-de-benefício (v.), assim como para as contribuições pagas com atraso (Arts. 33/34 e 239).

Há, também, atualização monetária se o benefício requerido não for outorgado em 45 dias.

JURISPRUDÊNCIA

CORREÇÃO DOS SALÁRIOS-DE-CONTRIBUIÇÃO. EMBARGOS INFRINGENTES. AÇÃO DE ACIDENTE DO TRABALHO. O auxílio-acidente é cumulável com a aposentadoria por tempo de serviço. Inconstitucionalidade das medidas provisórias e da própria lei. Infringência ao art. 62 da CF/88. A doença eclodiu antes da vigência das medidas provisórias. Embargos infringentes rejeitados.
(2º TACivil — 12ª Câm.; El n. 588.490-1/5- São Bernardo do Campo-SP; Rel. Juiz Gama Pellegrini; j. 7.12.2000; maioria de votos). BAASP 2206/371-e, de 9.4.2001.

CRIME

São crimes previdenciais os seguintes atos: a) deixar de incluir na folha de pagamentos da empresa os segurados empregado, empresário, trabalhador avulso ou autônomo que lhe prestem serviços; b) deixar de lançar mensalmente nos títulos próprios da contabilidade da empresa o montante das quantias descontadas dos segurados e o das contribuições da empresa; c) omitir total ou parcialmente receita ou lucro auferidos, remunerações pagas ou creditadas e demais fatos geradores de contribuições, descumprindo as normas legais pertinentes; d) deixar de recolher, na época própria, contribuição ou outra importância devida à Seguridade Social e arrecadada dos segurados ou do público; e) deixar de recolher contribuições devidas à Seguridade Social que tenham integrado custos ou despesas contábeis relativos a produtos ou serviços vendidos; f) deixar de pagar salário-família e salário-maternidade ou outro benefício devido a segurado, quando as respectivas quotas e valores já tiverem sido reembolsados à empresa; g) inserir ou fazer inserir em folha de pagamentos, pessoa que não possui a qualidade de segurado obrigatório; h) inserir ou fazer inserir em Carteira de Trabalho e Previdência Social do empregado, ou em documento que deva produzir efeito perante a Seguridade Social, declaração falsa ou diversa da que deveria ser feita; i) inserir ou fazer inserir em documentos contábeis ou outros relacionados com as obrigações da empresa declaração falsa ou diversa da que deveria constar, bem como omitir elementos exigidos pelas normas legais ou regulamentares específicas; j) obter ou tentar obter, para si ou para outrem, vantagem ilícita, em prejuízo direto ou indireto da Seguridade Social ou de suas entidades, induzindo ou mantendo alguém em erro, mediante artifício, contrafação, imitação, alteração ardilosa, falsificação ou qualquer outro meio fraudulento (Arts. 95/281 e 168-A do Código Penal).

JURISPRUDÊNCIA

RECURSO ESPECIAL. PENAL E PROCESSUAL. NÃO RECOLHIMENTO DAS CONTRIBUIÇÕES PREVIDENCIÁRIAS. PARCELAMENTO DO DÉBITO ANTES DA DENÚNCIA. DOLO. AUSÊNCIA. FATO ATÍPICO. 1 — Para a configuração do crime disposto no art. 95, alínea d, da Lei n. 8.212/91, é imprescindível a existência do elemento subjetivo do tipo, qual seja, a vontade de fraudar a previdência, apropriando-se dos valores recolhidos. 2 — Recurso conhecido e improvido.
(STJ — REsp — Recurso Especial n. 165.908; Proc. n. 1998.00.14643-1/PB; 6ª T.; Decisão: 19.10.2000; DJ 5.2.2001; Rel. Hamilton Carvalhido). In www.cjf.gov.br

CUSTEIO DA PREVIDÊNCIA SOCIAL

É a forma de angariar recursos financeiros para cobrir as despesas com as prestações previdenciais e sua administração. Uma parte é constituída das contribuições sociais (v.) previstas no art. 195 da CF. O custeio é feito de forma tripartite pelos trabalhadores, empresas e União. A contribuição da União é constituída de recursos adicionais do Orçamento Fiscal, fixados obrigatoriamente na Lei Orçamentária Anual. A União é responsável pela cobertura de eventuais insuficiências financeiras, decorrentes do pagamento de benefícios de prestação continuada. Para se entender melhor como cada sujeito da relação jurídica de previdência social contribui, além da União, convém separar por tipo de contribuinte, como, aliás, faz nossa legislação.

1 — Pela União — recursos do Orçamento Fiscal — art. 16

2 — Pelos Segurados

— Salário-de-contribuição: piso e teto — art. 28

— Empregados e avulsos: % de 8 a 11%, conforme sua remuneração — art. 20

— Contribuinte individual

— Empresário
— Autônomo
— Cooperativado 20% do salário-de-contribuição
— Pescador salário-base (v.)
— Garimpeiro

3 — Facultativo — Idem, 20% sobre o salário-de-contribuição

4 — Segurado Especial — 2,0% sobre a receita bruta da comercialização da produção rural

0,1% sobre a mesma base para custeio de prestações decorrentes de riscos ambientais

Pode contribuir, facultativamente, com mais 20% do salário-de-contribuição, se quiser receber os benefícios do regime geral da previdência social

5 — Pelo Empregador

— 20% sobre a remuneração paga ao empregado, ao avulso e ao contribuinte individual que lhe prestem serviço

— de 1 a 3% da folha de pagamento, conforme insalubridade do ambiente (inclui os valores pagos aos avulsos e médicos residentes) com acréscimo variável (arts. 202 e 378 do Reps), para a aposentadoria especial

— 15% sobre a remuneração dos cooperativados que lhe prestem serviço

— 3% sobre o faturamento

— 8% do lucro líquido ou 18% se for Banco ou similar

— 2,5% sobre a receita bruta por comercialização da produção rural (empresa rural) + 0,1% para prestações decorrentes de riscos ambientais

— Se Bancos ou Similares: mais 2,5% sobre as remunerações pagas a empregados, avulsos e contribuintes individuais

— Empregador rural pessoa física:

— 2% sobre a receita bruta da comercialização da produção rural

— 0,1% sobre a mesma base, para custeio de prestações decorrentes de riscos ambientais

— 20% sobre seu salário-de-contribuição

6 — Empregador Doméstico — 12% do salário-de-contribuição

7 — Clubes de Futebol — 5% da receita bruta de espetáculos etc.: art. 22, § 6º art. 205

8 — Concursos de Prognósticos: (loterias) renda líquida: art. 26

Responsabilidade da Empresa: art. 30, I a e b — Lei n. 9.983, de 14.7.2000, introduz art. 168-A, no Código Penal

Dos Segurados, Contribuintes Individuais: n. II do art. 30

Do Empregador Doméstico: n. V do art. 30 (Arts. 16 a 28/196 a 205, 211 a 215)

D

DÉBITO

As quantias não recolhidas na época própria pelos contribuintes, diretamente, quando for o caso, ou por meio dos agentes arrecadadores, constituem débito que, acrescido de juros, multa e correção monetária, a previdência social levantará por meio de sua fiscalização e, em seguida, cobrará. Recebida a notificação de débito, a empresa ou o segurado terão 15 dias para apresentar sua defesa. A empresa em débito com a seguridade social é proibida de distribuir bonificação ou dividendo a acionista ou participação a sócio-cotista, diretor ou outro membro de órgão dirigente, fiscal ou consultivo, ainda que como adiantamento. A Constituição Federal (art. 195, § 3º) determina que "a pessoa jurídica em débito com o sistema de seguridade social, como estabelecido em lei, não poderá contratar com o Poder Público nem dele receber benefícios ou incentivos fiscais ou creditícios". O direito de pleitear judicialmente a constituição de débito levada a efeito pelo INSS, em julgamento de processo administrativo, extingue-se em 180 dias, contados da intimação da decisão (Arts. 37 a 39, 45, § 5º e 52/ 243 a 245, 348, § 3º).

DECADÊNCIA

A Lei n. 8.213 denomina de decadência a perda do direito do beneficiário de pleitear a revisão de ato de não concessão de benefício requerido, ou, se concedido, quanto ao seu respectivo valor. O prazo é de cinco anos, contados: do primeiro dia do mês seguinte ao do recebimento da primeira prestação ou do dia em que tomar conhecimento da decisão definitiva de indeferimento do benefício (V. Prescrição) (Arts. 103/347).

JURISPRUDÊNCIA

PROCESSUAL CIVIL. MANDADO DE SEGURANÇA. SUSPENSÃO DE BENEFÍCIO PREVIDENCIÁRIO. DECADÊNCIA. Tratando-se de suspensão administrativa de benefício, o segurado tem ciência da decisão assim que a mesma é efetivada, mesmo porque deixa de receber os seus proventos. A jurisprudência é predominante no sentido de considerar o ato impugnado, no presente caso, único e comissivo, razão pela qual o prazo de decadência conta-se da ciência do mesmo. Tendo o prazo do pagamento do benefício sido suspenso em agosto de 1996 o mandado de segurança impetrado em maio de 1997, operou-se a decadência do direito, por força do disposto no artigo 18 da Lei n. 1.533/50. Apelação não conhecida. Processo extinto nos termos do artigo 269, inciso IV do CPC.
(TRF — 2ª Reg.; AMS — Apelação em Mandado de Segurança n. 20.860; Proc. n. 97.02.40396-0/RJ; 2ª T.; Decisão: 7.3.2001; DJU 27.3.2001; Rel. Juiz Cruz Netto). In www.cjf.gov.br

DÉCIMO TERCEIRO SALÁRIO

Integra o salário-de-contribuição (v.) o décimo terceiro salário, que sofrerá o desconto referente à contribuição previdencial por ocasião do pagamento da 2ª parcela, portanto, em dezembro, ou por ocasião da terminação do contrato de trabalho. Todavia, como esta contribuição destina-se a custear o 13º salário dos aposentados e pensionistas, benefício que se denomina abono anual (v.), seu valor não é computado para cálculo do salário-de-benefício (v.). A alíquota (v.) que incide sobre o décimo terceiro salário é proporcional ao seu valor, consoante a tabela do art. 20 da Lei n. 8.212/91, não se somando ele à remuneração mensal do trabalhador, para a incidência referida (Arts. 28/37, § 6º).

DECLARAÇÃO DE VIDA

Documento que era firmado pelo empregado perante o empregador, semestralmente, nos meses de janeiro e julho de cada ano, afirmando a existência e residência de filhos menores de 14 anos ou inválidos, o que lhe mantinha direito às quotas de salário-família (v.). A falta da declaração ocasionava a pronta suspensão do pagamento das quotas, até que viesse a ser feita. Pelo Decreto n. 87.374, de 8.7.1982, foi revogada essa providência, mas foi criado o termo de responsabilidade que o empregado assina no momento de sua admissão, obrigando-se a comunicar ao empregador qualquer fato que determine a perda do direito às quotas de salário-família, tais como morte ou cessação de invalidez de filho (Art. 89 do Reps).

DEPENDENTE

É a pessoa que vive às expensas do segurado presumidamente ou verdadeiramente. Algumas pessoas o Direito considera naturalmente dependentes de outras. Assim, na previdência social urbana e rural, a esposa, o marido, a filha e o filho menores de 21 anos ou inválidos e a companheira(o), são dependentes naturais do segurado ou segurada, independentemente de comprovação de dependência. A Constituição Federal (art. 201, V) passou a considerar o marido ou companheiro como dependentes da segurada, para efeito da pensão por morte. Equiparam-se aos filhos, mediante declaração escrita do segurado, o enteado, o menor que se ache sob a guarda do segurado por determinação judicial e o menor que se ache sob a tutela do segurado. O tutelado e o enteado devem comprovar a dependência econômica. Os dependentes, segundo a ordem acima indicada, têm prioridade, vale dizer, a existência dos primeiros exclui os demais do direito às prestações, salvo alguns casos de concorrência (v.). A perda da qualidade de dependente ocorre: 1. para o cônjuge, pelo desquite, separação judicial ou divórcio, sem que lhe tenha sido assegurada a prestação de alimentos, ou pela anulação do casamento; 2. para a companheira, mediante solicitação do segurado, com prova de cessação da qualidade de dependente, ou se desaparecerem as condições inerentes a essa qualidade; 3. para os filhos, as pessoas a eles equiparadas e o irmão ao completarem 21 anos de idade, salvo se inválidos; 4. para o dependente inválido, em geral, pela cessação da invalidez e pelo falecimento. Os dependentes devem ser inscritos na previdência social, no ato de inscrição do segurado e, isto não acontecendo, a qualquer momento, mediante qualificação individual (Arts. 16/16).

JURISPRUDÊNCIA

CONSTITUCIONAL. PREVIDENCIÁRIO. SUCESSORES LEGÍTIMOS DE TITULAR DE BENEFÍCIO. LEGITIMIDADE. ARTIGO 112, DA LEI N. 8.213/91. Em se tratando de ação ajuizada por sucessores de segurados, titulares dos benefícios assegurados pela legislação previdenciária, pleiteando valores não recebidos em vida, não se aplicam as regras do Direito de Família quanto à habilitação por inventário ou arrolamento, mas o comando contido no art. 112, da Lei n. 8.213/91. Recurso especial conhecido e provido.
(STJ — 6ª T.; REsp n. 163.128; Proc. n. 1998.00.07270-5/RS; Decisão: 21.11.1999; DJ 29.11.1999; Rel. Vicente Leal). In www.cjf.gov.br

EMBARGOS DE DIVERGÊNCIA EM RECURSO ESPECIAL. PREVIDENCIÁRIO. PENSÃO POR MORTE. MENOR DESIGNADO. SUPERVENIÊNCIA DA LEI N. 9.032/95. INEXISTÊNCIA DE DIREITO ADQUIRIDO. 1 — A Egrégia 3ª Seção firmou já entendimento no sentido de que o fato gerador para a concessão do benefício de pensão por morte é o óbito do segurado, devendo ser aplicada a lei vigente à época de sua ocorrência (cf. EREsp n. 190.193/RN, Relator Ministro Jorge Scartezzini, in DJ 7.8.2000). 2 — Em se tratando de segurado falecido sob a vigência da Lei n. 9.032/95, não há falar em direito adquirido de menor designado à concessão de benefício de pensão por morte (cf. REsp n. 256.699/RN, Relator Ministro Edson Vidigal, in DJ 4.9.2000; REsp n. 263.494/RN, Relator Ministro Jorge Scartezzini, in DJ 18.12.2000). 3 — Embargos conhecidos e acolhidos.
(STJ — EResp — Embargos de Divergência no Recurso Especial n. 201.050; Proc. n. 2000.01.12798-5/AL; 3ª Seção; Decisão: 9.5.2001; DJ 17.9.2001; Rel. Hamilton Carvalhido). In www.cjf.gov.br

PREVIDENCIÁRIO. PENSÃO POR MORTE. DEPENDENTE DESIGNADO. LEGISLAÇÃO VIGENTE. LEI N. 9.032/95. 1 — A concessão do benefício previdenciário deve observar os requisitos previstos na legislação vigente à época da circunstância fática autorizadora do pagamento do benefício, qual seja, a morte do segurado. 2 — Embargos de Divergência acolhidos.
(STJ — EResp — Embargos de Divergência no Recurso Especial n. 193.387; Proc. n. 2000.01.02705-0/RN; 3ª Seção Decisão: 14.2.2001; DJ 12.3.2001; Rel. Fernando Gonçalves). In www.cjf.gov.br

PREVIDENCIÁRIO. PENSÃO POR MORTE. REQUISITOS LEGAIS. CONDIÇÃO DE DEPENDENTE DESIGNADO. INEXISTÊNCIA DE DIREITO ADQUIRIDO. LEI N. 8.213/91. Em sede de benefícios previdenciários, sua concessão rege-se pelas normas vigentes ao tempo do fato gerador. Não há de se falar em direito adquirido pelo dependente designado sob a égide da lei anterior, pois as condições para a percepção do benefício são aferidas ao tempo do óbito do segurado instituidor, fato gerador da pensão. Recurso especial conhecido e provido.
(STJ — REsp — Recurso Especial n. 311.746; Proc. n. 2001.00.32525-4/RN; 6ª T.; Decisão: 17.5.2001; DJ 18.6.2001; Rel. Vicente Leal). In www.cjf.gov.br

CONSTITUCIONAL E PREVIDENCIÁRIO. RESTABELECIMENTO DE BENEFÍCIO. PERDA DA QUALIDADE DE DEPENDENTE. AUSÊNCIA DE PRÉVIO PROCEDIMENTO ADMINISTRATIVO. 1 — A autora, não sendo inválida, ao completar vinte e um anos perdeu a qualidade de dependente, não fazendo jus à pensão por morte (Decreto n. 83.080/79, art. 18, inc. VI). 2 — Suspenso o pagamento do benefício em razão da autora ter completado vinte e um anos, não há de se falar em ausência de prévio procedimento administrativo. 3 — Apelação desprovida.
(TRF — 1ª Reg.; AC — Apelação Cível n. 01000628688; Proc. n. 1997.010.00.62868-8/MG; 1ª T.; Suplementar; Decisão: 28.8.2001; DJ 10.9.2001; Rel. Juíza Magnólia Silva da Gama e Souza (Conv.). In www.cjf.gov.br

PREVIDENCIÁRIO. PENSÃO POR MORTE. CERTIDÃO DE NASCIMENTO DE FILHA: PRESUNÇÃO DE LEGITIMIDADE DO REGISTRO CIVIL, LAVRADO PERANTE O OFICIAL DE REGISTRO COMPETENTE, ATÉ QUE SE LHE DECLARE A NULIDADE. APELAÇÃO NÃO PROVIDA. 1 — O registro de nascimento, lavrado por oficial do registro civil, no exercício competente de suas atribuições, sob fé pública, goza de presunção *juris tantum* de veracidade, e somente poderá ser desconstituído mediante ação judicial própria, com a produção de prova de erro ou falsidade que enseje a declaração de sua nulidade. 2 — A questão acerca da validade, ou não, da declaração de nascimento prestada por pessoa diversa das mencionadas no art. 52 da Lei n. 6.015/73 é matéria a ser deduzida em sede própria e perante o Juízo competente, de modo que enquanto não declarada a nulidade da certidão de nascimento da autora ela produzirá os seus efeitos regulares, inclusive para fins previdenciários, como prova plena da condição de dependente dela em relação ao *de cujus* (que é presumida, na forma do art. 16, I, § 4º, da Lei n. 8.213/91). 3 — Apelação não provida. 4 — Peças liberadas pelo Relator em 5.12.2000 para publicação do acórdão.
(TRF — 1ª Reg.; AC — Apelação Cível n. 01081925; Proc. n. 1996.01.08192-5/MG; 1ª T.; Decisão: 5.12.2000; DJ 18.1.2001; Rel. Juiz Luciano Tolentino Amaral). In www.cjf.gov.br

AGRAVO DE INSTRUMENTO. PREVIDENCIÁRIO E PROCESSUAL CIVIL. PENSÃO POR MORTE. HABILITAÇÃO COMO DEPENDENTE NÃO DEFERIDA PELO INSTITUTO NACIONAL DO SEGURO SOCIAL À VIÚVA DE SEGURADO FALECIDO. A CASSAÇÃO *DO STATUS DE SEGURADO DO* DE CUJUS CONSTITUI ATO ABUSIVO E ILEGAL DO INSTITUTO. A DECISÃO PODE SER FUNDAMENTADA AINDA QUE DE MODO CONCISO. Agravo de instrumento interposto em face da decisão que concedeu liminar à agravada, para inscrevê-la como beneficiária da pensão por morte, sob o argumento de que esta, sendo divorciada, não teria direito ao benefício, além de considerar não fundamentada a decisão. A decisão do Juízo singular está fundamentada, ainda que de modo conciso, conforme a autorização do art. 165 do Código de Processo Civil. Não houve comprovação de que a agravada é divorciada do *de cujus*, uma vez que na certidão de óbito constava como casada. Quaisquer irregularidades apontadas em benefício deverão ser apuradas em processo administrativo, regularmente instruído de acordo com os princípios norteadores da administração. Agravo de instrumento a que se nega provimento.
(TRF — 2ª Reg.; AG — Agravo de Instrumento n. 53.249; Proc. n. 2000.02.01.011799-0/RJ; 1ª T.; Decisão: 16.4.2001; DJU 12.6.2001; Rel. Juiz Ricardo Regueira). In www.cjf.gov.br

CIVIL. PENSÃO POR MORTE DE COMPANHEIRO. CONCORRÊNCIA DE DEPENDENTES. DIVISÃO QUE SE DEFERE. A vivência material e a dependência econômica através de judicial foram comprovadas. Retroação do direito à data do óbito de seu ex-companheiro. Honorários devem ser equacionados de maneira a que se observe o § 4º, do artigo 20, Código de Processo Civil, calculando-se sobre o valor da causa.
(TRF — 2ª Reg.; EDAC — Embargos de Declaração na Apelação Cível n. 222.635; Proc. n. 1999.02.01.062315-5/RJ; 1ª T.; Decisão: 5.2.2001; DJU 3.4.2001; Rel. Juíza Julieta Lídia Lunz). In www.cjf.gov.br

PREVIDENCIÁRIO. PENSÃO POR MORTE. MÃE DO SEGURADO. DEPENDÊNCIA ECONÔMICA. I — Evidenciada a dependência econômica, a manutenção da sentença, que reconheceu à autora pensão previdenciária, impõe-se. Com efeito, a prova testemunhal colhida nos autos ajuda na comprovação de que autora, mãe do segurado falecido, viva às expensas de seu filho, somada ao fato de que não recebe pensão deixada por seu finado marido nem tem renda própria, é doente, diabética e hipertensa. II — Incabível é a condenação do devedor em multa (penalidade pecuniária, pena cominatória etc.), por dia de atraso. As instituições de direito público regem-se por normas próprias e sujeitam-se a procedimentos específicos, não se lhes aplicando tais cominações. III — Remessa necessária parcialmente provida.
(TRF — 2ª Reg.; REO — Remessa *Ex Oficio* n. 171.900; Proc. n. 98.02.20426-9/RJ; 2ª T.; Decisão: 22.5.2001; DJU 21.6.2001; Rel. Juiz Castro Aguiar). In www.cjf.gov.br

PROCESSUAL CIVIL E PREVIDENCIÁRIO. PENSÃO DEVIDA À NETA DE SEGURADA. CUSTAS PROCESSUAIS E HONORÁRIOS ADVOCATÍCIOS. I — Incluída a autora como dependente da segurada detém a mesma direito ao percebimento do benefício decorrente de seu falecimento, à vista das normas constitucionais garantidoras do benefício. II — O Instituto Nacional do Seguro Social — INSS goza de isenção do pagamento de custas judiciais, a teor do disposto no art. 7º da Lei Estadual n. 1.010/86. III — Os honorários advocatícios devem ser fixados sobre da condenação. IV — Apelação e remessa oficial, tida como feita, parcialmente providas.
(TRF — 2ª Reg.; AC — Apelação Cível n. 222754; Proc. n. 2000.02.01.000234-7/RJ; 1ª T.; Decisão: 4.12.2000; DJU 8.2.2001; Rel. Juiz Ney Fonseca). In www.cjf.gov.br

PENSÃO POR MORTE. PEDIDO DE RESTABELECIMENTO DO BENEFÍCIO SUSPENSO. AUSÊNCIA DE COMPROVAÇÃO DOS REQUISITOS LEGAIS. EX-ESPOSA DO SEGURADO FALECIDO QUE NÃO TINHA DIREITO À PENSÃO ALIMENTÍCIA, NÃO SENDO DEPENDENTE DO *DE CUJUS*. A PENSÃO POR MORTE FOI PAGA AOS FILHOS MENORES DEPENDENTES DO SEGURADO, ATÉ A MAIORIDADE DOS MESMOS. BENEFÍCIO QUE NUNCA FOI PAGO NÃO PODE SER RESTABELECIDO. 1 — A autora divorciou-se do ex-marido sem direito à pensão alimentícia. Depois, falecendo este, a pensão por morte do segurado falecido foi paga aos filhos menores do casal, dependentes, até a maioridade. 2 — Não tendo a ex-esposa demonstrado a qualidade de dependente do segurado falecido, não tem ela direito à pensão por morte, por ausência dos requisitos legais. 3 — A pensão por morte nunca foi paga à autora — e, sim, aos filhos, enquanto menores —, de modo que não há o que ser restabelecido. 4 — Recurso da apelante a que se nega provimento.
(TRF — 3ª Reg.; AC — Apelação Cível n. 295.503; Proc. n. 96.03.000070-1/SP; 2ª T.; Decisão: 25.9.2001; DJU 24.1.2002; Rel. Juíza Vera Lucia Jucovsky). In www.cjf.gov.br

PREVIDENCIÁRIO. PENSÃO POR MORTE. FILHA MAIOR DE 21 ANOS. ESQUIZOFRENIA. ANTERIORIDADE AO ÓBITO. É considerado dependente, o filho maior de 21 anos, inválido para o exercício laboral. Art. 16, I da Lei n. 8.213/91. Comprovado pelo parecer da Secretaria Estadual da Saúde que a autora apresenta quadro evolutivo de esquizofrenia crônica, anteriormente ao óbito do pai segurado, é de se conceder o benefício da pensão. Apelação e Remessa Oficial improvidas.
(TRF — 3ª Reg.; AC — Apelação Cível n. 677.405; Proc. n. 1999.61.15.001130-9/SP; 1ª T.; Decisão: 28.8.2001; DJU 31.1.2002; Rel. Juiz Roberto Haddad). In www.cjf.gov.br

PREVIDENCIÁRIO. PENSÃO POR MORTE. IRMÃ DE SEGURADO. ART. 16, III, LEI N. 8.213/91. 1 — Somente o irmão não emancipado, menor ou inválido é considerado beneficiário da Previdência Social na condição de dependente do segurado, o que não se dá no presente caso. Art. 16, Lei n. 8.213/91. 2 — Apelação a que se nega provimento.
(TRF — 3ª Reg.; AC — Apelação Cível n. 581.197; Proc. n. 2000.03.99.017927-6/SP; 1ª T.; Decisão: 28.8.2001; DJU 19.11.2001; Rel. Juiz Oliveira Lima). In www.cjf.gov.br

PREVIDENCIÁRIO. PENSÃO POR MORTE. PAIS DE SEGURADO. DEPENDÊNCIA ECONÔMICA COMPROVADA. TERMO INICIAL. 1 — Comprovada a dependência econômica dos pais do segurado, fazem eles jus ao benefício pleiteado. 2 — O § 4º, do artigo 16, da Lei n. 8.213/91, ao prescrever a necessidade de comprovação de sujeição econômica, não mencionou a exigência de que os dependentes elencados em seus incisos II e III vivam em estado de miséria em virtude da ausência do segurado. 3 — Não tendo havido requerimento na esfera administrativa, a citação deve ser fixada como termo inicial para a concessão do benefício. 4 — Remessa oficial e apelações improvidas.
(TRF — 3ª Reg.; AC — Apelação Cível n. 563.760; Proc. n. 2000.03.99.002651-4/SP; 1ª T.; Decisão: 7.8.2001; DJU 16.10.2001; Rel. Juiz Oliveira Lima). In www.cjf.gov.br

PREVIDENCIÁRIO. PENSÃO POR MORTE. REMESSA OFICIAL. LEI N. 9.469/97. CONCUBINATO. CERTIDÃO DE BATISMO DE UM DOS FILHOS. VALIDADE. CUSTAS PROCESSUAIS. Em virtude do advento da Medida Provisória n. 1.561, de 20 de dezembro de 1996, convertida na Lei n. 9.496, de 10.7.97, as sentenças proferidas contra as autarquias e fundações públicas serão obrigatoriamente passíveis de remessa oficial, conforme preleciona o artigo 10 do citado Diploma Legal: É prova material de concubinato, certidão de batismo de filho, comprovando a relação estável. A Autarquia previdenciária é isenta da condenação de pagamento de custas processuais, Lei n. 8.620/93 artigo 8º, § 1º. Apelação improvida. Remessa Oficial parcialmente provida.
(TRF — 3ª Reg.; AC — Apelação Cível n. 404.128; Proc. n. 98.03.002428-0/SP; 1ª T.; Decisão: 17.10.2000; DJU 6.2.2001; Rel. Juiz Roberto Haddad). In www.cjf.gov.br

ADMINISTRATIVO. BENEFICIÁRIO DE PENSÃO. PESSOA DESIGNADA. PORTADOR DE DEFICIÊNCIA. DEPENDÊNCIA ECONÔMICA. A Lei n. 8.112/90, art. 217, inciso I, letra *e*, considera beneficiário das pensões qualquer pessoa, que viva sob a dependência econômica do servidor, exigindo como condição, apenas, que se trate de maior de 60 anos, portador de deficiência. Se a lei não fez nenhuma exigência quanto aos meios probatórios da dependência econômica, devem ser acolhidos todos aqueles em direito admitidos. Apelação e remessa oficial improvidas.
(TRF — 4ª Reg.; AC — Apelação Cível n. 405.044; Proc. n. 2001.04.01.018438-0/RS; 3ª T.; Decisão: 2.10.2001; DJU 31.10.2001; Rel. Juíza Maria de Fátima Freitas Labarrère). *In* www.cjf.gov.br

AGRAVO DE INSTRUMENTO. DEPENDÊNCIA ECONÔMICA. FILHA MAIOR. PENSÃO POR MORTE. 1 — A autora, ora agravada, ao completar 21 anos perde o direito ao recebimento da pensão por morte, por ausência de previsão legal. O só fato de continuar estudando não permite que se conclua pela manutenção da qualidade de dependente após tal data, assim não poderá ser mantido o benefício. 2 — Inexistentes os requisitos autorizadores para o deferimento da antecipação de tutela, deverá ser modificada a decisão agravada. 3 — Agravo de instrumento provido.
(TRF — 4ª Reg.; AG — Agravo de Instrumento n. 73.048; Proc. n. 2000.04.01.144429-0/RS; 5ª T.; Decisão: 22.6.2001; DJU 15.8.2001; Rel. Juiz Sergio Renato Tejada Garcia). *In* www.cjf.gov.br

PENSÃO. MENOR SOB GUARDA. ÓBITO OCORRIDO POSTERIORMENTE À ALTERAÇÃO DA LEI N. 8.213/91 PELA MP N. 1.523/96. ARTIGO 33 DO ECA. 1 — O Autor teve indeferido pedido de pensão decorrente do óbito de sua avó, falecida em 1997 e que detinha guarda judicial do menor desde os 10 meses de idade deste, ao argumento de que a redação da Lei n. 8.213/91, vigente na data do óbito, não inclui o menor sob guarda no rol de dependentes previdenciários. 2 — Entretanto, a teor do artigo 33 do Estatuto da Criança e do Adolescente, o menor sob guarda é considerado dependente, inclusive para fins previdenciários. Não se trata de redação revogada pela Lei n. 9.528/97, pois isso vai de encontro inclusive com os princípios constitucionais ligados à proteção da criança e do adolescente. 3 — Apelação e remessa oficial improvidas.
(TRF — 4ª Reg.; AC — Apelação Cível n. 239.463; Proc. n. 1998.04.01.058399-6/RS; 6ª T.; Decisão: 21.11.2000; DJU 10.1.2001; Rel. Juíza Eliana Paggiarin Marinho). *In* www.cjf.gov.br

PREVIDENCIÁRIO. PENSÃO POR MORTE DA AVÓ. DESIGNAÇÃO DE NETA MAIOR E NÃO INVÁLIDA. IMPOSSIBILIDADE. Mesmo na vigência da redação original do art. 16, IV da Lei n. 8.213/91, não se torna admissível a concessão de pensão para maiores de 21 anos e menores de 60 anos não inválidos.
(TRF — 4ª Reg.; AC — Apelação Cível n. 266.546; Proc. n. 1999.04.01.010530-6/SC; 5ª T.; Decisão: 27.11.2000; DJU 7.2.2001; Rel. Juiz Néfi Cordeiro). *In* www.cjf.gov.br

PREVIDENCIÁRIO. PENSÃO POR MORTE DE COMPANHEIRO. HONORÁRIOS ADVOCATÍCIOS. 1 — Demonstrada por meio de início de prova material, complementada por prova testemunhal idônea, a convivência *more uxorio* com aparência de casamento, a dependência econômica é presumida, sendo devido o benefício previdenciário de pensão. 2 — Na vigência do Decreto n. 89.312/84, art. 11, § 2º, a existência de prole comum supre a falta de designação da companheira na condição de dependente do segurado e do prazo de cinco anos para caracterização da convivência *more uxorio*. 3 — Havendo sucumbência recíproca mas não equivalente, correta a sentença ao ratear em percentuais diferenciados a verba honorária entre as partes.
(TRF — 4ª Reg.; AC — Apelação Cível n. 212.683; Proc. n. 97.04.73468-9/RS; 5ª T.; Decisão: 19.3.2001; DJU 4.4.2001; Rel. Juíza Virgínia Scheibe). *In* www.cjf.gov.br

PREVIDENCIÁRIO. PENSÃO POR MORTE. ESPOSA E FILHOS ESTRANGEIROS. DEPENDÊNCIA ECONÔMICA. HABILITAÇÃO SEM A PARTICIPAÇÃO DE COMPANHEIRA PENSIONISTA. VULNERAÇÃO AOS PRINCÍPIOS DO CONTRADITÓRIO E AMPLA DEFESA. 1 — Se a esposa e filhos residiam no estrangeiro, longe do falecido segurado, há necessidade de prova da dependência econômica, que em tal caso não se presume, à semelhança com a situação do cônjuge ausente, na separação de fato, regulada pelo § 1º do art. 76 da Lei n. 8.213/91. 2 — Em simetria com o processo judicial, a companheira pensionista, na medida em que terá sua esfera jurídica atingida, deve participar do processo administrativo de habilitação de outros dependentes, sob pena de vulnerados os princípios do contraditório e ampla defesa (CF, art. 5º, LX).
(TRF — 4ª Reg.; AG — Agravo de Instrumento n. 49.837; Proc. n. 1999.04.01.093644-7/RS; 6ª T.; Decisão: 20.2.2001; DJU 21.3.2001; Rel. Juiz Luiz Carlos de Castro Lugon). *In* www.cjf.gov.br

PREVIDENCIÁRIO. PENSÃO POR MORTE. ESPOSA SEPARADA DE FATO. DEPENDÊNCIA ECONÔMICA. DIB. COMPENSAÇÃO.

CORREÇÃO MONETÁRIA. HONORÁRIOS. CUSTAS PROCESSUAIS. 1 — É devida à esposa separada de fato, que comprovar sua dependência do segurado, a pensão por morte dele, no valor de 50% do salário-de-benefício. Lei n. 8.213/91, arts. 16, 74 e 75. Lei n. 9.528/97. 2 — Embora separada de fato do *de cujus*, ficou comprovado que a autora dependia economicamente dele. 3 — É de ser mantida a DIB fixada na sentença (data do requerimento administrativo) porque assim postulada na inicial. 4 — Não é devida compensação dos valores pagos a maior à companheira e filhos do segurado, porque o erro decorreu do INSS que indeferiu o benefício à esposa e não pode haver prejuízo às partes em decorrência disso. 5 — A correção monetária deve ser feita desde o vencimento de cada parcela, segundo os critérios da Lei n. 8.213/91 e alterações, adotando-se o IGP-DI a partir de 5/1996. 6 — Honorários advocatícios a cargo do INSS e dos assistentes, fixados em 10% sobre o montante das parcelas objeto da execução do julgado. 7 — O INSS arcará com as custas por metade, por se tratar de ação ajuizada perante a Egrégia Justiça Estadual do Rio Grande do Sul. 8 — A execução da verba sucumbencial em relação aos assistentes resta suspensa porquanto são beneficiários da assistência judiciária gratuita. 9 — Remessa oficial parcialmente provida. Apelação improvida.
(TRF — 4ª Reg.; AC — Apelação Cível n. 369.997; Proc. n. 2000.04.01.115931-5/RS; 5ª T.; Decisão: 22.6.2001; DJU 15.8.2001; Rel. Juiz Sergio Renato Tejada Garcia). *In* www.cjf.gov.br

PREVIDENCIÁRIO. PENSÃO. MENOR SOB GUARDA DO SEGURADO FALECIDO. LEI N. 9.528/97. INEXIGIBILIDADE DE COMPROVAÇÃO DA DEPENDÊNCIA ECONÔMICA. INTERPRETAÇÃO DOS ARTS. 227, § 6º, DA CF/88 E 33, § 3º, DO ESTATUTO DA CRIANÇA E DO ADOLESCENTE. Improvimento da remessa oficial.
(TRF — 4ª Reg.; REO — Remessa *Ex Officio* n. 12.732; Proc. n. 1999.71.08.009197-0/RS; 6ª T.; Decisão: 25.9.2001; DJU 10.10.2001; Rel. Juiz Carlos Eduardo Thompson Flores Lenz). *In* www.cjf.gov.br

DESAPARECIMENTO DO SEGURADO

É fato que, se comprovado de forma robusta, como decorrente de catástrofe, acidente ou desastre dá direito aos dependentes (v.) à pensão (v.). (Arts. 78, § 1º/112, II).

DESCONTO DAS CONTRIBUIÇÕES

A empresa deve descontar, no ato do pagamento da remuneração do empregado, trabalhador avulso e temporário, as contribuições por eles devidas à previdência social. O empregador doméstico fará da mesma maneira em relação ao seu empregado. Assim, pelo fato da existência do contrato de trabalho e da relação de previdência social que se instaura automaticamente, o empregador é investido do poder-dever de proceder aos descontos e pelos quais é totalmente responsável. O n. I, a, do art. 30 da Lei n. 8.212/91 lhe atribui essa responsabilidade. A interpretação desse artigo deve ser a seguinte: o empregador deve recolher a sua contribuição e a do empregado, tendo descontado a deste no momento do pagamento da remuneração. O art. 459, da CLT, por sua vez, dispõe: "O pagamento do salário, qualquer que seja a modalidade do trabalho, não deve ser estipulado por período superior a um mês, salvo no que concerne a comissões, percentagens e gratificações". Se a remuneração deve, normalmente, ser paga por mês vencido, há de ser neste momento que o empregador irá fazer o desconto da contribuição previdenciária. Ou, nas hipóteses em que for fixado um período superior, no momento exato do pagamento. Há três indagações nesta matéria: 1. Pode o empregador, que nunca efetuou descontos previdenciais na remuneração do empregado, efetuá-los cumulativamente? 2. Pode ele, se na mesma situação, passar a efetuá-los de um dado momento em diante? 3. Pode ele pretender compensação com eventuais créditos do empregado? O desconto pode ser apenas na porcentagem mensal (v. Custeio), não podendo ser acumulado. A lei previdencial prevê apenas essa diminuição mensal do patrimônio do empregado e a Consolidação das Leis do Trabalho se reporta aos descontos permitidos por lei no art. 462. Quanto à segunda pergunta, é de considerar-se que as normas de Direito do Trabalho constituem um mínimo de garantias em favor do empregado, mas que, por acordo tácito ou expresso, o empregador pode conceder-lhe maiores regalias. Por acordo expresso não é inusitado estabelecer-se que o empregador se responsabilize pelas contribuições previdenciais devidas pelo empregado, o qual, em conseqüência, não sofrerá desconto algum em seu salário. Assim, há de admitir-se também a existência de acordo tácito. Por fim, pretender o empregador compensação com créditos do empregado, de origem não-salarial, seria uma cobrança cumulativa que entendemos ser proi-

bida pelo Direito brasileiro. Em segundo lugar, se já houvessem transcorrido mais de dois anos, teria havido também a prescrição aquisitiva a impedir a pretensão do empregador. A jurisprudência dominante aceita esta orientação, embora com argumentos algo diferentes. Cogitam os Tribunais de tácito aumento de salário e de renúncia tácita ao direito de descontar. (Arts. 30, I e V/216, I, VIII/39, I).

DESCONTO NO BENEFÍCIO

O INSS pode proceder aos seguintes descontos no benefício concedido: de contribuições devidas à previdência social, de pagamento de benefício além do devido, pensão de alimentos, decretada judicialmente, mensalidades a associações, devidamente autorizadas. Quando o benefício foi pago a mais, o desconto é de até 30% ao mês. Se tiver havido, fraude, dolo ou má-fé do beneficiário, o desconto será em uma só vez, devidamente corrigido. (Arts. 115/154).

JURISPRUDÊNCIA

IMPOSTO DE RENDA NA FONTE. PROVENTOS. ART. 153, § 2º, II, DA CARTA MAGNA. Em casos análogos ao presente, esta Primeira Turma, ao julgar os RREE ns. 200.485 e 202.259, assim decidiu: "Imposto de Renda na fonte. Proventos. Beneficiários com idade superior a sessenta e cinco anos. Art. 153, § 2º, inc. II, da constituição Federal. Lei n. 7.713/88. O Supremo Tribunal Federal, no julgamento do Mandado de Segurança n. 22.584 (sessão do dia 17.4.97), proclamou entendimento no sentido de que o art. 153, § 2º, II, da Constituição Federal, ao estabelecer que o imposto de renda "não incidirá, nos termos e limites fixados em lei, sobre rendimentos provenientes de aposentadoria e pensão, pagos pela previdência social da União, dos Estados, do Distrito Federal e dos Municípios à pessoa com idade superior a sessenta e cinco anos, cuja renda total seja constituída, exclusivamente, de rendimentos do trabalho", não é auto-aplicável estando a depender de lei que fixará os termos e os limites dessa não-incidência. E, até que advenha a lei regulamentando o exercício desse direito, continuam válidos os limites e restrições fixados na Lei n. 7.713/88 com suas posteriores alterações. Recurso extraordinário conhecido, mas improvido". Dessa orientação não divergiu o acórdão recorrido. Por outro lado, a questão relativa ao art. 5º, XXXVI, da Constituição não foi prequestionada (Súmulas ns. 282 e 356). Recurso extraordinário não conhecido.
(STF — 1ª T. RE n. 296.234 / PR — Rel. Min. Moreira Alves; DJ 22.6.2001; Ement . vol. 02036-05, págs. 00959; j. 15.5.2001). In www.stf.gov.br

DESEMPREGADO

É a pessoa que deseja trabalhar mas não encontra colocação. O desempregado é pois pessoa que deve estar protegida pela previdência social, porque é atingido pelo risco social do desemprego que é reconhecido pelo art. 201, n. IV da CF/88. Literalmente, a CF menciona, como protegido, o "trabalhador em situação de desemprego involuntário, excluindo, assim, os que pedem demissão do serviço. Pelo Decreto-lei n. 2.284, de 10 de março de 1986 já havia sido instituído o seguro-desemprego (v.), com a finalidade de prover assistência financeira temporária ao trabalhador desempregado em virtude de dispensa sem justa causa, ou por paralisação, total ou parcial das atividades do empregador". (Art. 9º, § 1º) (v. Seguro-desemprego).

DESLIGAMENTO DA ATIVIDADE

V. Afastamento da atividade

DESLOCAMENTO

Se for determinado pelo INSS, ao beneficiário, que se desloque do lugar de sua residência para submeter-se a exame médico pericial ou a processo de reabilitação profissional, o INSS lhe pagará não só as despesas de transporte como uma diária, ou promover sua hospedagem em hotéis ou similares (Art. 171 do Reps).

JURISPRUDÊNCIA

PREVIDENCIÁRIO. BENEFÍCIO ACIDENTÁRIO. DIÁRIAS PARA DESLOCAMENTO DO ACIDENTADO PARA TRATAMENTO MÉDICO. REAJUSTE DE BENEFÍCIO. Os benefícios acidentários são reajustados pelas mesmas regras aplicadas aos benefícios previdenciários, sendo incabível a pretensão de que lhe sejam deferidos os mesmos reajustes atribuídos ao pessoal em atividade da categoria profissional do segurado acidentado. Se os elementos contidos nos autos indicam que o tratamento médico a que se submeteu o segurado acidentado foi prestado na sede do municí-

pio de seu domicílio, não são devidas as diárias previstas na lei para custear despesas com deslocamento. Apelação provida.
(TRF — 4ª Reg.; AC — Apelação Cível n. 139.418; Proc. n. 95.04.57690-7/SC; 6ª T.; Decisão: 20.6.2000; DJU 10.1.2001; Rel. Juiz João Surreaux Chagas). *In* www.cjf.gov.br

DESQUITADO

O cônjuge desquitado mantinha o direito às prestações previdenciais, a não ser que não tivesse direito a alimentos pela ação de desquite ou que tivesse abandonado o lar há mais de 5 anos ou que, o tendo abandonado por tempo inferior, a ele se recuse a voltar, desde que estas situações tivessem sido reconhecidas por decisão transitada em julgado.

DETENÇÃO

V. Auxílio-reclusão

DEVOLUÇÃO DE CONTRIBUIÇÕES

O INSS (v.) restituirá as contribuições recolhidas indevidamente, seja por erro de conta, seja por engano de interpretação do contribuinte. A devolução se faz por meio de requerimento a ele apresentado e devida apreciação do pedido, cabendo recurso (v.) às Câmaras de Julgamento. Curiosamente, a Lei n. 8.212/91, no art. 89, § 1º, declara que só serão restituídas as contribuições que, por sua natureza, não tenham sido transferidas para o custo de bem ou serviço oferecido à sociedade. Como todas as contribuições têm esta finalidade, será impossível destacar, do recolhido indevidamente, o que já foi transferido para prestações ou serviços previdenciais (v. Compensação*) (Arts. 89/247 a 254). O direito de pleitear a devolução extingue-se em cinco anos contados da data do pagamento indevido ou daquela em que se tornar definitiva decisão administrativa ou passar em julgado sentença judicial a respeito. (Arts. 89/72 a 78).*

DIÁRIA PARA DESLOCAMENTO

V. Deslocamento

DIREITO DO TRABALHO

O Direito do Trabalho, entendido como conjunto de princípios e normas que regulam a relação entre empregado e empregador, tem profunda e extensa ligação com o Direito Previdencial. Além da ligação histórica — porque, cientificamente, o Direito Previdencial se destacou do Direito do Trabalho — temos ligações estruturais, visto que o Direito Previdencial, quando se trata de proteção ao segurado empregado, atua com base em Institutos nucleares do Direito do Trabalho, quais sejam, o contrato individual de trabalho (v.) e a remuneração (v.). Além disto, há também ligações dinâmicas entre os dois ramos do Direito, pois algumas vicissitudes por que passa o contrato individual de trabalho repercutem na relação jurídica de previdência social (v.).

DIREITO PREVIDENCIAL

Parte do Direito Social constituído de princípios e normas referentes à reparação obrigatória estatal das conseqüências decorrentes da realização das contingências humanas *(v.). O princípio fundamental é o da formação automática da relação jurídica de previdência social, pelo fato de as pessoas protegidas se encontrarem em determinada situação de trabalho remunerado e o do pagamento automático dos benefícios (v.* Automatismo*). Quanto às normas legais, foram elas consolidadas em 1976 no que se denominou Consolidação das Leis da Previdência Social (v.) (Decreto n. 77.077, de 24.1.1976 substituído pelo Decreto n. 89.312, de 23.1.1984, que editou a nova CLPS). A Lei n. 6.439, de 1.9.1977, instituiu o Sistema Nacional de Previdência e Assistência Social — SINPAS (v.). O Regulamento do Regime de Previdência Social foi baixado pelo Decreto n. 72.771, de 6.9.1973, que foi atualizado pelos Decretos ns. 83.080, de 24.1.1979 e 83.081, da mesma data, denominados, respectivamente, Regulamento dos Benefícios e Regulamento do Custeio da Previdência Social. Como legislação ordinária fundamental ainda o Regulamento da Gestão Administrativa, Financeira e Patrimonial do SINPAS, baixado pelo Decreto n. 82.266, de 12.3.1979. Em 1991, as Leis ns. 8.212 e 8.213, ambas de 24 de julho, deram nova disciplina ao assunto, referindo-se ao custeio e aos benefícios, com fundamento nos arts. 194 a 204 da CF/88, que dispôs sobre todo o Direito da Segurança Social (ou Seguridade Social), de que o Direito Previdencial é parte. O Decreto n. 3.048, de 12 de maio de 1999 é o atual diploma que regulamenta as referidas leis.*

DISTRIBUTIVIDADE

V. Princípios da previdência social

DÍVIDA ATIVA

As contribuições, sua atualização monetária, os juros de mora e as multas devidas e não recolhidas até seu vencimento constituem dívida ativa do INSS ou da Receita Federal e devem ser lançadas em livro próprio. A certidão do livro serve para cobrança judicial da dívida, à qual se aplicam os dispositivos da Lei n. 6.830, de 22.9.1980, sobre executivos fiscais (Arts. 39/245).

DIVORCIADO

É o cônjuge que, tendo direito à prestação alimentícia em razão de divórcio, mantém sua qualidade de dependente de seu cônjuge, segurado da previdência social (Arts. 76, § 2º/ 14, n. I).

DOCUMENTAÇÃO INCOMPLETA

Se, ao ser requerido um benefício, faltar algum documento entre aqueles apresentados pelo beneficiário, o INSS não pode recusar-se a receber o requerimento. Deve recebê-lo e orientar o requerente sobre os documentos faltantes (Arts. 105/176).

DOCUMENTO DE INEXISTÊNCIA DE DÉBITO

V. Certidão de Inexistência do Débito

DOENÇA

Contingência coberta pela previdência social, quando acarreta incapacidade *(v.)* para o trabalho que pode ser temporária ou definitiva, gerando, na primeira hipótese, direito ao auxílio-doença *(v.)* e, no segundo, aposentadoria por invalidez *(v.)*. Em qualquer caso, nos 15 primeiros dias de incapacidade resultante de doença, o empregador fica obrigado a pagar o salário do empregado, salvo o do doméstico *(v.)*. A doença ou lesão de que o segurado já seja portador ao filiar-se à previdência social não dão direito a benefício *(v.) (Art. 59)*.

DOENÇA DO TRABALHO

Espécie de infortúnio do trabalho, que se distingue do acidente do trabalho tipo ou típico, pelo fato de não acontecer subitamente, mas se instalar paulatinamente no organismo do trabalhador. Divide-se em doenças típicas, também denominadas profissionais, que são próprias de determinados tipos de atividades, só podendo contraí-las quem exerce essas atividades. A medicina do trabalho elencou tais moléstias, de forma que elas constaram de 2 listas em anexo ao Decreto n. 83.080/79, uma para o trabalho urbano, outra para o rural. Atualmente, a relação consta como Anexo II do Reps. As doenças do trabalho atípicas são moléstias comuns como, por exemplo, a tuberculose, a neoplasia maligna etc., que podem atingir qualquer pessoa, as quais, porém, podem ser provocadas por condições especiais em que o trabalho é realizado. Neste caso, é necessário que fique comprovada a relação entre causa (trabalho) e efeito (doença) ao passo que para as típicas o nexo está implícito (Arts. 20/132).

JURISPRUDÊNCIA

PREVIDENCIÁRIO. ACIDENTÁRIA. AUXÍLIO-ACIDENTE. LER — LESÕES POR ESFORÇO REPETITIVO. CONCESSÃO DO BENEFÍCIO. CABIMENTO. ART. 86, DA LEI N. 8.213/91. EVENTUAL REVERSIBILIDADE DA MOLÉSTIA. IRRELEVÂNCIA. VALORAÇÃO ADEQUADA DA PROVA. POSSIBILIDADE. PRECEDENTES. RECURSO CONHECIDO E PROVIDO. I — Realizado pelo *expert* o diagnóstico da LER — Lesão por Esforço Repetitivo, evidenciado o nexo com a atividade profissional exercida, e a redução da capacidade laboral, impõe-se a regular aplicação do art. 86, da Lei n. 8.213/ 91, devendo ser concedido, na hipótese, o auxílio-acidente vindicado pela obreira. II — Nesse sentido, mostra-se de todo irrelevante juízo quanto à eventual reversibilidade da moléstia, posto tratar-se de requisito não exigido pela lei previdenciária para a concessão do benefício em comento. III — A adequada valoração da prova, e a sua correta representação em face do direito aplicado, não conduz ao reexame de matéria fática, desiderato vedado pela Súmula 7/STJ. IV — Recurso especial conhecido e provido.
(STJ — REsp — Recurso Especial n. 258.499; Proc. n. 2000.00.45036-7/SP; 5ª T.; Decisão: 13.3.2001; DJ 2.4.2001; Rel. Gilson Dipp. In www.cjf.gov.br

PREVIDENCIÁRIO. AUXÍLIO-ACIDENTE. LESÕES NO MEMBRO SUPERIOR DIREITO POR ESFORÇOS REPETITIVOS — LER. NEXO CAUSAL E REDUÇÃO DA CAPACIDADE LABORATIVA COMPROVADOS. 1 — A concessão do auxílio-acidente tem caráter indenizatório e exi-

ge a demonstração do nexo etiológico entre a moléstia e o labor, e a presença de seqüelas que impliquem na redução permanente da capacidade para o trabalho habitual. 2 — Recurso não conhecido.
(STJ — REsp — Recurso Especial n. 330. 929; Proc. n. 2001.00.74246-0/ES; 5ª T.; Decisão: 2.10.2001; DJ 19.11.2001; Rel. Edson Vidigal). In www.cjf.gov.br

PREVIDENCIÁRIO. AUXÍLIO-ACIDENTE. LESÕES NOS MEMBROS SUPERIORES POR ESFORÇOS REPETITIVOS — LER. CIRCUNSTÂNCIAS LEGAIS. NATUREZA DA INCAPACIDADE LABORATIVA. O art. 86 da Lei n. 8.213/90, regulamentado pela Lei n. 9.032/95, é expresso ao estatuir que o benefício previdenciário do auxílio-acidente é devido quando demonstrado o nexo de causalidade entre a redução de natureza permanente da capacidade laborativa e o desempenho do serviço. Revelando o quadro fático que o autor sofre de moléstia nos membros superiores em razão de esforços repetitivos no desempenho de suas atividades laborais — LER —, não se pode afastar a natureza permanente da incapacidade laboral, sob alegação de se tratar de moléstia reversível pela interrupção dos movimentos repetitivos e aplicação de medicamento ambulatorial. Recurso especial conhecido.
(STJ — 6ª T.; REsp n. 153.819/SP; Rel. Min. Vicente Leal; j. 16.6.1998; v. u.; DJU, Seção I, 17.8.1998, pág. 100). BAASP 2206/371-e, de 9.4.2001.

DOENÇA PROFISSIONAL

O legislador está tendendo a estabelecer sinonímia entre doença profissional e doença do trabalho como se verifica, por exemplo do Anexo II do Reps, que, ao relacionar a lista das doenças profissionais acrescenta "ou do trabalho". Doutrinariamente, porém, convém fazer-se a distinção que foi indicada no verbete doença do trabalho (v.).

DOMÉSTICO

V. Empregado doméstico

DONO DA OBRA

Dono da obra que encomenda a execução de obras de construção, reforma ou acréscimo de imóvel é solidariamente responsável com o construtor pelo cumprimento das obrigações decorrentes da legislação previdencial, ressalvado seu direito regressivo contra o executor ou contratante das obras. Pode ele fazer a retenção de importâncias devidas ao executor da obra para garantir o cumprimento das obrigações contributivas para com a previdência social, até que o referido executor lhe exiba o documento comprobatório de inexistência de débito. Pela Súmula n. 126 do extinto Tribunal Federal de Recursos, o dono da obra somente será acionado quando não for possível lograr do construtor, através de execução contra ele intentada, a respectiva liquidação (Arts. 30, ns. VI e VII/220 e 221).

JURISPRUDÊNCIA

TRIBUTÁRIO. AÇÃO ANULATÓRIA. MUNICÍPIO. INTERVENÇÃO DO MINISTÉRIO PÚBLICO. CONTRIBUIÇÕES PREVIDENCIÁRIAS. DONO DA OBRA. RESPONSABILIDADE. ART. 71 DA LEI N. 8.666/93. LEI N. 9.032/95. ART. 144 DO CTN. BENEFÍCIO DE ORDEM. ART. 124 DO CTN. 1 — Desnecessária a intervenção do Ministério Público, porquanto não há interesse público relevante a ensejar a sua atuação. O INSS e o autor estão devidamente representados nos autos, inocorrendo as hipóteses dos incisos I e II do art. 82 do CPC. No caso do inciso III, que é o invocado pela autora, o chamamento do MP ao processo está vinculado ao prudente arbítrio do juiz, ao seu convencimento da necessidade dessa intervenção; não havendo obrigatoriedade. 2 — Aplicação do art. 144 do CTN, sendo que a Administração responde solidariamente nos casos de execução de contrato nos casos de serviços executados mediante cessão de mão-de-obra, inclusive em regime de trabalho temporário (art. 31 da Lei n. 8.212/91), exceto no período anterior à Lei n. 9.032/95. 3 — A responsabilidade solidária, ex vi do parágrafo único do art. 124 do CTN, "não comporta benefício de ordem". 4 — Deveria o autor, para eximir-se da recém-instituída responsabilidade solidária, ter acautelado-se com a exigência de comprovação do pagamento das contribuições previdenciárias das empresas contratadas relativas à execução dos contratos administrativos.
(TRF — 4ª Reg.; AC — Apelação Cível n. 357.733; Proc. n. 2000.04.01.093448-0/SC; 2ª T.; Decisão: 16.11.2000; DJU 28.2.2001; Rel. Juíza Tania Terezinha Cardoso Escobar). In www.cjf.gov.br

E

EFEITO SUSPENSIVO

É dado tal efeito ao recurso (v.) interposto contra decisões dos órgãos do INSS sempre que a parte o requerer e houver sem deferimento pelo presidente da instância julgadora (Art. 308 do Reps).

EMPREGADO

Segurado obrigatório da previdência social, sendo considerada como tal a pessoa que presta serviços de natureza não eventual a outra, mediante remuneração e sob a direção desta. Pelo simples fato de a pessoa se colocar na situação jurídica de empregado, dá-se a sua automática filiação à previdência social (v. Automatismo). Não prejudica a condição de empregado o fato de a pessoa, brasileira ou estrangeira, domiciliada no Brasil, trabalhar em sucursal ou agência de empresa nacional no Exterior. Os brasileiros que prestam serviços a missões diplomáticas estrangeiras no Brasil, não sujeitos à legislação previdenciária do país da missão, e os estrangeiros com residência permanente no Brasil, trabalhando para as mesmas missões, são considerados empregados para os fins previdenciais. O brasileiro civil que trabalha no exterior para a União, em organismos oficiais brasileiros ou internacionais, desde que o Brasil seja seu membro efetivo, salvo se segurado conforme a legislação do país de domicílio. O brasileiro ou estrangeiro domiciliado e contratado no Brasil para trabalhar subordinadamente à empresa com sede no exterior, cuja maioria do capital votante pertença à empresa brasileira de capital nacional (v. Empregado doméstico. Art. 11, n. I/art. 9º, n. I).

EMPREGADO DOMÉSTICO

Segurado obrigatório da previdência social, sendo definido como doméstica a pessoa que presta serviços de natureza contínua e de finalidade não lucrativa à pessoa ou à família, no âmbito residencial desta (Lei n. 5.859, de 11.12.72). Trabalho de "natureza contínua" é sinônimo de trabalho "não eventual", de maneira que a diarista que tem dia certo, combinado antecipadamente, para trabalhar em casa de família, é trabalhadora doméstica. É equivocada a jurisprudência trabalhista que só considera como tal a diarista que comparece, pelo menos, duas vezes por semana a uma mesma casa, já que tal critério inexiste para a configuração do empregado não doméstico. A Constituição Federal (art. 7º, parágrafo único) assegurou à categoria dos trabalhadores domésticos sua integração à previdência social, conforme o dispuser o plano de custeio e benefícios da previdência social. (Art. 11, n. II/art. 9º, n. II).

JURISPRUDÊNCIA

PROCESSUAL CIVIL E PREVIDENCIÁRIO. EMPREGADA DOMÉSTICA. TEMPO DE SERVIÇO ANTERIOR À LEI N. 5.859/72. COMPROVAÇÃO. Declaração de ex-patrão, contemporânea do tempo alegado, constitui razoável início de prova material da atividade exercida como empregada doméstica anterior à Lei n. 5.859/72. Recurso conhecido, mas desprovido.
(STJ — REsp — Recurso Especial n. 268.447; Proc. n. 2000.00.73954-5/SP; 5ª T.; Decisão: 21.8.2001; DJ 17.9.2001; Rel. Gilson Dipp). In www.cjf.gov.br

PROCESSO CIVIL. PREVIDENCIÁRIO. RECONHECIMENTO DE TEMPO DE SERVIÇO. INÍCIO DE PROVA MATERIAL E PROVA TESTEMUNHAL. EMPREGADO DOMÉSTICO. PERÍODO ANTERIOR À VIGÊNCIA DA LEI N. 5.859/72. E INDENIZAÇÃO EMPREGADO. ADMISSIBILIDADE. 1 — O início de prova material conjugado com os depoimentos de testemunhas, que revelam a época do exercício de trabalho pelo autor, ensejam a respectiva comprovação para o fim de ser expedida a correspondente certidão de tempo de serviço. 2 — Tratando-se de empregado doméstico que laborou em período anterior à obrigatoriedade de sua filiação à Previdência Social, o que somente adveio com a edição da Lei n. 5.859/72, é de ser efetuado o recolhimento das contribuições respectivas nos termos do art. 96, IV, da Lei n. 8.213/91, de acordo com a nova redação dada pela Lei n. 9.528/97. 3 — Tratando-se de empregado ou trabalhador avulso, descabe a exigência de que venha a indenizar o instituto previdenciário, mediante o pagamento das contribuições correspondentes ao período trabalhado que está

a comprovar, posto que a obrigação de recolher a exação era do empregador, nos termos do art. 30, I, a, da Lei n. 8.212/91. 4 — Recurso do INSS a que se dá parcial provimento e remessa oficial a que se nega provimento.
(TRF — 3ª Reg.; AC — Apelação Cível n. 622.693; Proc. n. 2000.03.99.051931-2/SP; 5ª T.; Decisão: 13.3.2001; DJU 11.9.2001; Rel. Juíza Suzana Camargo). In www.cjf.gov.br

PREVIDENCIÁRIO. APOSENTADORIA POR IDADE. EMPREGADA DOMÉSTICA. CARÊNCIA. ART. 142 DA LEI N. 8.213/91. RECOLHIMENTO COM ATRASO. 1 — A concessão de aposentadoria por idade depende do preenchimento de três requisitos: idade mínima, carência e qualidade de segurado. 2 — A regra transitória do art. 142 da Lei n. 8.213/91 tem aplicação a todos os segurados que tenham exercido atividade vinculada à Previdência Social Urbana até a data daquela Lei, sendo desnecessário que, na data da Lei, mantivesse qualidade de segurado. 3 — Em se tratando de empregada doméstica, o fato de as contribuições terem sido recolhidas com atraso não prejudica sua contagem para fins de carência, já que se trata de encargo do empregador doméstico. 4 — Apelação e remessa oficial improvidas.
(TRF — 4ª Reg.; AC — Apelação Cível n. 391.863; Proc. n. 2001.04.01.002863-1/RS; 6ª T.; Decisão 20.3.2001; DJU 4.4.2001; Rel. Juíza Eliana Paggiarin Marinho). In www.cjf.gov.br

PREVIDENCIÁRIO. APOSENTADORIA POR IDADE. EMPREGADA DOMÉSTICA. RELAÇÃO DE EMPREGO ENTRE PARENTES. INEXISTÊNCIA DE VEDAÇÃO LEGAL. FRAUDE NÃO COMPROVADA. PROVA PLENA DO VÍNCULO LABORAL. 1 — Demonstrado o vínculo empregatício mediante documentos que, segundo a legislação previdenciária fazem prova plena de tempo de serviço, com o pagamento regular das contribuições previdenciárias, não pode a autarquia desconsiderar a anotação na carteira de trabalho, ante a ausência de vedação legal à contratação de parentes. 2 — Não produzindo o Instituto qualquer prova de que fosse fraudulenta a prestação de serviços da autora a seu trilho, como empregada doméstica, deve ser concedido o benefício de aposentadoria por idade.
(TRF — 4ª Reg.; AC — Apelação Cível n. 170.280; Proc. n. 96.04. 54932-4/RS; 6ª T.; Decisão 3.10.2000; DJU 17.1.2001; Rel. Juiz Luiz Carlos de Castro Lugon). In www.cjf.gov.br

PREVIDENCIÁRIO. APOSENTADORIA POR TEMPO DE SERVIÇO. FALTA DE RECOLHIMENTO DAS CONTRIBUIÇÕES PREVIDENCIÁRIAS. PERÍODO DE ATIVIDADE COMPROVADO. 1 — Presente vigorosa prova material, inclusive com registro na CTPS, é admitido como provado o exercício da atividade de empregada doméstica no período controvertido. 2 — Cabe ao empregador o recolhimento das contribuições previdenciárias dos segurados empregados, na forma do art. 30, V, da Lei n. 8.212/91.
(TRF — 4ª Reg.; AC — Apelação Cível n. 408.871; Proc. n. 2001.04.01.021884-5/RS; 6ª T.; Decisão: 17.12.2001; DJU 30.1.2002; Rel. Juiz Néfi Cordeiro). In www.cjf.gov.br

PREVIDENCIÁRIO. RECONHECIMENTO DE TEMPO DE SERVIÇO. ATIVIDADE DE BABÁ. HONORÁRIOS. 1 — É válida a declaração de ex-empregador, corroborada por prova testemunhal idônea, a comprovar a condição de babá doméstica, se à época dos fatos não havia previsão legal para o registro de trabalhos domésticos. 2 — Honorários advocatícios reduzidos para 10% do valor atualizado da causa.
(TRF — 4ª Reg.; AC — Apelação Cível n. 241.906; Proc. n. 1998.04.01.062570-0/SC; 5ª T.; Decisão: 18.12.2000; DJU 10.1.2001; Rel. Juiz Altair Antonio Gregório). In www.cjf.gov.br

EMPREGADOR

É a pessoa que admite empregados, portanto contrata pessoas a trabalharem remuneradamente para ela, sob sua direção (v. CLT, art. 2º). O empregador, geralmente, é a empresa, (v.), isto é, a organização do trabalho, mas, previdencialmente, pode ser, também, uma pessoa física que admite empregados, como o trabalhador autônomo, profissional liberal ou não. A atual legislação não define esta figura, cogitando só da empresa, à qual equipara o contribuinte individual (v.), em relação ao segurado que lhe presta serviço, empregado ou não, assim como as cooperativas, as associações ou entidades de qualquer natureza ou finalidade, a missão diplomática e a repartição consular. Previdencialmente, assim, a figura do empregador é importante, para se reconhecer se a pessoa que lhe presta serviço é empregado e, portanto, gera as obrigações previdenciais concernentes a esta figura (Arts. 14/12).

EMPRESA

É a organização do trabalho, sob a forma jurídica de firma individual ou sociedade. Estão equiparadas a ela, para fins previdenciais, os órgãos e entidades da administração pública direta, indireta ou fundacional, as cooperativas, as associações ou entidades de qualquer natureza, a missão diplomática e a repartição consular de carreira estrangeira. Todas estas organizações não podem operar sem recursos humanos, ou seja, o concurso de pessoas físicas que lhe pres-

tem serviços, que são segurados obrigatórios (v.) da previdência social, seja na condição de trabalhadores subordinados, como na de contribuintes individuais. O operador portuário e o órgão gestor de mão-de-obra, o proprietário ou dono de obra de construção civil também são equiparados à empresa (Arts. 14/12).

EMPRESA DE PROCESSAMENTO DE DADOS DA PREVIDÊNCIA SOCIAL

Entidade designada pela sigla DATAPREV, à qual compete a análise de sistema, a programação e execução de serviços de tratamento da informação e o processamento de dados através de computação eletrônica (Lei n. 6.439, de 1º.9.77, art. 12).

EMPRESA DE TRABALHO TEMPORÁRIO

É a organização que coloca à disposição de outras empresas, chamadas tomadoras, trabalhadores qualificados, por ela contratados. A Carteira de Trabalho e Previdência Social do trabalhador temporário é registrada pela empresa de trabalho temporário. Esta assume todos os ônus perante a previdência social, isto é, contribui com a porcentagem legal sobre o salário-de-contribuição (v.) dos trabalhadores temporários e paga a tarifa do seguro-acidente do trabalho, segundo o risco da empresa na qual está prestando serviços o trabalhador temporário (Lei n. 6.019, de 3.1.74/Arts. 11, I, b, 9º, I, b).

EMPRESA TOMADORA DE SERVIÇOS

É a organização que, contratando com a empresa de trabalho temporário (v.) a utilização de trabalhadores por ela fornecidos, pelo prazo máximo legal de três meses, fica responsável pelas contribuições previdenciais devidas pela mesma empresa de trabalho temporário, no caso de falência desta.

ENTEADO

Pode ser equiparado a filho, mediante declaração escrita do segurado, para o fim de tornar-se seu dependente (Art. 16, § 2º/16, § 3º).

ENTIDADES ABERTAS DE PREVIDÊNCIA

São organizações de previdência privada complementares da previdência social, com fins lucrativos, organizadas em forma de sociedades anônimas, destinadas a proteger qualquer pessoa física interessada em seu sistema. Opõem-se às entidades fechadas (v.). São sujeitas ao Conselho Nacional de Seguros Privados e à Superintendência de Seguros Privados que fixa as diretrizes prévias, aprova a sua constituição e fiscaliza sua atividade (Lei Complementar n. 109, de 29.5.01, arts. 4º, 36, 74).

ENTIDADE BENEFICENTE

A entidade reconhecida pelo Governo Federal e estadual ou municipal como de utilidade pública, possuidora de certificado de entidade de fins filantrópicos expedido pelo Conselho Nacional de Assistência Social, renovável a cada três anos, desde que seus diretores, sócios ou irmãos e equivalentes não percebam remuneração, vantagem ou benefício pelo desempenho das respectivas funções e a totalidade de suas rendas se destine ao atendimento gratuito das suas finalidades, está isenta de contribuir para a previdência social, na condição de empregador, mas deve descontar e recolher as contribuições de seus empregados. Deve requerer a isenção ao INSS, fazendo a prova das condições mencionadas (Arts. 55/206).

ENTIDADES FECHADAS DE PREVIDÊNCIA

São organizações de previdência privada, complementares da previdência social, destinadas a proteger exclusivamente os empregados de uma empresa ou grupo de empresas ou os associados de instituidores, que são associações profissionais. Não podem ter fins lucrativos. Sua estrutura jurídica deve ser de sociedade civil ou fundação. São sujeitas ao Ministério da Previdência e Assistência Social que fixa as diretrizes prévias, aprova a sua constituição e fiscaliza sua atividade (Lei Complementar n. 109, de 29.5.01, arts. 4º, 31).

ESCALA DE SALÁRIO-BASE

É uma seqüência de valores expressos em reais, em ordem crescente, fixados levando-se em conta o tempo de filiação e os limites mínimo e máximo do salário-de-contribuição. O trabalhador autônomo, o empresário e o segurado facultativo e outros contribuem para a previdência social conforme seu automático enquadramento numa das classes desta escala, devendo fazê-lo a partir da classe 1. Conta-se como tempo de filiação o período: a) de efetivo exercício de atividade abrangida obrigatoriamente pela previdência social, descontado o período anterior à perda da qualidade de segurado; b) de efetivo recolhimento de contribuições na qualidade de segurado facultativo (v.). O recolhimento de contribuições por iniciativa do segurado, segundo as classes de salário-base, não implica o reconhecimento, pela previdência social, de exercício de atividade, tempo de filiação ou tempo de serviço. A escala é a seguinte, na data das provas deste livro:

Classe	Salário-Base	Número mínimo de meses de permanência em cada classe (interstícios)
1 a 6	De 200,00 a 936,94	12
7	1.093,08	12
8	1.249,26	24
9	1.405,40	24
10	1.561,56	—

O segurado só pode mudar de classe, ascendendo, desde que se tenha mantido o tempo previsto na escala para cada classe. Esse tempo chama-se interstício. Pode manter-se o tempo que desejar numa mesma classe, também pode regredir, se não tiver condições de se sustentar na classe em que estiver. Para progredir, novamente, deve percorrer o interstício da classe para a qual regrediu e os das classes subseqüentes, a menos que já os tenha percorrido antes. A escala deve ser extinta em dezembro de 2003, após o quê os segurados contribuirão sobre o efetivamente percebido, até o teto do salário-de-contribuição (Arts. 28/278-A).

ESPOSA

Beneficiária da previdência social como dependente do segurado. A perda da sua qualidade de dependente ocorre: 1. pela separação, judicial ou não, ou divórcio, sem que lhe tenha sido assegurada a prestação de alimentos, ou pela anulação do casamento; 2. por sentença judicial transitada em julgado que lhe retira a condição de esposa (Arts. 16/16, I e 17).

ESTUDANTE

Foi segurado facultativo da previdência social, com programa especial que incluía auxílio-invalidez, pensão, pecúlio por morte, assistência médica e reabilitação. Hoje, o estudante pode, também, inscrever-se, como segurado facultativo, desde que não esteja em situação de trabalho remunerado, quando será segurado obrigatório (Arts. 13/11, III).

EVENTUAL

É o trabalhador que presta serviços de natureza esporádica a uma ou mais empresas, sendo segurado obrigatório da previdência social. Por eventuais se deve compreender aqueles serviços acidentais, cuja repetição não se sabe se sucederá, nem quando sucederá, ligados ou não à atividade essencial da empresa. Pelo art. 11, V, g, da Lei n. 8.213/91, estão tais trabalhadores classificados como contribuintes individuais. Esse tipo de trabalhador se opõe exatamente ao empregado, que executa serviços de natureza não eventual (Art. 11, V, g/art. 9º, V, j).

EXAME MÉDICO

Requisito para que sejam outorgados certos benefícios previdenciais, tais como, o auxílio-doença (v.), a aposentadoria por invalidez (v.) e a pensão (v.) ao dependente inválido, e para que eles sejam mantidos. A empresa que dispuser de serviço médico próprio ou em convênio deverá realizar o exame médico para fins de pagamento do salário-enfermidade, só encaminhando o segurado para o INSS quando a incapacidade ultrapassar 15 dias. O exame médico para tratamento é um serviço que se enquadra dentro das prestações do SUS (v.) (Arts. 43, § 1º, 60, 101/44, 46 e 75).

EX-COMBATENTE

É considerado ex-combatente, para fins previdenciais, tendo direito à aposentadoria em condições especiais: 1. quem tenha participado efetivamente de operações bélicas, na Segunda Guerra Mundial, como integrante de Força do Exército, da Força Expedicionária Brasileira, da Força Aérea Brasileira, da Marinha de Guerra Brasileira ou da Marinha Mercante Nacional, nos termos da Lei n. 5.315, de 12 de setembro de 1967; 2. o integrante da Marinha Mercante Nacional que entre 22 de março de 1941 e 8 de maio de 1945 tenha participado de pelo menos duas viagens em zona de ataques submarinos; 3. o piloto civil que no período do n. 2 acima tenha participado, por solicitação de autoridade militar, de patrulhamento, busca, vigilância ou localização de navio torpedeado e assistência aos náufragos. A qualidade de ex-combatente é provada mediante certidão do Ministério Militar competente (Art. 149/Lei n. 5.698/71).

JURISPRUDÊNCIA

EX-COMBATENTE. PENSÃO ESPECIAL. Cumulação com proventos da aposentadoria de servidor público. Ambas as Turmas desta Corte, nos RREE ns. 236.902 e 263.911, têm entendido que "revestindo-se a aposentadoria de servidor público da natureza de benefício previdenciário, pode ela ser recebida cumulativamente com a pensão especial prevista no art. 53, inc. II, do Ato das Disposições Constitucionais Transitórias, devida a ex-combatente". Dessa orientação não divergiu o acórdão recorrido. Recurso extraordinário não conhecido.
(STF — 1ª T.; RE n. 293.214/RN; Rel. Min. Moreira Alves). In www.stf.gov.br

PREVIDENCIÁRIO. PROVENTOS DE APOSENTADORIA. EX-COMBATENTES E EX-EMPREGADOS DA COMPANHIA SIDERÚRGICA NACIONAL. GRATIFICAÇÃO ESPECIAL (GIRAFA). I — Se a parcela referente à gratificação especial passou a integrar o salário pago mensalmente, em percentual fixo e com os reajustes aplicados aos salários, já não se há de cogitar da disciplina da MP n. 1.487/96, mas de vantagem pura e simples, integrante do cômputo do salário mensal dos empregados da ativa, extensível aos inativos, no caso, sob o império da legislação reguladora dos privilégios de ex-combatentes. II — Recurso improvido.
(TRF — 2ª Reg. — 2ª T.; REO — Remessa Ex Officio n. 17.974; Proc. n. 97.02.07842-3/RJ; Decisão: 18.4.2001; DJU 19.6.2001; Rel. Juiz Castro Aguiar). In www.cjf.gov.br

PREVIDENCIÁRIO. REVISÃO DE BENEFÍCIO. EX-COMBATENTE. LEI N. 4.297/63. I — De acordo com os documentos apresentados, resta reconhecer, como requerido na exordial, o período laborativo efetivamente prestado pelo recorrente de 8 anos, 11 meses e 25 dias. II — É irrelevante, no caso sub examen, o fato do autor ter ajuizado a ação para rever seu benefício quando já em vigor a Lei n. 5.698/71, vez que já havia adquirido o direito à percepção do benefício especial nos moldes da Lei n. 4.297/63. III — Apelação provida.
(TRF — 2ª Reg. — 3ª T.; AC — Apelação Cível n. 132.713; Proc. n. 97.02.06174-1/RJ; Decisão: 3.10.2000; DJU 29.3.2001; Rel. Juíza Tania Heine). In www.cjf.gov.br

PREVIDENCIÁRIO. MARÍTIMO. CONVERSÃO DE APOSENTADORIA POR INVALIDEZ ACIDENTÁRIA EM PENSÃO ESPECIAL DE EX-COMBATENTE. DIFERENÇAS. PRESCRIÇÃO. SUSPENSÃO. IMPOSSIBILIDADE. AJUIZAMENTO DA AÇÃO DECORRIDOS CINCO ANOS DA CONCESSÃO. PRESCRIÇÃO PARCIAL. APLICAÇÃO DA SÚMULA N. 85 DO STJ. 1 — "Nas relações jurídicas de trato sucessivo em que a Fazenda Pública figure como devedora, quando não tiver sido negado o próprio direito reclamado, a prescrição atinge apenas as prestações vencidas antes do qüinqüênio anterior à propositura da ação" (Súmula n. 85/STJ). 2 — Recurso conhecido e não provido.
(TRF — 2ª Reg.; 4ª T.; AC — Apelação Cível n. 243.621; Proc. n. 2000.02.01.049353-7/RJ; Decisão: 25.10.2000; DJU 15.2.2001; Rel. Juiz Rogério Carvalho). In www.cjf.gov.br

ADMINISTRATIVO. MILITAR. EX-COMBATENTE. PENSÃO. LEI N. 8.237/91. ART. 53 DO ADCT. O art. 53 do ADCT, determinou a concessão de pensão especial para aqueles que participaram efetivamente da 2ª Guerra Mundial e, igualmente para seus dependentes, pensão esta equivalente à deixada por segundo tenente das Forças Armadas. A Lei n. 8.237/91 dispõe sobre a remuneração dos servidores militares federais das Forças Armadas, e prevê para estes, vantagens de índole pessoal, que somente serão alcançadas se preenchidos os requisitos ali exigidos. Não há forma pela qual os ex-combatentes possam preencher os requisitos legais a lhes garantir tais vantagens. As parcelas reivindicadas vinculam-se ao efetivo exercício de funções militares, não tendo como ser estendidas aos ex-combatente e/ou seus dependentes. A integralidade da pensão como ex-combatente (ou por ele deixada aos dependentes) refere-se à totalidade do valor do soldo pago ao segundo-tenente, nos termos do art. 53, do ADCT, sem as vantagens pecuniárias de ordem pessoal. Apelo improvido.
(TRF — 2ª Reg.; AMS — Apelação em Mandado de Segurança n. 32.672; Proc. n. 2000.02.01.019234-3/RJ; 5ª T.; Decisão: 6.2.2001; DJU 12.6.2001; Rel. Juíza Vera Lúcia Lima). In www.cjf.gov.br

EX-COMBATENTE. IMPOSSIBILIDADE DE LEI MENOS BENÉFICA ATINGIR DIREITO ADQUIRIDO. EXCLUSÃO DE VANTAGENS PESSOAIS OU PRÓPRIAS DA CARREIRA MILITAR PARA EX-COMBATENTES. A Lei n. 8.059/90 não pode atingir aqueles que já possuíam direito adquirido a receber pensão equivalente ao posto de segundo-tenente. O art. 53, II e III do Ato das Disposições Constitucionais Transitórias deve ser interpretado de forma extensiva, não podendo, entretanto, ser estendidas a ex-combatentes vantagens pessoais ou próprias da carreira militar. Recurso improvido.
(TRF — 2ª Reg.; AMS — Apelação em Mandado de Segurança n. 28.648; Proc. n. 1999.02.01.050031-8/1ª T.; Decisão: 26.6.2000; DJU 12.3.2001; Rel. Juiz Ricardo Regueira). In www.cjf.gov.br

PREVIDENCIÁRIO. PROVENTO DE EX-COMBATENTE. VINCULAÇÃO COM RENDIMENTOS DA ATIVIDADE. RESTRIÇÃO AO REGIME DE REAJUSTAMENTO. A vinculação dos proventos de ex-combatente com os rendimentos da atividade só ocorre em relação ao regime de reajustamento, não alcançando toda e qualquer verba remuneratória criada em favor trabalhadores paradigmas, tal como a gratificação de um terço de férias criada pela Carta da República de 1988 (art. 7º, inc. XVII).
(TRF — 4ª Reg. — 6ª T.; AMS — Apelação em Mandado de Segurança n. 54.285; Proc. n. 1998.04.01.057695-5/RS; Decisão: 26.9.2000; DJU 13.12.2000; Rel. Juiz Luiz Carlos de Castro Lugon). In www.cjf.gov.br

EXECUTOR DE FUNERAL

Era a pessoa que realizava os funerais do segurado da previdência social urbana ou rural ou do cônjuge deste. Na previdência urbana ele era reembolsado em até duas vezes o valor-de-referência da localidade de trabalho do falecido, salvo se fosse dependente do segurado, quando receberia o total daquela quantia, independentemente de demonstração de despesas. Na previdência rural, qualquer que fosse o executor do funeral, o reembolso era feito no valor do maior salário mínimo do país, fossem as despesas superiores ou inferiores a esse total gerava ao benefício denominado auxílio-funeral, hoje inexistente.

F

FALÊNCIA

As contribuições à previdência social, na falência das empresas, são equiparadas aos créditos da União, seguindo-se a estes na ordem de prioridade. Na falência da empresa de trabalho temporário (v.), a empresa tomadora (v.) é solidariamente responsável pelo recolhimento das contribuições previdenciais referentes ao período durante o qual o trabalhador esteve sob suas ordens (Art. 51).

FALTA DE RECOLHIMENTO

A ausência de recolhimento das contribuições à previdência social urbana na época própria, por quem obrigado a executá-lo (v. Custeio), faz correr juros moratórios, correção monetária (v.) e multa variável, conforme o período de atraso, sobre o débito já corrigido. Além disto, quanto à parte que foi descontada dos segurados ou arrecadada do público configura crime (v.) (Arts. 34 e 35/239).

FATOR PREVIDENCIÁRIO

Elemento que entra no cálculo do salário-de-benefício, para a concessão das aposentadorias por idade, tempo de serviço e de contribuição. Na sua composição são consideradas a idade do segurado, no momento da aposentadoria, a expectativa de sobrevida, conforme tábua de mortalidade criada pela Fundação Instituto Brasileiro de Geografia e Estatística, e tempo de contribuição, além de uma alíquota de 0,31 (Arts. 29, I, §§ 6º a 9º/32, I, §§ 11 a 14).

FILIAÇÃO

É a ligação automática à previdência social da pessoa que está nas condições previstas na lei, exercendo uma atividade remunerada, urbana ou rural. Não exige, portanto, nenhum ato do segurado, distinguindo-se, pois, da inscrição (v.). Nesse sentido, dispõe o parágrafo único do art. 20 do Reps: "A filiação à previdência social decorre automaticamente do exercício de atividade remunerada para os segurados obrigatórios e da inscrição formalizada com o pagamento da primeira contribuição para o segurado facultativo". Assim, contribuindo ou não (por omissão) a filiação é automática. Para o empregado, a anotação da CTPS vale como prova de filiação. Mesmo que a pessoa exerça mais de uma atividade ligada à previdência social a filiação é única mas haverá tantas inscrições quantas forem as atividades do trabalhador (Arts. 18, § 3º, 19, 20, 121 do Reps).

JURISPRUDÊNCIA

FILIAÇÃO. RELAÇÃO DE EMPREGO ENTRE CÔNJUGES. AUSÊNCIA DE FRAUDE OU SIMULAÇÃO. PREVIDÊNCIA SOCIAL. RELAÇÃO E EMPREGO. CÔNJUGE. APOSENTADORIA POR VELHICE. VÍNCULO LABORAL. Carente de indícios de fraude ou simulação, reputa-se legítima a relação de emprego entre cônjuges, prestante ao cumprimento de contribuições previdenciárias, implementadas por anterior período de filiação obrigatória para efeito do limite etário da inscrição do contribuinte.
(AC n. 105.706/MG (7240635) — Ac. 3ª T., TFR, 28.2.86; (in RPS, n. 68/86, pág. 410).

FISCALIZAÇÃO

O Instituto Nacional do Seguro Social (v.) fiscaliza a arrecadação e o recolhimento das contribuições das empresas, devidas pela remuneração paga aos segurados a seu serviço, dos empregadores domésticos e a dos trabalhadores, em geral. A Receita Federal o faz com referência às contribuições sobre o faturamento e o lucro e a incidente sobre a receita dos concursos de prognósticos. Para que a fiscalização possa ser exercida eficientemente, a empresa, o empregador doméstico, o produtor, o adquirente e os demais contribuintes ficam obrigados a prestar ao INSS e à RF os esclarecimentos e informações necessários. A empresa está obrigada a: a) preparar folhas de pagamento dos seus empregados e outros segurados a seu serviço, anotando nelas os descontos; b) lançar em títulos próprios da sua escrituração contábil o montante das quantias descontadas dos empregados e demais trabalhadores, o das contribuições empresariais. Os contribuintes da previdência social não podem recusar-se a exibir à fiscalização todos os documentos que lhe são solicitados, podendo aquela, na hipótese de recusa, lançar de ofício importância que considera devida, cabendo ao contribuinte o ônus da prova em contrário. As limitações dos arts. 17 e 18 do Código Comercial são, portanto, inaplicáveis à espécie. É facultada ao INSS a verificação dos livros de contabilidade e de outras formas de registro da empresa, bem como dos respectivos comprovantes (Arts. 32 e 33/225 e 299).

FORÇA MAIOR

A força maior que ocasiona um acidente no local e horário de trabalho não desfigura o evento como infortúnio do trabalho (v.), acarretando o direito a todas as prestações de reparação de suas conseqüências ao empregado que sofreu o acidente (Arts. 19 e 21).

FORMA DE PAGAMENTO DO BENEFÍCIO

Os benefícios poderão ser pagos mediante depósito em conta corrente ou autorização de pagamento (Arts. 113/166 e 167).

FUNDAÇÃO "JORGE DUPRAT FIGUEIREDO" DE SEGURANÇA E MEDICINA DO TRABALHO

Fundação pública, cuja principal finalidade é realizar estudos e pesquisas referentes aos problemas de segurança, higiene e medicina do trabalho (Lei n. 5.161, de 21.10.66). Seu custeio provém do orçamento da União.

FUNDACENTRO

V. Fundação "Jorge Duprat Figueiredo" de Segurança e Medicina do Trabalho

FUNDO DE GARANTIA DO TEMPO DE SERVIÇO

Conjunto de depósitos efetuados pelos empregadores, na base de 8% da remuneração dos empregados, em diversos bancos credenciados para recebê-los e centralizado na Caixa Econômica Federal. Dadas as suas finalidades imediatas que são de indenizar a antigüidade no emprego no caso de denúncia do contrato por ato do empregador, ou de ajuda econômica em caso de aposentadoria, doença grave, aquisição de moradia, uma corrente de juristas dá-lhe natureza jurídica previdencial (Lei n. 8.036, de 11.5.90 e Decreto n. 99.684, de 8.11.90).

FUNERAL

V. Executor do funeral

FUNRURAL

Criado pelo art. 158 do revogado Estatuto do Trabalhador Rural (Lei n. 4.214, de 2.3.63), o "Fundo de Assistência e Previdência do Trabalhador Rural", passou a ser conhecido pela sigla FUNRURAL a partir do Dec.-lei n. 276, de 28.2.67, que alterou o referido art. 158. Pelo Estatuto, o Fundo, gerido pelo existente Instituto de Aposentadoria e Pensões dos Industriários, concederia aos trabalhadores rurais, colonos, parceiros e pequenos proprietários, empreiteiros e tarefeiros rurais, prestações previdenciais muito semelhantes às do regime urbano. Pelo Dec.-lei n. 276/67, o FUNRURAL passou a conceder apenas assistência médica. O FUNRURAL seria formado pelo recolhimento de 1% do valor dos produtos agropecuários colocados e recolhido pelo produtor quando da primeira operação. O Dec. n. 61.554, de 17.10.67, aprovou o Regulamento do FUNRURAL que, segundo consta, não chegou a funcionar de forma satisfatória. Com a Lei Complementar n. 11, de 25.5.71, foi instituído o Programa de Assistência ao Trabalhador Rural — PRORURAL (v.), cabendo sua execução ao FUNRURAL, ficando este diretamente subordinado ao então Ministério do Trabalho e da Previdência Social, sendo-lhe atribuída personalidade jurídica de natureza autárquica. Pela Lei n. 6.195, de 19.12.74, o FUNRURAL passou a conceder prestações por acidente do trabalho (v.) rural. Também ao FUNRURAL foi atribuída a administração do sistema previdencial e assistencial dos empregadores rurais, criado pela Lei n. 6.260, de 6.11.75, conforme custeio próprio. O SINPAS (v.), por fim, absorveu o FUNRURAL, transferindo-se seus bens, direitos e obrigações para o INPS, INAMPS e IAPAS (v.), conforme o caso. Foi ele extinto pelas Leis ns. 8.212 e 8.213, de 24.7.1991.

G

GERENTE

O gerente, sócio de empresa, é segurado obrigatório da previdência social. Contribui com porcentagem (v. Custeio*) do salário-base (v.), que varia conforme o tempo de filiação à previdência social, mesmo que esta filiação tenha sido em outra categoria, descontado o eventual período anterior à perda da qualidade de segurado (v.). Doutrinariamente, justifica-se a inclusão dos empresários dentre os segurados obrigatórios, pelo princípio da solidariedade (v.) e pelo fato de que o auto-suficiente pode deixar de o ser por acontecimentos fora de seu controle e então ficar em estado de necessidade (Arts. 11, V, f/9º, V, h).*

GESTANTE

A empregada gestante, inclusive a doméstica, a partir de 28 dias anteriores e 92 após o parto, tem o direito e o dever de afastar-se da atividade, sem prejuízo do que receberia como remuneração (CLT, art. 392). A previdência social concede uma renda substitutiva do salário, exatamente no seu valor (menos a porcentagem de contribuição previdencial), denominada salário-maternidade (v.).

GRATIFICAÇÃO DE NATAL

Esta parcela da remuneração dos empregados, conhecida como décimo terceiro salário, inclui-se no salário-de-contribuição (v.). Sofre, todavia, o desconto para a previdência social somente por ocasião do pagamento da 2ª parcela, ou na terminação do Contrato de Trabalho (Arts. 28, § 7º/214, §§ 6º e 7º).

H

HABILITAÇÃO

É o ato de comprovação da condição de dependente *(v.)* do segurado falecido, com o conseqüente pedido de pensão *(v.)*. A concessão da pensão não será adiada pela falta de habilitação de outros possíveis dependentes e qualquer inscrição ou habilitação posterior, de que resulte exclusão ou inclusão de dependentes, só produzirá efeito a partir da data em que for feita (Arts. 76/107).

HABITAÇÃO

Quando fornecida pelo empregador, em caráter habitual, a habitação é parte da remuneração e tem um determinado valor em pecúnia que se inclui no salário-de-contribuição *(CLT, art. 458)*. O valor em pecúnia deve ser justo e razoável e, na pior das hipóteses, não superior a 25% do salário contratual do empregado (Arts. 28, I/214, I).

HERDEIRO NECESSÁRIO

O herdeiro necessário que, segundo o Direito Civil, é uma pessoa pertencente à classe dos descendentes ou ascendentes *(Código Civil, arts. 1.576 e 1.721)*, poderá receber benefício previdencial de segurado incapaz *(Código Civil, art. 5º)* por seis meses consecutivos, mediante termo de compromisso. Os pagamentos subseqüentes só se realizarão a curador judicialmente designado (Arts. 110/162).

I

IAPAS

Sigla que designava o Instituto de Administração Financeira da Previdência e Assistência Social, autarquia criada pela Lei n. 6.439, de 1º.9.77, que instituiu o SINPAS (v.). Competia-lhe: I — promover a arrecadação, fiscalização e cobrança das contribuições e demais recursos destinados à previdência e assistência social; II — realizar as aplicações patrimoniais e financeiras aprovadas pela direção do Fundo de Previdência e Assistência Social; III — distribuir às entidades dos SINPAS os recursos que lhes forem destinados em conformidade com o Plano Plurianual de Custeio do SINPAS; IV — acompanhar a execução orçamentária e o fluxo de caixa das demais entidades do SINPAS; V — promover a execução e fiscalização das obras e serviços objeto de programas e projetos aprovados pelas entidades do SINPAS. Era perante o IAPAS que as empresas realizavam sua matrícula (v.) no prazo de 30 dias contados do início das atividades, a não ser as empresas obrigadas a registro nas Juntas Comerciais, que tinham sua matrícula feita simultaneamente, mediante preenchimento pela própria Junta de formulários adequados. O IAPAS era um dos sujeitos da relação jurídica complexa de previdência social (v.). Sua posição era a de sujeito ativo em relação às contribuições, possuindo o poder de fiscalizar a sua arrecadação (v.) e o seu recolhimento (v.) (Dec. n. 87.430, de 28.7.82).

IDOSOS

V. Aposentadoria por idade

IMPENHORABILIDADE

Proteção dada aos benefícios previdenciais, só relevável em caso de importâncias devidas à própria previdência ou de obrigação de prestar alimentos reconhecida por sentença (Código de Processo Civil, art. 649, n. VII) (Arts. 114/153).

INAMPS

Sigla que designava o Instituto Nacional de Assistência Médica da Previdência Social, autarquia criada pela Lei n. 6.439, de 1º.9.77, que instituiu o SINPAS (v.). Competia-lhe prestar assistência médica aos diversos grupos de beneficiários abrangidos pelo SINPAS, isto é, trabalhadores urbanos, trabalhadores rurais e funcionários públicos federais (v.), segundo o sistema próprio a cada um que, de qualquer maneira abrange serviços de natureza clínica, cirúrgica, farmacêutica e odontológica. O INAMPS era um dos sujeitos da relação jurídica complexa de previdência social (v.), colocando-se em posição passiva com relação aos serviços que deve prestar, de recuperação da capacidade de trabalho do segurado ativo ou apenas de restabelecimento da saúde para os inativos e dependentes.

INCAPACIDADE

A incapacidade, que é um requisito para que sejam outorgadas certas prestações, como o auxílio-doença, tem um sentido técnico. Incapacidade não quer dizer, forçosamente, uma impossibilidade em sentido material mas, muitas vezes, uma inconveniência do ponto de vista médico, para evitar um agravamento do estado do paciente, pelo simples fato da locomoção. Ocorrerá quando houver impossibilidade de desempenho do trabalho em face das condições morfopsicofisiológicas acarretadas pela doença ou por causa de risco de vida, pessoal ou para terceiros, ou de agravamento da doença (in "Normas técnicas para avaliação de incapacidade", Revista "Previdência Social", INPS, n. 12, maio/junho de 1969, pág. 63). A incapacidade é temporária quando o prognóstico médico é de cura do segurado. Quando da doença ou do acidente resulta um prognóstico de não recuperação da capacidade de trabalho a incapacidade é definitiva. No conceito legal, incapacidade é a situação de quem não pode exercer atividade que lhe garanta a subsistência e é insuscetível de reabilitação. A incapacidade temporária dá direito a auxílio-doença (v.); a definitiva, à aposentadoria por invalidez (v.) (Arts. 42 e 59/43 e 71).

INDENIZAÇÃO DE ANTIGÜIDADE

Também denominada indenização por tempo de serviço, é devida pelo empregador ao empregado não-optante pelo Fundo de Garantia do

Tempo de Serviço antes da CF/88 quando é de sua iniciativa a aposentadoria compulsória (v.) por idade do empregado. Esta indenização equivale a um mês de salário por ano de serviço efetivo ou fração igual ou superior a seis meses. Será em dobro, se o empregado contava com mais de 10 anos de serviço na empresa, antes da CF/88. Se o empregado for optante pelo FGTS, o período anterior à opção é indenizado consoante este critério (Arts. 51 e 477 e 497 da CLT/54).

INDENIZAÇÃO DE CONTRIBUIÇÕES

O segurado pode ter interesse em indenizar o INSS de contribuições que deveriam ter sido vertidas e não o foram, ou referentes a período em que a atividade que ele exerceu não exigia filiação obrigatória, para o fim de completar o período de carência ou outra razão. Isto é possível e, após o seu deferimento, o setor de arrecadação fará a devida cobrança (Arts. 45, §§ 3º e 4º/122 a 124, 356).

INFORTÚNIO DO TRABALHO

V. Acidente do Trabalho

INPS

Sigla que designava o Instituto Nacional da Previdência Social, atual INSS (v.) O INPS substituiu em 1966 os diversos institutos (v.) de Aposentadoria e Pensões então existentes (Dec.-lei n. 72, de 21.11.66), assumindo os diversos deveres e direitos como órgão executivo da previdência social. Com a criação do SINPAS (v.) pela Lei n. 6.439/77, o INPS passou a fazer parte do sistema, com suas atribuições reduzidas a apenas conceder e manter os benefícios e quaisquer prestações em dinheiro além da reabilitação profissional (v.). Era uma autarquia e um dos sujeitos da relação jurídica de previdência social (v.), cabendo-lhe uma posição de sujeito passivo quanto à concessão dos benefícios. Hoje, com a mudança de nomenclatura, é o INSS que está nesta posição.

INSALUBRIDADE

V. Aposentadoria especial

INSCRIÇÃO

Ato a ser praticado pelo segurado perante o INSS (v.) para prova da relação de emprego ou do exercício de atividade remunerada, comprovando a sua condição de sujeito de uma relação jurídica de previdência social, que preexiste a esta inscrição, visto formar-se ela automaticamente pelo exercício de atividade profissional. O dependente deve também ser inscrito perante o INSS pelo próprio segurado, mediante sua qualificação pessoal e os dados do vínculo jurídico-econômico com ele, além da apresentação das designações escritas de dependência, quando for o caso. Se o segurado falecer sem ter feito a inscrição dos dependentes, estes poderão efetuá-la (v. dependente). Não se confunde com a filiação (v.), que é automática, independendo de qualquer ato do segurado (Arts. 17/18 a 20 e 22).

INSS

Instituto Nacional do Seguro Social — INSS, é uma autarquia federal, vinculada ao Ministério da Previdência e Assistência Social, resultante da fusão do INPS com o IAPAS (v.) que assumiu, assim, as funções das duas anteriores autarquias, criado pelo Decreto n. 99.350, de 27.6.90. Como se verifica, não havia razão para a mudança da nomenclatura. O INSS é sujeito da relação jurídica de previdência social, nas posições ativa e passiva. Na ativa, eis que a ele cabe arrecadar as contribuições e, na passiva, porque é obrigado a conceder as prestações (Art. 7º do Reps).

INSTITUTOS

Antes da criação do Instituto Nacional de Previdência Social (v. INPS) pelo Dec.-lei n. 72, de 21.11.66, existiam vários Institutos de Aposentadoria e Pensões por ramos de trabalhadores. Assim, foram eles: o Instituto de Aposentadoria e Pensões dos Marítimos (Dec. n. 22.872, de 29.6.33), Instituto de Aposentadoria e Pensões dos Comerciários (Dec. n. 24.273, de 22.5.1934), o Instituto de Aposentadoria e Pensões dos Bancários (Dec. n. 24.615, de 9.7.34), o dos Empregados em Transportes e Cargas (Dec.-lei n. 651, de 26.8.38). O Instituto de Previdência e Assistência dos Servidores do Estado (IPASE) foi criado pelo Dec.-lei n. 2.865, de 12 de dezembro de 1940.

INVALIDEZ

Contingência que pode atingir o ser humano, privando-o de sua capacidade de trabalho, le-

vando-o, assim, a um estado de necessidade pela ausência de renda. A invalidez é, portanto, evento coberto pela previdência social. Pode ser proveniente de doença ou acidente, do trabalho ou não. Na definição legal, a invalidez é a incapacidade para o exercício da atividade que garanta a subsistência de seu portador, estando o mesmo insuscetível de reabilitação para o exercício de atividade que tenha esse fim. A invalidez dá direito ao benefício *(v.)* denominado aposentadoria por invalidez *(v.)*. A legislação brasileira tem sido criticada por considerar como invalidantes contingências que não impedem a reabilitação do segurado para atividade rentável. Tal é o caso da cegueira que, inclusive, está prevista como conseqüência do acidente do trabalho, o que dá ensejo a um aumento de 25% no valor da aposentadoria, pelo fato de o segurado necessitar assistência permanente de outra pessoa (Arts. 42/43).

IRMÃO

Dependente do segurado, que precisa provar o fato de viver às suas expensas para ser aceito como tal. Deve ser menor de 21 anos ou inválido. Qualquer tipo de irmão (filho legítimo ou não, adotado etc.) pode ser aceito, se nas condições acima, desde que obedecida a escala de preferências (v. Concorrência). Assim, é preciso que o segurado não tenha cônjuge, ou companheira e filhos, pai e mãe (Art. 16, n. III/16, III).

ISENÇÃO DE CONTRIBUIÇÕES

V. Entidade beneficente

J

JOGADOR DE FUTEBOL

O profissional do futebol é segurado obrigatório da previdência social havendo tido um tratamento discriminatório mais favorável em matéria de apuração de salário-de-benefício, para atender à circunstância de ter de mudar precocemente de profissão em razão da idade e ter seu salário-de-benefício diminuído. A partir de 14 de outubro de 1996 o tratamento especial foi eliminado da lei (Art. 190 do Reps).

JORNALISTA

Categoria profissional que teve condições especiais de aposentadoria por tempo de serviço (v.), pois podia requerer o benefício aos 30 anos de serviço, com apenas 24 meses de contribuição, sendo a renda mensal correspondente a 95% do salário-de-benefício. A partir de 14 de outubro de 1996 o tratamento especial foi eliminado da lei (Art. 190 do Reps).

JUNTA DE RECURSOS DA PREVIDÊNCIA SOCIAL

Órgãos colegiados do Conselho de Recursos da Previdência Social (v.), em número de vinte e quatro, competindo-lhes julgar em primeira instância os recursos interpostos contra as decisões dos órgãos regionais do INSS, em matéria de interesse dos beneficiários (v.). São compostos de 4 membros, sendo dois representantes do governo, designados pelo MPAS, um representante dos segurados e outro das empresas. A presidência de uma JRPS cabe a um dos representantes do Governo segundo indicação do MPAS. Os mandatos são por dois anos, podendo haver recondução (Art. 303, § 1º, n. I do Reps).

JUROS

As contribuições sociais pagas com atraso ficam sujeitas aos juros de 1% no mês de vencimento, assim como no mês de pagamento, e juros equivalentes à taxa referencial do Sistema Especial de Liquidação e Custódia — SELIC, nos meses intermediários, incidentes sobre o valor atualizado e a multa (Arts. 34/239).

JUSTIFICAÇÃO ADMINISTRATIVA

Procedimento instalado perante o INSS (v.) por beneficiários ou empresa, a fim de provar qualquer fato relacionado com seus direitos e deveres perante a previdência social, inclusive, para reforçar uma prova documental. No caso de comprovação de tempo de serviço e de filiação (condição de filho de segurado), só é admitida a justificação com a apresentação de razoável início de prova material. A justificação se faz por meio de inquirição de, pelo menos, 3 testemunhas e, no máximo 6, arroladas pelo beneficiário. Não cabe recurso contra decisão do INSS que considera eficaz ou ineficaz a justificação. Fato que depende de registro público não pode ser objeto de prova por justificação administrativa (Arts. 108/142 a 151).

L

LEI ELOY CHAVES

A 6.10.1921, o deputado por São Paulo Eloy Chaves apresentou à Câmara Federal um projeto de lei criando, em cada uma das empresas de estrada de ferro de concessão federal, uma Caixa de Aposentadoria e Pensões para os respectivos empregados. No discurso que pronunciou na ocasião do encaminhamento do projeto disse ele que se baseara na lei argentina sobre o assunto e que aproveitara muito das idéias e ponderações de seus amigos, Srs. Francisco de Monlevade e Adolpho Pinto, o primeiro Inspetor Geral da Companhia Paulista de Estradas de Ferro e o segundo chefe do Escritório Central daquela empresa. Quinze meses depois surge o Decreto Legislativo n. 4.682, de 24.1.23, criando em cada uma das empresas de estrada de ferro do País uma Caixa de Aposentadoria e Pensões para os respectivos empregados. Este Decreto Legislativo passou a denominar-se "Lei Eloy Chaves" e foi o primeiro passo para o desenvolvimento da organização da previdência social no Brasil.

LEI ORGÂNICA DA PREVIDÊNCIA SOCIAL

A 26 de agosto de 1960, após vários anos de debates, foi promulgada a Lei n. 3.807, denominada Lei Orgânica da Previdência Social (abreviadamente LOPS) que, por sua finalidade de quase uniformizar o tratamento previdencial das diversas categorias de segurados no setor urbano, foi considerada um progresso. Na verdade, muita ordem foi posta na dispersa legislação previdencial de até então, quando cada Instituto de Aposentadoria e Pensões tinha sua legislação própria e seu sistema peculiar. Tal lei foi regulamentada inicialmente pelo Dec. n. 48.959-A, de 19.9.60. Sofreu várias alterações, as mais importantes decorrentes dos Decs.-leis ns. 66, de 21.11.66, e 72, de 21.11.66, e da Lei n. 5.890, de 8.6.73. Seu regulamento teve nova redação, aprovada pelo Dec. n. 60.501, de 14.3.67, e, após, novamente pelo Dec. n. 72.771, de 6.9.73. Por ocasião da Consolidação das Leis da Previdência Social, expedida pelo Dec. n. 77.077, de 24.1.76, a LOPS foi totalmente, incorporada e, com a expedição do Dec. n. 89.312, de 23 de janeiro de 1984, a CLPS foi revista e atualizada.

LEPRA

Moléstia que, se contraída após a filiação ao regime previdencial urbano, dispensa o período de carência para que haja direito do segurado a auxílio-doença (v.) ou à aposentadoria por invalidez (v.). Seu nome médico é hanseníase (Arts. 26 e 151).

LICENÇA-MATERNIDADE

V. Salário-Maternidade

M

MÃE

Dependente do segurado, às expensas do qual deve viver, pelo menos em parte, conforme comprovação. Não concorre com a esposa, e a companheira ou o marido, ou com os filhos com direito à pensão. (Arts. 16, n. II e § 1º/16, II, § 1º).

MAIOR VALOR-TETO

Era a quantia máxima a que poderia chegar o salário-de-benefício (v.) e que correspondia a menos de 20 salários mínimos de referência eliminado pela Lei n. 8.213/91. Chegou-se a este critério conforme o seguinte histórico: a Lei n. 5.890 de 8.6.73 aumentou o teto do salário-de-benefício para 20 vezes o então salário mínimo, como havia aumentado o valor do próprio salário-de-contribuição. Estabeleceu ela, porém, um limite: quem passasse a contribuir sobre 20 salários mínimos teria seu salário-de-benefício considerado naquele valor na proporção do número de anos em que tivesse havido contribuição sobre aquele teto. Daí o salário-de-benefício ser desdobrado em duas faixas: a primeira, de até 10 salários mínimos, sobre a qual incidiria a porcentagem do benefício a ser concedido, e outra correspondente à diferença entre 10 e 20 salários mínimos (ou o salário efetivo, se inferior a 20 mínimos), sobre o qual se calculariam tantos 1/30 quantos fossem os períodos de 12 meses de contribuição acima de 10 salários mínimos. A Lei n. 6.205, de 29.4.75 desvinculou todos os valores previdenciais do salário mínimo, portanto o próprio salário-de-benefício (com exceções que especificou) e criou o valor-de-referência, quantia inferior ao salário mínimo. No § 3º do seu art. 1º mandou reajustar o salário-de-benefício segundo os ditames da Lei n. 6.147, de 29.11.74, lei esta que possuía critérios para diminuir em relação à inflação, o valor do reajuste. Com isto, o limite que antes era de 10 salários mínimos passou a ser inferior a 10 salários mínimos, assim como o limite de 20 salários mínimos. Com a Consolidação das Leis da Previdência Social pelo Decreto n. 77.077, de 24.1.76, o texto da Lei n. 6.205/75 foi consolidado no art. 225 e criadas as expressões menor valor-teto, para o limite que antes fora de 10 salários mínimos e maior valor-teto para o seu dobro, que antes havia sido igual a 20 salários mínimos. Com a Lei n. 6.950, de 4.11.81, o salário-de-contribuição voltou a ter o teto de 20 salários mínimos, mas o salário-de-benefício não. O maior valor-teto era fixado periodicamente pelo MPAS (Art. 136).

MANUTENÇÃO DA QUALIDADE DE SEGURADO

Ao deixar de exercer a atividade que o filiou à previdência social sem ingressar em outra que conserva essa filiação, o segurado pode manter essa sua qualidade, depois de expirado o período de graça (v.), desde que passe a contribuir como segurado facultativo(v.). O segurado pode ficar indefinidamente nesta situação chamada de contribuinte em dobro (v.), até atingir o momento de requerer uma aposentadoria. O segurado em gozo de benefício mantém-se como tal indefinidamente (Arts. 13 e 15/11 e 13).

MARIDO

O consorte da segurada é considerado seu dependente. Pela Constituição Federal (art. 201, V), a pensão por morte será devida aos segurados de ambos os sexos, ao cônjuge ou companheiro, o que alterou substancialmente a norma vigente até então, que só considerava dependente o marido inválido (Arts. 16, I/16, I).

MATERNIDADE

Com esta palavra pretende-se significar o fato de uma mulher dar à luz uma criança, com os conseqüentes ônus que isto acarreta, do ponto de vista pecuniário. Novo ser na família obriga a gastos com roupas, alimentação, para os quais a família pode não estar preparada e isto ocasionar um desequilíbrio orçamentário. A proteção que o Estado deve dar, assim, é para a maternidade e para a paternidade, porque o homem é também responsável pelo ser que vem ao mundo. Para dar cobertura ao acréscimo de despesas, com o nascimento de uma criança, existiu no Brasil o auxílio-natalidade (v.) e, atualmente, existe o salário-família (v.).

MATRÍCULA DA EMPRESA

É o ato de registro da empresa (v.) junto ao Instituto Nacional do Seguro Social — INSS (v.), que torna patente a sua vinculação a esta autarquia e sua condição de sujeito da relação jurídica de previdência social. Deve ser realizada no prazo de trinta dias, contados do início das atividades, quando não sujeita a Registro do Comércio. As empresas obrigadas a registro em Junta Comercial terão sua matrícula feita simultaneamente, mediante o preenchimento pela própria Junta de formulários adequados. O INSS pode realizar a matrícula de ofício, se a empresa não a providenciar. Devem ser matriculadas também as filiais, sucursais ou agências. A unidade matriculada recebe um "certificado de matrícula", com um número, que a identificará nas suas relações com a previdência social. A obra de construção civil também deve ser matriculada (Arts. 49 e 50/226 e 256).

MÉDICO RESIDENTE

É segurado obrigatório da previdência social, como contribuinte individual (v.), conforme o conceito da Lei n. 6.932, de 7.7.81, com as alterações da Lei n. 8.138, de 28.12.90 (Art. 9º, § 15, inciso X do Reps).

MENOR

O menor, estando autorizado a trabalhar pela Constituição Federal (art. 227, § 3º, I c/c. art. 7º, XXXIII) a partir dos 16 anos filia-se automaticamente à previdência social, tendo os mesmos direitos que o trabalhador maior. Contra o menor não corre qualquer prescrição no campo dos direitos previdenciais. O menor pode, a critério da previdência social, assinar recibo de benefício, independentemente da presença dos pais ou tutor (Arts. 103 e 111/163 e 347).

MENOR VALOR-TETO

Correspondia à metade do maior valor-teto (v.) e servia de limite intermediário para cálculo dos benefícios quando o segurado contribuía sobre quantia superior a 10 salários mínimos de referência (Art. 136).

MINISTÉRIO DA PREVIDÊNCIA E ASSISTÊNCIA SOCIAL

É o órgão encarregado de formular a política da previdência e assistência social e de supervisionar os órgãos que lhe são subordinados. Foi criado pela Lei n. 6.036, de 1º.5.74, que desdobrou o antigo Ministério do Trabalho e Previdência Social em dois ministérios distintos.

MINISTRO DE CONFISSÃO RELIGIOSA

Até 8.10.1979, quando entrou em vigor a Lei n. 6.696, os ministros de confissão religiosa eram segurados facultativos (v.) da previdência social. A partir daquela data, passaram a ser segurados obrigatórios, equiparados aos trabalhadores autônomos. Deixam de ter a condição de segurado obrigatório se estiverem filiados à previdência social ou a qualquer regime oficial de previdência, em razão de outra atividade, civil ou militar, ainda que aposentados. Hoje ele está classificado como contribuinte individual (Arts. 11, V, c/9º, V, c).

MOLÉSTIA

V. Doença

MORTE

Acontecimento coberto pela previdência social, que assegura aos dependentes do segurado falecido uma renda mensal, denominada pensão (v.). Por morte presumida, que pode ser declarada pelo juízo civil no caso de desaparecimento de uma pessoa em razão da catástrofe ou desastre ou por motivo ignorado, a previdência também deferirá a pensão (Arts. 74 a 78/105 a 114).

MORTE PRESUMIDA

V. Morte

JURISPRUDÊNCIA

PREVIDENCIÁRIO. MORTE PRESUMIDA. ART. 78 DA LEI N. 8.213/91. I — Comprovada a ausência do segurado por mais de seis meses, a manutenção da sentença que declarou sua morte presumida, para fins previdenciários, impõe-se. Com efeito, segundo dispõe o art. 78 da Lei n. 8.213/91, bastam seis meses de ausência do segurado para que seja declarada a morte presumida. II — Apelação e remessa necessária improvidas.
(TRF — 2ª Reg.; AC — Apelação Cível n. 255.728; Proc. n. 2000.02.01.072735-4/RJ; 2ª T.; Decisão: 6.6.2001; DJU 26.6.2001; Rel. Juiz Castro Aguiar). In www.cjf.gov.br

MULHER

Recebe ela tratamento previdencial diferente daquele dado ao homem, não por motivos bio-fisiológicos, mas, culturais. Assim, a aposentadoria por idade *(v.)* lhe é concedida aos 60 anos de idade e para os homens aos 65; a por tempo de serviço *(v.)*, é outorgada à mulher que tenha 48 anos de idade e ao homem aos 53, podendo ela chegar a 100% do salário-de-benefício com 30 anos de serviço e o segurado só com 35 anos. O fundamento que se encontra na doutrina é o da fragilidade da mulher, o de sua menor longevidade, o que os estudos médico-científicos desmentem. Na verdade, esta diferença de tratamento se justificaria em razão da dupla jornada de trabalho da mulher a qual, especialmente se casada, arca, quase sem ajuda do marido, sempre sozinha com as tarefas domésticas, acumulando funções profissionais e extraprofissionais. Enquanto não houver uma eqüitativa distribuição dos serviços domésticos entre os homens e as mulheres da família, é compreensível que estas tenham alguma vantagem social.

MULTA

Sanção estabelecida pela legislação previdencial, no caso de violação de suas normas. Na aplicação das multas devem ser consideradas circunstâncias atenuantes e agravantes, conforme disciplinado minuciosamente pela legislação, para a qual remetemos o leitor (Arts. 35, 92/133/239, 283 a 293).

N

NASCIMENTO

Acontecimento coberto pela previdência social em alguns países, pois é contingência que pode abalar o equilíbrio orçamentário doméstico do segurado ou segurada. É outro ser para vestir e alimentar. Este evento foi coberto pelo benefício auxílio-natalidade, no Brasil, até dezembro de 1993, quando foi eliminado pelo art. 40 da Lei n. 8.742, de 7.12.93.

NEFROPATIA GRAVE

Doença que, tendo surgido após o ingresso do segurado no regime previdencial dá direito a auxílio-doença ou aposentadoria por invalidez, independentemente do período de carência (Arts. 26, n. II e 151/30, III).

NEOPLASIA MALIGNA

Doença que, tendo surgido após o ingresso do segurado no regime previdencial urbano, dá direito a auxílio-doença ou aposentadoria por invalidez, independentemente do período de carência (Arts. 26, n. II e 151/30, III).

NOTIFICAÇÃO DE DÉBITO

Se a fiscalização da previdência social verificar que há atraso no recolhimento de contribuições previdenciais lavrará notificação de débito com discriminação precisa dos fatos que o geraram, o valor das contribuições e os períodos a que se referem (Arts. 37/243).

NOTIFICAÇÃO FISCAL DE LANÇAMENTO

V. Notificação de débito

NULIDADE

É acoimado de nulo o ato praticado sem apresentação do documento de inexistência de débito, para com a previdência social, a Certidão Negativa de Débito (v.), assim como o registro público a ele pertinente. Trata-se de uma das penalidades mais sérias do Direito previdencial (Arts. 48/263).

NULIDADE DO CONTRATO DE TRABALHO

Não prejudica os direitos do trabalhador perante a previdência social a nulidade do contrato individual de trabalho, decretada nos termos e condições previstos pelo Direito do Trabalho. A invalidade do contrato de trabalho não pode prejudicar os fins protecionistas da previdência social, que se dirigem não só à pessoa do trabalhador, mas, também, ao equilíbrio da vida em sociedade. Figure-se a hipótese de um contrato celebrado com fim ilícito (lenocínio ou jogo do bicho), durante o qual o empregado fica inválido para o trabalho. Se o empregador contribuiu normalmente para a previdência social não há como esta negar-se à concessão da prestação; se o empregador não contribuiu e, ao ser cobrado, alegar a nulidade do contrato, vigora o princípio de que ninguém pode beneficiar-se da própria torpeza. Logo, em qualquer circunstância, a relação de seguro social se terá formado, pois, embora precariamente, existiram as figuras do empregado e do empregador.

O

OBJETIVO DO SEGURO SOCIAL

Há, de um lado, os que vêem no seguro social uma finalidade indenizatória, à semelhança do que entendem ocorrer no seguro privado. Afirmam que da ocorrência de uma contingência social surge um dano emergente que a prestação previdencial visaria reparar. Outros, negando que em determinados eventos haja dano emergente, mas apenas lucro cessante (como no desemprego, por exemplo), criaram a teoria de que o fim do seguro social é aliviar a necessidade do segurado. Uma terceira corrente, não negando que as prestações previdenciais aliviam a necessidade do segurado, sustenta, entretanto, que seu fim é tutelar a capacidade de trabalho e de ganho do segurado, para mantê-lo como membro ativo da sociedade. A primeira corrente, vendo no seguro social uma semelhança muito grande com o seguro privado, sustenta que, como neste, a prestação visa ressarcir os prejuízos sofridos pelo segurado. A finalidade do seguro privado é justamente permitir à pessoa beneficiada voltar à situação anterior à ocorrência do risco, mediante o pagamento de uma soma que possibilite tal, conforme o fixado no contrato. No seguro social ocorreria o mesmo. Todos os eventos cobertos por ele, quando se realizam, provocam um dano emergente e/ou um lucro cessante. As prestações em dinheiro e/ou in natura visariam enfim a repor o segurado na situação em que se encontrava, anteriormente. Na realidade, parece-nos que, desde as suas origens, o seguro social não se preocupou com o problema técnico-jurídico da indenização. Seu escopo sempre foi o de ajudar o segurado naquelas situações em que sua capacidade de trabalho ou de ganho são eliminadas ou minoradas, a fim de evitar a queda em estado de necessidade. Para atender a esse fim, as prestações não são instantâneas como no seguro privado. Neste, feita a avaliação da indenização, é ela entregue ao segurado que, pelo fato de receber uma soma global, pode inclusive dar-lhe um destino diverso da finalidade. No seguro social as prestações são continuadas e periódicas para as contingências que acarretam impossibilidade de trabalho ou de ganho, vale dizer, correspondem a um mínimo vital para suprir a falta de remuneração. São tais prestações, por outro lado, acompanhadas das ações que pretendem repor a capacidade de ganho, mediante o tratamento médico. O art. 194, parágrafo único, da CF, relaciona os objetivos da seguridade social, que preferimos chamar de princípios e serão estudados neste verbete.

OMISSÃO DO EMPREGADOR

A omissão do empregador em descontar do empregado a quantia por ele devida à previdência social no momento do pagamento de sua remuneração, transforma-o em único responsável perante o INSS pelo não recolhimento respectivo. Dispõe o n. I, a, do art. 30 da Lei n. 8.212/91: "I — a empresa é obrigada a: a) arrecadar as contribuições dos segurados empregados e trabalhadores avulsos a seu serviço, descontando-as da respectiva remuneração." O § 5º, do art. 216, do Decreto n. 3.048/99, por sua vez, declara: "O desconto da contribuição e da consignação legalmente determinado sempre se presumirá feito oportuna e regularmente pela empresa, pelo empregador doméstico, pelo adquirente, consignatário e cooperativa a isso obrigados, não lhes sendo lícito alegarem omissão para se eximirem do recolhimento e ficando os mesmos diretamente responsáveis pelas importâncias que deixarem de descontar ou tiverem descontado em desacordo com este Regulamento".

ÔNUS DA PROVA

É da empresa o encargo de provar que a apuração feita pela fiscalização da previdência social quanto a débitos por ela devidos não está correta, se a previdência social não encontrar a escrituração contábil ou outro documento em ordem (Art. 33, § 6º).

ÓRTESE

V. Aparelho de prótese

OSTEÍTE DEFORMANTE

Doença que, tendo surgido após o ingresso do segurado no regime previdencial, dá direito a auxílio-doença ou aposentadoria por invalidez independentemente do período de carência (Arts. 26, n. II e 151/30, III).

P

PAGAMENTO DE BENEFÍCIO

O benefício é pago diretamente ao beneficiário, salvo em caso de ausência, moléstia contagiosa ou impossibilidade de locomoção, quando será pago ao seu procurador, cujo mandato não poderá exceder 12 meses, salvo revalidação feita pelo INSS. Em geral, o benefício é pago mediante depósito em conta corrente do beneficiário. V. Segurado Menor e Segurado Incapaz (Arts. 109 a 113/156 a 166).

PAI

O pai é considerado dependente do segurado. Nestas condições, desde que haja declaração escrita do segurado e não existam cônjuge, companheira(o) e filhos dependentes, o pai pode ser efetivamente beneficiário, desde que o segurado ou ele, provem a dependência econômica, ainda que parcial (Arts. 16/ 16, 17, 22, § 8º).

PARCELAMENTO DE DÉBITO

As contribuições devidas à previdência social podem ser objeto de parcelamento depois de verificadas e confessadas (aceitas), ainda que não incluídas em notificação de débito e desde que não sejam as que foram descontadas dos trabalhadores. O parcelamento é de até 60 meses, sendo que cada prestação será acrescida de juros (v.). O reparcelamento é admitido uma única vez (Arts. 38/244).

PATROCINADORAS

São as empresas que, singularmente ou em grupo, patrocinam planos de previdência complementar aos seus empregados, planos estes instituídos por entidades fechadas (v.) de previdência privada (Lei Complementar n. 109, de 29.5.01, art. 12).

PECÚLIO

Prestação instantânea da previdência social, devida, assim, una tantum, ou seja, uma única vez, em razão de uma certa contingência. Existiu para o segurado urbano quando havia invalidez ou morte, não tendo sido completado o período de carência. Seu valor correspondia ao das contribuições recolhidas pelo segurado, em dobro, com juros de 4% ao ano, sendo beneficiário o segurado ou os dependantes. Quando há o afastamento definitivo da atividade pelo aposentado, que voltou a trabalhar e contribuir até 15 de abril de 1994 seu valor corresponde ao das próprias contribuições recolhidas, corrigidas monetariamente. Trabalhador que voltou a contribuir após aquela data não tem mais direito a pecúlio (Art. 184 do Reps).

JURISPRUDÊNCIA

RECURSO ESPECIAL. DIREITO PREVIDENCIÁRIO. PECÚLIO. RECEBIMENTO. LEI N. 8.213/91. "Conforme o disposto no art. 112 da Lei n. 8.213/91, os benefícios não recebidos em vida pelos segurados, são devidos a seus dependentes habilitados à pensão por morte ou, na falta deles, aos seus sucessores." "O art. 81, II, da referida Lei, assegura ao aposentado, por idade ou por tempo de serviço, que voltar a exercer atividade profissional, o pagamento do pecúlio, quando dela se afastar (Precedentes)" Recurso conhecido e provido.
(STJ — REsp — Recurso Especial n. 248.588; Proc. n. 2000.00.14115-1/PB; 5ª T.; Decisão: 4.10.2001; DJ 4.2.2002; Rel. José Arnaldo da Fonseca). *In* www.cjf.gov.br

PREVIDENCIÁRIO. PECÚLIO. ART. 81, II, DA LEI N. 8.213/91. EFEITOS. 1 — Ao extinguir o benefício do pecúlio, o legislador não retirou o direito à devolução das contribuições já efetuadas. Tendo, no caso dos autos, a autora comprovado que o seu falecido marido se aposentou e continuou contribuindo para a Previdência Social, faz ela jus ao ressarcimento das importâncias relativas àquelas contribuições, as quais devem ser restituídas com a devida atualização monetária, na forma prevista em lei. 2 — O fundo de pecúlio constitui um direito patrimonial, que não sendo recebido em vida pelo segurado, será pago aos dependentes habilitados, ou, na falta deles, aos seus sucessores, nos termos do art. 112 da Lei n. 8.213/91. 3 — Precedentes do TRF/4ª Região e do STJ. 4 — Improvimento da apelação e da remessa oficial.
(TRF — 4ª Reg.; AC — Apelação Cível n. 448.676; Proc. n. 2001.71.07.000064-2/RS; 6ª T.; Decisão: 9.10.2001; DJU 31.10.2001; Rel. Juiz Carlos Eduardo Thompson Flores Lenz). *In* www.cjf.gov.br

PENHORA

Não pode recair penhora sobre as rendas provenientes de benefícios previdenciais, a não ser que seja para pagamento de importâncias devidas à própria previdência social ou derivadas da obrigação de prestar alimentos, reconhecida por sentença judicial (Arts. 114/153).

PENSÃO

Benefício devido aos dependentes do segurado em razão de sua morte verdadeira ou presumida. Inexiste período de carência para a concessão deste benefício, para o qual é exigida a prova do óbito do segurado, mediante a certidão respectiva ou sentença judicial que reconheça o seu desaparecimento em razão de catástrofe ou desastre, ou motivo ignorado. Seu valor é igual a 100% da aposentadoria que o segurado gozava ou, se não estava ele aposentado, ao daquela que ele poderia gozar, considerando-se o cálculo da aposentadoria por invalidez se o falecido não tiver adquirido direito, até o momento de sua morte, à aposentadoria mais vantajosa. O benefício dura até a perda da qualidade de dependente pelo beneficiário ou até sua morte. Requerido o benefício dentro de 30 dias da morte do segurado, a pensão é concedida desde a data da morte; caso contrário, a data de seu início será a do requerimento (Arts. 74 a 79/105 a 115).

JURISPRUDÊNCIA

CIVIL. RESPONSABILIDADE CIVIL. PENSÃO. REVERSÃO. Salvo casos especiais, a pensão alimentícia extinta pela maioridade, casamento ou falecimento do beneficiário não acresce àquela paga aos demais. Recurso especial conhecido e provido em parte.
(STJ — 3ª T.; REsp — Recurso Especial n. 89.656; Proc. n. 1996.00.13517-7/PR; Decisão: 6.12.1999; DJ 7.2.2000; Rel. Ari Pargendler). In www.cjf.gov.br

PREVIDENCIÁRIO. RECURSO ESPECIAL. DIVERGÊNCIA JURISPRUDENCIAL. PENSÃO POR MORTE. DEPENDENTE DESIGNADO ANTES DO ADVENTO DA LEI N. 9.032/95. AUSÊNCiA DE DIREITO ADQUIRIDO. LEI DE REGÊNCIA. DIVERGÊNCIA JURISPRUDENCIAL COMPROVADA. ENTENDIMENTO DO ART. 255 E PARÁGRAFOS, DO REGIMENTO INTERNO DESTA CORTE. O fato gerador para a concessão da pensão por morte é o óbito do segurado, instituidor do benefício. A pensão deve ser concedida com base na legislação vigente à época da ocorrência do óbito. Falecido o segurado na vigência da Lei n. 9.032/95, que, pelo seu artigo 8º, revogou o inciso IV, do art. 16, da Lei n. 8.213/91, não há direito adquirido ao dependente designado. Precedentes. Recurso conhecido e provido.
(STJ — 5ª T.; REsp n. 265.936/RN; Proc. n. 2000.00.66985-7; DJ 19.2.2001; Rel. Min. Jorge Scartezzini (1113); Decisão: 10.10.2000). In www.stj.gov.br

PREVIDENCIÁRIO. DEPENDENTE DESIGNADA. PENSÃO. EVENTO MORTE OCORRIDO APÓS REVOGAÇÃO DA FIGURA DO DEPENDENTE DESIGNADO. DIREITO ADQUIRIDO E EXPECTATIVA. LEI DE REGÊNCIA. Direito à pensão frustrado com a revogação da figura do dependente designado antes do evento morte do segurado. Ademais, o benefício é regido pela lei vigorante ao tempo da concessão. Recurso não conhecido.
(STJ — 5ª T.; REsp n. 240.016/RN; Proc. n. 1999.01.07496-7; DJ 4.6.2001; Rel. Min. Gilson Dipp (1111); Decisão: 8.5.2001). In www.stj.gov.br

PREVIDENCIÁRIO. PENSÃO POR MORTE. DEPENDENTE DESIGNADO. LEGISLAÇÃO VIGENTE. LEI N. 8.213/91. 1 — A concessão do benefício previdenciário deve observar os requisitos previstos na legislação vigente à época da circunstância fática autorizadora do seu pagamento, qual seja, a morte do segurado. 2 — Recurso conhecido.
(STJ — 6ª T.; REsp n. 272.551/SP; Proc. n. 2000.00.82057-1; DJ 5.2.2001; Rel. Min. Fernando Gonçalves (1107); Decisão: 7.12.2000). In www.stj.gov.br

REGIMENTAL. PREVIDENCIÁRIO. PENSÃO POR MORTE. MENOR DESIGNADO. DESIGNAÇÃO ANTES DO ADVENTO DA LEI N. 9.032/95. PERDA LEGAL DA QUALIDADE DE DEPENDENTE. AUSÊNCIA DE DIREITO ADQUIRIDO. 1 — A simples designação de dependente pelo segurado, para fins de percepção da pensão por morte, não importa o direito da pessoa indicada ao recebimento do benefício, se não preenchidos os requisitos legais exigidos à época do óbito. 2 — Designado como dependente o menor de 21 (vinte e um) anos, e perdida essa condição com o advento da Lei n. 9.032/95 e antes do óbito, não há que se conceder o benefício de pensão por morte. 3 — Ausência de direito adquirido. 4 — Agravo Regimental a que se nega provimento.
(STJ — 5ª T.; AGA n. 377.652/RN; Proc. n. 2001.00.38048-4; DJ 25.2.2002; Rel. Min. Edson Vidigal (1074); Decisão: 11.12.2001). In www.stj.gov.br

PREVIDENCIÁRIO. PENSÃO POR MORTE. RATEIO ENTRE ASCENDENTE E DESCEN-

DENTE. ART. 10, I E III, DO DECRETO N. 89.312/84. VALOR INICIAL DO BENEFÍCIO. ÚLTIMO SALÁRIO-DE-CONTRIBUIÇÃO DA DATA DO ACIDENTE E DECORRENTE ÓBITO. IMPOSSIBILIDADE DE REVISÃO DO VALOR. MATÉRIA FÁTICO-PROBATÓRIA. INCIDÊNCIA DA SÚMULA N. 7 DO STJ. APLICAÇÃO DA CORREÇÃO MONETÁRIA. LEI N. 6.899/81. LIMITE DO VALOR DO SALÁRIO-DE-CONTRIBUIÇÃO. AUSÊNCIA DE PREQUESTIONAMENTO. SÚMULAS NS. 282 E 356, DO STF. A pensão por morte é devida aos dependentes do segurado falecido e sua concessão deve observar os requisitos previstos na legislação vigente ao tempo do evento morte. Ao dependente designado de ex-segurado falecido é assegurado pela Previdência Social o pagamento de sua cota-parte da pensão por morte, sem prejuízo da parcela devida aos demais beneficiários legais. Tendo o acórdão recorrido considerado o último valor do salário-de-contribuição, consoante art. 164, II e III, do Decreto n. 89.312/84, e concluído por meio do Comunicado de Acidente de Trabalho anexo aos autos, que o valor está correto, não é cabível ao recorrente a sua discussão, por ensejar o reexame de matéria fático-probatória. Incidência da Súmula n. 7, desta Corte. A Lei n. 6.899/81 estabelece critérios de correção monetária que devem ser aplicados às ações ajuizadas após sua vigência, consoante entendimento e Súmula n. 148, deste Tribunal. Por ausência do necessário prequestionamento, a matéria acerca da questão atinente ao valor-limite do salário-de-contribuição, não pode ser examinada, posto que não foi abordada, em nenhum momento, no âmbito do voto-condutor do aresto hostilizado, e não interpostos embargos de declaração para suprir a omissão, porventura existente. Incidentes, as Súmulas ns. 282 e 356, do STF. Recurso parcialmente conhecido, e nessa parte desprovido.
(STJ — REsp — Recurso Especial n. 281.144; Proc. n. 2000.01.01671-7/SP; 5ª T.; Decisão: 16.10.2001; DJ 4.2.2002; Rel. Jorge Scartezzini). In www.cjf.gov.br

PREVIDENCIÁRIO. ALTERAÇÃO. PERCENTUAL. COTA FAMILIAR. PENSÃO POR MORTE. ART. 75 DA LEI N. 8.213/91 E ARTS. 109 E 287 DO DECRETO N. 611/92. 1 — O art. 75 da Lei n. 8.213/91, ao majorar a cota familiar das pensões para 80%, não se aplica aos benefícios concedidos antes da promulgação da Constituição Federal de 1988. 2 — Malgrado a tese de dissídio jurisprudencial, há necessidade, diante das normas legais regentes da matéria (art. 541, parágrafo único do CPC c/c. o art. 255 do RISTJ) de confronto, que não se satisfaz com a simples transcrição de ementas, entre o acórdão recorrido e trechos das decisões apontadas como divergentes, mencionando-se as circunstâncias que identifiquem ou assemelhem os casos confrontados. Ausente a demonstração analítica do dissenso, incide o óbice da Súmula n. 284 do Supremo Tribunal Federal. 3 — Recurso conhecido em parte (letra a).
(STJ — REsp — Recurso Especial n. 259.414; Proc. n. 2000.00.48926-3/AL; 6ª T.; Decisão: 20.9.2001; DJ 15.10.2001; Rel. Fernando Gonçalves). In www.cjf.gov.br

PREVIDENCIÁRIO. PENSÃO POR MORTE. DEPENDENTE DESIGNADO. LEGISLAÇÃO VIGENTE. LEI N. 8.213/91. 1 — A concessão do benefício previdenciário deve observar os requisitos previstos na legislação vigente à época da circunstância fática autorizadora do seu pagamento, qual seja, a morte do segurado. 2 — Recurso conhecido.
(STJ — REsp — Recurso Especial n. 272.551; Proc. n. 2000.00.82057-1/SP; 6ª T.; Decisão: 7.12.2000; DJ 5.2.2001; Rel. Fernando Gonçalves). In www.cjf.gov.br

PREVIDENCIÁRIO E PROCESSUAL CIVIL. PENSÃO POR MORTE. TRABALHADOR RURAL. REPETIÇÃO DE DEMANDA. COISA JULGADA. I — Julgada improcedente ação anterior, na qual postulava a autora a inscrição de seu falecido marido, como rurícola, perante a Previdência Social, pagando-se-lhe a pensão correspondente, em face do óbito, descabe o ajuizamento de uma segunda ação, pela mesma autora, contra o INSS, com o mesmo pedido e causa de pedir do feito anteriormente ajuizado. II — Apelação improvida.
(TRF — 1ª Reg. 2ª T.; AC — Apelação Cível n. 01117108; Proc. 1992.01.11710-8/MG; Decisão: 26.10.1999; DJ 16.4.2001; Rel. p/ Acórdão Juíza Assusete Magalhães, Rel. Juiz Jirair Aram Meguerian). In www.cjf.gov.br

PREVIDENCIÁRIO. PENSÃO POR MORTE DE SEGURADO. INEXISTÊNCIA DE PRÉVIO REQUERIMENTO ADMINISTRATIVO. MÉRITO DA PRETENSÃO CONTESTADO EM JUÍZO. 1 — É orientação jurisprudencial assente nesta Corte a de que a inexistência de prévio pedido administrativo de benefício de prestação continuada não autoriza a extinção do processo, sem julgamento de mérito, por falta de interesse processual, se a autarquia previdenciária, citada para os termos da lide, contesta o mérito da pretensão, evidenciando o conflito de interesses que caracteriza a lide e impõe a autuação dos órgãos jurisdicionais para dirimi-lo. 2 — Recurso de apelação a que se dá provimento. 3 — Retorno dos autos à origem para que,

afastada a questão preliminar de falta de interesse de agir, prossiga a autoridade judiciária no julgamento da demanda, como entender de direito.
(TRF — 1ª Reg.; AC — Apelação Cível n. 01126419; Proc. n. 1993.01.12641-9/MG; 2ª T.; Decisão: 12.9.2000; DJ 30.1.2001; Rel. p/ Acórdão Juiz Carlos Moreira Alves, Rel. Juiz Carlos Fernando Mathias). In www.cjf.gov.br

PREVIDENCIÁRIO. PENSÃO POR MORTE. ART. 75 DA LEI N. 8.213/91, COM A REDAÇÃO DA LEI N. 9.032/95. BASE DE CÁLCULO. I — Segundo preceitua o art. 75 da Lei n. 8.213/91, com a redação da Lei n. 9.032/95, o valor da pensão por morte consistirá numa renda mensal correspondente a 100% do salário-de-benefício e não do valor do benefício, como supõe a parte autora, o que significa que o valor da pensão não terá necessariamente o mesmo valor do benefício percebido pelo falecido segurado. II — Apelação improvida.
(TRF — 2ª Reg.; AC — Apelação Cível n. 194.982; Proc. n. 99.02.08870-8/RJ; 2ª T.; Decisão: 21.5.2001; DJU 19.6.2001; Rel. Juiz Castro Aguiar). In www.cjf.gov.br

PREVIDENCIÁRIO. PENSÃO POR MORTE. FiLHA MAIOR DE 21 ANOS. ESQUIZOFRENIA. ANTERIORIORIDADE AO ÓBITO. É considerado dependente, o filho maior de 21 anos, inválido para o exercício laboral. Art. 16, I da Lei n. 8.213/91. Comprovado pelo parecer da Secretaria Estadual da Saúde que a autora apresenta quadro evolutivo de esquizofrenia crônica, anteriormente ao óbito do pai segurado, é de se conceder o benefício da pensão. Apelação e Remessa Oficial improvidas.
(TRF — 3ª Região — 1ª T.; AC — Apelação Cível n. 677.405 Proc. n. 1999.61.15.001130-9/SP Decisão: 28.8.2001; DJU 31.1.2002; Rel. Juiz Roberto Haddad, v. u.). In www.trf3.gov.br

PREVIDENCIÁRIO. PENSÃO POR MORTE. PROVA DE DEPENDÊNCIA ECONÔMICA. ESPOSA DE SEGURADO. EXAME NO MÉRITO AUTORIZADO. 1 — O benefício pensão por morte é devido aos dependentes do segurado, aposentado ou não, da Previdência Social. Óbito em 1995. 2 — A prova de dependência econômica fica dispensada para o cônjuge, os filhos, a companheira com filhos do segurado e os enteados, tutelados e menores sob guarda. 3 — Comprovado por provas documentais ser esposa de segurado falecido, despicienda para a autora comprovação de sua dependência econômica, por presumida, fazendo ela jus ao benefício pleiteado. 4 — Não perde a qualidade de segurado, aquele que deixou de trabalhar devido à moléstia que o acometeu e vitimou. Precedentes na Corte. 5 — A perda da qualidade de segurado não implica a extinção do direito à aposentadoria ou pensão, para cuja obtenção tinham sido preenchidos todos os requisitos. Art. 240, Decreto n. 611/92. 6 — Presentes todos os pressupostos necessários ao desenvolvimento válido e regular do processo, não há que se falar em extinção do processo. 7 — Não importa que a sentença haja, equivocadamente, afirmado que a autora não poderia pleitear sua pensão por morte do esposo. Fica o Tribunal autorizado a examinar o mérito. Precedentes do STJ. 8 — Nos autos encontram-se provas documentais suficientes para comprovar o tempo laborado pelo falecido esposo da autora, autorizando a concessão do benefício da pensão por morte. 9 — Apelação provida.
(TRF — 3ª Reg.; AC — Apelação Cível n. 479.595; Proc. n. 1999.03.99.032552-5/SP; 1ª T.; Decisão: 12.12.2000; DJU 3.4.2001; Rel. Juiz Oliveira Lima). In www.cjf.gov.br

PREVIDENCIÁRIO. PENSÃO POR MORTE. SIDA (AIDS). REMESSA OFICIAL. MANUTENÇÃO DA QUALIDADE DE SEGURADO. 1 — Conforme o art. 10 da Lei n. 9.469/97, as sentenças proferidas contra as autarquias e fundações públicas serão obrigatoriamente passíveis de remessa oficial. 2 — Os portadores da SIDA (AIDS), mantêm a qualidade de segurado, pela doença estar elencada no art. 151 da Lei n. 8.213/91, por gerar incapacidade laborativa. 3 — Apelação do INSS e remessa oficial improvida.
(TRF — 3ª Reg.; AC — Apelação Cível n. 696.570; Proc. n. 2001.03.99.025138-1/SP; 1ª T.; Decisão: 12.6.2001; DJU 21.8.2001; Rel. Juiz Roberto Haddad). In www.cjf.gov.br

PROCESSO CIVIL. PREVIDENCIÁRIO. AÇÃO DE PENSÃO POR MORTE. CONTA DE LIQUIDAÇÃO. RENDA MENSAL INICIAL. SÚMULAS NS. 260 E 71 DO EXTINTO E. TFR. ART. 610 DO CÓDIGO DE PROCESSO CIVIL. APLICABILIDADE. I — No caso em tela o cálculo da renda mensal inicial da pensão deve ser efetuado com base nos critérios estabelecidos pelo inciso VI, do então vigente Regulamento dos Benefícios da Previdência Social, observando-se após a Súmula n. 260 do extinto E. TFR, nos termos do título judicial em execução. II — Ante o disposto no art. 610 do Código de Processo Civil, a atualização monetária das prestações vencidas será calculada em função da variação do salário mínimo até o ajuizamento da ação, aplicando-se, daí em diante, a legislação de regência especificada no Provimento n. 24/97, da E. Corregedoria-Geral da Justiça Federal da 3ª Região. III — Os juros de mora são decrescentes para as prestações vencidas após a citação e globalizados para as anteriores. IV — Apelação parcialmente provida.
(TRF — 3ª Reg.; AC — Apelação Cível n. 4.764; Proc. n. 89.03.008053-0/SP; 2ª T.; Decisão: 19.6.2001; DJU 10.10.2001; Rel. Juiz Sergio Nascimento). In www.cjf.gov.br

PREVIDENCIÁRIO. PENSÃO POR MORTE. PRESENTES OS REQUISITOS LEGAIS PARA REVERSÃO DO BENEFÍCIO. TERMO INICIAL. SUCUMBÊNCIA. APELAÇÃO PROVIDA. O benefício de Pensão por Morte é devido desde que comprovada a condição de segurado do *de cujus* e a qualidade de dependente de quem ajuíza a demanda. A dependência econômica da mãe em relação ao(à) segurado(a) falecido(a) deve ser comprovada, nos termos do inciso II c/c. § 4º, ambos do artigo 16 da Lei n. 8.213/91. Presente pedido na via administrativa, fixa-se o termo inicial do benefício a partir da data do óbito da segurada. A incidência da correção monetária deve ser a partir do vencimento de cada parcela em atraso, calculada pelo critério disposto no Provimento n. 24, de 29.4.97, da Corregedoria-Geral deste Tribunal. Os juros de mora na forma legal (Código Civil, artigos 1.062 e 1.536, § 2º), a partir da citação (Código de Processo Civil, artigo 219). A verba honorária advocatícia, fixada à razão de 15% (quinze por cento) sobre o valor total da condenação, sem a incidência das prestações vincendas, na forma da Súmula n. 111 do Colendo Superior Tribunal de Justiça. Incabível a condenação em custas, face à inexistência de reembolso, posto que a parte autora litigou sob os auspícios da assistência judiciária. Apelação provida.
(TRF — 3ª Reg.; AC — Apelação Cível n. 703.099; Proc. n. 2001.03.99.029000-3/SP; 1ª T.; Decisão: 7.8.2001; DJU 23.10.2001; Rel. Juiz Gilberto Jordan). *In* www.cjf.gov.br

PREVIDENCIÁRIO. PENSÃO POR MORTE PLEITEADA PELOS FILHOS. REQUISITOS LEGAIS PREENCHIDOS. PENSÃO DEVIDA. TERMO INICIAL. TERMO FINAL DO BENEFÍCIO, EM FACE DA EDIÇÃO DA LEI N. 8.213/91, QUE AMPLIOU DE 18 PARA 21 ANOS DE IDADE, A IDADE MÁXIMA DO FILHO, PARA FINS DE RECONHECIMENTO DA QUALIDADE DE DEPENDENTE. PRESCRIÇÃO QÜINQÜENAL. HONORÁRIOS ADVOCATÍCIOS. AUTARQUIA PREVIDENCIÁRIA. CUSTAS PROCESSUAIS. ISENÇÃO. Comprovada a condição de filho do segurado falecido, a concessão da pensão por morte é medida inafastável, mesmo porque, neste caso, a dependência econômica é presumida pela lei. O termo inicial da pensão por morte é a data do óbito. Com a alteração promovida pelo artigo 16, inciso I, da Lei n. 8.213/91, que previu a idade máxima de vinte e um anos, para fins de reconhecimento da qualidade de dependente, em contraste com a norma do artigo 10, inciso I, do Decreto n. 89.312/84, que previa a idade máxima de dezoito anos, para os mesmos fins, os dependentes, que vieram a completar os dezoito anos a partir de 5.4.91, fazem jus ao recebimento do benefício até os vinte e um anos de idade. Não corre o lapso prescricional no que tange a incapazes. Não são desarrazoados e devem prevalecer os honorários advocatícios fixados em 15% (quinze por cento) sobre o valor da condenação. O INSS, nas ações previdenciárias ajuizadas na Justiça Estadual, do Estado de São Paulo, goza de isenção legal de custas processuais, mas está obrigado ao reembolso das despesas processuais da parte vencedora. Apelação e recurso adesivo parcialmente providos.
(TRF — 3ª Reg.; AC — Apelação Cível n. 268.980; Proc. n. 95.03.065595-1/SP; 5ª T.; Decisão: 10.4.2001; DJU 5.6.2001; Rel. Juiz Roberto Oliveira). *In* www.cjf.gov.br

PREVIDENCIÁRIO. PENSÃO POR MORTE. PERDA DA QUALIDADE DE SEGURADO. NÃO OCORRÊNCIA. AIDS. TERMO INICIAL. HONORÁRIOS. A qualidade de segurado fica demonstrada, estando o falecido dispensado do período de carência previsto no artigo 25, inc. I da Lei n. 8.213/91, por ter sido portador de uma das doenças enumeradas no artigo 151 do mesmo diploma legal (AIDS). O termo inicial do benefício, tendo em vista que não houve prova de requerimento administrativo, deve ser reformado para a data da Citação. O valor do benefício da pensão por morte deverá ser calculado de acordo com o art. 75 da Lei n. 8.213/91. Os honorários advocatícios devem ser mantidos em 15% sobre o valor da condenação não incidindo sobre as doze prestações vincendas. Apelação Autárquica e Remessa Oficial parcialmente providas.
(TRF — 3ª Reg.; AC — Apelação Cível n. 403.410; Proc. n. 98.03.001264-9/SP; 1ª T.; Decisão: 10.10.2000; DJU 15.3.2001; Rel. Juiz Roberto Haddad). *In* www.cjf.gov.br

PREVIDENCIÁRIO. PENSÃO POR MORTE. A PERDA DA QUALIDADE DE SEGURADO NÃO OBSTA O DIREITO À PERCEPÇÃO DA PENSÃO. HONORÁRIOS. CUSTAS. I — A perda da qualidade de segurado não é óbice à percepção do benefício de pensão por morte (art. 102 c/c. art. 26 da Lei n. 8.213/91, nos óbitos ocorridos anteriormente à vigência da Lei n. 9.528/97. II — As parcelas vincendas não devem incidir sobre os cálculos da verba honorária. III — A autarquia está isenta do pagamento de custas processuais. IV — Apelação e Remessa Oficial parcialmente providas.
(TRF — 3ª Reg.; AC — Apelação Cível n. 560.530; Proc. n. 1999.03.99.118246-1/SP; 1ª T.; Decisão: 20.3.2001; DJU 31.5.2001; Rel. Juiz Roberto Haddad). *In* www.cjf.gov.br

PREVIDENCIÁRIO. PENSÃO POR MORTE. BENEFICIÁRIO DE AMPARO PREVIDENCIÁRIO. INTRANSMISSIBILIDADE. I — Incabível a concessão de pensão por morte se o *de cujus* era beneficiário do amparo previdenciário instituído pela Lei n. 6.179/74. II — Recurso improvido.
(TRF — 3ª Reg.; AC — Apelação Cível n. 101.155; Proc. n. 93.03.014824-0/SP; 2ª T.; Decisão: 4.9.2001; DJU 17.1.2002 pág. 708; Rel. Juiz Peixoto Júnior). *In* www.cjf.gov.br

PROCESSO CIVIL. EMBARGOS DE DECLARAÇÃO. PRESCRIÇÃO. PENSÃO POR MORTE. EFEITO INFRINGENTE. PREQUESTIONAMENTO. 1 — Os benefícios de natureza previdenciária, com prestações continuadas, de trato sucessivo, renováveis mês a mês, sofrem a incidência imediata de nova norma regulamentadora do tema, respeitados, obviamente, o ato jurídico perfeito, o direito adquirido e a coisa julgada. 2 — A incidência da prescrição qüinqüenal contada do ajuizamento da ação não subtrai dos autores o direito à revisão ora pleiteada. 3 — A partir de 28.4.95, deve a revisão da pensão por morte mantida pelo Instituto Nacional do Seguro Social — INSS ser processada nos termos do artigo 75 da Lei n. 8.213/91, com sua nova redação dada pela Lei n. 9.032/95, consistindo seu valor numa renda mensal correspondente a 100% (cem por cento) do salário-de-benefício. 4 — É vedado dar caráter infringente aos Embargos Declaratórios, querendo com o mesmo o rejulgamento da causa pela via inadequada. 5 — O escopo de prequestionar assuntos não ventilados perde a relevância em face dos argumentos expedidos e que foram abordados na sua totalidade. 6 — Embargos de Declaração rejeitados, condenando o embargante ao pagamento de multa de 1% do valor dado à causa, face ao caráter procrastinatório dos embargos.
(TRF — 3ª Reg.; EDAC — Embargos de Declaração na Apelação Cível n. 640.319; Proc. n. 2000.03.99.064445-3/SP; 1ª T.; Decisão: 21.8.2001; DJU 31.1.2002; Rel. Juiz Roberto Haddad). *In* www.cjf.gov.br

PREVIDENCIÁRIO. PENSÃO POR MORTE. *DE CUJUS* QUE ERA BENEFICIÁRIO DE RENDA MENSAL VITALÍCIA. NÃO CABIMENTO. 1 — A prova dos autos demonstra que o marido da requerente estava em gozo da renda mensal vitalícia, a qual não pode ser convertida em pensão por morte aos familiares. Aplicação do § 2º do artigo 7º da Lei n. 6.179/74, repetido no artigo 139 da Lei n. 8.213/91. 2 — Declarada de ofício a carência de ação da autora pela impossibilidade jurídica do pedido. Apelação prejudicada.
(TRF — 3ª Reg.; AC — Apelação Cível n. 268.960; Proc. n. 95.03.065575-7/SP; 5ª T.; Decisão: 24.10.2000; DJU 20.2.2001; Rel. Juiz André Nabarrete). *In* www.cjf.gov.br

PREVIDENCIÁRIO. PENSÃO POR MORTE. O BENEFÍCIO DE RENDA MENSAL VITALÍCIA EXTINGUE-SE COM A MORTE DO BENEFICIÁRIO. IMPOSSIBILIDADE DA CONCESSÃO DA PENSÃO. SENTENÇA MANTIDA. RECURSO DESPROVIDO. A renda mensal vitalícia (amparo social) é um benefício de natureza assistencial e de caráter personalíssimo, extingue-se com a morte do titular. Sua extinção não gera direito à pensão por morte. Apelo desprovido.
(TRF — 3ª Reg.; AC — Apelação Cível n. 658.753; Proc. n. 2001.03.99.001919-8/SP; 1ª T.; Decisão: 20.3.2001; DJU 2.10.2001; Rel. Juiz Gilberto Jordan). *In* www.cjf.gov.br

PREVIDENCIÁRIO. PENSÃO POR MORTE. PERDA DA QUALIDADE DE SEGURADO. SEGURADO BENEFICIÁRIO DE AMPARO PREVIDENCIÁRIO. INTRANSMISSIBILIDADE. I — A perda da qualidade de segurado importa a extinção do direito ao benefício. II — Incabível a concessão de pensão se o *de cujus* era beneficiário do amparo previdenciário instituído pela Lei n. 6.179/74. III — Recurso improvido.
(TRF — 3ª Reg.; AC — Apelação Cível n. 451.025; Proc. n. 1999.03.99.001604-8/SP; 2ª T.; Decisão: 7.11.2000; DJU 17.1.2002; Rel. Juiz Peixoto Júnior). *In* www.cjf.gov.br

PREVIDENCIÁRIO. PENSÃO POR MORTE. RENDA MENSAL VITALÍCIA. IMPOSSIBILIDADE DA CONCESSÃO DO BENEFÍCIO. I — A percepção, pelo *de cujus*, de renda mensal vitalícia impede a concessão de pensão por morte, pelo fato da RMV ser inacumulável com qualquer outro benefício. Aplicação do artigo 139, § 4º, da Lei n. 8.213/91. II — Sem custas e despesas processuais, face à gratuidade da justiça. III — Apelação improvida.
(TRF — 3ª Reg.; AC — Apelação Cível n. 582.517; Proc. n. 2000.03.99.018991-9/SP; 1ª T.; Decisão: 14.8.2001; DJU 16.10.2001; Rel. Juiz Theotonio Costa). *In* www.cjf.gov.br

PREVIDENCIÁRIO. PENSÃO. LIMITE ETÁRIO. 1 — Por ter completado 18 anos após 05.04.91, data à qual retroagem os efeitos da Lei n. 8.213/91 (art. 145, *caput*), tem direito o autor a continuar percebendo pensão por morte da mãe até completar 21 anos (art. 77, § 2º, inc. II). 2 — Após a edição do Enunciado n. 24 da Súmula deste Tribunal, incontroverso o direito do segurado à percepção da gratificação natalina com base nos proventos do mês de dezembro do ano respectivo e de benefício não inferior a um salário mínimo, a partir de 5.10.88.
(TRF — 4ª Reg. — 5ª T.; AC — Apelação Cível; Proc. n. 96.04.32283-4/RS; Decisão: 22.4.1999; DJ 12.5.1999; Rel. Juíza Virgínia Scheibe). *In* www.cjf.gov.br

PREVIDENCIÁRIO. EMBARGOS INFRINGENTES. PENSÃO ESPECIAL. SÍNDROME DE TA-

LIDOMIDA. PROVA PERICIAL. DEFORMIDADES NÃO DECORRENTES DA INGESTÃO DE TALIDOMIDA. 1 — Embora a parte autora possua deformidades, se estas não decorreram da ingestão de talidomida, segundo restou apurado nas perícias feitas pelo INSS e em juízo, não faz jus a mesma à pensão prevista na Lei n. 7.070/82. 2 — Embargos infringentes providos.
(TRF — 4ª Reg. — 3ª Seção; EIAC — Embargos Infringentes na Apelação Cível n. 12.419; Proc. n. 1998.04.01.075409-2/RS; Decisão: 16.5.2001; DJU 13.6.2001; Rel. Juiz Sergio Renato Tejada Garcia). In www.cjf.gov.br

PREVIDENCIÁRIO. PENSÃO POR MORTE. CÁLCULO DO SALÁRIO-DE-BENEFÍCIO E RENDA MENSAL INICIAL. ATIVIDADES CONCOMITANTES. PERÍODO BÁSICO DE CÁLCULO. 1 — O cálculo da pensão por morte é feito com base no salário-de-benefício da aposentadoria que seria devida ao segurado falecido, mesmo durante o período em que vigeu a redação dada pela Lei n. 9.032/95 ao art. 75 da Lei n. 8.213/91. 2 — A espécie de benefício que seria devida ao segurado na data do óbito é a aposentadoria por invalidez, equiparando-se a morte à total incapacidade laborativa. 3 — O cálculo do salário-de-benefício da aposentadoria por tempo de serviço, especial e por idade segue a média aritmética dos salários-de-contribuição, quando o segurado possua entre 24 e 36 salários-de-contribuição no período de 48 meses anterior ao afastamento da atividade ou requerimento do benefício: quando possua menos de 24 salários, não mais se efetua uma média, mas a soma dos salários existentes, seja quantos forem, sempre dividida por 24 (art. 29, § 1º, da Lei n. 8.213/91). Já a aposentadoria por invalidez, indistintamente segue a média dos salários-de-contribuição, isto é, mesmo que o segurado possua menos de 24 salários, a divisão será efetuada pelo número de salários existentes no período de 48 meses. 4 — O cálculo do salário-de-benefício, quando o segurado desenvolve atividades concomitantes, obedece o disposto no art. 32 da Lei n. 8.213/91. Tratando-se de atividades em que a *de cujus* possuía diferentes números de salários-de-contribuição no período de 48 meses, são feitas separadamente as médias e, a seguir, somados os valores integrais dos salários-de-benefício, visto que implementados os requisitos para a concessão da aposentadoria em ambas as atividades (inciso II). 5 — Apelação provida.
(TRF — 4ª Reg.; AC — Apelação Cível n. 316.825; Proc. n. 1999.04.01.138169-0/SC; 5ª T.; Decisão: 14.5.2001; DJU 13.6.2001; Rel. Juiz Sergio Renato Tejada Garcia). In www.cjf.gov.br

PREVIDENCIÁRIO. AUXÍLIO-ACIDENTE. BASE PARA FIXAÇÃO DA PENSÃO POR MORTE. SALÁRIO-DE-BENEFÍCIO. DIREITO À PENSÃO RECONHECIDO. EVENTUAL VALOR PAGO A MAIOR. POSSIBILIDADE DE DESCONTO NO BENEFÍCIO. INEXISTÊNCIA DE LESÃO GRAVE E DE DIFÍCIL REPARAÇÃO. 1 — Sendo o salário-de-benefício base para cálculo de qualquer benefício, inclusive para o auxílio-acidente, e devendo o valor da pensão corresponder a 100% (cem por cento) ao valor da aposentadoria que o segurado falecido recebia ou que teria direito, se vivo fosse, mais razoável a utilização como base para fixação da pensão o salário-de-benefício utilizado para determinação do auxílio-acidente que o segurado falecido recebia, que fixar a pensão em apenas 1 (um) salário mínimo. 2 — Havendo a insurgência apenas quanto ao valor da pensão, com reconhecimento do direito a esta, fixada em sede de tutela antecipada, podendo a autarquia descontar do benefício eventual valor pago a maior, nos termos do art. 115, inciso II, da Lei n. 8.213/91, inexiste possibilidade de lesão grave e de difícil reparação. 3 — Agravo de instrumento improvido e agravo regimental julgado prejudicado.
(TRF — 4ª Reg.; AG — Agravo de Instrumento; Proc. n. 1998.04.01.047538-5/PR; 6ª T.; Decisão: 4.9.2001; DJU 19.9.2001; Rel. Juiz Luiz Fernando Wowk Penteado). In www.cjf.gov.br

PREVIDENCIÁRIO. EMBARGOS INFRINGENTES. PENSÃO POR MORTE. PESSOA DESIGNADA. SUPERVENIÊNCIA DA LEI N. 9.032/95. PERDA DA QUALIDADE DE DEPENDENTE. 1 — A concessão de benefício previdenciário de pensão por morte deve observar os requisitos exigidos na legislação vigente por ocasião do óbito do segurado, momento no qual o preenchimento dos mesmos deve ser averiguado. 2 — A prévia inscrição de menor designado como dependente junto à Seguradora não é suficiente para manter-lhe a condição de dependente do segurado após o advento da Lei n. 9.032/95, que revogou o inciso IV do art. 16 da Lei n. 8.213/91, constituindo mera expectativa de direito que não se concretizou. 3 — Perdendo a qualidade de dependente, falece ao embargado direito ao benefício de pensão por morte do bisavô.
(TRF — 4ª Reg.; EIAC — Embargos Infringentes na Apelação Cível; Proc. n. 97.04.52497-8/RS; 3ª Seção; Decisão: 18.10.2000; DJU 14.2.2001; Rel. p/ Acórdão Juiz João Surreaux Chagas, Rel. Juíza Virgínia Scheibe, Revisor Juiz João Surreaux Chagas). In www.cjf.gov.br

PREVIDENCIÁRIO. PENSÃO POR MORTE DO AVÔ. MENOR DESIGNADO NA VIGÊN-

CIA DA LEI N. 8.213/91. ÓBITO OCORRIDO NA VIGÊNCIA DA LEI N. 9.032/95. 1 — Tratando-se de benefício de pensão por morte, não importa a data em que o menor foi designado dependente, mas a data do óbito do segurado, que ocorreu quando a legislação vigente não mais previa a condição de dependente do menor designado. 2 — Somente se pode falar em direito adquirido ao benefício com a implantação do requisito morte do segurado, que ocorreu quando já fora modificada a norma legal. 3 — Apelação improvida.
(TRF — 4ª Reg.; AC — Apelação Cível n. 326.901; Proc. n. 2000.04.01.018134-9/SC; 5ª T.; Decisão: 25.6.2001; DJU 11.7.2001; Rel. Juiz Sergio Renato Tejada Garcia). In www.cjf.gov.br

PREVIDENCIÁRIO. PENSÃO POR MORTE. ALCOOLISMO. DOENÇA INCAPACITANTE. PERDA DA QUALIDADE DE SEGURADO. INOCORRÊNCIA. SITUAÇÃO DE DESEMPREGO. ART. 15, INCISO II, § 2º, LEI N. 8.213/91. TERMO INICIAL DO BENEFÍCIO. 1 — Tendo sido reconhecido pela medicina como patologia grave e evolutiva, com tendência a cronificar-se, o alcoolismo crônico caracteriza-se como doença incapacitante. 2 — Evidenciada a ocorrência de doença incapacitante em época que a pessoa ainda se encontrava vinculada à Previdência Social, tendo sido postulado o benefício em momento posterior, é de ser concedido, seja a aposentadoria por invalidez, ou, como no caso, a pensão por morte. 3 — Tratando-se de segurado que sempre trabalhou como empregado, admite-se como comprovação da situação de desemprego, para o fim de preservação da qualidade de segurado por mais 12 meses, a mera ausência de anotação de novo contrato de trabalho na CTPS. 4 — Aplicando-se a legislação vigente à data do óbito e ocorrido este já na vigência da Lei n. 9.528/97, considera-se como termo inicial do benefício a data do requerimento administrativo. 5 — Apelação improvida e remessa oficial parcialmente provida.
(TRF — 4ª Reg.; AC — Apelação Cível n. 396.780; Proc. n. 2001.04.01.008760-0/PR; 6ª T.; Decisão: 25.9.2001; DJU 17.10.2001; Rel. Juiz Luiz Fernando Wowk Penteado). In www.cjf.gov.br

PREVIDENCIÁRIO. PENSÃO POR MORTE. ESPOSA ABANDONADA. CONCESSÃO. O abandono da esposa pelo falecido marido, sem que ela tenha conhecimento do seu paradeiro para postular alimentos, não se confunde com a ausência inserta na redação do § 2º do artigo 69 do RBPS, razão pela qual é presumida a dependência econômica, nos termos do artigo 12 da CLPS. No caso, a autora faz jus ao benefício a contar do óbito da companheira, já que o benefício vinha sendo pago a ela e a postulação via judicial pela demandante ocorreu posteriormente.
(TRF — 4ª Reg.; AC — Apelação Cível n. 226.135; Proc. n. 1998.04.01.026839-2/RS; 5ª T.; Decisão: 18.12.2000; DJU 10.1.2001; Rel. Juiz Altair Antonio Gregório). In www.cjf.gov.br

PREVIDENCIÁRIO. PENSÃO. RETROAÇÃO DA DIB. MENORES. AUXÍLIO-DOENÇA REQUERIDO POR DEPENDENTES APÓS DATA DO ÓBITO. IMPOSSIBILIDADE. 1 — Em se tratando de direito envolvendo incapazes, apesar de óbito ter ocorrido após a Lei n. 9.528/97, a pensão é devida desde o falecimento do segurado, pouco importando que requerida depois de 30 dias daquele passamento. 2 — Incabível a concessão de auxílio-doença não requerido em vida pelo segurado, seja por se tratar de benefício personalíssimo, ou mesmo pela ausência de prova acerca da presença da invalidez. 3 — Apelação dos Autores parcialmente provida.
(TRF — 4ª Reg.; AC — Apelação Cível n. 399.100; Proc. n. 1999.71.10.008464-3/RS; 6ª T.; Decisão: 21.8.2001; DJU 19.9.2001; Rel. Juíza Eliana Paggiarin Marinho). In www.cjf.gov.br

PERDA DA QUALIDADE DE SEGURADO

O segurado perde essa condição após transcorridos os períodos de que trata os arts. 15 da Lei n. 8.213 e 13 do Reps, em que ele fica sem contribuir, chamado período de graça (v.). Ao perder a qualidade de segurado não perde o trabalhador os direitos que, porventura, já tenha adquirido. Para que, futuramente, após voltar a contribuir, possa contar o tempo de contribuição anterior, é necessário que complete, pelo menos, 1/3 de contribuições, contado este terço conforme o período de carência do benefício que pretenda requerer. Se o segurado falecer após perder tal condição, a pensão somente será concedida aos seus dependentes se, antes da perda da qualidade de segurado o trabalhador já tiver preenchido todas as condições para requerer aposentadoria, conforme a lei em vigor no momento desse preenchimento (Arts. 23, parágrafo único, 102/180).

JURISPRUDÊNCIA

CONTRIBUIÇÃO. EMBARGOS DE DIVERGÊNCIA. PREVIDENCIÁRIO. APOSENTADORIA POR IDADE. PERDA DA QUALIDADE DE SEGURADO. IRRELEVÂNCIA. 1 — Para concessão de aposentadoria por idade, não é neces-

sário que os requisitos exigidos pela lei sejam preenchidos simultaneamente, sendo irrelevante o fato de que o obreiro, ao atingir a idade mínima, já tenha perdido a condição de segurado. 2 — Embargos rejeitados.
(STJ — 3ª Seção; ED em REsp n. 175.265/SP; Rel. Min. Fernando Gonçalves; j. 23.8.2000; v. u.). BAASP 2186/1617-j, de 20.11.2000.

RESTRIÇÃO ÀS PRESTAÇÕES VENCIDAS. EMBARGOS DE DIVERGÊNCIA. PREVIDENCIÁRIO. APOSENTADORIA POR IDADE. PERDA DA QUALIDADE DE SEGURADO. IRRELEVÂNCIA. 1 — Para concessão de aposentadoria por idade, não é necessário que os requisitos exigidos pela lei sejam preenchidos simultaneamente, sendo irrelevante o fato de que o obreiro, ao atingir a idade mínima, já tenha perdido a condição de segurado. 2 — Embargos rejeitados.
(STJ — 3ª Seção; ED em REsp n. 175.265/SP; Rel. Min. Fernando Gonçalves; j. 23.8.2000; v. u.). BAASP 2186/1617, j, de 20.11.2000.

PREVIDENCIÁRIO. RECURSO ESPECIAL. APOSENTADORIA POR IDADE. ATIVIDADE URBANA. PREENCHIMENTO DO PERÍODO DE CARÊNCIA. INEXISTENTE A PERDA DA QUALIDADE DE SEGURADA. ART. 102 DA LEI N. 8.213/91. Vertidas as contribuições previdenciárias em sua totalidade e aceitas pelo INSS, não há que se falar em descumprimento do período de carência. A perda da qualidade de segurada não prejudica a concessão do benefício previdenciário de aposentadoria por idade. Precedentes . Recurso conhecido e provido.
(STJ — REsp — Recurso Especial n. 239.001; Proc. n. 1999.01. 05003-0/RS; 5ª T.; Decisão 19.4.2001; DJ 18.6.2001; Rel. Jorge Scartezzini). In www.cjf.gov.br

PREVIDÊNCIA SOCIAL. APOSENTADORIA POR INVALIDEZ. PERDA DA QUALIDADE DE SEGURADO. I — Ocorrendo a perda da qualidade de segurado, o autor não faz jus à aposentadoria por invalidez ou auxílio-doença. II — Presentes os requisitos previstos pela Lei n. 6.179/74, o autor tem direito a que lhe seja concedida a renda mensal vitalícia. III — Descabe o arbitramento desmotivado dos emolumentos do *expert* judicial, se o *quantum* é superior ao teto previsto em lei. IV — Recursos a que se dá parcial provimento.
(TRF — 3ª Região; 2ª T.; Ap. Cível n. 90.03.33809-4/SP; Rel. Juiz Souza Pires; j. 18.2.1992; v. u.; DOE, Poder Judic., Caderno 1, 6.4.1992, pág. 109, ementa). BAASP 1749/229, de 1º.7.1992.

PREVIDENCIÁRIO. PEDIDO DE APOSENTADORIA POR IDADE. PERDA DA QUALIDADE DE SEGURADO. NÃO INCIDÊNCIA DO ART. 102 DA LEI N. 8.213/91. PRELIMINARES REJEITADAS. APELO DO INSS E REMESSA OFICIAL PROVIDAS. SENTENÇA DE PROCEDÊNCIA REFORMADA. RECURSO DO AUTOR PREJUDICADO. 1 — O prévio exaurimento, ou mesmo o prévio acesso, à via administrativa perante o INSS não pode ser considerado requisito para ingresso em Juízo a fim de vindicar benefício previdenciário, sua conversão em outro ou revisão de renda mensal, sob pena de afronta ao inc. XXXV do art. 5º da Constituição Federal. Aplicação das Súmulas ns. 213/TFR e 9/TRF da 3ª Região. Não há que se falar em inexistência de lide sem o prévio ingresso na instância administrativa, ou ainda porque o INSS "desconhecia" a pretensão do autor, uma vez que efetuada a citação e sobrevindo contestação do INSS onde categoricamente se opõe ao mérito do pedido a lide está bem caracterizada pois não há como supor que concordaria com o pleito no âmbito administrativo; aliás, tanto não concorda com o pleito do autor que apelou da sentença no mérito. 2 — Faltando ao autor a condição de segurado porque, empresário como se declarou, antes de completar 65 anos deixou de contribuir para a Previdência Social por muitos anos, não há como conceder-lhe aposentadoria por idade. O fato de haver efetuado as contribuições do tempo inadimplido de uma só vez dois meses antes de ajuizar a ação não restaurou o direito ao benefício, ainda mais que ao perder a qualidade de segurado ainda não tinha alcançado a idade exigida por lei para adquirir direito ao benefício, não sendo, portanto, agraciado pelo art. 102 do PBPS. 3 — Preliminares rejeitadas. Apelo do INSS e remessa providos no mérito. Apelo do autor, questionando a forma de correção monetária, prejudicado.
(TRF — 3ª Reg.; AC — Apelação Cível n. 458.667; Proc. n. 1999.03. 99.011169-0/SP; 5ª T.; Decisão 4.9.2001; DJU 9.10.2001; Rel. Juiz Johonsom di Salvo). In www.cjf.gov.br

PREVIDENCIÁRIO: AUXÍLIO-DOENÇA. CONDIÇÃO DE SEGURADO. PROVA. CUSTAS PROCESSUAIS. I — Não há que se falar em perda da qualidade de segurado se o segurado deixou de contribuir por se encontrar incapacitado para o trabalho. II — O termo inicial do benefício deve coincidir com a data do ajuizamento da ação, pois comprovado que a incapacidade é anterior à realização da perícia. III — Os juros de mora são devidos por impositivo legal, a partir da citação, à base de 0,5% (meio por cento) ao mês. IV — A Súmula n. 178 do STJ, cujo intuito é prestigiar a autonomia estadual e o princípio federativo, não é aplicável ao Estado de São Paulo, uma vez que se verifica

a existência de lei estadual que isenta a autarquia do pagamento de custas processuais (artigo 5º, da Lei n. 4.952/85). V — Recurso ex officio parcialmente provido. Apelação do INSS improvida.
(TRF — 3ª Reg.; AC — Apelação Cível n. 536.087; Proc. n. 1999.03.99.093972-2/SP; 2ª T.; Decisão: 6.2.2001; DJU 4.4.2001; Rel. Juiz Aricê Amaral). In www.cjf.gov.br

PREVIDENCIÁRIO. ADMINISTRATIVO. APOSENTADORIA POR IDADE. PERDA DA QUALIDADE DE SEGURADO. 1 — A perda da qualidade de segurado não prejudica o direito ao benefício àquele que já tenha recolhido contribuições pelo número de meses equivalentes ao prazo de carência e posteriormente venha implementar o requisito idade. Precedentes do E. STJ. 2 — Apelação da autora provida.
(TRF — 4ª Reg.; AC — Apelação Cível n. 332.166; Proc. n. 1999.71. 07.002388-8/RS; 6ª T.; Decisão 28.11.2000; DJU 31.1.2001; Rel. Juiz Sergio Renato Tejada Garcia). In www.cjf.gov.br

PREVIDENCIÁRIO. APOSENTADORIA POR IDADE. TRABALHADOR EM ATIVIDADE URBANA. PERDA DA QUALIDADE DE SEGURADO. CORREÇÃO MONETÁRIA. VERBA HONORÁRIA. JUROS DE MORA. CUSTAS PROCESSUAIS. 1 — Tendo a parte autora implementado o requisito etário, e comprovado a filiação ao sistema previdenciário anterior a 24.7.91, bem como o recolhimento de contribuições previdenciárias suficientes ao preenchimento do período de carência exigido em lei, tem direito à aposentadoria por idade — área urbana, a contar da citação da Autarquia. 2 — Não há necessidade de simultaneidade no preenchimento dos requisitos necessários à concessão do benefício de aposentadoria por idade (implemento do requisito etário e contribuições previdenciárias). Precedente do Egrégio STJ. 3 — Correção monetária segundo os critérios estabelecidos na Lei n. 6.899/81, inclusive para o período anterior ao ajuizamento da ação. 4 — Incidência dos juros moratórios a contar da citação e na proporção de 12% ao ano, tendo em vista o caráter alimentar do débito. 5 — Nas ações previdenciárias em que sucumbente o INSS, o percentual da verba honorária deve ser fixado em 10%, conforme precedentes desta Corte, incidindo o referido percentual apenas sobre as prestações vencidas até o início da execução. 6 — Demanda isenta de custas.
(TRF — 4ª Reg.; AC — Apelação Cível n. 327819; Proc. n. 2000.04.01.021169-0/SC; 5ª T.; Decisão 22.6.2001; DJU 4.7.2001; Rel. Juiz Marcos Roberto Araújo dos Santos). In www.cjf.gov.br

PREVIDENCIÁRIO. TUTELA ANTECIPADA. ART. 142 DA LEI N. 8.213/91. PERDA DA QUALIDADE DE SEGURADO. REQUISITO DA URGÊNCIA CONFIGURADO. Beneficia-se com a regra do art. 142 da Lei n. 8.213/91 aquele que, não obstante tenha perdido a qualidade de segurado antes do advento da Lei n. 8.213/91, vem a recuperá-la depois de recolher "1/3 do número de contribuições exigidas para o cumprimento da carência definida para o benefício a ser requerido" (art. 24, parágrafo único, da Lei n. 8.213/91).
(TRF — 4ª Reg.; AG — Agravo de Instrumento n. 79.234; Proc. n. 2001.04.01. 023305-6/RS; 5ª T.; Decisão 30.8.2001; DJU 12.9.2001; Rel. Juiz Paulo Afonso Brum Vaz). In www.cjf.gov.br

TENDO O AUTOR PERDIDO A CONDIÇÃO DE SEGURADO, POR TER DEIXADO DE CONTRIBUIR POR MAIS DE 12 MESES AO REGIME AO QUAL ESTAVA FILIADO ANTERIORMENTE AO INFORTÚNIO, PERDE O DIREITO À PERCEPÇÃO DE QUALQUER BENEFÍCIO. Neste caso, não pode ser argüida a desnecessidade de período de carência, pois esta deve ser entendida como um número mínimo de contribuições para fazer jus o obreiro — desde que filiado à Previdência — a determinado benefício, não sendo esta situação em que se enquadrava o autor quando do acidente. Recurso improvido para manter a r. sentença que declarou o autor carecedor da demanda, extinguindo o feito, sem julgamento do mérito. Nega-se provimento ao apelo.
(2º TACivil — 7ª Câm.; Ap. s/Rev. n. 474.940-0/7-São Bernardo do Campo/SP; Rel. Juiz Emmanoel França; j. 7.1.1997; v. u.). BAASP 2001/141, j. de 5.5.1997.

PERÍCIA MÉDICA

É o exame que o médico do INSS (v.) faz no segurado ou no dependente, em todos os casos em que a incapacidade, temporária ou definitiva, para o trabalho for requisito para a percepção de algum benefício ou sua manutenção.

JURISPRUDÊNCIA

PREVIDENCIÁRIO. APOSENTADORIA POR INVALIDEZ OU AUXÍLIO-DOENÇA. PERÍCIA COM MÉDICO NÃO ESPECIALIZADO. NULIDADE DA SENTENÇA. Se os males que a segurada alega que lhe afligem, entre outros, são de natureza nervosa ou psíquica, é imprescindível a realização de perícia psiquiátrica e neurológica, sob pena de cerceamento de defesa, não suprindo a exigência a produção de laudos por médicos não especializados em doenças nervosas e psíquicas, no caso médico do trabalho e cardiologista. Embargos infringentes rejeitados.

(TRF — 4ª Reg.; EIAC — Embargos Infringentes na Apelação Cível n. 12.443; Proc. n. 1998.04.01.052947-3/RS; 3ª Seção; Decisão: 22.11.2000; DJU 29.8.2001; Rel. Juiz João Surreaux Chagas). In www.cjf.gov.br

PROCESSO CIVIL. PERITO. SUSPEITO. ARTS. 423 C/C. 138, III, DO CPC E DO CÓDIGO DE DEONTOLOGIA MÉDICA. O médico não pode ser perito de paciente seu, por força do Código de Ética. Nulidade do processo. (TRF — 4ª Reg.; AC — Apelação Cível n. 188.571; Proc. n. 97.04.20328-4/RS; Turma Especial; Decisão: 18.7.2001; DJU 15.8.2001; Rel. Juiz Carlos Eduardo Thompson Flores Lenz). In www.cjf.gov.br

PERÍODO DE CARÊNCIA

É o lapso de tempo durante o qual o segurado deve estar contribuindo para a previdência social, sem contudo ter direito às prestações completando um número mínimo de contribuições. Tal período é contado a partir da filiação (v.) à previdência social, a não ser para o doméstico, o segurado especial, o facultativo e o contribuinte individual (v.), mesmo que nessa ocasião eles paguem contribuições atrasadas. O preenchimento do período de carência é requisito para o segurado ter direito às prestações, salvo para os seguintes benefícios: pensão por morte, auxílio-reclusão, salário-família e salário-maternidade, exceto para a contribuinte individual, especial e facultativa, para as quais a carência é de 10 meses, e o auxílio-acidente; auxílio-doença ou aposentadoria por invalidez em razão de acidente de qualquer natureza ou causa e de doença profissional ou do trabalho, assim como na hipótese do segurado contrair tuberculose ativa, lepra, alienação mental, neoplasia maligna, cegueira, paralisia irreversível e incapacitante, cardiopatia grave, doença de Parkinson, espondiloartrose anquilosante, nefropatia grave ou estado avançado da doença de Paget (osteíte deformante), desde que o segurado tenha adquirido a moléstia após ingressar no sistema previdencial. Quem perde a qualidade de segurado (v.) e volta a filiar-se à previdência social deve preencher um terço do total de contribuições exigidas para o benefício que pretenda, para poder aproveitar as contribuições anteriores a não ser que eventual incapacidade para o trabalho tenha surgido durante o período de graça (v.) ou quando tiverem sido preenchidos todos os requisitos para a concessão de aposentadoria ou pensão, que se tornam, então, imprescritíveis. Os períodos de carência têm a seguinte duração: 12 meses para o auxílio-doença e a aposentadoria por invalidez que não decorram de acidente de qualquer natureza; 180 meses para as aposentadorias por idade, por tempo de serviço ou de contribuição e especial. Para os segurados que se filiaram ao INSS até 24.7.91, há uma tabela crescente do período de carência, até chegar-se a 180 contribuições, para as aposentadorias por idade, tempo de contribuição e especial, conforme o art. 142. O fundamento técnico do período de carência é óbvio, num sistema de seguro social: prover os fundos previdenciais de recursos para pagamento das prestações. Não há dúvida, porém, de que no caso de doença ou invalidez a pessoa fica desprovida de cobertura sem que se lhe possa atribuir qualquer malícia ou má-fé (Arts. 24, parágrafo único a 27, 102/26 a 30).

PERÍODO DE GRAÇA

É o lapso de tempo durante o qual o segurado não está contribuindo para a previdência social, por não estar exercendo atividade a ela vinculada, mas tem assegurados todos os seus direitos previdenciais. Isto quer dizer que durante o período de graça não se perde a qualidade de segurado. O período de graça é de: a) 12 meses para quem deixa de exercer atividade abrangida pela previdência social ou se estiver suspenso ou licenciado, sem remuneração salvo se já tiver pago mais de 120 contribuições mensais (sem perda da qualidade de segurado nesse lapso de tempo), quando o período de graça será de 24 meses; b) se a desvinculação da previdência social for por desemprego, conforme registro na Delegacia Regional do Trabalho, os prazos acima mencionados são acrescidos de 12 meses; c) de 12 meses após cessar a segregação, para quem é acometido de doença de segregação compulsória; d) até 12 meses após o livramento, para o detido ou recluso; e) até 3 meses após o licenciamento, para o incorporado às Forças Armadas para prestar serviço militar; f) até 6 meses após a cessação das contribuições para o segurado facultativo (Arts. 15, 24, parágrafo único, 102/13 a 15).

JURISPRUDÊNCIA

PREVIDÊNCIA SOCIAL. PERDA DA QUALIDADE DE SEGURADO. PRETENSÃO À APOSENTADORIA. Segurado que, depois de mais de dez anos, deixa de contribuir para a previdência social, perde aquela qualidade. A aposenta-

ria por velhice é benefício concedido aos que preencheram os requisitos necessários, inclusive o de ser segurado.
(AC n. 89.367/PE (5612837) — Ac. 3ª T.; TFR; 3.4.84 (in RPS, n. 41/84, pág. 305).

PRECATÓRIOS

Os créditos contra o INSS, referentes à concessão de benefícios ou diferença de seu valor, decorrentes de decisão judicial, são recebidos segundo os parâmetros fixados pelo art. 100 da CF, ou seja, mediante a expedição de precatórios. Estão fora desta exigência os que tenham valor de execução não superior a R$ 5.180,25, que poderão ser quitados no prazo de até sessenta dias, após a intimação do trânsito em julgado da decisão, nos termos em que dispôs a Lei n. 10.099, de 19.12.2000, que deu nova redação ao art. 128 da Lei n. 8.212.

PREJULGADO

Julgamento proferido pelo Ministro da Previdência e Assistência Social ou pelo CRPS (v.), em sua composição plena, sobre matéria controvertida, não se tratando, pois, de julgamento in casu. Seus efeitos são: vincula as Turmas do CRPS, as quais não podem tomar conhecimento de recurso que verse sobre matéria decidida por prejulgado; possibilita recurso das decisões das Turmas do CRPS que violem o seu texto para o grupo de Turmas. Os Prejulgados atualmente em vigor e que, como é óbvio, não interferem na área judicial, foram baixados pelas Portarias ns. 3.273, de 26.8.71 e 3.286, de 27.9.73, ambas do então Ministro do Trabalho e Previdência Social.

PRESCRIÇÃO DAS CONTRIBUIÇÕES

O direito do INSS ou da Receita Federal de cobrarem seus créditos constituídos prescreve em dez anos (Arts. 46/349).

JURISPRUDÊNCIA

CONSTITUCIONAL. TRIBUTÁRIO. CONTRIBUIÇÃO PREVIDENCIÁRIA. LEI N. 7.787/89 (REMUNERAÇÃO DE AUTÔNOMOS, AVULSOS E ADMINISTRADORES). RESTITUIÇÃO. PRESCRIÇÃO. REPERCUSSÃO TRIBUTÁRIA 1 — A expressão "autônomos, avulsos e administradores", contida no inciso I do art. 3ª da Lei n. 7.787/89, foi declarada inconstitucional pelo Supremo Tribunal Federal (RE n. 166.772-8/RS e ADIn n. 1.102/DF). 2 — Tem, o contribuinte, direito à restituição dos valores recolhidos a título da referida contribuição, acrescidos de correção monetária, de acordo com os índices atualizados pela Justiça Federal na atualização dos precatórios judiciais, bem como de juros instituídos pela Lei n. 9.250/95, art. 39, a partir da sua vigência. 3 — A prescrição é de 5 (cinco) anos a partir da data do pagamento, compreendido como do dia do fato gerador acrescido de 5 (cinco) anos (data-limite do lançamento por homologação). 4 — É desnecessária a prova da inexistência da repercussão tributária, conforme precedente do STJ. 5 — Apelação do INSS e remessa necessária parcialmente providas.
(TRF — 2ª Reg.; AC — Apelação Cível n. 166.614; Proc. n. 98.02.12203-3/RJ; 3ª T.; Decisão: 15.5.2001; DJU 28.6.2001; Rel. Juiz Ricardo Perlingeiro). In www.cjf.gov.br

CONTRIBUIÇÃO PREVIDENCIÁRIA. PRESCRIÇÃO. TERMO INICIAL. COBRANÇA. COMPENSAÇÃO OU RESTITUIÇÃO DE REMUNERAÇÃO DOS ADMINISTRADORES, AVULSOS E AUTÔNOMOS. I — O termo inicial da prescrição da cobrança ou compensação do crédito de contribuições previdenciárias, recolhidas indevidamente, conta-se a partir da data da decisão do Supremo Tribunal Federal. II — As contribuições são tributos diretos e não se transferem ao contribuinte de fato. III — Embargos de declaração providos.
(TRF — 2ª Reg.; EDAC — Embargos de Declaração na Apelação Cível n. 170.345; Proc. n. 98.02.17833-0/RJ; 1ª T.; Decisão: 19.3.2001; DJU 12.6.2001; Rel. Juiz Carreira Alvim). In www.cjf.gov.br

PRESCRIÇÃO DOS BENEFÍCIOS

O direito ao benefício não prescreve, ainda que o segurado tenha perdido a sua condição, mas prescreve o direito às prestações anteriores aos últimos cinco anos. O beneficiário que desejar pleitear revisão, restituição ou diferenças de benefícios tem cinco anos para fazê-lo, contados: 1. para revisão: do primeiro dia do mês seguinte ao do recebimento da primeira prestação ou do dia em que tomar conhecimento da decisão administrativa indeferitória, definitiva; 2. prestações vencidas: a contar da data em que deveriam ter sido pagas; 3. restituições ou diferenças: a contar da data em que deveriam ter sido pagas. Em caso de acidente do trabalho, se houver morte ou incapacidade temporária, os cinco anos são contados da data do fato; em caso de incapacidade permanente, da data em que ela for reconhecida pela perícia do INSS; na hipótese de doença do trabalho ou profissional, o dia do acidente é considerado a data do início da incapacidade laborativa para o exercício da atividade habitual ou o dia em que for realizado o diagnóstico, seja pelo médico da empresa como pelo do INSS, valendo o que ocorrer primeiro. Contra menores e incapazes não corre prescrição (Arts. 23, 103, 104/345, 347).

JURISPRUDÊNCIA

MANDADO DE SEGURANÇA. ATO DE REDUÇÃO DE PAGAMENTO DE APOSENTADORIA APÓS PASSADOS DEZ ANOS DE SUA CONCESSÃO. PRESCRIÇÃO. 1 — É ilegal o ato administrativo que, ao corrigir erro, reduz o pagamento da aposentadoria cuja concessão ocorreu há mais de dez anos, porquanto atingido pelo instituto da prescrição. 2 — Recurso provido.
(STJ — 6ª T.; ROMS — Recurso Ordinário em Mandado de Segurança n. 11.147; Proc. n. 1999.00.80757-0/ES; Decisão: 7.6.2001; DJ 13.8.2001; Rel. Fernando Gonçalves). In www.cjf.gov.br

AÇÃO RESCISÓRIA. VIOLAÇÃO LITERAL DE LEI. ERRO DE FATO. ART. 485, INCISOS V E IX DO CPC. DISACUSIA. AUXÍLIO-ACIDENTE. Erro da decisão rescindenda em tomar como termo inicial da prescrição a data da aposentadoria, ao invés da data do exame pericial. Súmula n. 230 — STF. Ação rescisória procedente.
(STJ — 3ª Seção; AR — Ação Rescisória n. 437; Proc. n. 1994.00.20224-5/SP; Decisão: 24.5.2000; DJ 19.6.2000; Rel. Gilson Dipp). In www.cjf.gov.br

ACIDENTE NO TRABALHO. PRESCRIÇÃO. TERMO INICIAL. ASBESTOSE. AMIANTO. O termo inicial da prescrição da pretensão indenizatória não flui da data do desligamento da empresa, mas de quando o operário teve conhecimento da sua incapacidade, origem, natureza e extensão, que no caso corresponde à data do laudo. O fato do decurso de 34 anos da despedida do empregado impressiona, mas deve ser examinado em conjunto com as características da doença provocada pelo contato com o amianto (asbestose), que pode levar muitos anos para se manifestar. Recurso conhecido e provido.
(STJ — REsp — Recurso Especial n. 291.157; Proc. n. 2000.01.28218-2/SP; 4ª T.; Decisão: 1º.3.2001; DJ 3.9.2001; Rel. Ruy Rosado de Aguiar). in www.cjf.gov.br.

RELIGIOSOS. PREVIDENCIÁRIO E PROCESSUAL CIVIL. PRESCRIÇÃO E DECADÊNCIA: NOVA REDAÇÃO DO ART. 103 DA LEI N. 8.213/91. IRRETROATIVIDADE DA LEI. APELO DO AUTOR PROVIDO. RETORNO DOS AUTOS À VARA DE ORIGEM PARA APRECIAÇÃO DA MATÉRIA DE FUNDO. SENTENÇA REFORMADA. 1 — Inaplicável, à espécie, o art. 103 da Lei n. 8.213/91, com a redação trazida pela Lei n. 9.528/97, posteriormente alterada pela Lei n. 9.711/98, vez que a novel legislação passa a ter efeitos, tão-somente, sobre os benefícios que vierem a se iniciar sob sua égide, não podendo incidir sobre situações já consolidadas pelo direito adquirido. 2 — A lei não pode retroagir, a não ser que essa faculdade conste, expressamente, de seu texto. A irretroatividade da lei age em prol da estabilidade das relações jurídicas, do ato jurídico perfeito, do direito adquirido e da coisa julgada. 3 — Apelo do Autor provido. Retorno dos autos à Vara de origem para apreciação da matéria de fundo. Sentença reformada.
(TRF — 3ª Região — 5ª T.; AC n. 1999.03.99.073661-6/SP; Rela. Desa. Federal Ramza Tartuce; j. 28.3.2000; v. u.). BAASP 2201/1737-j, de 5.3.2001.

PREVIDENCIÁRIO. PRESCRIÇÃO. TERMO INICIAL DE BENEFÍCIOS. ERRO ADMINISTRATIVO E PROTESTO JUDICIAL. CORREÇÃO MONETÁRIA. EXPURGOS INFLACIONÁRIOS. 1 — A prescrição é interrompida pelos induvidosos atos de contestação dos requerimentos administrativos e protesto judicial. 2 — Sendo incorreto o indeferimento administrativo do abono de permanência, sua concessão retroage à data do requerimento administrativo inicial. 3 — Tendo o autor ofertado protesto judicial para garantir o termo inicial de benefício de aposentadoria que estava impedido de protocolar em razão de greve do INSS, esta ação constitui-se no termo inicial do benefício de aposentadoria por tempo de serviço. 4 — A correção monetária é devida a partir do momento em que vencida cada parcela, pelo evidente caráter alimentar dos benefícios previdenciários. 5 — Na atualização dos débitos previdenciários incidem os expurgos inflacionários. Súmulas 32 e 37 desta Corte.
(TRF — 4ª Reg.; AC — Apelação Cível n. 176.023; Proc. n. 96.04.65295-8/PR; 6ª T.; Decisão: 6.11.2001; DJU 21.11.2001; Rel. Juiz Néfi Cordeiro). In www.cjf.gov.br

PREVIDENCIÁRIO. REVISÃO DA RENDA MENSAL INICIAL. PRESCRIÇÃO INOCORRIDA. CONTRIBUINTE EM DOBRO. PROGRESSÃO NA ESCALA DE SALÁRIO-BASE. RESPEITO AOS INTERSTÍCIOS. 1 — Inocorrida a prescrição, quando o ajuizamento da ação é

feito dentro do qüinqüídio, após a concessão do benefício administrativamente. 2 — Para o cálculo do salário-de-benefício, devem ser respeitados os interstícios para a progressão nas classes dos salários-de-contribuição, mesmo para contribuintes em dobro.
(TRF — 4ª Reg.; AC — Apelação Cível n. 265.537; Proc. n. 1999.04.01.009651-2/SC; 5ª T.; Decisão: 14.5.2001; DJU 29.8.2001; Rel. Juiz Néfi Cordeiro). In www.cjf.gov.br

PRESIDIÁRIO

O presidiário pode ser segurado facultativo (v. este verbete) (Art. 11, IX, do Decreto n. 3.048/99).

PRESTAÇÕES DA PREVIDÊNCIA SOCIAL

Prestações da previdência social são coisas entregues (dinheiro, prótese etc.) ou atos praticados (tratamento fisioterápico, ensino de nova profissão etc.) pelo INSS que visam a reparar as conseqüências da realização das chamadas contingências humanas. As prestações constituem, na relação jurídica de previdência social, um dos seus objetos com referência ao qual os beneficiários são sujeitos ativos e o Instituto Nacional do Seguro Social, sujeito passivo. Nosso Direito positivo e doutrinário divide as prestações em benefícios e serviços *e estabelece uma distinção entre elas. Benefício é a prestação pecuniária; serviço é concedido por atos praticados, tais como os da reabilitação profissional. As prestações são divididas, ainda, em* pecuniárias e sanitárias, *conforme o objetivo que têm em vista, se substituir o salário ou ajudar o orçamento familiar ou recuperar a capacidade laborativa ou a saúde. Se pecuniárias, podem ser* instantâneas *ou* periódicas. *As primeiras constituem um único pagamento pela realização do evento coberto como, por exemplo, o auxílio-natalidade por parto, o auxílio-funeral por morte etc. As periódicas, chamadas pelo nosso Direito de prestações continuadas, se repetem no tempo, ligadas a um mesmo evento coberto. Assim, o auxílio-doença é concedido mensalmente, enquanto perdurar a incapacidade; a aposentadoria por invalidez até a morte do segurado etc. Quanto ao nível das prestações pecuniárias, nosso Direito parece ter abraçado a doutrina do mínimo vital proporcional, pois o art. 1º da Lei n. 8.213/91 declara que a "A Previdência Social, mediante contribuição, tem por fim assegurar aos seus beneficiários meios indispensáveis de manutenção, por motivo de incapacidade, desemprego involuntário, idade avançada, tempo de serviço, encargos familiares e prisão ou morte daqueles de quem dependiam economicamente". O art. 3º da Lei n. 8.212/91 tem, praticamente, idêntica redação, estando ambos de acordo com o art. 201 da Constituição Federal. Como se verifica, as prestações pecuniárias visam tão-somente a que o segurado obtenha os meios sem os quais seria impossível viver, isto é, os meios indispensáveis. Os dispensáveis não são objeto do seguro social. Face a esta doutrina, que é a da maioria dos países, os benefícios são concedidos tomando-se por base o denominado salário-de-benefício (v.) que guarda próxima relação com o salário percebido pelo empregado na atividade. Para que haja direito às prestações, alguns requisitos são exigidos. Os principais são: que a contingência (v.) coberta tenha ocorrido, que tenha sido preenchido o período de carência (v.). Quanto ao tipo de prestações, o art. 18 da Lei n. 8.212/91 as classifica conforme o beneficiário seja o segurado, o dependente ou ambos, o que é repetido pelo art. 25 do Decreto n. 3.048/99.*

PRESUNÇÃO DE DEPENDÊNCIA

Suposição decorrente de lei de que certas pessoas, em virtude do seu grau de parentesco ou de vínculo com o segurado, vivem às suas expensas, o que dispensa prova de dependência. Tais pessoas são a esposa, a companheira e o companheiro, o marido, os filhos, mesmo os a eles equiparados menores de 21 anos ou inválidos (Arts. 16/16).

PREVENÇÃO DE ACIDENTE DO TRABALHO

Prevenir é criar condições para a não realização do risco. Discute-se, doutrinariamente, se a prevenção faz parte da previdência social e a resposta é positiva. Na medida em que se investem recursos para criação das condições que impedem ou diminuem a realização das contingências se estará protegendo o trabalhador de cair numa daquelas situações de perda de capacidade de trabalho. A proteção do segurado não deve se restringir à cobertura das conseqüências oriundas da realização das contingências. A Lei n. 8.213/91 tentou dar ênfase à prevenção, declarando, não só, que a empresa é responsável pela adoção de medidas coletivas e individuais de proteção e segurança à saúde do trabalhador mas, também, que é contravenção penal, punível com multa, deixar a empresa de cumprir as normas de segurança e higiene do trabalho que são, no mínimo, as que estão na Consolidação das Leis do Trabalho, arts. 168 a 200 e na Portaria MTb n. 3.214, de 8.6.78. Além disto, o art. 120 da referida lei atribui responsabilidade a terceiros, sob forma de ação regressiva, caso algum benefício deva ser outorgado pelo INSS em razão de negligência quanto às normas de higiene e segurança do trabalho, ou seja, o empregador pode ser compelido, judicialmente, a reembolsar o INSS pelo que ele gastou com prestações decorrentes de acidentes do trabalho. A mesma lei tenta estimular os sindicatos a fazerem cursos sobre prevenção de acidentes (§§ 1º e 2º do art. 19, arts. 119, 120/338, 339, 340, 341, 343).

PREVIDÊNCIA SOCIAL

A previdência social é um meio de cobertura das conseqüências oriundas da realização dos riscos normais da existência ou de eventos que acarretem um aumento de despesas. Isto, porém, não é o bastante para conceituar a previdência social, pois também outras formas de previdência, que atuam por meio do seguro privado, das mutualidades e da simples poupança individual, visam ao mesmo fim. A diferença entre a previdência social e as outras formas de previdência provém do seguinte: o instrumento da previdência social é o seguro social e este é obrigatório, a tal ponto de ter um autor afirmado que, ou o seguro social é obrigatório ou não é social (apud Mário L. Deveali, "Curso de Derecho Sindical y de la Previsión Social", Buenos Aires, 1952, pág. 273). Tal obrigatoriedade significa que as pessoas que estejam em determinadas condições estipuladas pela lei, não se podem furtar a ser sujeitos de uma relação jurídica que se instaura em virtude da própria lei. A obrigatoriedade abrange não apenas os segurados como também o órgão segurador, que não seleciona as pessoas com as quais manterá a relação jurídica asseguratória, desde que as mesmas reúnam as condições objetivas previstas pela lei. No seguro social todas as normas da relação jurídica se encontram na lei, não sendo permitidos pactos de condições diversas daquelas legais, nem mesmo mais favoráveis. A soma de interesses individuais que esta forma de seguro visa a tutelar, constituída pelo interesse de todos aqueles que vivem do produto de seu trabalho — uma comunidade dentro da comunidade maior formada por todos os homens — e os reflexos das conseqüências que esses interesses não tutelados teriam sobre toda a coletividade levam o Estado a interessar-se por sua imposição e administração. Em virtude desse precípuo interesse coletivo, não só o Estado por meio da legislação faz surgir a relação jurídica de tutela do economicamente fraco face às contingências humanas, como também toma a si a organização e a administração de todo o sistema. O seguro não se torna social porque o Estado o administra por meio de entidades estatais ou paraestatais, mas a recíproca é que é verdadeira: pelo fato de ser social é que o Estado tem interesse em administrá-lo. Não é característica do seguro social o custeio por parte do seu beneficiário direto — o trabalhador. O que importa é que, como modalidade de seguro, haja o dever de pagamento do prêmio (contribuição) por determinadas pessoas, físicas ou jurídicas. Aqueles que apregoam a contributividade do beneficiário como característica do seguro social se esquecem de que, no seguro privado, este geralmente contribui pagando o prêmio, e, isto não transforma tal seguro em social. Por outro lado, o seguro acidentes-do-trabalho (v.), na grande maioria dos países custeado apenas pelo empregador — real segurado, mas não beneficiário — é estudado em todos os compêndios ou tratados de seguro social, seja historicamente, seja no seu regime moderno, porque sua real finalidade não é prejudicada pelo fato de os empregados não contribuírem: a proteção dos interesses de grande soma de trabalhadores, na ocorrência de um risco normal específico de suas existências que, se não seguradas, poderiam refletir negativamente sobre a coletividade (Constituição Federal, art. 201).

PRINCÍPIOS DA PREVIDÊNCIA SOCIAL

A Constituição Federal, no art. 194, parágrafo único, relaciona os princípios da seguridade social que como não poderia deixar de ser, são também princípios da previdência social já que esta faz parte da seguridade social. São eles, com as necessárias explicações: "I — universalidade da cobertura e do atendimento. O princípio da universalidade significa que toda a população de um dado país deve ter assegurada uma renda mínima no caso de incapacidade de trabalho ou de ganho ou de morte do provedor da família e um suplemento pecuniário pelo aumento de despesas que desequilibrem ou possam desequilibrar o orçamento familiar. A universalidade da cobertura, portanto, tem a ver com os sujeitos protegidos, que hão de ser todos aqueles atingidos por uma contingência humana que lhes retira a capacidade de trabalhar (ou a diminui), de ganho, a saúde, ou acarreta um aumento de despesas que, se não atendido, provoca um desequilíbrio orçamentário familiar. A universalidade do atendimento refere-se não aos sujeitos, mas ao objeto, vale dizer, às contingências a serem cobertas. Estas serão todas aquelas acima mencionadas, isto é, os acontecimentos que podem levar a conseqüências que, se não protegidas por renda substitutiva ou complementar da remuneração e atos e bens que recuperem a saúde, colocam a pessoa sob o risco de cair em estado de necessidade; II — uniformidade e equivalência dos benefícios e serviços às populações urbanas e rurais. Uniformidade é igualdade quanto ao aspecto objetivo, isto é, no que se refere aos eventos cobertos. Equivalência é quanto ao valor pecuniário ou qualidade da prestação. O valor pecuniário concerne aos benefícios, que, por definição, são prestações pecuniárias. A qualidade diz respeito aos serviços que são atos praticados ou coisas entregues pela previdência social na ocorrência de uma contingência para restaurar a capacidade de ganho ou saúde do cidadão. Como se viu, estes são conceitos retirados da previdência social, mas o preceito examinado, quanto ao aspecto subjetivo, refere-se às populações urbanas e rurais. População é muito mais amplo do que trabalhador ou segurado que seriam, apenas, algumas espécies de cidadãos encontráveis dentro das populações urbanas e rurais. Isto denota a universalidade da cobertura a que nos referimos precedentemente. E já que o dispositivo examinado cogita de população, e não de segurados trabalhadores, quer ele dizer que a uniformidade e equivalência se darão tanto na área da previdência social como na de assistência social e saúde. Seletividade e distributividade são qualidades que devem ter as prestações de previdência social, sejam benefícios, sejam serviços, tais quais conceituadas acima. O princípio da seletividade é um desdobramento do princípio da igualdade, no sentido de que devem ser tratados desigualmente os desiguais. Isto equivale a dizer que deve ser feita uma seleção pela lei quanto à outorga de benefícios ou serviços às pessoas, pois pode acontecer de uma pessoa golpeada por uma contingência ser possuidora de todos os meios para poder continuar subsistindo e se curar sem o socorro da segurança social. Em outras palavras, o que a Constituição determina à legislação ordinária é que use do sistema de prova da necessidade para a outorga de prestações, seja de previdência como de assistência social, o que nos parece plenamente justificável. Se num sistema de segurança social todas as pessoas devem estar cobertas pela proteção respectiva, não há dúvida de que, especialmente num país capitalista como o nosso, no qual a acumulação de riqueza é permitida só a alguns, estes não devem usufruir das prestações da previdência ou assistência social. Só se provarem a necessidade, o que se dá por meio da medida da renda da pessoa no momento em que ela pleiteia uma prestação. O princípio da solidariedade informa exatamente que todos devem contribuir, na medida de sua possibilidade, e usufruir das prestações na medida de sua necessidade. Desta forma se pode atingir a segunda determinação do inciso ora examinado, isto é, a distributividade, que nada mais é do que distribuir renda. O fim da previdência ou segurança social é atender as necessidades oriundas da ocorrência das contingências humanas, mas sua função é distribuir renda. E a distribuição pode se fazer não outorgando prestações a quem não provar necessidade e, com isto, melhorar o nível das prestações dos que realmente delas precisam; III — irredutibilidade do valor dos benefícios. Esta impossibilidade de redução do valor das prestações pecuniárias, que são os benefícios, não significa apenas uma proibição de diminuição nominal mas também real. Deteriorado pela inflação e por outras razões o valor inicial dos benefícios perde seu poder aquisitivo e, em muitos casos, não consegue evitar que o trabalhador caia em estado de necessidade, justamente o que a segurança social pretende prevenir; IV — eqüidade na forma de participação no custeio. A palavra eqüidade, em Direito, tem vários significados. No tópico presente, ela substitui o termo "eqüanimidade" que estava no texto votado em plenário. Pensamos, porém, estar ela sendo usada exatamente no mesmo sentido de eqüanimidade, que é "igualdade de ânimo" que no Direito, se traduz em tratar desigualmente os desiguais. Esta forma de tratamento desigual dos diferentes significa que cada um deve contribuir na medida de suas *possibilidades; possibilidades estas que são fornecidas pelos ganhos, seja do trabalhador, seja do empregador. E os ganhos do empregador são medidos pelo lucro. Em razão disto é que o art. 195, I, estipulou a contribuição dos empregadores sobre a folha de salários, o faturamento e o lucro. Outro aspecto da eqüidade é fazer com que empregados e empregadores contribuam sobre o efetivamente recebido ou pago, sem limites o que não acontece com os trabalhadores, que têm um teto. Uma certa eqüidade existe, porque a alíquota sobe na medida em que aumenta o salário-de-contribuição. Começa, por exemplo, com 8 para o salário-de-contribuição de menor valor, passa para 9% e chega a 11% para o maior salário-de-contribuição aceito pela lei; V — diversidade da base de financiamento. O sentido da expressão aqui analisada é o de que deve haver diversificação dos fatos geradores de contribuição para o custeio do sistema, isto é, a lei ordinária deve prever diversas maneiras de financiamento (v.* Custeio); *VI — caráter democrático e descentralizado da gestão administrativa, com a participação da comunidade em especial de trabalhadores, empresários e aposentados (v.* os verbetes Conselhos) *(Art. 22).*

PRISÃO

V. Auxílio-reclusão

PROCURADOR DO BENEFICIÁRIO

Procurador do beneficiário, para receber seu benefício, só pode existir em caso de ausência, moléstia contagiosa ou impossibilidade de locomoção do segurado. Não pode o mandato ser superior a 12 meses, salvo se o INSS aceitar sua renovação ou revalidação. Obriga-se o procurador, mediante termo assinado, a informar ao INSS qualquer ocorrência com o segurado, que elida o direito ao benefício (Arts. 109/156).

PROFISSIONAL LIBERAL

Segurado obrigatório da previdência social, na condição de trabalhador autônomo, classificado pela legislação como 'contribuinte individual'. A filiação à previdência social inicia-se com o próprio começo da atividade profissional, devendo o trabalhador inscrever-se no INSS, por iniciativa própria. Aos filiados até 28 de maio de 1999, a contribuição é feita sobre o salário-base *(v.). Para os filiados após aquela data, a contribuição será sobre o efetivamente ganho, até o teto do* salário-de-contribuição *(v.) (Arts. 11, V, h/9º, V, 1, 278-A).*

PRORURAL

Sigla que designou o "Programa de Assistência ao Trabalhador Rural" criado pela Lei Complementar n. 11, de 25.5.71, alterada pela Lei Complementar n. 16, de 30.10.73, estágio mais avançado de aproximação da previdência rural da urbana. As prestações concedidas pelo Programa eram: aposentadoria por velhice, por invalidez, pensão, auxílio-funeral, serviço de saúde e serviço social. Pela Lei n. 7.604, de 26.5.87, foram acrescidos ao PRORURAL o auxílio-reclusão e o auxílio-doença. A execução do programa ficou a cargo do FUNRURAL. Com a criação do SINPAS *(v.) as prestações criadas pelo PRORURAL, que estavam a cargo do FUNRURAL, foram atribuídas ao então INPS, como sujeitos passivos das mesmas prestações.*

PRÓTESE

Substituto artificial de órgão ou parte dele para atenuar a perda ou redução da capacidade de trabalho ocasionadas por infortúnio do trabalho. Constitui dever do INSS fornecê-la na circunstância acima indicada (Arts. 89, parágrafo único, a/137, § 2º).

PROVA

Para ter direito aos benefícios, o beneficiário deve fazer prova da ocorrência da contingência coberta. Assim, para a pensão, a morte do segurado; para a aposentadoria por idade, o completamento da idade, e assim por diante. A incapacidade para o trabalho, temporária ou definitiva, é verificada pela perícia médica da própria previdência social. O tempo de serviço, para a aposentadoria correspondente, é provado por meio dos seguintes documentos: I — a Carteira de Trabalho e Previdência Social, a antiga carteira de férias ou carteira sanitária, a caderneta de matrícula e caderneta de contribuições dos extintos Institutos de Aposentadoria e Pensões; II — atestado de tempo de serviço passado por empresa, certificado emitido por sindicato que agrupa trabalhadores avulsos, certidão de contribuições, passada por extinto Instituto de Aposentadorias e Pensões, e certidão expedida pela Delegacia de Trabalho Marítimo; III — certidão de inscrição ou matrícula em órgão de fiscalização profissional, acompanhada de documento que prove o exercício da atividade; IV — contrato social e respectivo distrato, quando for o caso, ata de assembléia geral e registro de firma individual; V — declaração ou atestado de empresa ainda existente ou certificado ou certidão de entidade oficial, desde que extraídos de registros efetivamente existentes e acessíveis à fiscalização da previdência social. Se o documento apresentado pelo segurado não contém todos os dados necessários, a prova de tempo de serviço pode ser complementada por outros documentos que levem à convicção do fato a comprovar, inclusive mediante justificação administrativa (v.). Se a prova do tempo de serviço é realizada em juízo, a previdência social só a aceita se ela estiver baseada em início de prova material o que é contrariado pelos Tribunais já que, entendem eles, o juiz tem liberdade para formar sua convicção baseado, até, em prova apenas testemunhal (Arts. 55/59 e 60).

JURISPRUDÊNCIA

DOCUMENTO PÚBLICO. PROVA. PRESUNÇÃO DE VERDADE. 1 — O documento público faz prova não apenas de sua formação, mas, também, dos fatos nele declarados, em função da presunção de verdade de que é portador. 2 — Hipótese em que não logrou a parte contrária comprovar a sua inautenticidade ou falsidade no que pertine aos fatos lavrados em certidão, ônus que lhe é imposto por lei, e do qual não se desincumbiu (CPC, art. 333, II). 3 — Apelação improvida.
(TRF — 1ª Reg. — 1ª T.; AC — Apelação Cível n. 01327329; Proc. n. 1995.01.32732-9/MG; Decisão: 28.8.2000; DJ 11.9.2000; Rel. Juiz Aloísio Palmeira Lima). In www.cjf.gov.br

R

REABILITAÇÃO PROFISSIONAL

A reabilitação profissional, definida como o conjunto de medidas tendentes a aproveitar a capacidade residual do beneficiário parcialmente incapaz por doença ou acidente, para torná-lo membro ativo da produção, está dentre os serviços a serem prestados pela previdência social. A reabilitação profissional se desenvolve por várias fases e deveria culminar com a volta ao trabalho (colocação ou reemprego). Pelo direito brasileiro, o processo termina com a emissão de certificado individual indicando a função para a qual o reabilitando foi capacitado profissionalmente. A maior dificuldade para o sucesso dos planos de reabilitação está em conseguir a volta do minorado à vida ativa, de forma permanente. As empresas vinculadas à previdência social, com 20 ou mais empregados, devem reservar de 2 a 5% dos cargos para atender aos casos de beneficiários reabilitados. Não há sanções específicas para o descumprimento deste preceito. Evidentemente, a volta ao trabalho quando a relação de emprego permaneceu apenas suspensa, em virtude de percepção de auxílio-doença ou aposentadoria por invalidez não oferece dificuldades outras, a não ser as já examinadas no verbete "Aposentadoria por invalidez". Com a reserva de cargos determinada pela nossa legislação está garantida a primeira condição para a imposição de contrato de trabalho. Há realmente uma obrigação de as empresas contratarem os reabilitados, mas a relação jurídica não se instaura ex lege, pelo simples fato de o reabilitando apresentar-se perante a empresa. De acordo com as modernas técnicas de reabilitação, quanto mais rápido for o contato do reabilitando com o ambiente natural de trabalho, mais satisfatório será o resultado. Assim, o INSS pode promover, sob a sua responsabilidade, estágio de acidentado reabilitando em empresa, para treinamento ou adaptação sem encargos previdenciários ou trabalhistas para a empresa (Arts. 89 a 93/136 a 141, 316, 317).

REAJUSTAMENTO

Os benefícios de prestação continuada da previdência social são reajustados em junho de cada ano, mediante a aplicação de um percentual, que resguarde o valor real do benefício. Os benefícios que se iniciaram há menos de um ano terão um reajuste proporcional, conforme o seu mês de início. Nenhum benefício reajustado poderá ser superior ao teto do salário-de-benefício (v.). Nos últimos anos os benefícios têm sido reajustados com critérios diferenciados, que podem ser encontrados na Lei n. 9.711, de 20 de novembro de 1998 (Arts. 41/40 a 42).

JURISPRUDÊNCIA

BENEFÍCIO PREVIDENCIÁRIO. CÁLCULO. SALÁRIO-DE-CONTRIBUIÇÃO. ATUALIZAÇÃO. Na dicção da ilustrada maioria, os preceitos dos arts. 201, § 3º, e 202 da Constituição Federal não são auto-aplicáveis. O concretismo das normas neles insertas deu-se somente com a Lei n. 8.213, de 24 de julho de 1991. Precedente: Recurso Extraordinário n. 193.456-5/RS, julgado pelo Pleno no dia 26 de fevereiro de 1997, cujo redator designado para o acórdão foi o Ministro Maurício Corrêa. Entendimento pessoal colocado em plano secundário, por atuar em órgão fracionado — a Turma — visando a evitar a divergência interna. Benefício previdenciário. Desequilíbrio da equação inicial. Atualização. Salário mínimo. A adoção do salário mínimo como fator de atualização de benefício previdenciário mostrou-se limitada pelo fator temporal — art. 58 do Ato das Disposições Constitucionais Transitórias. Com a vigência dos novos planos de custeio e benefícios, possível perda do poder aquisitivo do que satisfeito há de ser afastada mediante adoção de índice consentâneo com a inflação do período. Sobrepõe-se ao aspecto formal a realidade, evitando-se o retorno à fase que se impõe ter como sepultada — de desvalorização paulatina do benefício.
(STF — 2ª T. — RE n. 239.932/RJ; Rel. Min. Marco Aurélio; DJ 14.5.99; Ement.; vol. 01950-16, págs. 03395; j. 15.12.1998). In www.stf.gov.br

PREVIDÊNCIA SOCIAL. Esta Corte já firmou o entendimento de que o disposto no art. 202 da Carta Magna sobre o cálculo do benefício da aposentadoria não é auto-aplicável por depender de legislação que posteriormente en-

trou em vigor (Leis ns. 8.212 e 8.213, ambas de 24.7.91). Dessa orientação divergiu o acórdão recorrido. Recurso extraordinário conhecido e provido.
(STF — 1ª T.; RE n. 292.081/SP; Rel. Min. Moreira Alves; DJ 20.4.2001; j. 6.3.2001). In www.stf.gov.br

PREVIDÊNCIA SOCIAL. CORREÇÃO DO BENEFÍCIO COM BASE NO SALÁRIO MÍNIMO. No caso, até a promulgação da atual Constituição, o acórdão recorrido mandou aplicar, com o entendimento que lhe deu, o critério da Súmula n. 260 do extinto Tribunal Federal de Recursos, que se funda na legislação infraconstitucional, não havendo o prequestionamento de questão constitucional a esse respeito. Já no período que vai da promulgação da Carta Magna até o sétimo mês após a sua vigência, a revisão em causa vinculada ao salário mínimo viola o disposto no art. 58 do ADCT, porque se este só determinou esse critério de revisão a partir do sétimo mês após a promulgação da Constituição é porque a partir desta até esse sétimo mês tal critério não é admitido por ele. Segue-se o período que vai do sétimo mês depois da promulgação da Carta Magna até a implantação do plano de custeio e benefícios que ocorreu com a entrada em vigor da Lei n. 8.213/91, no qual a correção dos benefícios com base no salário mínimo decorre da aplicação do art. 58 do ADCT. A partir, porém, da vigência da referida Lei, o aresto recorrido determinou a aplicação do critério dela, seguindo a orientação desta Corte. Recurso extraordinário conhecido em parte, e nela provido.
(STF — 1ª T. — RE n. 318.530/RJ; Rel. Min. Moreira Alves; DJ 6.11.2001; Ement.; vol. 02052-06, pág. 01122; j. 9.10.2001). In www.stf.gov.br

DIREITO CONSTITUCIONAL, PREVIDENCIÁRIO E PROCESSUAL CIVIL. PREVIDÊNCIA SOCIAL. PROVENTOS DE APOSENTADORIA. ART. 58 DO ADCT. EMBARGOS DECLARATÓRIOS. 1 — Tem razão o embargante, pois um exame mais detido (dos termos do aresto recorrido) convence de que não só deu aplicação imediata ao art. 58 do ADCT, desrespeitando, assim, seu parágrafo único, que o manda observar apenas a partir do sétimo mês após a promulgação da Constituição, mas até lhe reconheceu eficácia retroativa, ou seja, por período anterior ao advento desta. E mais ainda, mesmo depois da implantação do Plano de Custeio e de Benefício a que se refere o art. 59. 2 — O art. 58 e seu parágrafo único do ADCT são bem claros ao estabelecer que os benefícios mantidos pela previdência social na data da promulgação da Constituição Federal, serão atualizados "a partir do sétimo mês a contar da promulgação da Constituição" e "até a implantação do plano de custeio e benefícios referidos no artigo seguinte". 3 — No caso, o autor, ora embargado, obteve o respectivo benefício da aposentadoria em 1º.11.1978, antes da promulgação da Constituição Federal. 4 — Sendo assim, o aresto recorrido, está correto, portanto, no ponto em que deferiu o reajuste previsto no art. 58 do ADCT, "a partir do sétimo mês a contar da promulgação da Constituição", e "até a implantação do Plano de Custeio e Benefícios referidos no artigo seguinte". 5 — Incorreto, porém, na parte em que lhe deu aplicação retroativa, não autorizada pela Constituição Federal, bem como após o advento do Plano de Custeio e Benefícios. 6 — Em suma, tal critério deve ser observado apenas a partir do sétimo mês após a promulgação da Constituição, e tão-somente até a data da publicação da Lei n. 8.213/91, que instituiu o referido plano. 7 — Embargos Declaratórios recebidos, para os fins explicitados ficando o RE, nesses termos, conhecido e provido em maior extensão.
(STF — 1ª T.; REED n. 235.541/RJ; Rel. Min. Sydney Sanches; DJ 5.10.2001; j. 8.8.2000). In www.stf.gov.br

BENEFÍCIO PREVIDENCIÁRIO. REAJUSTE. PARCELAS ANTERIORES À PROMULGAÇÃO DA CONSTITUIÇÃO. SÚMULA N. 260 DO EXTINTO TFR. O acórdão recorrido, ao determinar que os benefícios de prestação continuada mantidos pela Previdência Social na data da promulgação da Carta sofressem a revisão de seus valores até o advento da Constituição de acordo com os critérios estabelecidos na Súmula n. 260 do extinto Tribunal de Recursos, baseou-se em legislação infraconstitucional, não havendo que se falar em ofensa ao art. 58 do ADCT. Agravo desprovido.
(STF — 1ª T. — AGRRE n. 284.303/RJ; Rel. Min. Ellen Gracie. In www.stf.gov.br

PREVIDÊNCIA SOCIAL. Esta Corte já firmou o entendimento de que após a entrada em vigor da Lei n. 8.213, o reajuste dos benefícios deverá observar o disposto nesta Lei, e não o art. 58 do ADCT que teve sua vigência limitada ao período entre o sétimo mês da promulgação da Constituição de 1988 até o advento da citada Lei. Recurso extraordinário conhecido e provido.
(STF — 1ª T.; RE n. 293.684/RJ; Rel. Min. Moreira Alves; DJ 27.4.01; Ement. vol. 02028-16, pág. 03476; j. 6.3.2001). In www.stf.gov.br

PREVIDÊNCIA SOCIAL. Já se firmou nesta Corte o entendimento de que, após a entrada

em vigor da Lei n. 8.213/91, o critério de correção do benefício concedido anteriormente à promulgação da Constituição vinculada ao salário mínimo ofende o disposto na parte final do § 2º do art. 201 da Constituição e no art. 58 do ADCT. Dessa orientação divergiu o acórdão recorrido. Recurso extraordinário conhecido e provido.
(STF — 1ª T. — RE n. 302.187/RJ; Rel. Min. Moreira Alves; DJ 29.6.2001; Ement. vol. 02037-10, pág. 02020; j. 15.5.2001). In www.stf.gov.br

PREVIDÊNCIA SOCIAL. Já se firmou nesta Corte o entendimento de que, após a entrada em vigor da Lei n. 8.213/91, o critério de correção do benefício concedido anteriormente à promulgação da Constituição é o estabelecido nessa lei em conformidade com o disposto na parte final do § 2º do art. 201 da Constituição que alude aos "critérios definidos em lei". Dessa orientação não divergiu o acórdão recorrido. As demais questões constitucionais invocadas no recurso extraordinário não foram ventiladas no acórdão recorrido nem foram objeto de embargos de declaração, faltando-lhes, pois, o indispensável prequestionamento (Súmulas ns. 282 e 356). Recurso extraordinário não conhecido.
(STF — 1ª T. — RE n. 283.349/PB; Rel. Min. Moreira Alves; 9.2.2001; J. 28.11.2000). In www.stf.gov.br

PREVIDÊNCIA SOCIAL. ART. 201, § 2º, DA CONSTITUIÇÃO. Já se firmou nesta Corte o entendimento de que a preservação permanente do valor real do benefício previdenciário se faz, como preceitua o art. 201, § 2º, da Carta Magna, conforme os critérios definidos em lei, cabendo, portanto, a esta estabelecê-los. No caso, essa orientação não foi seguida, porquanto o acórdão recorrido, com base nesse dispositivo constitucional, determinou que continuasse a ser observado o critério de reajuste estabelecido no art. 41 da Lei n. 8.213/91, sem levar em consideração que esse critério foi modificado pelas leis posteriores, a partir da de n. 8.542/91. Recurso extraordinário conhecido e provido.
(STF — 1ª T. — RE n. 304.312/RJ; Rel. Min. Moreira Alves; DJ 10.8.2001; Ement. vol. 02038-06, pág. 01236; j. 5.6.2001). In www.stf.gov.br

PREVIDÊNCIA SOCIAL. ART. 58 DO ADCT. É cristalinamente claro esse dispositivo constitucional no sentido de que o benefício a que ele se refere é o mantido pela Previdência Social na data da promulgação da Constituição, e não o benefício anterior (auxílio-doença) que é de natureza diversa do existente nessa data (aposentadoria por invalidez), por serem eles regidos por normas próprias para a sua concessão e calculados de forma diferente, além de um não ser necessariamente causa do outro, não se podendo, portanto, pretender que, pelo fato de àquele, no caso concreto, se seguir este sem solução de continuidade, se possa considerar que sejam um único benefício com denominações diversas, a permitir que, para efeito de aplicação do citado art. 58 do ADCT se leve em consideração a concessão do auxílio-doença, que se extinguiu em 1976, e não a da aposentadoria por invalidez que, quando da promulgação da Carta Magna de 1988, era o benefício de prestação continuada mantido pela Previdência Social desde a cessação daquele auxílio. O fim a que visou esse dispositivo constitucional foi, obviamente, o de restabelecer o poder aquisitivo do benefício percebido ao ser promulgada a Constituição, e não o do que cessou anteriormente. Falta de prequestionamento das demais questões constitucionais invocadas no recurso extraordinário. Recurso extraordinário não conhecido.
(STF — 1ª T.; RE n. 240.729/SP; Rel. Min. Moreira Alves; DJ 28.5.1999; Ement. vol. 01952-14, pág. 02827; j. 26.3.1999). In www.stf.gov.br

PREVIDÊNCIA SOCIAL. BENEFÍCIO CONCEDIDO APÓS A PROMULGAÇÃO DA CONSTITUIÇÃO. As questões relativas aos arts. 97 e 7º, IV, da Carta Magna não foram prequestionadas (Súmulas ns. 282 e 356). Tem razão, porém, o recorrente quanto à alegada ofensa ao art. 201, § 2º, da Constituição, porquanto, segundo o entendimento desta Corte, a preservação do valor real do benefício se faz, como preceitua o art. 201, § 2º, da Constituição, conforme os critérios definidos em lei, cabendo, assim, a esta estabelecê-los. Dessa orientação divergiu o acórdão recorrido. Recurso extraordinário conhecido e provido.
(STF — 1ª T.; RE n. 318.523/RJ; Rel. Min. Moreira Alves). In www.stf.gov.br

PREVIDÊNCIA SOCIAL. BENEFÍCIOS DE PRESTAÇÃO CONTINUADA MANTIDOS À DATA DA CF/88. ACÓRDÃO QUE MANDOU REAJUSTÁ-LOS, ATÉ O SÉTIMO MÊS APÓS A NOVA CARTA, PELO CRITÉRIO PREVISTO NO ART. 58 DO ADCT/88, E, DAÍ EM DIANTE, PELO REFERIDO ART. 58 C/C O ART. 201, § 2º, DA CF. ALEGADA OFENSA AOS REFERIDOS DISPOSITIVOS. Decisão que, efetivamente, ofendeu, primeiramente, o art. 58 do ADCT que, no § 1º, mandou pagar os benefícios por valores expressos no número de salários míni-

mos que tinham à data da concessão, tãosomente, a partir de sétimo mês posterior à promulgação da nova Carta e até a implantação do plano de custeio e benefícios; e, em segundo lugar, o art. 201, § 2º, que atribuiu ao legislador ordinário a escolha do critério pelo qual há de ser preservado, em caráter permanente, o valor real dos benefícios previdenciários. Recurso conhecido em parte e nela provido.
(STF — 1ª T.; RE n. 239.899/RJ; Rel. Min. Sepúlveda Pertence; Rel. p/ Acórdão Min. Ilmar Galvão; DJ; j. 23.3.1999). In www.stf.gov.br

PREVIDÊNCIA SOCIAL. PRESERVAÇÃO PERMANENTE DE SEU VALOR REAL. A preservação permanente do valor real do benefício — e, portanto, a garantia contra a perda do poder aquisitivo — se faz, como preceitua o art. 201, § 2º, da Carta Magna, conforme critérios definidos em lei, cabendo, portanto, a esta estabelecê-los, como, corretamente, decidiu o acórdão recorrido. Recurso extraordinário não conhecido.
(STF — 1ª T.; RE n. 273.519/RN; Rel. Min. Moreira Alves; DJ 29.9.2000, pág. 00099; Ement. vol. 02006-11, pág. 02230; j. 29.8.2000). In www.stf.gov.br

PREVIDÊNCIA SOCIAL. REAJUSTE DE BENEFÍCIO. INCIDÊNCIA DO ART. 58 DO ATO DAS DISPOSIÇÕES CONSTITUCIONAIS TRANSITÓRIAS. ART. 97 DA CF. PREQUESTIONAMENTO. Ao determinar que os benefícios de prestação continuada mantidos pela Previdência Social na data da promulgação da Constituição Federal sofressem a revisão de seus valores de acordo com o salário mínimo tanto para período anterior quanto posterior à vigência do art. 58 do ADCT, o acórdão acabou por afrontar a referida regra transitória e o disposto no art. 201, § 2º, da Carta da República. Ausência de prequestionamento de alegada afronta ao art. 97 da CF. Recurso extraordinário conhecido em parte e nela provido.
(STF — 1ª T.; RE n. 267561/RJ; Rel. Min. Ilmar Galvão; DJ 10.8.2000; j. 9.5.2000). In www.stf.gov.br

PREVIDÊNCIA SOCIAL. REAJUSTE. No tocante à questão da Súmula n. 260 do extinto TFR em face do disposto no art. 58 do ADCT, está ela prejudicada pelo provimento do recurso especial a esse respeito. Por outro lado, a sentença de primeiro grau, mantida pelo acórdão recorrido, determinando a aplicação do art. 58 aos ora recorridos, só ofendeu o disposto nele ao aplicá-lo também a Maria Thereza Coelho Netto Guimarães, que por ele não está alcançada por ter sido seu benefício concedido em 18.4.91, e, portanto, depois da promulgação da Constituição de 1988, certo como é que o referido dispositivo constitucional só se aplica aos benefícios concedidos antes dessa promulgação. Recurso extraordinário conhecido em parte e nela provido.
(STF — 1ª T.; RE n. 260.645/RJ; Rel. Min. Moreira Alves; DJ 5.9.2000; j. 27.6.2000). In www.stf.gov.br

AGRAVO REGIMENTAL EM RECURSO EXTRAORDINÁRIO. PREVIDENCIÁRIO. BENEFÍCIO CONCEDIDO ANTES DA PROMULGAÇÃO DA CARTA FEDERAL DE 1988. VINCULAÇÃO DO SEU VALOR AO SALÁRIO MÍNIMO FORA DO PRAZO ESTABELECIDO NO ART. 58 DO ADCT. ALEGAÇÃO IMPROCEDENTE. 1 — O critério de atualização previsto no art. 58 do ADCT-CF/88 aplica-se aos benefícios de prestação continuada, mantidos pela previdência social na data da promulgação da Carta Federal, a partir do sétimo mês do seu advento até a efetiva implantação do Plano de Custeio e Benefícios (Lei n. 8.213/91). 2 — Consonância do acórdão proferido pelo Tribunal a quo com a jurisprudência desta Corte. Agravo regimental a que se nega provimento.
(STF — 2ª T. — AGRRE n. 285.507/RJ; Rel. Min. Maurício Corrêa). In www.stf.gov.br

BENEFÍCIO PREVIDENCIÁRIO. DESEQUILÍBRIO DA EQUAÇÃO INICIAL. ATUALIZAÇÃO. SALÁRIO MÍNIMO. A adoção do salário mínimo como fator de atualização de benefício previdenciário mostrou-se limitada pelo fator temporal — art. 58 do Ato das Disposições Constitucionais Transitórias. Com a vigência dos novos planos de custeio e benefícios, possível perda do poder aquisitivo do que satisfeito há de ser afastada mediante adoção de índice consentâneo com a inflação do período. Sobrepõe-se ao aspecto formal a realidade, evitando-se o retorno à fase que se impõe ter como sepultada — de desvalorização paulatina do benefício.
(STF — 2ª T. — RE n. 235.158/RJ; Rel. Min. Marco Aurélio; DJ 7.5.1999; Ement. vol. 01949-09, pág. 01880; j. 15.12.1998). In www.stf.gov.br

BENEFÍCIO PREVIDENCIÁRIO. EQUIVALÊNCIA. SALÁRIO MÍNIMO. O preceito do art. 58 do Ato das Disposições Constitucionais Transitórias aplica-se aos benefícios previdenciários concedidos antes e após a promulgação da Carta, tendo como termo final de incidência a data da vigência e eficácia do plano de custeio e benefícios que, por sinal, afastou do cenário jurídico efeitos financeiros (atualização) no período anterior — 1988 a 1991 (art. 144 da Lei n. 8.213/91). Evolução de entendimento em face

de melhor leitura e interpretação do preceito constitucional e considerado, ainda, o precedente do Plenário, exsurgido com o julgamento do Recurso Extraordinário n. 193.456-5/RS, do qual foi redator para o acórdão o Ministro Maurício Corrêa, em que assentada a constitucionalidade de dispositivo da Lei n. 8.213/91, vedador da eficácia retroativa.
(STF — 2ª T. — RE n. 167.117/SP; Rel. Min. Francisco Rezek; Rel. Acórdão Min. Marco Aurélio; DJ 24.10.1997; Ement. vol. 01888-02, pág. 00302; j. 4.2.1997). In www.stf.gov.br

PREVIDÊNCIA SOCIAL. Já se firmou nesta Suprema Corte o entendimento de que são auto-aplicáveis os §§ 5º e 6º do art. 201 da Constituição Federal. Recurso extraordinário conhecido e provido.
(STF — Tribunal Pleno — RE n. 164.739/RS; Rel. Min. Moreira Alves; DJ 18.3.1994; j. 30.11.1993). In www.stf.gov.br

PREVIDÊNCIA SOCIAL. Tendo sido provido o recurso especial no tocante a que a Súmula n. 260 do extinto TFR não vincula o valor do benefício ao número de salários mínimos, bem que a que, segundo o art. 58 do ADCT, o critério da equivalência salarial aplicado a benefícios, como o presente, concedidos antes da promulgação da Constituição, só vigorou entre abril de 1989 e a entrada em vigor da Lei n. 8.213/91, o recurso extraordinário, nessa parte, está prejudicado por perda de objeto. No mais, esta Corte já firmou o entendimento de que o disposto no art. 202 da Carta Magna sobre o cálculo do benefício da aposentadoria não é auto-aplicável, por depender de legislação que posteriormente entrou em vigor (Leis ns. 8.212 e 8.213, ambas de 24.7.91). Dessa decisão discrepou o acórdão recorrido. Recurso extraordinário conhecido e provido.
(STF — 1ª T. — RE n. 295.911/RJ; Rel. Min. Moreira Alves; DJ 4.5.2001; Ement. vol. 02029-16, pág. 03267; j. 13.3.2001). In www.stf.gov.br

AGRAVO REGIMENTAL EM RECURSO EXTRAORDINÁRIO. CONSTITUCIONAL. PREVIDENCIÁRIO. ART. 58 DO ADCT-CF/88. APLICAÇÃO DO CRITÉRIO DE REVISÃO ESTABELECIDO NESTE DISPOSITIVO A PERÍODO ANTERIOR À SUA VIGÊNCIA. ALEGAÇÃO IMPROCEDENTE. 1 — É firme a jurisprudência deste Tribunal quanto à eficácia do art. 58 do ADCT-CF/88. O critério de revisão estabelecido neste dispositivo aplica-se aos benefícios de prestação continuada, mantidos pela previdência social na data da promulgação da Constituição de 1988, a partir do sétimo mês da entrada em vigor da nova ordem jurídica fundamental até a edição da Lei n. 8.213/91, que regulamentou o Plano de Custeio e Benefícios. 2 — Consonância do acórdão recorrido extraordinariamente com a jurisprudência desta Corte. Agravo regimental a que se nega provimento.
(STF — 2ª T. — AGRRE n. 299.009/RJ; Rel. Min. Maurício Corrêa.). In www.stf.gov.br

DIREITO CONSTITUCIONAL, PREVIDENCIÁRIO E PROCESSUAL CIVIL. PREVIDÊNCIA SOCIAL. PROVENTOS DE APOSENTADORIA. ART. 58 DO ADCT. EMBARGOS DECLARATÓRIOS. 1 — Tem razão o embargante, pois um exame mais detido (dos termos do aresto recorrido) convence de que não só deu aplicação imediata ao art. 58 do ADCT, desrespeitando, assim, seu parágrafo único, que o manda observar apenas a partir do sétimo mês após a promulgação da Constituição, mas até lhe reconheceu eficácia retroativa, ou seja, por período anterior ao advento desta. E mais ainda, mesmo depois da implantação do Plano de Custeio e de Benefício a que se refere o art. 59. 2 — O art. 58 e seu parágrafo único do ADCT são bem claros ao estabelecer que os benefícios mantidos pela previdência social na data da promulgação da Constituição Federal, serão atualizados "a partir do sétimo mês a contar da promulgação da Constituição" e "até a implantação do plano de custeio e benefícios referidos no artigo seguinte". 3 — No caso, o autor, ora embargado, obteve o respectivo benefício da aposentadoria em 1º.11.1978, antes da promulgação da Constituição Federal. 4 — Sendo assim, o aresto recorrido está correto, no ponto em que deferiu o reajuste previsto no art. 58 do ADCT, "a partir do sétimo mês a contar da promulgação da Constituição", e "até a implantação do plano de Custeio e Benefícios referidos no artigo seguinte". 5 — Incorreto, porém, na parte em que lhe deu aplicação retroativa, não autorizada pela Constituição Federal, bem como após o advento do Plano de Custeio e Benefícios. 6 — Em suma, tal critério deve ser observado apenas a partir do sétimo mês após a promulgação da Constituição, e tão-somente até a data da publicação da Lei n. 8.213/91, que instituiu o referido plano. 7 — Embargos Declaratórios recebidos, para os fins explicitados, ficando o RE, nesses termos, conhecido e provido em maior extensão.
(STF — 1ª T. — REED n. 238.802-RJ; Rel. Min. Sydney Sanches; DJ 14.12.2001; Ement. vol. 02053-09, pág. 01976; j. 11.9.2001). In www.stf.gov.br

EMBARGOS DE DIVERGÊNCIA. PREVIDÊNCIA SOCIAL. ART. 58 DO ADCT. Recentemente, em 23.10.97, o Plenário desta Corte, por maioria de votos, ficando relator para o acór-

dão o ilustre Ministro Maurício Corrêa, firmou o entendimento reiterado da 1ª Turma no sentido de que somente os benefícios de prestação continuada mantidos pela Previdência Social na data da promulgação da Constituição são suscetíveis de sofrer a revisão de seus valores de acordo com os critérios estabelecidos no art. 58 do ADCT/88, cuja incidência, temporalmente delimitada, não se projeta sobre situações de caráter previdenciário constituída após 5 de outubro de 1988. Embargos de divergência conhecidos e recebidos.
(STF — Tribunal Pleno — ERE n. 158.754/SP; Rel. Min. Moreira Alves; DJ 7.4.98, pág. 00031; Ement. vol. 01906-03, pág. 00601; j. 12.3.1998). In www.stf.gov.br

I — Benefício previdenciário mantido pela Previdência Social na data da promulgação da Constituição de 1988: aplicação da regra do art. 58, ADCT e não a do art. 202, caput, CF: precedentes. II — Benefício previdenciário concedido na vigência da Constituição de 1988: não aplicação do critério de reajuste previsto no art. 58, ADCT: precedentes. III — Advocacia de Estado: dispensa de procuração dos seus integrantes, que a Lei n. 8.906/94 não afetou, sequer antes do advento do art. 9º da Lei n. 9.469/ 97, que apenas explicitou corolário de seu regime, que não é de mandatário, mas de órgãos de representação (rectius, de presentação) em juízo das entidades públicas respectivas.
(STF — 1ª T.; RE n. 259.022/RJ; Rel. Min. Sepúlveda Pertence; DJ 5.5.2000; j. 4.4.2000). In www.stf.gov.br

PREVIDÊNCIA SOCIAL. A questão relativa à auto-aplicabilidade do art. 200 da Constituição ficou prejudicada com o trânsito em julgado do acórdão do STJ que deu provimento ao recurso especial. De outra parte, esta Corte já firmou a orientação de que somente os benefícios de prestação continuada mantidos pela Previdência Social na data da promulgação da Constituição são suscetíveis de sofrer a revisão de seus valores de acordo com os critérios estabelecidos no art. 58 do ADCT/88, cuja incidência, temporalmente delimitada, não se projeta sobre situações de caráter previdenciário constituídas — como a presente — após 5 de outubro de 1988. Recurso extraordinário conhecido em parte, e nela provido.
(STF — 1ª T. — RE 302.070/SP; Rel. Min. Moreira Alves; DJ 10.8.2001; Ement. vol. 02038-06, pág. 01207; j. 5.6.2001). In www.stf.gov.br

PREVIDÊNCIA SOCIAL. REVISÃO DE BENEFÍCIO DE ACORDO COM A VARIAÇÃO DO SALÁRIO MÍNIMO. ART. 58 DO ADCT E ART. 202, CAPUT, DA CONSTITUIÇÃO FEDERAL.

Ao determinar a recomposição do valor do benefício, respeitada a variação do salário mínimo assegurada pelo art. 58 do ADCT, o acórdão divergiu da orientação firmada pelo Supremo Tribunal Federal, a partir do julgamento do RE n. 199.994 (Pleno, 23.10.97), posto que aplicou a disposição transitória à situação que se formou na vigência da atual Constituição Federal. Recurso extraordinário conhecido em parte e nela provido.
(STF — 1ª T.; RE n. 269.897/RJ; Rel. Min. Ilmar Galvão; DJ 15.12.2000; Ement. vol. 02016-14, pág. 03040; j. 13.6.2000). In www.stf.gov.br

PREVIDENCIÁRIO. BENEFÍCIO CONCEDIDO ENTRE 5.10.88 E 5.4.91. RMI. LEI N. 8.213/ 91. VALOR-TETO. FALTA DE INTERESSE RECURSAL. Não se aplicam aos benefícios concedidos após a CF/88 a variação nominal da ORTN/OTN/BTN, devendo-se observar, tendo presente a data da concessão do benefício previdenciário, o disposto na Lei n. 8.213/91. O INPC é o critério previsto em lei para o reajuste dos benefícios. Estando o acórdão recorrido, no que tange ao pedido de atualização dos valores do maior e do menor teto dos salários-de-benefício, em harmonia com o pedido formulado no recurso nobre, não há que se falar, in casu, em interesse recursal. Precedentes. Recurso não conhecido.
(STJ — 5ª T.; REsp n. 212.005; Proc. n. 1999.00.38482-2/SC; Decisão: 2.9.1999; DJ 27.9.1999; Rel. Felix Fischer). In www.cjf.gov.br

PREVIDENCIÁRIO. BENEFÍCIOS. PRESERVAÇÃO DO VALOR REAL. ART. 41 E ART. 144, PARÁGRAFO ÚNICO, DA LEI N. 8.213/91. JUROS MORATÓRIOS. DÍVIDA DE NATUREZA ALIMENTAR. CITAÇÃO. SÚMULA N. 204-STJ. Uniformizada a jurisprudência do STF no sentido de que não é auto-aplicável o art. 202 da CF/88, devendo-se observar, tendo em vista a data de concessão do benefício, os termos do art. 144, parágrafo único, da Lei n. 8.213/91. O INPC é o critério previsto em lei para o reajuste dos benefícios, não podendo o Judiciário, sem a prévia autorização legal, determinar reajuste por outro índice que não este. "Os juros de mora nas ações relativas a benefícios previdenciários incidem a partir da citação válida" (Súmula n. 204-STJ). Nas prestações atrasadas, de caráter eminentemente alimentar, os juros moratórios deverão ser fixados no percentual de 1% (um por cento) ao mês. Recurso parcialmente conhecido e, aí, provido.
(STJ — 5ª T.; REsp n. 189.411; Proc. n. 1998.00.70321-7/PB; Decisão: 18.2.1999; DJ 12.4.1999; Rel. Felix Fischer). In www.cjf.gov.br

PREVIDENCIÁRIO. BENEFÍCIOS. PRESERVAÇÃO DO VALOR REAL. ART. 41 E ART. 144, PARÁGRAFO ÚNICO, DA LEI N. 8.213/91. JUROS MORATÓRIOS. DÍVIDA DE NATUREZA ALIMENTAR. PERCENTUAL. CITAÇÃO. SÚMULA N. 204-STJ. Uniformizada a jurisprudência do STF no sentido de que não é auto-aplicável o art. 202 da CF/88, devendo-se observar, tendo em vista a data de concessão do benefício, os termos do art. 144, parágrafo único, da Lei n. 8.213/91. O INPC é o critério previsto em lei para o reajuste dos benefícios, não podendo o Judiciário, sem a prévia autorização legal, determinar reajuste por outro índice que não este. "Os juros de mora nas ações relativas a benefícios previdenciários incidem a partir da citação válida" (Súmula n. 204-STJ). Nas prestações atrasadas, de caráter eminentemente alimentar, os juros moratórios deverão ser fixados no percentual de 1% (um por cento) ao mês. Recurso parcialmente provido.
(STJ — 5ª T.; REsp n. 217.182; Proc. n. 1999.00.47249-7/AL; Decisão: 19.8.1999; DJ 13.9.1999; Rel. Felix Fischer). In www.cjf.gov.br

PREVIDENCIÁRIO. REAJUSTE DE 147,06%. PAGAMENTO COM ATRASO. ATUALIZAÇÃO. DIVERGÊNCIA NÃO COMPROVADA. ADCT, ART. 58. APLICAÇÃO TRANSITÓRIA. LEI N. 8.213/91. INPC. CORREÇÃO MONETÁRIA. LEI N. 6.899/81. SÚMULA N. 148, STJ. TERMO INICIAL. 1 — Não se conhece da matéria trazida no Recurso Especial, fundado em divergência jurisprudencial, quando não haja similitude entre os casos postos em confronto, a configurar o dissídio. 2 — A partir da vigência da Lei n. 8.213/91, os benefícios devem ser reajustados mediante a aplicação do INPC e critérios posteriores, adequados por se tratarem de índices oficiais que espelham a real variação do custo de vida dentro de um determinado período. 3 — A Súmula n. 71/TFR não é mais aplicável, como critério de correção monetária, nos débitos previdenciários vencidos após a vigência da Lei n. 6.899/81. Incidência da Súmula 148, STJ. 4 — Em face do caráter alimentar do benefício previdenciário, a correção monetária deve incidir desde quando as parcelas em atraso passaram a ser devidas, mesmo que em período anterior ao ajuizamento da ação. 5 — Recurso parcialmente conhecido e, nessa parte, parcialmente provido.
(STJ — 5ª T.; REsp n. 203.411; Proc. n. 1999.00.10464-1/RJ; Decisão: 30.6.1999; DJ 6.9.1999; Rel. Edson Vidigal). In www.cjf.gov.br

PREVIDENCIÁRIO. BENEFÍCIOS. SALÁRIOS-DE-CONTRIBUIÇÃO. ART. 202 DA CF/88. LEI N. 8.213/91. TETO. SALÁRIO-DE-BENEFÍCIO. VALOR MÁXIMO. ARTS. 29, 33 E 136 DA LEI N. 8.213/91. Uniformizada a jurisprudência do STF no sentido de que não é auto-aplicável o art. 202 da CF/88. Benefícios concedidos entre 5.10.88 e 5.4.91 deverão ser corrigidos nos termos da Lei n. 8.213/91. A imposição legal de teto máximo para o salário-de-benefício está em plena harmonia com a CF/88. O art. 136 da Lei n. 8.213/91 atua em momento distinto do art. 29, § 2º, referindo-se tão-somente ao cálculo do salário-de-benefício. Legalidade do art. 29, § 2º, da Lei n. 8.213/91 ao estabelecer que "o valor do salário-de-benefício não será inferior ao de um salário mínimo, nem superior ao do limite máximo do salário-de-contribuição na data de início do benefício". Precedentes. Recurso conhecido e provido.
(STJ — 5ª T.; REsp n. 199.859; Proc. n. 1999.00.00273-3/SP; Decisão: 25.3.1999; DJ 31.5.1999; Rel. Felix Fischer). In www.cjf.gov.br

PROCESSUAL CIVIL E PREVIDENCIÁRIO. RECURSO ESPECIAL. ADMISSIBILIDADE. MATÉRIA CONSTITUCIONAL. DIREITO ADQUIRIDO. BENEFÍCIO CONCEDIDO APÓS A EDIÇÃO DA LEI N. 8.213/91. REAJUSTE. PROPORCIONALIDADE. ART. 41 DA LEI N. 8.213/91. TETO. ARTS. 29, 33 E 136 DA LEI N. 8.213/91. I — Os benefícios previdenciários concedidos na vigência da Lei n. 8.213/91 devem ser corrigidos pelo índice previsto nesta lei, qual seja, o INPC, não podendo o Judiciário, sem a prévia autorização legal, determinar reajuste por outro índice que não este. Portanto, torna-se incabível a aplicação do critério preceituado no art. 58 do ADCT. II — Pacífico o entendimento de que, em tema de reajuste de benefícios de prestação continuada, o primeiro reajuste da renda mensal inicial deve observar o critério da proporcionalidade, segundo a data da concessão do benefício, na forma do art. 41 da Lei n. 8.213/91. III — Legalidade do art. 29, § 2º, da Lei n. 8.213/91, que limita o salário-de-benefício ao valor do salário-de-contribuição. IV — O preceito contido no art. 136 da Lei n. 8.213/91 atua em momento distinto do estabelecido no art. 29, § 2º, referindo-se tão-somente ao salário-de-contribuição para cálculo do salário-de-benefício. V — Conforme entendimento firmado nesta Corte, não se conhece de recurso especial em que se discute violação a direito adquirido, tendo em vista que essa matéria, embora tratada no art. 6º da LICC, é de natureza eminentemente constitucional, em face da garantia prevista no art. 5º, XXXVI, da CF de 1988. Pre-

cedente: REsp n. 244.002/SP, relator para o acórdão Min. Gilson Dipp. Recurso não conhecido.
(STJ; REsp — Recurso Especial n. 282.738; Proc. n. 2000.01.05416-3/RS; 5ª T.; Decisão: 20.2.2001; DJ 19.3.2001; Rel. Felix Fischer). In www.cjf.gov.br

CONSTITUCIONAL. PREVIDENCIÁRIO. APOSENTADORIA. CÁLCULO. ART. 144, DA LEI N. 8.213/91. APLICABILIDADE. O art. 144, da Lei n. 8.213/91, determinou, no que tange aos benefícios de prestação continuada concedidos a partir de 5 de abril de 1991, a incidência imediata da nova regulamentação, e em relação às aposentadorias previdenciárias requeridas no interregno de 6 de outubro de 1988 e 5 de abril de 1991, manteve inerte a garantia constitucional do recálculo da renda mensal inicial, condicionando a incidência de seus efeitos à data de 2 de junho de 1992, a partir de quando devem ser reajustados na época própria segundo os comandos legais nela definidos. Recurso especial conhecido.
(STJ — 6ª T.; REsp n. 197.084; Proc. n. 1998.00.89186-2/SP; Decisão: 2.3.1999; DJ 5.4.1999; Rel. Vicente Leal). In www.cjf.gov.br

PREVIDENCIÁRIO. PENSÃO POR MORTE. RETIFICAÇÃC DO PRIMEIRO REAJUSTE DO BENEFÍCIO ANTERIOR DO PRÓPRIO SEGURADO COM REFLEXOS NA PENSÃO. SÚMULA N. 260/TFR. INAPLICABILIDADE. I — "No primeiro reajuste do benefício previdenciário deve-se aplicar o índice integral do aumento verificado, independentemente do mês da concessão, considerado, nos reajustes subseqüentes, o salário mínimo então atualizado". (Súmula n. 260/TFR). II — "O critério de revisão previsto no art. 58, do Ato das Disposições Constitucionais Transitórias, da Constituição Federal de 1988, é diverso do estatuído na Súmula n. 260, do Tribunal Federal de Recursos, e aplica-se somente aos benefícios previdenciários concedidos até 4.10.1988" (Súmula n. 20/TRF-1ª Região). III — "O critério de revisão previsto na Súmula n. 260, do Tribunal Federal de Recursos, diverso do estabelecido no art. 58, do Ato das Disposições Constitucionais Transitórias, da Constituição Federal de 1988, e aplicável somente aos benefícios previdenciários concedidos até 4.10.1988, perdeu eficácia em 5.4.1989" (Súmula n. 21/TRF-1ª Região). IV — Encerrada em abril de 1989 a incidência da Súmula n. 260/TFR, em virtude do art. 58 do ADCT, inexistem reflexos da aplicabilidade daquela no benefício de que se origina a pensão, se este iniciou em 1991, obviamente a partir de valor reajustado pelo art. 58 do ADCT. V — Correspondendo a pensão mensal ao valor mínimo constitucionalmente fixado num salário mínimo, inexiste defasagem nos seus reajustes, por mantida a correspondência inicial. VI — Apelação do INSS provida, ação julgada improcedente.
(TRF — 1ª Reg.; AC — Apelação Cível n. 01253112; Proc. n. 1995.01.25311-2/BA; 2ª T.; Decisão: 5.6.2000; DJ 31.5.2001; Rel. p/ Acórdão Juiz Jirair Aram Meguerian, Rel. Juíza Assusete Magalhães). In www.cjf.gov.br

PREVIDENCIÁRIO. REVISÃO DA RENDA MENSAL INICIAL. INCORPORAÇÃO DE AUXÍLIO-ACIDENTE. PRESERVAÇÃO DO VALOR REAL DO BENEFÍCIO. ART. 201, § 2º, DA CF/88. 1 — O Plenário do Supremo Tribunal Federal reconheceu que os art. 201, § 2º, não é auto-aplicável. 2 — O direito ao recebimento de benefício de pensão por morte tem nascedouro na data do óbito do segurado, e o cálculo da renda mensal inicial deve ser feito com base na lei então vigente. 3 — Inexistência de direito ao recálculo da renda mensal inicial para incorporar o auxílio-acidente a benefício de pensão, em cujo cálculo já tenha sido computado o benefício de aposentadoria por invalidez, considerando o óbito ocorrido na vigência da Lei n. 8.213/91 com as alterações introduzidas pela Lei n. 9.032/95. 4 — A preservação do valor real do benefício deve ser feita de acordo com os critérios fixados em lei e não importa em vinculação ao número de salários mínimos. 5 — O Judiciário não pode legislar positivamente, substituindo índices de reajustes, definidos em lei, por outros que entender mais adequados.
(TRF — 2ª Reg.; AC — Apelação Cível n. 245.655; Proc. n. 2000.02.01.053224-5/RJ; 3ª T.; Decisão: 24.4.2001; DJU 28.6.2001; Rel. Juiz Ricardo Perlingeiro). In www.cjf.gov.br

PENSÃO POR MORTE PREVISTA NA LEI N. 9.032/95, ABRANGE OS BENEFÍCIOS EM CURSO, CONCEDIDOS EM DATA ANTERIOR À LEI, EM HOMENAGEM AO PRINCÍPIO DA PROTEÇÃO SOCIAL E DA ISONOMIA, NÃO SENDO, NO ENTANTO, DEVIDO DIFERENÇAS EM RELAÇÃO ÀS PARCELAS ANTERIORES À EDIÇÃO DA NOVA LEI. PREVIDENCIÁRIO. DECADÊNCIA. REVISÃO. PENSÃO. SALÁRIOS-DE-CONTRIBUIÇÃO. SALÁRIO-DE-BENEFÍCIO. ART. 21, I, DO DECRETO N. 89.312/81. ART. 144 DA LEI N. 8.213/91. COTA FAMILIAR. LEI N. 9.032/95. IRRETROATIVIDADE. 1 — A nova redação do art. 103 da Lei n. 8.213/91, dada pela MP n. 1.523-9, publicada em 28.6.97 e posteriormente convertida na Lei n. 9.528/97, não tem efeito retroativo. 2 — Os salários-de-contribuição integrantes do pe-

ríodo básico de cálculo de pensão por morte deferida na vigência da CLPS/84 não sofriam atualização monetária, por falta de previsão na legislação de regência (art. 21, I, do Decreto n. 89.312/84). 3 — Se o benefício foi deferido entre 5.10.88 e 5.4.91, deve ser revisado de acordo com as regras da Lei n. 8.213/91, consoante o disposto no art. 144 dessa lei. 4 — A Lei n. 9.032/95, que alterou a redação do art. 75 da Lei n. 8.213/91, não prevê a majoração da cota familiar das pensões por morte deferidas em data anterior à sua vigência. Precedente desta Corte e do Superior Tribunal de Justiça. 5 — Hipótese em que é devida apenas a majoração do coeficiente da pensão para 80%, consoante o disposto na redação original do art. 75 da Lei n. 8.213/91, em face da revisão estabelecida no art. 144 da mesma lei. 6 — Sobre as diferenças devidas deverá incidir correção monetária, a contar do vencimento de cada uma delas, de acordo com os critérios estabelecidos na Lei n. 6.899/81 e modificações posteriores, e não a contar do ajuizamento, como pretende ver reconhecido o apelante. 7 — Preliminar rejeitada. Apelação e remessa oficial parcialmente providas.
(TRF — 4ª Reg.; AC — Apelação Cível n. 382.551; Proc. n. 2000.04.01.138440-2/PR; 6ª T.; Decisão: 24.4.2001; DJU 6.6.2001; Rel. Juiz Nylson Paim de Abreu). In www.cjf.gov.br

RECOLHIMENTO

É o ato do agente arrecadador ou do contribuinte individual de entregar ao INSS as quantias a ele devidas. A empresa deve: arrecadar as contribuições dos empregados e trabalhadores avulsos a seu serviço, descontando-as da respectiva remuneração e recolhê-las, juntamente com a sua parte, até o dia dois do mês seguinte ao da competência. Igualmente deve recolher as contribuições incidentes sobre as remunerações pagas, devidas ou creditadas aos contribuintes individuais a seu serviço, assim como as incidentes sobre o faturamento e o lucro. A empresa adquirente, consumidora ou consignatária ou a cooperativa devem recolher 2% da receita bruta proveniente da comercialização de sua produção rural e mais 1% para o custeio das prestações acidentárias, sobre a mesma base, até o dia dois do mês subseqüente ao da operação de venda ou consignação. Igualmente o empregador doméstico é a pessoa responsável pelo recolhimento de sua contribuição, mais a da trabalhadora, até o dia quinze do mês posterior ao de competência. O contribuinte individual e o facultativo devem tomar a iniciativa de fazer o recolhimento de sua contribuição, também até o dia quinze do mês seguinte ao da competência (Arts. 25 e 30/200 e 216).

RECURSO

As decisões do INSS quanto a benefícios, serviços e contribuições não têm caráter definitivo, sendo cabível recurso contra elas para a Junta de Recursos da Previdência Social (v.), no prazo de 15 dias de seu conhecimento, tendo igual prazo o INSS para as contra-razões. Da decisão proferida por uma das Juntas é possível interpor novo recurso para uma Câmara de Julgamento, se a decisão recorrida tiver infringido lei, regulamento, enunciado ou ato normativo ministerial, mas só em casos de interesse de beneficiários já que, quando a matéria for relacionada com os contribuintes a Câmara de Julgamento é instância recursal única. O INSS, ao ser apresentado o recurso, pode rever sua decisão, deixando, portanto, de dar seguimento ao recurso (Arts. 126/303 a 305 e 310).

REEMBOLSO

Ver Restituição

RELAÇÃO JURÍDICA DE PREVIDÊNCIA SOCIAL

A doutrina tem estudado a estrutura apenas da relação jurídica de previdência social que envolve a figura do trabalhador subordinado. Há a doutrina unitarista e a divisionista. A doutrina unitarista sustenta que o dever de contribuir, o poder de descontar e o direito às prestações baseiam-se num único fato, que é considerado decisivo pela lei para o surgimento das obrigações recíprocas: a existência do contrato de trabalho. Isto gera relações jurídicas tão conexas, a ponto de poderem ser consideradas unidas numa relação jurídica complexa. Existem uma interdependência orgânica e uma unidade de fonte genética — a lei — nos liames jurídicos que ligam o beneficiário, o órgão segurador, o empregador e o Estado. Assim, haveria realmente uma relação jurídica complexa, com base, especialmente, nos seguintes argumentos: a) o nascimento do direito às prestações e a obrigação de contribuição estão baseadas num único e mesmo fato: o contrato de trabalho; b) o entrelaçamento dos quatro sujeitos, empregado, empregador, Estado e órgão previdencial tende a um único fim: a cobertura das contingências que atingem o trabalhador. A corrente divisionista sustenta que há pelo menos duas relações jurídicas: uma entre o sujeito protegido e o órgão previdencial e outra entre o contribuinte — o empregador — e o mesmo órgão. Tratando-se de sujeitos diferentes, diferentes devem ser as relações jurídicas.

RELIGIOSOS

Ver Ministro de confissão religiosa

REMISSÃO ÀS SÚMULAS DO EXTINTO TFR

N.	ASSUNTO
8	— dupla aposentadoria
9	— aposentadoria
29	— certificado de quitação
38	— certificado de quitação débito
50	— aposentadoria de ferroviário
53	— competência pensão
56	— aposentadoria de ferroviário
57	— pensão
63	— funcionário público acumulação de prestações pensão
64	— pensão
71	— correção monetária benefícios
73	— certificado de quitação
79	— custeio (contribuições previdenciais)
84	— ex-combatente aposentadoria
85	— custeio trabalhador autônomo
91	— abono de permanência reajuste de benefício
93	— contribuições (custeio)
94	— assistência médica
104	— ex-combatente
107	— prescrição
108	— contribuições (custeio) prescrição
122	— companheira pensão concorrência
126	— custeio dono da obra
144	— entidades filantrópicas contribuições
146	— quotas de previdência União
159	— pensão companheira esposa
160	— cancelamento de benefício
167	— contribuição habitação
170	— pensão casamento
171	— aposentadoria por invalidez
175	— Funrural contribuição
180	— aposentadoria de ferroviário competência
185	— pensão
197	— pensão trabalhador rural
198	— aposentadoria especial
201	— aposentadoria: conversão em especial
204	— competência ratione loci
206	— contribuições (custeio)
213	— ação judicial
216	— competência para mandado de segurança
219	— prescrição
229	— pensão mãe
231	— aeronauta abono de permanência
243	— pensão especial acumulação de prestações

DICIONÁRIO DE DIREITO PREVIDENCIAL

REMISSÃO ÀS SÚMULAS DO STF

N.	ASSUNTO
35	— acidente do trabalho
	companheira (ou concubina)
132	— taxa de previdência
140	— taxa de previdência
141	— taxa de previdência
142	— taxa de previdência
196	— empregado rural de empresa industrial ou comercial
217	— aposentado
	aposentadoria por invalidez
229	— acidente do trabalho
230	— acidente do trabalho
235	— acidente do trabalho
238	— acidente do trabalho
241	— contribuição previdenciária
302	— taxa de previdência
371	— ferroviário
	dupla aposentadoria
379	— pensão
382	— concubinato
439	— fiscalização previdencial
466	— segurados obrigatórios
	sócios
	titulares de firmas individuais
	administradores de sociedades
467	— salário mínimo
	contribuições
529	— acidente do trabalho
530	— contribuições
552	— acidente do trabalho
593	— FGTS
612	— trabalhador rural
613	— trabalhador rural
	dependentes
	pensão por morte

REMUNERAÇÃO

A remuneração dos empregados serve de base para a incidência de contribuição previdencial, de tal maneira que o salário-de-contribuição *(v.)* é conceituado como a remuneração efetivamente percebida, a qualquer título, pelos seguintes segurados *(v.)*: o empregado, o trabalhador avulso, até o teto que varia anualmente.

RENDA MENSAL VITALÍCIA

Benefício que for devido a quem, tendo mais de 70 anos de idade ou sendo inválido, não exercia qualquer atividade remunerada, nem auferia qualquer rendimento superior à metade do maior salário mínimo em vigor, nem fosse mantido por pessoa de quem dependia obrigatoriamente, não tendo outro meio de prover à subsistência. Além disto, era preciso que a pessoa preenchesse uma das seguintes condições: 1. tivesse sido filiada à previdência social urbana em qualquer época, por um período mínimo de 12 meses, consecutivos ou não; 2. tivesse exercido atividade remunerada abrangida pela previdência social urbana ou rural por um período mínimo de 5 anos, consecutivos ou não; 3. tivesse se filiado à previdência social urbana após completar 60 anos de idade, não tendo por isso direito aos benefícios, a não ser o pecúlio. A renda mensal vitalícia era devida a contar da data do requerimento, sendo igual à metade do maior salário mínimo vigente no país, não podendo ultrapassar 60% do valor do salário mínimo da localidade de pagamento. Este benefício foi extinto pela Lei n. 8.742, de 7.12.93, que organizou a Assistência Social e passou a outorgar uma renda equivalente à prevista pelo benefício que foi eliminado (art. 40 daquela lei). As ementas de jurisprudência denominam o benefício assistencial com o mesmo nome, como se verifica abaixo.

RENÚNCIA

As prestações previdenciais são direitos sociais (CF/88, art. 6º) e como tais, não podem ser objeto de renúncia a priori. Nada impede, porém, que o segurado, no gozo de uma prestação, se provar seu interesse em renunciar ao seu gozo, na expectativa de uma condição melhor, não possa fazê-lo.

JURISPRUDÊNCIA

PREVIDENCIÁRIO. RENÚNCIA À APOSENTADORIA POR TEMPO DE SERVIÇO. EXPEDIÇÃO DE CERTIDÃO DE TEMPO DE SERVI-

ÇO. 1 — É possível a renúncia à aposentadoria, eis que se trata de um direito patrimonial disponível, não existindo lei que vede tal possibilidade. 2 — Não pode o Poder Público contrapor-se à renúncia para compelir o segurado a continuar aposentado. 3 — Não há prejuízo à Autarquia Previdenciária pelo fato de indenizar sistema diverso em razão de contagem recíproca, vez que já recebeu contribuições do segurado por mais de 30 anos e ainda ficará dispensado de continuar pagando proventos de aposentadoria. 4 — Apelação e remessa oficial improvidas.
(TRF — 4ª Reg.; AC — Apelação Cível n. 421.147; Proc. n. 2000.71.09.000394-2/RS; 5ª T.; Decisão: 25.6.2001; DJU 29.8.2001; Rel. Juiz Sergio Renato Tejada Garcia). In www.cjf.gov.br

CONSTITUCIONAL. PREVIDENCIÁRIO. RENDA MENSAL VITALÍCIA. ENCARGO. OPERACIONALIZAÇÃO. INSS. LEI N. 8.742. DECRETO N. 1.744/95. REQUISITOS LEGAIS. A Renda Mensal Vitalícia, benefício de elevado alcance social de previsão constitucional (CF, art. 203), foi regulamentada pela Lei n. 8.743/93 e Decreto n. 1.744/95, estabelecendo-se que à União compete responder pela manutenção do benefício, cabendo, todavia, ao INSS a sua operacionalização, o que justifica a presença da autarquia previdenciária nas ações em que se postula a sua concessão. Ao miserável inválido, sem atividade remunerada e sem meios de prover a própria manutenção ou tê-la provida por sua família, é assegurado pela Previdência Social o pagamento de uma renda mensal vitalícia, nos termos do art. 203, V, da Constituição Federal. Recurso especial não conhecido.
(STJ — 6ª T.; REsp n. 201.954; Proc. n. 1999.00.06628-6/SP; Decisão: 15.4.1999; DJ 10.5.1999; Rel. Vicente Leal). In www.cjf.gov.br

CONSTITUCIONAL. PREVIDENCIÁRIO. RENDA MENSAL VITALÍCIA. REQUISITOS LEGAIS. Ao miserável inválido, sem atividade remunerada e sem meios de prover a própria manutenção ou tê-la provida por sua família, é assegurado pela Previdência Social o pagamento de uma renda mensal vitalícia, nos termos do art. 203, V, da Constituição Federal. Recurso especial não conhecido.
(STJ — 6ª T.; REsp n. 210.185; Proc. n. 1999.00.32152-9/SP; Decisão: 15.6.1999; DJ 2.8.1999; Rel. Vicente Leal). In www.cjf.gov.br

PREVIDENCIÁRIO. RECURSO ESPECIAL. RENDA MENSAL VITALÍCIA. RENDA FAMILIAR INFERIOR A 1/4 DO SALÁRIO MÍNIMO. REEXAME DE PROVAS. IMPOSSIBILIDADE. SÚMULA N. 7/STJ. O disposto no § 3º, art. 20 da Lei n. 8.742/93, que considera o rendimento familiar per capita inferior a 1/4 do salário mínimo, como limite mínimo para a subsistência do idoso ou do portador de deficiência, não impede ao julgador auferir, por outros meios de prova, a condição de miserabilidade da família do necessitado. Se a análise da pretensão recursal importa na reapreciação do quadro fático, impõe-se a incidência da Súmula n. 7/STJ. Recurso conhecido e desprovido.
(STJ — REsp; Recurso Especial n. 222.477; Proc. n. 1999.00.61356-2/SP; 5ª T.; Decisão: 18.9.2001; DJ 29.10.2001; Rel. Jorge Scartezzini). In www.cjf.gov.br

PREVIDENCIÁRIO. ASSISTÊNCIA SOCIAL. IDOSO. HIPOSSUFICIÊNCIA COMPROVADA. ILEGITIMIDADE PASSIVA. ABONO ANUAL. TERMO INICIAL DO BENEFÍCIO. 1 — Legitimidade do Instituto Nacional do Seguro Social para responder pelo pagamento e manutenção dos benefícios de prestação continuada definidos no art. 203 da Constituição Federal. 2 — A assistência social está garantida aos portadores de deficiência física e ao idoso (art. 203, inciso V, da Constituição Federal — Lei n. 8.742/93 — Decreto n. 1.744/95). 3 — Comprovada a idade superior a 70 anos da autora, bem como a falta de condições para prover seu próprio sustento ou tê-lo provido por outrem, de quem dependa obrigatoriamente, faz ela jus ao benefício da Assistência Social, previsto no art. 203, V da Carta Magna. 4 — O abono anual é indevido aos beneficiários da renda mensal vitalícia e do amparo previdenciário. 5 — Na ausência do pedido administrativo, o benefício é concedido a partir da citação. 6 — Preliminar rejeitada. Remessa oficial e apelação do INSS parcialmente providas.
(TRF — 3ª Reg. — 1ª T.; AC — Apelação Cível n. 538.306; Proc. n. 1999.03.99.096455-8/SP; Decisão: 18.9.2001; DJU 31.1.2002; Rel. Juiz Oliveira Lima). In www.cjf.gov.br

AGRAVO DE INSTRUMENTO. PREVIDENCIÁRIO. AMPARO SOCIAL. INCOMPETÊNCIA. JUÍZO ESTADUAL. VIA INADEQUADA E INOCORRÊNCIA. TUTELA ANTECIPADA. ADMISSIBILIDADE. NULIDADE DOS ATOS PROCESSUAIS. INEXISTÊNCIA. 1 — Inadequação do agravo de instrumento para argüição de incompetência, que restou analisada por observância ao Princípio da Fungibilidade Recursal. 2 — A Autarquia Previdenciária é parte legítima para figurar no pólo passivo da ação de Amparo Social, a teor no art. 32 do Decreto n. 1.744/95, que ao lhe impor a operacionalização do benefício, sedimentou sua participação.

3 — A participação da União Federal tem caráter meramente suplementar, resumindo-se a propiciar à Autarquia, os recursos necessários à manutenção e operacionalização do referido benefício, através dos mecanismos orçamentários apropriados. 4 — Indevido o reconhecimento de incompetência e remessa dos autos à Justiça Federal de Pirassununga, que, todavia, permanecerá inalterado, sob pena de *reformatio in pejus*. 5 — O Magistrado detém o Poder Geral de Cautela e, assim, tem o livre arbítrio de suas decisões para conceder ou denegar tutela antecipada pleiteada. 6 — Pela documentação acostada aos autos, restou comprovada a incapacidade do autor, e a insuficiência em prover seu próprio sustento. 7 — Tendo sido expressamente ratificados, pelo juízo competente, todos os atos proferidos pelo juízo estadual, restou prejudicada a argüição de nulidade dos atos processuais. 8 — Eventual irresignação deveria ter sido objeto de recurso adequado e tempestivo, restando prejudicada tal argüição. 9 — Preliminar rejeitada. 10 — Agravo de instrumento improvido.
(TRF — 3ª Reg.; AG — Agravo de Instrumento n. 94.795; Proc. n. 1999.03.00.049765-9/SP; 1ª T.; Decisão: 28.8.2001; DJU 31.1.2002; Rel. Juiz Roberto Haddad). *In* www.cjf.gov.br

PREVIDENCIÁRIO. RENDA MENSAL VITALÍCIA. ART. 139, DA LEI N. 8.213/91. COMPROVAÇÃO DOS REQUISITOS. VERBA HONORÁRIA E CUSTAS PROCESSUAIS. O fato do benefício da Renda Mensal Vitalícia ter sido postulada após o advento do Decreto n. 8.742/93, não impede a sua concessão, se o(a) autor(a) já preenchia os seus requisitos antes de sua extinção. De acordo com as provas dos autos, verifica-se que ficou devidamente comprovado os requisitos legais para a concessão do benefício. Quanto à atividade restou comprovada, fls. 22/24 (art. 139, I, Lei n. 8.213/91). No tocante ao segundo requisito previsto na Lei n. 8.213/91, entre eles ser o(a) autor(a) hipossuficiente, convém salientar que restou devidamente comprovado pela Assistente Social. A verba honorária, conforme entendimento reiterado desta Turma, deve ser fixada em 15% do montante da condenação, não incidindo sobre as doze prestações vincendas (Súmula n. 111 do C. STJ). Apelação e Remessa Oficial parcialmente provida.
(TRF — 3ª Reg.; AC — Apelação Cível n. 643.303; Proc. n. 2000.03.99.066694-1/SP; 1ª T.; Decisão: 12.12.2000; DJU 17.4.2001; Rel. Juiz Roberto Haddad). *In* www.cjf.gov.br

PREVIDENCIÁRIO. RENDA MENSAL VITALÍCIA ASSISTENCIAL. ART. 203, V, DA CF: AUTO-APLICABILIDADE. INSUFICIÊNCIA DA PROVA DA NECESSIDADE ECONÔMICA. 1 — A configuração normativa, na Constituição Federal, dos requisitos essenciais da renda mensal vitalícia assistencial evidencia a imediata aplicabilidade do instituto. 2 — Lei ordinária de 1993 não pode ser interpretada como termo inicial de eficácia de direito, em tese, adquirido, desde 1988, por força de norma constitucional. 3 — Insuficiência de prova quanto ao estado de necessidade constitutivo do direito à renda mensal vitalícia assistencial ou de que não pode ter a manutenção "provida por sua família" (art. 203, inc. V, da CF). 4 — Apelação não provida.
(TRF — 3ª Reg.; AC — Apelação Cível n. 268.964; Proc. n. 95.03.065579-0/SP; 5ª T.; Decisão: 28.11.2000; DJU 10.4.2001; Rel. Juiz Fábio Prieto). *In* www.cjf.gov.br

PREVIDENCIÁRIO. RENDA MENSAL VITALÍCIA ASSISTENCIAL. PRELIMINAR DE ILEGITIMIDADE PASSIVA DO INSS. ART. 203, V, DA CF: AUTO-APLICABILIDADE. PROVA SUFICIENTE DA NECESSIDADE ECONÔMICA. HONORÁRIOS PERICIAIS. 1 — O INSS é parte passiva legítima. Divergência jurisprudencial superada: "embora o artigo 12 da Lei n. 8.742/93 atribua à União o encargo de responder pelo pagamento dos benefícios de prestação continuada, a autarquia previdenciária continuou reservada à operacionalização dos mesmos" (STJ — Terceira Seção — Relator o Ministro Felix Fischer — Embargos de Divergência em Recurso Especial n. 204.998/SP). 2 — A configuração normativa, na Constituição Federal, dos requisitos essenciais da renda mensal vitalícia assistencial, evidencia a imediata aplicabilidade do instituto. 3 — Lei ordinária de 1993 não pode ser interpretada como termo inicial de eficácia de direito, em tese, adquirido, desde 1988, por força de norma constitucional. 4 — A prova evidencia o estado de necessidade constitutivo do direito à renda mensal vitalícia assistencial. 5 — O parâmetro fixado no § 3º, do art. 20, da Lei Federal n. 8.742/93, não é óbice para a concessão do benefício: "quis apenas definir que a renda familiar inferior a 1/4 do salário mínimo é, objetivamente considerada, insuficiente para a subsistência do idoso ou portador de deficiência; tal regra não afasta, no caso em concreto, meios de prova da condição de miserabilidade da família do necessitado" (STJ — 5ª Turma — Rel. Min. Edson Vidigal — AGA n. 227.163/SP). 6 — Honorários periciais reduzidos para R$ 200,00 (duzentos reais). 7 — Rejeição da preliminar. Apelação parcialmente provida.
(TRF — 3ª Reg.; AC — Apelação Cível n. 321.617; Proc. n. 96.03.044066-3/SP; 5ª T.; Decisão: 15.8.2000; DJU 30.1.2001; Rel. Juiz Fábio Prieto). *In* www.cjf.gov.br

PREVIDENCIÁRIO. ASSISTÊNCIA SOCIAL. INCAPACIDADE LABORAL COMPROVADA. 1 — A assistência social está garantida aos portadores de deficiência física e ao idoso (art. 203, inciso V, da Constituição Federal — Lei n. 8.742/93 — Decreto n. 1.744/95). 2 — Comprovada a incapacidade total e permanente da autora, bem como a falta de condições para prover seu próprio sustento ou tê-lo provido por outrem, de que dependa obrigatoriamente, faz ela jus ao benefício da Assistência Social. 3 — Apelação do INSS e remessa oficial improvidas.
(TRF — 3ª Reg.; AC — Apelação Cível n. 474.515; Proc. n. 1999.03.99.027424-4/SP; 1ª T.; Decisão: 6.2.2001; DJU 3.4.2001; Rel. Juiz Oliveira Lima). In www.cjf.gov.br

PREVIDENCIÁRIO. REMESSA OFICIAL. BENEFÍCIO DE PRESTAÇÃO CONTINUADA. LEI N. 8.742/93. REQUISITOS. NÃO PREENCHIMENTO. Impossibilidade de concessão, a partir de 7 de dezembro do 1993, da renda mensal vitalícia, pois foi substituída por prestação específica, com requisitos e fonte de custeio diversos. No caso dos autos, a ação foi proposta posteriormente à edição da lei de assistência social, razão pela qual o pedido deve ser apreciado à luz da Lei n. 8.742/93, como, aliás, fez o MM. Juiz a que, consoante o princípio de que o juiz aplica o direito ao fato, ainda que aquele não tenha sido invocado (jura novit curia). Tal entendimento se justifica, seja porque a nova legislação é mais benéfica ao requerente, uma vez que não mais se exige comprovação de atividade, seja porque a ilegal procrastinação da regulamentação do benefício pelo Executivo criou uma série de dificuldades, inclusive para que o direito fosse pleiteado, pois não se sabia exatamente o que pedir, além da disparidade da jurisprudência sobre a matéria. Extraem-se do art. 20 da Lei n. 8.742/93, em síntese, os seguintes requisitos: a) idade mínima de setenta anos ou incapacidade; b) inexistência de rendimentos ou outros meios de prover o próprio sustento ou tê-lo provido pela família; c) renda familiar per capita inferior a 1/4 do salário mínimo. Condições que não se verificam. A prova dos autos é frágil, vaga e contraditória acerca da situação econômica da autora e sua família, e que inviabiliza a concessão do benefício. Ressalte-se que o STF, ao apreciar a ADIn n. 1.232-1, que questionava a constitucionalidade da limitação da renda per capita prevista no § 3º do art. 20 da Lei n. 8.742/93, julgou-a improcedente. Não significa, porém, que tal dispositivo deva ser interpretado de forma meramente aritmética. Cabe ao julgador, diante das especificidades de caso concreto, aplicá-lo em consonância com os demais princípios de direito, como o do art. 6º da LICC, e a garantia constitucional fundamental de assistência aos desamparados (art. 6º, CF). Por essa razão, e essencial à riqueza de elementos acerca da condição social de quem pleiteia tal amparo e é o que permite ao julgador flexibilizar e harmonizar os irrites legais, bem como sustentar a necessária convicção de que as circunstâncias particulares do caso se amoldam à previsão do legislador. Ademais, o ônus de demonstrar o fato constitutivo de seu direito é da parte interessada (art. 333, inciso I, do CPC). Remessa oficial provida. Ação julgada improcedente.
(TRF — 3ª Reg.; REO — Remessa Ex Officio n. 484.693; Proc. n. 1999.03.99.038241-7/SP; 5ª T.; Decisão: 6.2.2001; DJU 3.4.2001; Rel. Juiz André Nabarrete). In www.cjf.gov.br

PREVIDENCIÁRIO. CONCESSÃO DE RENDA MENSAL VITALÍCIA. ART. 139 DA LEI N. 8.213/91. 1 — Tendo o postulante requerido a renda mensal vitalícia antes da regulamentação do art. 203, V, da CF/88, a sua concessão depende do preenchimento dos requisitos contidos no art. 139 da Lei n. 8.213/91. 2 — Se está comprovada a incapacidade total e definitiva para o exercício de atividade laboral, bem como os outros requisitos contidos no art. 139 da Lei n. 8.213/91, faz o postulante jus à renda mensal vitalícia. 3 — Apelação e remessa oficial providas em parte.
(TRF — 4ª Reg.; AC — Apelação Cível n. 384.280; Proc. n. 2000.04.01.140440-1/RS; 6ª T.; Decisão: 4.9.2001; DJU 19.9.2001; Rel. Juiz Luiz Fernando Wowk Penteado). In www.cjf.gov.br

PREVIDENCIÁRIO. RENDA MENSAL VITALÍCIA. REQUISITOS. VINCULAÇÃO AOS MOTIVOS ADMINISTRATIVAMENTE INDICADOS. CONCESSÃO DO BENEFÍCIO. CORREÇÃO MONETÁRIA. CUSTAS PROCESSUAIS. 1 — Tendo sido administrativamente buscado o preenchimento das condições da renda mensal vitalícia, a denegação exclusivamente pela falta da condição de inválido vincula a Administração a esse motivo determinante. 2 — Comprovada pericialmente a incapacidade para o trabalho pela asma brônquica, aliada à avançada idade da autora, restam preenchidos os requisitos legais, sendo devida a concessão do benefício. 3 — A correção monetária deve ser calculada na forma prevista na Lei n. 6.899/81, incidindo a partir da data em que deveria ter sido paga cada parcela. 4 — Às ações previdenciárias tramitadas na Justiça Estadual do

Rio Grande do Sul se aplica o comando da Súmula n. 2 do TA/RS, devendo as custas processuais devidas pelo INSS ser pagas por metade.
(TRF — 4ª Reg.; AC — Apelação Cível n. 315.079; Proc. n. 1999.04.01.133679-8/RS; 5ª T.; Decisão: 11.12.2000; DJU 10.1.2001; Rel. Juiz Néfi Cordeiro). In www.cjf.gov.br

PROCESSUAL CIVIL. AGRAVO REGIMENTAL. RENDA MENSAL VITALÍCIA. ILEGITIMIDADE DA UNIÃO FEDERAL PARA FIGURAR NO PÓLO PASSIVO DA DEMANDA. 1 — Tratando-se de ação de concessão de benefício previdenciário de renda mensal vitalícia, a União Federal não é parte legítima para figurar no pólo passivo da relação processual. Não se trata de litisconsórcio passivo necessário, o qual ocorre no caso de benefício assistencial previsto no inciso V, do art. 203, da CF. 2 — Agravo regimental provido no sentido de excluir a União Federal da lide.
(TRF — 4ª Reg.; AGA — Agravo Regimental no Agravo de Instrumento n. 67.606; Proc. n. 2000.04.01.112505-6/SC; 6ª T.; Decisão: 12.12.2000; DJU 10.1.2001; Rel. Juiz Nylson Paim de Abreu). In www.cjf.gov.br

REQUERIMENTO DE BENEFÍCIO

Ao ser requerida a prestação previdencial o beneficiário deve comprovar que a contingência se realizou e os demais requisitos legais estipulados, conforme o tipo de benefício. Todavia, se a documentação estiver incompleta o INSS não pode se recusar a receber o requerimento (Arts. 103/176).

RESPONSABILIDADE CRIMINAL

Pelos crimes cometidos contra a previdência social são responsáveis o titular de firma individual, os sócios solidários, gerentes, diretores ou administradores que participem ou tenham participado da gestão da empresa, assim como o segurado que tenha tido vantagens indevidas (Art. 95, § 3º).

RESPONSABILIDADE DO EMPREGADOR E DA EMPRESA

O empregador é investido pela lei do poder de descontar da remuneração do empregado e do dever de recolher esta percentagem, juntamente com a sua, à entidade previdencial. Não tem, porém, apenas o poder, em face do empregado, de realizar o desconto, e o dever, frente ao órgão segurador, de efetuá-lo e recolher o valor correspondente, mas também um interesse pessoal, visto que, se não o fizer, será responsabilizado. Com efeito, a lei instituiu o empregador agente arrecadador e se ele negligencia em descontar a cotização do empregado ou se omite apenas quanto ao recolhimento, a responsabilidade é totalmente sua. O § 5º do art. 33 da Lei n. 8.212 é incisivo: "O desconto de contribuição e de consignação legalmente autorizadas sempre se presume feitos oportuna e regularmente pela empresa a isso obrigada, não lhe sendo lícito alegar omissão para se eximir do recolhimento e ficando diretamente responsável pela importância que deixou de receber ou arrecadou em desacordo com o disposto nesta Consolidação". Para controle do disposto acima, o órgão previdenciário poderá examinar a escrituração das empresas, independentemente do sigilo comercial que reveste seus livros (arts. 17 e 18 do Código Comercial) e poderão ser cobradas do empregador as quantias que ele deixou de recolher, com multa, juros e atualização monetária. O ônus de pagar a contribuição mensal, isto é, a diminuição patrimonial, que é originariamente do empregado, vale dizer, é um encargo a que passivamente deve submeter-se, pela omissão do empregador em descontar na época oportuna passa a ser seu encargo integral. O inciso I, do art. 30 da Lei n. 8.212 determina: "I — a empresa é obrigada a: a) arrecadar as contribuições dos segurados empregados e trabalhadores avulsos a seu serviço, descontando-as da respectiva remuneração". O art. 459 da Consolidação das Leis do Trabalho, por sua vez, dispõe: "O pagamento do salário, qualquer que seja a modalidade do trabalho, não deve ser estipulado por período superior a um mês, salvo no que concerne a comissões, percentagens e gratificações". De outro lado, o art. 462 do mesmo diploma legal afirma que: "Ao empregador é vedado efetuar qualquer desconto nos salários do empregado, salvo quando este resultar de adiantamentos, de dispositivos de lei ou de contrato coletivo". Se a remuneração deve, normalmente, ser paga por mês vencido, há de ser nesse momento que o empregador irá fazer o desconto da contribuição previdencial. Ou, nas hipóteses em que for fixado um período superior, no momento exato do pagamento. Foi explicitando esta idéia que o inciso I, do art. 30, da Lei n. 8.212, já transcrito, diz que a empresa é obrigada a descontar da remuneração dos empregados e trabalhadores avulsos a seu serviço, a contribuição por eles devidas à previdência social. Assim, cabe examinar três indagações: 1. pode o empregador, que nunca efetuou descontos previdenciais na remuneração do empregado, efetuá-la cumulativamente? 2. pode ele, estando nessa situação, passar a efetuá-los de um momento em diante? 3. pode ele pretender compensação com eventuais créditos do empregado? As respostas são: o desconto pode ser apenas mensal, não podendo ser acumulado. A lei previdencial prevê apenas uma diminuição mensal do patrimônio do empregado e a Consolidação das Leis do Trabalho se reporta aos descontos permitidos por lei. Quanto à segunda pergunta, é de considerar-se que as normas de Direito do Trabalho constituem um mínimo de garantias em favor do empregado, mas que, por acordo tácito ou expresso, o empregador pode conceder-lhe maiores regalias. Não é inusitado por acordo expresso estabelecer-se que o empregador se responsabilize pelas contribuições previdenciais devidas pelo empregado, o qual, em conseqüência, não sofrerá desconto algum em seu salário. Há de admitir-se também a existência de acordo tácito. Com referência à terceira indagação, pretender o empregador compensação com créditos do empregado, seria uma cobrança cumulativa proibida pelo Direito brasileiro. Em segundo lugar, se já houvessem transcorridos mais de dois anos, teria havido também a prescrição aquisitiva a impedir a pretensão do empregador. A jurisprudência dominante aceita esta orientação, embora com argumentos algo diferentes. Cogitam os Tribunais de tácito aumento de salário e de renúncia tácita ao direito de descontar (Arts. 30 a 32/216).

RESPONSABILIDADE DO JUIZ

O juiz trabalhista é responsável pelas contribuições ao INSS, devidas em razão de pagamentos efetuados em juízo, que geram obrigação contributiva (Arts. 43/276).

RESPONSABILIDADE SOLIDÁRIA

Os administradores de autarquias, de fundações e empresas públicas e de sociedades de economia mista e sujeitas ao controle tanto da União, como dos Estados, Municípios e Distrito Federal que permitam uma mora de mais de 30 dias no recolhimentos das contribuições sociais, são solidariamente responsáveis por elas.

É responsável solidário, também, o oficial que lavrar ou registrar documento sem que haja a exibição da Certidão Negativa de Débito para com a previdência social, assim como a parte que participar do ato jurídico. Responsável solidário é, inclusive, o dono da obra, o incorporador, o proprietário, com o construtor, pelas contribuições por este devidas (Arts. 30, VI e VII, 42, 48/220, 263).

JURISPRUDÊNCIA

EMBARGOS À EXECUÇÃO. EMPREITADA. CESSAÇÃO DA RESPONSABILIDADE SOLIDÁRIA. CND. A presunção de responsabilidade solidária efetivamente cessa com a emissão de certidão negativa de débito ao final da obra, ou seja, a CND tem o efeito de desonerar o dono da obra pelas obrigações previdenciárias geradas pela mão-de-obra empreitada de empresa contratada, segundo o disposto no art. 57 do Decreto n. 83.081/79 (dívida de 1982/1983), devendo eventual saldo decorrente do lançamento de ofício ser regularmente notificado ao dono da obra para que, dentro do processo administrativo fiscal, exerça suas defesas.
(TRF — 4ª Reg.; AC — Apelação Cível n. 308.137; Proc. n. 1999.71.12.001533-0/RS; 2ª T.; Decisão: 14.9.2000; DJU 17.1.2001; Rel. Juiz Márcio Antônio Rocha). In www.cjf.gov.br

REVISÃO

É o ato de reexame dos benefícios ou de atos de autoridade da previdência social. A revisão pode ser ex officio, exercida pelo Ministro da Previdência e Assistência Social ou provocada pelos interessados, mas nunca após cinco anos contados de sua outorga ou indeferimento. O Reps determinou uma revisão de ofício de todas as aposentadorias concedidas de 29 de abril de 1995 até a data de sua promulgação (6.5.99), que tivessem tido conversão de tempo de atividade sob condições especiais em tempo de atividade comum, assim como as aposentadorias por tempo de serviço e especial e das certidões de tempo de serviço com cômputo de tempo de serviço rural, outorgadas ou emitidas desde 24 de julho de 1991 até 6.5.99 (Arts. 103/193).

JURISPRUDÊNCIA

PREVIDENCIÁRIO. RECURSO ESPECIAL. BENEFÍCIO. REVISÃO. SÚMULA N. 260/TFR. EQUIVALÊNCIA SALARIAL. PERÍODO DE

APLICAÇÃO. LEI N. 8.213/91, ARTS. 145 E 41, II. INPC. RMI. VALOR-TETO. ARTS. 29, 33 E 136 DA LEI N. 8.213/91. Inaplicável o reajustamento pelos critérios da Súmula n. 260/TFR dos benefícios concedidos após a vigência da Lei n. 8.213/91. In casu, deve ser observado o disposto no art. 41, II, da referida Lei, que fixou o INPC e sucedâneos legais como índices revisores dos benefícios previdenciários. Por decisão plenária, o STF firmou entendimento no sentido da não auto-aplicabilidade do art. 202 da Carta Magna, "por necessitar de integração legislativa, para complementar e conferir eficácia ao direito nele inserto" (RE n. 193.456-5/ RS, DJU de 7.11.97). No cálculo do salário-debenefício deve ser observado o limite máximo do salário-de-contribuição, na data inicial do benefício. Inteligência do art. 29, § 2º, da Lei n. 8.213/91. As disposições contidas nos arts. 29, § 2º, 33 e 136, todos da Lei n. 8.213/91, não são incompatíveis e visam a preservar o valor real dos benefícios. Precedentes. Divergência jurisprudencial não comprovada. Entendimento do art. 255, parágrafos, do RISTJ. Recurso parcialmente conhecido e, nessa parte, provido.
(STJ — REsp — Recurso Especial n. 253.393; Proc. n. 2000.00.30382-8/SP; 5ª T.; Decisão: 13.9.2000; DJ 19.2.2001; Rel. Jorge Scartezzini). In www.cjf.gov.br

PREVIDENCIÁRIO. BENEFÍCIO CONCEDIDO APÓS A EDIÇÃO DA LEI N. 8.213/91. EQUIVALÊNCIA AO NÚMERO DE SALÁRIOS MÍNIMOS. IMPOSSIBILIDADE. TETO. ARTS. 29, 33 E 136 DA LEI N. 8.213/91. I — Os benefícios previdenciários concedidos na vigência da Lei n. 8.213/91 devem ser corrigidos pelo índice previsto nesta lei, qual seja, o INPC, não podendo o Judiciário, sem a prévia autorização legal, determinar reajuste por outro índice que não este. Portanto, torna-se incabível a aplicação do critério preceituado no art. 58 do ADCT. II — Legalidade do art. 29, § 2º, da Lei n. 8.213/ 91, que limita o salário-de-benefício ao valor do salário-de-contribuição. III — O preceito contido no art. 136 da Lei n. 8.213/91 atua em momento distinto do estabelecido no art. 29, § 2º, referindo-se tão-somente ao salário-de-contribuição para cálculo do salário-de-benefício. Recurso provido.
(STJ — REsp — Recurso Especial n. 280.903; Proc. n. 2000.01.00496-4/RJ; 5ª T.; Decisão: 13.12.2000; DJ 12.2.2001; Rel. Felix Fischer). In www.cjf.gov.br

PREVIDENCIÁRIO. BENEFÍCIO. MENOR VALOR-TETO. DESVINCULAÇÃO AO SALÁRIO MÍNIMO. I — O cálculo do menor valor-teto dos salários-de-benefício, com o advento da Lei n. 6.205/75 (posteriormente alterada pela Lei n. 6.708/79), ficou desvinculado do número de salários mínimos, passando-se a utilizar a unidade salarial. II — Nos termos do art. 4º da Lei n. 6.950/81, apenas o limite máximo de saláriode-contribuição passou a ser fixado em valor múltiplo do salário mínimo. Recurso conhecido e provido.
(STJ — REsp — Recurso Especial n. 280.830; Proc. n. 2000.01.00316-0/SP; 5ª T.; Decisão: 13.12.2000; DJ 12.2.2001; Rel. Felix Fischer). In www.cjf.gov.br

PREVIDENCIÁRIO. REVISIONAL DE BENEFÍCIOS. CÁLCULO DOS SALÁRIOS-DE-BENEFÍCIO. LIMITE MÁXIMO. LEI N. 8.213/91, ARTS. 29, § 2º E 136. LEGALIDADE. LEI N. 8.870/94, ART. 26. 1 — A regra contida na Lei n. 8.213/ 91, art. 136, não interfere em qualquer determinação do art. 29, § 2º, do mesmo diploma legal, por versarem sobre questões diversas. Enquanto aquela ordena a exclusão do valorteto dos salários-de-contribuição para um determinado cálculo, este estipula legitimamente um limite máximo para o próprio salário-de-benefício. 2 — O art. 26 da Lei n. 8.870/94 estabelece como teto máximo para os benefícios concedidos entre 5.4.91 e 31.12.93, o saláriode-contribuição vigente na competência de abril/94. 3 — Recurso conhecido e provido.
(STJ — REsp — Recurso Especial n. 303.450; Proc. n. 2001.00.15784-0/RS; 5ª T.; Decisão: 24.4.2001; DJ 18.6.2001; Rel. Edson Vidigal). In www.cjf.gov.br

PREVIDENCIÁRIO. REVISÃO DE BENEFÍCIO. APOSENTADORIA POR TEMPO DE SERVIÇO. ATIVIDADES CONCOMITANTES. CRITÉRIOS PARA CÁLCULOS DO BENEFÍCIO. OMISSÃO LEGAL. JUROS. Omissa a legislação sobre o cálculo do benefício na hipótese em que o segurado não preenche requisitos para sua concessão em nenhuma das atividades concomitantes, impõe-se solução pela aplicação analógica da lei, de modo que se considere prevalente, pela maior soma de contribuições, a atividade de empregado.
(TRF — 1ª Reg.; AC — Apelação Cível n 01000192074; Proc. n. 2000.010.00.19207-4/MG; 1ª T.; Decisão: 26.9.2000; DJ 18.1.2001; Rel. Juiz Aloísio Palmeira Lima). In www.cjf.gov.br

PREVIDENCIÁRIO. REVISÃO DE PROVENTOS. DECISÃO TRABALHISTA TRANSITADA EM JULGADO DETERMINANDO REAJUSTE DOS SALÁRIOS. I — Decisão judicial, transitada em julgado, reconhecendo aos autores direito à revisão salarial faz-se repercutir nos proventos da aposentadoria. II — Assim, os autores têm direito à revisão dos proventos, observando-se no salário-de-contribuição, o

salário efetivamente devido aos autores, por força da indigitada decisão judicial. III — Apelação improvida.
(TRF — 1ª Reg.; AC — Apelação Cível n. 01313316; Proc. n. 1993.01.31331-6/BA; 2ª T.; Decisão: 27.8.2001; DJ 14.9.2001; Rel. Juiz Jirair Aram Meguerian). In www.cjf.gov.br

PREVIDENCIÁRIO. CONSTITUCIONAL. RECÁLCULO. Tendo sido o benefício auxílio-doença concedido anteriormente à edição do Plano de Custeio e Benefícios (Lei n. 8.213), não há como se conceder o recálculo da renda mensal inicial, com a correção dos 36 últimos salários-de-contribuição. Já a aposentadoria por tempo de serviço foi calculada nos termos do art. 29 da Lei n. 8.213, como comprova do documento anexado aos autos.
(TRF — 2ª Reg.; AC — Apelação Cível n. 223.585; Proc. n. 2000.02.01.001550-0/RJ; 2ª T.; Decisão: 23.5.2001; DJU 21.6.2001; Rel. Juiz Espírito Santo). In www.cjf.gov.br

PREVIDENCIÁRIO. CONSTITUCIONAL. REVISÃO DE BENEFÍCIO. CÁLCULO DA RENDA MENSAL INICIAL. AFASTAMENTO DO TETO DE SALÁRIO-DE-CONTRIBUIÇÃO. APLICAÇÃO DO INPC NOS REAJUSTAMENTOS, COM OBSERVÂNCIA AO LIMITE MÁXIMO DO SALÁRIO-DE-BENEFÍCIO. HARMONIA COM O TEXTO CONSTITUCIONAL. HONORÁRIOS ADVOCATÍCIOS. Efetuado o cálculo previsto no art. 202, *caput*, da Carta Magna o valor obtido não pode ser desprezado para dar lugar a limite máximo que lhe seja inferior, procedimento que discrepa do comando constitucional. Inocorrência de desequilíbrio na relação contribuição-benefício, porquanto se trata de mera atualização de um e outro, mantendo-se a equivalência. O legislador constitucional atribui à lei a disciplina dos reajustamentos de benefícios e cabe a ela fixar as balizas da preservação das prestações e de sua irredutibilidade. Coerente o art. 49 da Lei n. 8.213/91, que determinou a utilização do INPC e a periodicidade dos reajustamentos (inciso II), bem como estabeleceu limite máximo para o benefício reajustado (§ 3º), sem destoar da condição de manter-lhe o valor real única exigida pela Lei Maior. Não cabe redução do percentual dos honorários advocatícios, já fixado pela sentença em *quantum* inferior a 15% sobre o valor da condenação. Apelo parcialmente provido para reformar a sentença recorrida, no tocante ao afastamento do limite máximo disposto no art. 41, § 3º, da Lei n. 8.213/91, e mantê-la, no mais.
(TRF — 3ª Reg.; AC — Apelação Cível n. 371.335; Proc. n. 97.03.028650-0/SP; 5ª T.; Decisão: 20.2.2001; DJU 5.6.2001; Rel. Juiz André Nabarrete). In www.cjf.gov.br

PREVIDENCIÁRIO. REVISÃO DE BENEFÍCIO. LIMITAÇÃO LEGAL DO SALÁRIO-DE-CONTRIBUIÇÃO E DO SALÁRIO-DE-BENEFÍCIO. CONSTITUCIONALIDADE. PRECEDENTES DO STJ. 1 — Conforme tranqüilo posicionamento do STJ, não é inconstitucional a limitação legal do salário-de-contribuição, do salário-de-benefício e da renda mensal inicial. 2 — Apelação do INSS provida, para julgar-se improcedentes os pedidos. 3 — Inversão dos ônus da sucumbência, com a ressalva do art. 12 da Lei n. 1.060/50.
(TRF — 3ª Reg.; AC — Apelação Cível n. 267.886; Proc. n. 95.03.063544-6/SP; 1ª T.; Decisão: 12.12.2000; DJU 3.4.2001; Rel. Juiz Rubens Calixto). In www.cjf.gov.br

PREVIDENCIÁRIO. REVISÃO DE BENEFÍCIO. MÉDIA PURA E SIMPLES DOS 36 ÚLTIMOS SALÁRIOS-DE-CONTRIBUIÇÃO. CONTRIBUINTE INDIVIDUAL. INOBSERVÂNCIA DOS INTERSTÍCIOS PARA PASSAGEM DE UMA CLASSE A OUTRA DO SALÁRIO-BASE. IMPROCEDÊNCIA DO PEDIDO. 1 — Por sua natureza contributiva, a Previdência Social exige a imposição de limites ao valor do benefício, assim como o estabelecimento de interstícios para que os contribuintes individuais passem de uma classe a outra, nas diversas escalas do salário-base (art. 137 e parágrafos, Decreto n. 89.312/84; art. 29 e parágrafos, Lei n. 8.212/91). 2 — Hipótese em que a parte autora, nos últimos anos de contribuição, *sponte propria*, saltou a várias classes, sem observar os respectivos interstícios, caso em que não pode ser respeitada a média pura e simples das últimas 36 contribuiçc̄es, sem que se façam os ajustes ordenados em lei. 3 — Recurso do INSS provido. 4 — Inversão dos ônus da sucumbência, com a ressalva do art. 12 da Lei n. 1.060/50.
(TRF — 3ª Reg.; AC — Apelação Cível n. 315.536; Proc. n. 96.03.033482-0/SP; 1ª T.; Decisão: 14.11.2000; DJU 27.3.2001; Rel. Juiz Rubens Calixto). In www.cjf.gov.br

PREVIDENCIÁRIO: REVISÃO DE BENEFÍCIO. FALECIMENTO DO SEGURADO. RECEBIMENTO POR SEUS DEPENDENTES. ART. 112 DA LEI N. 8.213/91. I — Os valores de benefícios previdenciários não recebidos em vida pelo segurado serão pagos aos seus dependentes habilitados à pensão por morte, como se haure do art. 112 da Lei n. 8.213/91. II — Sendo a habilitante viúva e pensionista do *de cujus*, faz jus ao débito previdenciário vencido. III — Agravo provido.
(TRF — 3ª Reg.; AG — Agravo de Instrumento n. 85.009; Proc. n. 1999.03.00.028099-3/SP; 2ª T.; Decisão: 19.6.2001; DJU 4.10.2001; Rel. Juiz Aricê Amaral). In www.cjf.gov.br

PREVIDENCIÁRIO. REVISÃO DE BENEFÍCIO ACIDENTÁRIO. 1 — Sendo a remuneração

composta de uma parcela fixa e outra variável, decorrente de horas extras e noturnas percebidas habitualmente, ambas devem ser computadas para o cálculo do salário-de-contribuição, mormente porquanto houve a incidência de contribuição previdenciária também sobre a parcela variável. 2 — Tratando-se de benefício oriundo de atividade com remuneração variável, descabe a fixação da renda mensal inicial sobre o salário-de-contribuição da data do acidente, posto que aplicável o disposto no art. 6º, § 1º, combinado com o 5º, § 4º, da Lei n. 6.367/76.
(TRF — 4ª Reg.; AC — Apelação Cível n. 211.458; Proc. n. 97.04.70490-9/SC; 5ª T.; Decisão: 11.12.2000; DJU 17.1.2001; Rel. Juíza Virgínia Scheibe). In www.cjf.gov.br

PREVIDENCIÁRIO. REVISÃO DE BENEFÍCIO. CONTRIBUINTE EM DOBRO. ESCALA DE SALÁRIO-BASE. 1 — O contribuinte em dobro contribuía para a Previdência Social com base no salário declarado, não se enquadrando nas hipóteses da escala de salário-base, sistemática que foi alterada com a entrada em vigor da Lei n. 8.212/91, que criou a categoria de segurado facultativo, a qual, abrangendo o antigo contribuinte em dobro, possibilitou ao mesmo o enquadramento na escala de salários-base, sujeito à observância do interstício. 2 — As contribuições vertidas como contribuinte em dobro servem para completar o interstício legal da escala de salário-base. 3 — O cálculo da renda inicial deve ser realizado com base nos valores efetivamente recolhidos, observados a escala de salários e os interstícios previstos no art. 29 da Lei n. 8.212/91.
(TRF — 4ª Reg.; AC — Apelação Cível n. 208.504; Proc. n. 97.04.63085-9/RS; 5ª T.; Decisão: 25.1.2001; DJU 7.3.2001; Rel. Juíza Virgínia Scheibe). In www.cjf.gov.br

PREVIDENCIÁRIO. REVISÃO DE BENEFÍCIO. Descabida a pretensão a que se revise o coeficiente de cálculo de auxílio-acidente concedido em 1990, mediante a aplicação das regras contidas na Lei n. 9.032/95, porquanto a lei que rege o benefício é aquela em vigor na data do infortúnio.
(TRF — 4ª Reg.; AC — Apelação Cível n. 370.468; Proc. n. 2000.72.04.001739-0/SC; 5ª T.; Decisão: 30.10.2000; DJU 4.4.2001; Rel. Juíza Virgínia Scheibe). In www.cjf.gov.br

PREVIDENCIÁRIO. REVISÃO DE BENEFÍCIO. INCLUSÃO DOS ADICIONAIS DE INSALUBRIDADE E DO PLANO BRESSER NO CÁLCULO DO SALÁRIO-DE-BENEFÍCIO. RECOLHIMENTO TARDIO DE CONTRIBUIÇÕES PELO AUTÔNOMO. 1 — Possuindo os adicionais de insalubridade e do Plano Bresser natureza salarial, devem ser computados para o cálculo do salário-de-contribuição, mormente porquanto houve a incidência de contribuição previdenciária também sobre tais parcelas. 2 — Não é exigível autorização do INSS para o recolhimento tardio de contribuições previdenciárias, por parte do autônomo, ante a inexistência de comprovação de que o autor não trabalhava como autônomo e a concordância tácita da Autarquia, que usufruiu dos recolhimentos e não os devolveu ao segurado. 3 — Não há interesse recursal em rever sentença no que atendeu à postulação do apelante.
(TRF — 4ª Reg.; AC — Apelação Cível n. 173.648; Proc. n. 96.04.60919-0/SC; 5ª T.; Decisão: 5.6.2000; DJU 14.2.2001; Rel. Juíza Virgínia Scheibe). In www.cjf.gov.br

PREVIDENCIÁRIO. REVISÃO DE BENEFÍCIO. PARTE FIXA E VARIÁVEL. ELEVAÇÃO DE COEFICIENTE DE 92% PARA 100% DO SALÁRIO-DE-CONTRIBUIÇÃO. 1 — Em se tratando de auxílio-doença acidentário deferido anteriormente à CF-1988, o cálculo da renda mensal inicial deverá levar em conta o valor da remuneração fixa do dia do acidente, mais a média da remuneração variável (12 maiores, no período de 18 meses). 2 — A RMI da aposentadoria por invalidez acidentária deve corresponder a 100% do salário-de-benefício, e não aos mesmos 92% do auxílio-doença acidentário. 3 — Apelação e remessa oficial improvidas.
(TRF — 4ª Reg.; AC — Apelação Cível n. 275.819; Proc. n. 1999.04.01.039883-8/SC; 5ª T.; Decisão: 18.12.2000; DJU 10.1.2001; Rel. Juíza Eliana Paggiarin Marinho). In www.cjf.gov.br

PREVIDENCIÁRIO. REVISÃO DE BENEFÍCIO. Sendo o auxílio-acidente mera indenização que visa ressarcir o segurado por ter a sua capacidade laboral reduzida, não se lhe aplica o disposto no art. 201, § 5º, da CF/88, restrito aos benefícios que substituam o salário-de-contribuição ou o rendimento do trabalho.
(TRF — 4ª Reg.; AC — Apelação Cível n. 428.248; Proc. n. 2001.04.01.045608-2/RS; 5ª T.; Decisão: 6.9.2001; DJU 19.9.2001; Rel. Juíza Virgínia Scheibe). In www.cjf.gov.br

RISCO

É o acontecimento incertus an e/ou incertus quando, que acarreta impossibilidade de ganho ou de trabalho, trazendo como conseqüência a necessidade de substituição da renda do trabalho. Exemplo de risco que acarreta impossibilidade de ganho, muito embora exista a possibilidade de trabalho, é o desemprego. Risco que traz impossibilidade de trabalho é a doença, o acidente, que tragam incapacidade laborativa. Os riscos são classificados em biológicos e econômico-sociais. Os primeiros são re-

lativos à vida física do trabalhador e os segundos à vida em sociedade. São os primeiros: acidente do trabalho ou não, doença, invalidez, velhice, morte e maternidade. O desemprego é um risco econômico-social *(v.* Contingência*).* Alguns autores usam a palavra risco social (Paul Durand) *para referir-se a todo risco inerente à vida social, classificando como tal a doença, a invalidez, a velhice e a morte. Isto tem provocado de outros autores* (Dupeyroux) *um protesto, entendendo eles o conceito de risco social não por suas causas (inerentes à vida em sociedade) mas por seus efeitos, isto é, a incidência dos acontecimentos sobre a situação econômica das pessoas, portanto sobre a vida em sociedade.*

RURAL

Ver Trabalhador rural

S

SALÁRIO

Palavra de sentidos amplo e restrito. Neste, significa a quantia fixa que o empregado recebe do empregador como contraprestação dos serviços. No sentido amplo equivale à remuneração, que englobará a parte fixa e mais todas as variáveis, tais como gorjetas, comissões, gratificações, participação nos lucros etc. (v. salário social). Face ao princípio do solidarismo, que cada vez mais fortemente está a orientar a previdência social, cada um deve contribuir na medida de suas forças, medida esta que é dada pela remuneração mensal. Variam não só as porcentagens de contribuição, como o quantum monetário, na proporção em que varia a remuneração dos empregados. Daí que tudo o que o empregado recebe, pelo fato de ter celebrado um contrato de trabalho, deve ser considerado como remuneração para os fins previdenciais, independentemente dos critérios usados no Direito positivo do trabalho. Tudo o que ele perceba e que não vise a cobrir gastos com a execução do serviço, dado pelo empregador ou por terceiros, em espécie ou in natura, *em virtude de disposição contratual, legal, convencional ou judicial ou por liberalidade, lhe dá possibilidade de um determinado padrão de vida. Ele deve contribuir levando-se em conta esse determinado padrão de vida, isto é, na medida de suas forças. Do conceito de salário deflui o de* salário-de-contribuição *(v.).*

SALÁRIO-BASE

Espécie de salário-de-contribuição, criada com a Lei n. 5.890, de 8 de junho de 1973, hoje em vias de extinção. Consta o salário-base de uma escala ascendente, em que os seus valores correspondem a interregnos de permanência na respectiva faixa, valores aqueles sobre os quais os contribuintes individuais, filiados à previdência antes de 28 de novembro de 1999 contribuem, conforme o seu tempo de filiação. Sua extinção está prevista para dezembro de 2003 sendo que, após esta data, os contribuintes individuais pagarão sua porcentagem de 20% sobre o valor efetivamente percebido, até o teto então vigente para o salário-de-contribuição. Na data da composição deste livro a escala de salário-base é a seguinte: (Art. 278-A do Reps).

JURISPRUDÊNCIA

MANDADO DE SEGURANÇA. SEGURADO EX-EMPREGADO. CONTRIBUIÇÃO COMO AUTÔNOMO. REGRESSÃO. PROGRESSÃO NA ESCALA DE SALÁRIO-BASE. ART. 137, § 3º, DA CLPS. ART. 29, § 12, DA LEI N. 8.212/91. Contribuindo o segurado, ex-empregado, como autônomo sujeito a salário-base lhe é facultado regredir para classe menor da qual se encontra e, posteriormente, retornar à classe da qual regrediu sem necessidade de cumprir os interstícios (inteligência do art. 137, § 3º, da CLPS e do art. 29, inciso 12, da Lei n. 8.212/91).
(TRF — 4ª Reg.; AMS — Apelação em Mandado de Segurança n. 70.768; Proc. n. 2000.71.08.001188-7/RS; 6ª T.; Decisão: 25.9.2001; DJU 10.10.2001; Rel. p/ Acórdão Juiz Tadaaqui Hirose, Rel. Juiz Carlos Eduardo Thompson Flores Lenz). *In* www.cjf.gov.br

SALÁRIO-DE-BENEFÍCIO

Valor sobre o qual é calculado o montante dos benefícios de prestação continuada. Ele tem diferentes fórmulas de cálculo, conforme o tipo de benefício. Para as aposentadorias por idade e tempo de contribuição (e de serviço) será igual à média aritmética simples dos maiores salários-de-contribuição, correspondentes a oitenta por cento de todo o período contributivo, multiplicada pelo fator previdenciário, salvo para o segurado especial (v.), quando será igual a um treze avos da média aritmética simples dos maiores valores sobre os quais incidiu sua contribuição anual, correspondente a oitenta por cento de todo o período contributivo, multiplicada pelo fator previdenciário. O fator previdenciário é calculado considerando-se a idade, a expectativa de sobrevida e o tempo de contribuição do segurado ao se aposentar, consoante fórmula descrita pelo art. 32, § 11 do Decreto n. 3.048/99 e informações constantes dos parágrafos seguintes, do mesmo artigo. Para a aposentadoria por invalidez e especial, o auxílio-doença e o auxílio-acidente é a mesma média, sem multiplicação pelo fator previdenciário, salvo para o segurado especial, para o qual é o critério exposto acima, também sem multiplicação pelo fator previdenciário. O salário-de-benefício não pode ser inferior a um salário mínimo, nem superior ao limite máximo do salário-de-contribuição na data de início do be-

nefício. Se no período básico de cálculo o segurado tiver recebido benefício por incapacidade, será considerado como salário-de-contribuição para o período, o salário-de-benefício que serviu de base para o cálculo daquele benefício, reajustado na mesma data de reajuste de benefício. O valor mensal do auxílio-acidente integra o salário-de-contribuição para cálculo do salário-de-benefício para fins de aposentadoria. No caso de o segurado exercer atividades concomitantes ver o disposto no art. 32 da Lei n. 8.213. Para o segurado filiado à previdência social até 28.11.99, data da alteração no modo de calcular o salário-de-benefício, será considerada a média aritmética simples dos maiores salários-de-contribuição, correspondentes, no mínimo, a oitenta por cento de todo o período contributivo decorrido desde julho de 1994. Ao segurado que, até 28.11.99, tenha cumprido todos os requisitos para concessão de benefício, ou seja, tenha direito adquirido, é garantido o direito de ter seu salário-de-benefício calculado segundo a legislação anterior, vale dizer, cálculo que lhe for mais favorável. Ele terá a opção. Todos os salários-de-contribuição utilizados no cálculo do salário-de-benefício são reajustados mês a mês. (Arts. 28 a 34/31 a 39).

JURISPRUDÊNCIA

PREVIDENCIÁRIO. SALÁRIO-DE-BENEFÍCIO. CÔMPUTO DE CONTRIBUIÇÕES REALIZADAS PELO SEGURADO QUANDO NO CARGO DE JUIZ CLASSISTA. PECULIARIDADES DO CASO. SISTEMA DE CONTRAPRESTAÇÃO. PREVISÃO CONSTITUCIONAL DE CONTAGEM RECÍPROCA DE TEMPO DE CONTRIBUIÇÃO. A regra da reciprocidade inserta na Carta da República assegura, para fins de aposentadoria, a contagem recíproca do tempo de contribuição na administração pública e na atividade privada mediante um sistema de compensação financeira. Entendimento diverso importaria na desconsideração de todas as contribuições efetivadas pelo autor quando no exercício da magistratura classista. Recurso especial não conhecido.
(STJ — REsp — Recurso Especial n. 318.233; Proc. n. 2001.00.44098-3/RS; 6ª T.; Decisão: 7.8.2001; DJ 3.9.2001; Rel. Vicente Leal). In www.cjf.gov.br

PROCESSUAL E PREVIDENCIÁRIO. AUXÍLIO-ACIDENTE. LAUDO PERICIAL. SALÁRIO-DE-CONTRIBUIÇÃO. ATUALIZAÇÃO MONETÁRIA. IRSM 39,67% REFERENTE A FEVEREIRO DE 1994. HONORÁRIOS ADVOCATÍCIOS. SÚMULA N. 111/STJ. SENTENÇA. Na atualização do salário-de-contribuição para fins de cálculos da renda mensal inicial do benefício, deve-se levar em consideração o IRSM de fevereiro de 1994 (39,67%) antes da conversão em URV, tomando-se esta pelo valor de Cr$ 637,64 de 28 de fevereiro de 1994 (§ 5º do art. 20 da Lei n. 8.880/94). Em tema de concessão de benefício previdenciário permanente, decorrente de acidente de trabalho, deve-se considerar como seu termo inicial o dia da juntada do laudo pericial em juízo. Precedentes. Os honorários advocatícios, nas ações previdenciárias, não incidem sobre prestações vincendas (Súmula n. 111-STJ) e são calculados até a data da sentença (Precedentes). Recurso da autarquia conhecido e parcialmente provido. Recurso do obreiro conhecido, mas desprovido.
(STJ — REsp — Recurso Especial n. 280.580; Proc. n. 2000.00.99894-0/SP; 5ª T.; Decisão: 21.11.2000; DJ 19.2.2001; Rel. José Arnaldo da Fonseca). In www.cjf.gov.br

1 — Devem ser consideradas insalubres as atividades relacionadas nos anexos do Decreto n. 83.080/79, exercidas pelo trabalhador durante sua vigência, independente de laudo técnico, não exigível naqueles períodos. Precedentes. 2 — Os cálculos para a conversão da atividade especial em comum devem obedecer à tabela constante do Decreto n. 611/92 (art. 64), acrescendo-se ao tempo de serviço do apelado a diferença resultante da correção. 3 — A renda mensal inicial deve ser fixada de acordo com as regras dos arts. 29, § 2º, 33 e 41, § 3º, da Lei n. 8.213/91, que em nada ofendem o art. 202 da Constituição Federal, uma vez que vieram complementar o mencionado comando constitucional, estabelecendo que o salário-de-benefício observasse o limite máximo do salário-de-contribuição. Precedentes do STJ. 4 — O art. 201, § 2º, da Lei Maior, ao determinar a manutenção do valor real do benefício, delegou ao legislador ordinário a competência para determinar os critérios a serem utilizados para restabelecer o valor do benefício no patamar inicial, o que foi feito pelo art. 41 da Lei n. 8.213/91, em nada colidindo com a norma constitucional. 6 — Face a sucumbência recíproca cada uma das partes arcará com os honorários advocatícios e em sendo o apelado beneficiário da justiça gratuita, não há que se falar em custas processuais. 7 — Apelação parcialmente provida.
(TRF — 3ª Reg.; AC — Apelação Cível n. 166.761; Proc. n. 94.03.023410-5/SP; 1ª T.; Decisão: 8.5.2001; DJU 4.9.2001; Rel. Juiz Theotonio Costa). In www.cjf.gov.br

PREVIDENCIÁRIO. REVISÃO DA RENDA MENSAL INICIAL. ATIVIDADES CONCOMITANTES. INAPLICABILIDADE DO ART. 32, INCISOS II E III DA LEI N. 8.213/91. O salário-de-benefício de segurado que contribuiu em razão de atividades concomitantes, ocorrendo a hipótese do § 2º do art. 32 da Lei n. 8.213/91, será calculado somando-se os salários-de-contribuição de ambas as atividades em uma só etapa de cálculo.
(TRF — 4ª Reg.; AC — Apelação Cível n. 419.771; Proc. n. 2001.04.01.035140-5/SC; 6ª T.; Decisão: 11.9.2001; DJU 31.10.2001; Rel. Juiz Tadaaqui Hirose). *In* www.cjf.gov.br

SALÁRIO-DE-CONTRIBUIÇÃO

É o valor sobre o qual vai incidir a contribuição à previdência social do segurado e da empresa. Tem uma conceituação diferente, conforme se trate de segurado empregado, avulso, autônomo, facultativo, doméstico ou empresário. Para o empregado, avulso e o temporário, o salário-de-contribuição é a remuneração, efetivamente percebida, nela integradas todas as importâncias havidas a qualquer título. Em face do princípio do solidarismo, que deve orientar a previdência social, cada um deve contribuir na medida de suas forças, medida esta que é dada pela remuneração mensal. Embora as porcentagens de contribuição sejam praticamente uniformes, o quantum monetário varia na proporção em que varia a remuneração dos segurados. Portanto, tudo o que o empregado recebe pelo ato de ter celebrado um contrato de trabalho deve ser considerado como remuneração para os fins previdenciais, independentemente dos critérios usados no Direito positivo do trabalho. Tudo o que ele perceba, e que não vise a cobrir gastos com a execução do serviço, dado pelo empregador ou por terceiros, em espécie ou in natura, em virtude de disposição contratual, legal, convencional ou judicial ou por liberalidade, lhe dá possibilidade de um determinado padrão de vida. Ele deve contribuir levando-se em conta esse determinado padrão de vida, isto é, na medida de suas forças. Entre nós, porém, há um teto para o salário-de-contribuição que, no momento, é igual a R$ 1.561,56. O piso é o salário mínimo, considerado no seu valor horário ou diário. Para o trabalhador autônomo, o segurado empresário e o facultativo, o salário-de-contribuição é o salário-base *(v.)*, se ele tiver ingressado na previdência social até 28 de novembro de 1999. Após dezembro de 2003 será a remuneração efetivamente percebida, até o teto vigente, porque o salário-base deixará de existir. Para o facultativo será o que ele declarar, até o teto. (Arts. 28/214, 278-A).

SALÁRIO DECLARADO

É o valor sobre o qual vai contribuir o chamado segurado facultativo, que filiou-se à previdência social após 28.11.99 ou que, já sendo filiado até aquela data, continuar filiado após dez./2003, quando desaparecerá a escala de salário-base, adstrito ao teto do salário-de-contribuição *(v.)*. Este valor não pode ser inferior ao salário mínimo. (Arts. 28, IV/214, VI).

SALÁRIO-ENFERMIDADE

Designação da remuneração que o empregado recebe diretamente do empregador nos quinze primeiros dias de incapacidade, antes de ter, portanto, qualquer direito a benefício da previdência social. Corresponde exatamente ao valor que receberia se estivesse trabalhando. O doméstico não tem direito ao salário-enfermidade, sendo que receberá da previdência social o benefício por incapacidade desde o 1º dia de sua manifestação. (Arts. 60, § 3º/75).

SALÁRIO-FAMÍLIA

Prestação previdencial que visa a auxiliar na criação de filhos (CF, art. 7º, XII). O empregador é o agente pagador da prestação, reembolsando-se, em seguida, da previdência social. Nas segundas provas desta edição, seu valor correspondia a R$ 11,26, por filho de até 14 anos de idade ou inválido. Tem direito a ele apenas o segurado empregado (menos o doméstico) e o trabalhador avulso, ainda que aposentados por invalidez ou outra razão, estes, desde que tenham mais de 65 anos, se homem, ou 60, se mulher. Em qualquer circunstância, a renda mensal do segurado deve ser igual ou inferior a R$ 468,47 (na data das segundas provas desta edição). Do ponto de vista doutrinário, é importante frisar a aplicação do princípio da seletividade na concessão do benefício, a que faz referência o art. 194, parágrafo único, inciso III, da Constituição Federal e ressaltado pelo inciso XII, do art. 7º, da própria CF, conforme a redação que lhe deu Emenda Constitucional n. 20/98. O criticável é que a Lei n. 8.213 não prevê a seletividade, havendo ela sido estabelecida pelo Decreto n. 3.048/99, o que significa exorbitar de sua função regulamentadora. Não se distingue entre filho legítimo, legitimado, ilegítimo ou adotivo. O salário-família é devido a partir da data da exibição de certidão de nascimento ou de documento de adoção e, pela orientação do INSS, sem qualquer efeito retroativo. Isto quer dizer que se o empregado entrega a certidão de nascimento um ano após a criança ter nascido perderá 12 quotas de salário-família. Esta interpretação, equivocada a nosso ver, vem em razão de o Decreto n. 53.153, de 10.11.63, que regulamentou a lei de criação do salário-família, de n. 4.266, de 3.10.63 ter determinado que a prestação seria devida a partir do mês em que fosse feita pelo empregado, perante a respectiva empresa, a prova de nascimento de cada filho. O regulamento exorbitou porque criou condição não fixada na lei. Entendemos, assim, que, exibida a certidão de nascimento, o empregado tem direito aos meses passados, mesmo porque o direito aos benefícios previdenciais não prescreve e os pagamentos mensais prescrevem só após cinco anos (art. 109, parágrafo único). Se a mãe e o pai forem segurados, cada um receberá sua quota de salário-família. No momento da admissão, o empregado deve assinar perante o empregador um termo de responsabilidade pelo qual se obriga a comunicar ao empregado qualquer fato que determine a perda do direito à manutenção do benefício. Anualmente deve exibir atestado de vacinação obrigatória das crianças nascidas de 1º de julho de 1977 em diante. (Arts. 65 a 70/81 a 92).

SALÁRIO *IN NATURA*

Quando o empregado recebe do empregador, habitualmente, coisas que satisfazem diretamente necessidades vitais, tais como, vestuário, habitação, alimentação etc., tendo como fonte o contrato ou o costume, estas coisas têm um valor pecuniário que se acrescenta à sua remuneração, inclusive para formar o salário-de-contribuição (v.). O salário in natura é chamado, também, de salário-utilidade, especialmente no direito previdenciário. (Arts. 28, I/214, I).

SALÁRIO-MATERNIDADE

Benefício previdencial, equivalente à remuneração efetivamente percebida pela empregada, inclusive a doméstica, e a trabalhadora avulsa (não há teto), no período de até 28 dias antes do parto e 91 após, no total, 120 dias, para as quais inexiste carência. Ele substitui a perda do salário, em razão da suspensão do contrato de trabalho, decorrente da licença-maternidade de 120 dias, determinada pelo art. 7º, inciso XVIII, da CF. Para a segurada especial, seu valor é igual ao do salário mínimo e para a contribuinte individual equivale a 1/12 da soma dos doze últimos salários-de-contribuição, apurados em período não superior a 15 meses, sendo o período de carência de 10 meses. O salário-maternidade é um benefício que guarda visceral relação com a existência do contrato de trabalho: se este não existir não há direito ao benefício. Se o empregador despediu sem justa causa, ele é o responsável pelo pagamento, tendo havido ou não ciência prévia do estado gravídico, conforme jurisprudência dominante. Se, por recomendação médica, os períodos de afastamento antes e pós-parto forem aumentados (até 2 semanas a mais cada um) o salário-maternidade abrangerá esse lapso de tempo também. Havendo parto antecipado, não há perda do direito ao salário de 120 dias; apenas em caso de aborto não criminoso (Código Penal, art. 128) há o direito ao benefício, que corresponde ao salário de 2 semanas. O salário-maternidade não engloba o valor do 13º salário (gratificação de Natal da Lei n. 4.090/62) se a empregada se afastar na época em que este é devido pela empresa. Se as empresas tiverem convênio com o INSS e, por isso, houverem pago o salário-maternidade, reembolsar-se-ão por meio da guia de recolhimento. (Arts. 71 a 73/93 a 103).

JURISPRUDÊNCIA

LICENÇA-MATERNIDADE. ART. 7º, XVII, DA CF. NORMA DE EFICÁCIA PLENA. Benefício devido desde a promulgação da Carta de 1988, havendo de ser pago pelo empregador, à conta da Previdência Social, independentemente da definição da respectiva fonte de custeio. Entendimento assentado pelo STF. Recurso não conhecido.
(STF — 1ª T.; RE n. 220.613/SP; Rel. Min. Ilmar Galvão; DJ 2.6.2000; j. 4.4.2000). In www.stf.gov.br

PREVIDENCIÁRIO. SALÁRIO-MATERNIDADE. DECADÊNCIA. OCORRÊNCIA. HONORÁRIOS ADVOCATÍCIOS. 1 — O art. 71 da Lei n. 8.213/91 teve sua redação alterada em 25 de março de 1994, sendo-lhe acrescido o parágrafo úni-

co, o qual estabeleceu prazo de 90 (noventa) dias para postular o benefício do salário-maternidade, sendo, entretanto, revogado tal parágrafo, em 10 de dezembro de 1997, através da Lei n. 9.528. 2 — Tendo o nascimento ocorrido em setembro de 1994, portanto na vigência dos limites temporais interpostos pelo parágrafo único do art. 71 da Lei n. 8.213/91, correta a aplicação do instituto da decadência, eis que o pedido foi postulado em novembro de 1998, não sendo respeitado, assim, o prazo de 90 dias. 3 — Honorários advocatícios mantidos no percentual arbitrado, eis que de acordo com a moderação contida no art. 20, § 3º, do CPC. 4 — Apelo da autarquia improvido. 5 — Apelo da autora improvido.
(TRF — 3ª Reg.; AC — Apelação Cível n. 504.774; Proc. n. 1999.03.99.060326-4/SP; 1ª T.; Decisão: 6.2.2001; DJU 24.4.2001; Rel. Juiz Roberto Haddad). In www.cjf.gov.br

PREVIDENCIÁRIO: SALÁRIO-MATERNIDADE. NATUREZA PREVIDENCIÁRIA. LEGITIMIDADE PASSIVA DO INSS. COMPETÊNCIA. REQUISITOS LEGAIS. I — O salário-maternidade é benefício de natureza previdenciária, regulando-se a competência, no caso, pelo disposto no art. 109, I, § 3º da Carta Magna. II — O INSS é parte legítima para figurar no pólo passivo da presente demanda, competindo-lhe o pagamento do benefício (art. 73, da Lei n. 8.213/91). III — A trabalhadora rural deve comprovar o exercício da atividade laborativa nos últimos doze meses, anteriores ao início do benefício, ainda que de forma descontínua, sendo desnecessário o cumprimento do período de carência, ex vi do art. 39, parágrafo único da Lei n. 8.213/91. IV — A prova testemunhal robusta é suficiente à comprovação do exercício da atividade rural. V — Preenchidos os requisitos legais, a procedência da ação era de rigor. VI — Os honorários advocatícios devem ser fixados em 15% sobre o valor da condenação. VII — Recursos do INSS e oficial parcialmente providos.
(TRF — 3ª Reg.; AC — Apelação Cível n. 590.472; Proc. n. 2000.03.99.025878-4/SP; 2ª T.; Decisão: 6.3.2001; DJU 25.4.2001; Rel. Juiz Aricê Amaral). In www.cjf.gov.br

PROCESSO CIVIL. REMESSA OFICIAL. SALÁRIO-MATERNIDADE. 1 — O art. 92 do Decreto n. 611/92 permite a compensação do valor adiantado a título de salário-maternidade com as contribuições incidentes sobre a folha de salários e não condiciona a qualquer procedimento adotado pelo empregador. 2 — Remessa oficial desprovida.
(TRF — 3ª Reg.; REO — Remessa Ex Officio n. 202.266; Proc. n. 1999.60.02.000996-9/MS; 1ª T.; Decisão: 12.12.2000; DJU 3.4.2001; Rel. Juiz Oliveira Lima). In www.cjf.gov.br

PROCESSUAL CIVIL E PREVIDENCIÁRIO: JULGAMENTO ANTECIPADO DA LIDE. SALÁRIO-MATERNIDADE. I — O julgamento antecipado da lide só é cabível quando o processo estiver suficientemente instruído de molde a propiciar ao juiz elementos suficientes para o julgamento quanto ao mérito da causa. II — O dispositivo legal que estabeleceu o prazo de 90 (noventa) dias para a empregada doméstica e a segurada especial requererem o salário-maternidade foi revogado não podendo, pois, ser utilizado como fundamento para a recusa do pedido em questão. Ademais, o salário-maternidade é benefício previsto constitucionalmente como direito fundamental, inscrito no art. 7º, XVIII, da Carta Magna, devendo a interpretação ser a mais benéfica possível à segurada. III — Recurso da autora provido. Sentença que se anula. Prejudicado o recurso do INSS.
(TRF — 3ª Reg.; AC — Apelação Cível n. 491.623; Proc. n. 1999.03.99.046404-5/SP; 2ª T.; Decisão: 6.2.2001; DJU 4.4.2001; Rel. Juiz Aricê Amaral). In www.cjf.gov.br

PREVIDENCIÁRIO. SALÁRIO-MATERNIDADE. VÍNCULO DE PARENTESCO ENTRE EMPREGADA E EMPREGADOR. Atendidos os pressupostos rogados pela legislação de regência (art. 3º da CLT), é válido e eficaz o liame empregatício, mesmo que envolvendo partes com vínculo de parentesco, cujos efeitos propagam-se, inevitavelmente, no âmbito previdenciário.
(TRF — 4ª Reg.; AG — Agravo de Instrumento n. 50.418; Proc. n. 1999.04.01.101081-9/RS; 6ª T.; Decisão: 20.2.2001; DJU 14.3.2001; Rel. Juiz Luiz Carlos de Castro Lugon). In www.cjf.gov.br

PREVIDENCIÁRIO. SALÁRIO-MATERNIDADE. PRAZO PARA REQUERIMENTO. ÍNDICE DE CORREÇÃO. VERBA HONORÁRIA. 1 — Considerando-se que o salário-maternidade previsto no art. 71 da Lei n. 8.213/91 (com redação dada pela Lei n. 9.528/91) não apresenta prazo expresso para requerimento, aplica-se ao benefício o prazo de prescrição de cinco anos, comum aos demais benefícios previdenciários. 2 — Aos débitos previdenciários, a partir de maio de 1996, aplica-se o corretor monetário do IGP-DI. 3 — O percentual dos honorários advocatícios deve ser fixado em 10% sobre a condenação, excluídas da base de cálculo respectiva as parcelas vincendas, conforme orientação da Súmula n. 111 do Egrégio STJ. 4 — Custas por metade (Súmula n. 2 do ex-TARGS).
(TRF — 4ª Reg.; AC — Apelação Cível n. 297.928; Proc. n. 1999.04.01.090585-2/RS; 5ª T.; Decisão: 18.12.2000; DJU 10.1.2001; Rel. Juiz Altair Antonio Gregório). In www.cjf.gov.br

SALÁRIO SOCIAL

Expressão cunhada por Paul Durand para significar a incorporação na noção tradicional de salário de complementos e parcelas substitutivas do mesmo. Na primeira classificação estariam os subsídios familiares e na segunda as rendas provenientes das prestações previdenciais concedidas quando o trabalhador deixa de auferir salário, tais como, aposentadorias, auxílio-desemprego etc.

SANÇÕES

A empresa que violar as normas previdenciais, além de sofrer multa (v.) é passível de outras sanções previstas no § 3º, do art. 195 da CF e pelo art. 95, § 2º da Lei n. 8.212.

SEGURADO

Designação genérica de todas as pessoas que, estando na condição de trabalhador remunerado, têm assegurada a cobertura das conseqüências oriundas da ocorrência das contingências humanas. Há diversos critérios para sua classificação: 1. quanto à compulsoriedade: são obrigatórios e facultativos; 2. quanto ao vínculo com o trabalho: empregado, autônomo, trabalhador avulso, empresário, trabalhador temporário, ministros de confissão religiosa (v. cada um destes verbetes). Perde a qualidade de segurado quem, não estando no gozo de benefício, deixar de contribuir por mais de 12 meses consecutivos. Este prazo, denominado período de graça (v.), pode ser ampliado para até 24 meses se o segurado já tiver pago mais de 120 contribuições mensais, sem interrupção que acarrete a perda de sua qualidade. Pode haver um acréscimo de mais 12 meses, caso o segurado esteja desempregado e prove esta condição mediante registro no Ministério do Trabalho. Durante o período de graça o segurado conserva todos os direitos perante a previdência social. A perda da qualidade de segurado desprovê o titular de seus direitos previdenciais, a não ser quanto à pensão e à aposentadoria para os quais já tenham sido preenchidos todos os requisitos. A qualidade de segurado surge do exercício de atividade ligada à previdência social. Quem deixar essa atividade e quiser manter a qualidade de segurado pode requerer sua inclusão na categoria de segurado facultativo (v.) (Arts. 11 a 15/9º a 14).

SEGURADO ESPECIAL

É a nomenclatura utilizada pela legislação para designar os segurados que, não obstante exercerem uma atividade lucrativa — como é óbvio — não contribuem sobre um salário-de-contribuição, mas sobre o resultado da comercialização da sua produção. É o caso dos trabalhadores rurais, que podem trabalhar em condições jurídicas bastante diferenciadas, seja como parceiros, meeiros, arrendatários ou produtores rurais, o pescador artesanal, assim como seus cônjuges e seus filhos maiores de 16 anos, desde que também trabalhem em regime de economia familiar, ainda que com auxílio eventual de terceiros (Arts. 11, VII/9º, VII).

SEGURADO FACULTATIVO

É a pessoa que não exerce atividade remunerada, maior de 16 anos, o que lhe permite escolher se quer ou não ser segurado da previdência social. (Arts. 13/11).

SEGURADO INCAPAZ

O segurado que seja considerado incapaz, consoante o Código Civil, poderá receber seu benefício por meio de seu cônjuge, pai, mãe, tutor ou curador ou, na falta destas pessoas, por seu herdeiro necessário, mediante termo de compromisso por ele assinado. Contra ele não corre prescrição (Arts. 103, parágrafo único, 110/162, 347, parágrafo único).

SEGURADO MENOR

Poderá ele firmar recibo de percepção de benefício, independentemente da presença dos pais ou do tutor. Contra ele não corre prescrição. (Arts. 103, parágrafo único, 111/163, 347, parágrafo único).

SEGURADO OBRIGATÓRIO

É a pessoa que exerce determinada atividade remunerada e está em certa circunstância que a vincula automaticamente à previdência social não havendo qualquer escolha de sua parte em filiar-se ou não ao sistema. Daí decorre sua obrigação de contribuir pecuniariamente para o seguro social. Os arts. 17, da Lei n. 8.213 e 9º, do Decreto n. 3.048, dão a relação minuciosa das pessoas que, estando na condição acima, são segurados obrigatórios da previdência social e não vamos reproduzi-los, por ocioso. Chamamos a atenção do estudioso, apenas, para a primeira classificação, a mais genérica, usada pelo nosso Direito, dos segurados obrigatórios: o empregado, o empregado doméstico, o contribuinte individual (categoria na qual se incluem entre outros, o autônomo — profissionais liberais ou não —, alguns empresários, como o titular de firma individual e os sócios-gerentes e quotistas, remunerados), o trabalhador avulso e o chamado segurado especial, denominação pouco feliz para indicar o produtor, o parceiro, o meeiro e outros da área rural (Arts. 11/9º).

JURISPRUDÊNCIA

PREVIDÊNCIA SOCIAL. FILIAÇÃO. AUXILIAR LOCAL EM EXERCÍCIO PERANTE A UNESCO/PARIS. POSSIBILIDADE DE CONTRIBUIR PARA A PREVIDÊNCIA BRASILEIRA. A Lei n. 7.501/86 determina que o auxiliar local será regido pela legislação brasileira e a Lei n. 8.213/91 estabelece que são segurados obrigatórios da Previdência Social do Brasil os brasileiros que trabalham para a União, no exterior, em organismos internacionais dos quais o Brasil seja membro efetivo, ainda que lá domiciliado e contratado, salvo se segurado na forma da legislação vigente do país do domicílio. A Lei n. 8.745/93 assegurou aos auxiliares locais brasileiros o direito de opção para permanecerem como contribuintes da Previdência Social Brasileira. Feito o requerimento em tempo hábil (90 dias contados da publicação do Decreto) não pode ser ele indeferido. A legislação previdenciária francesa pode obrigar os franceses, não os brasileiros. Segurança concedida.
(STJ — 1ª Seç.; MS n. 5.346; Proc. n. 1997.00.57546-2/DF; Decisão: 6.11.1998; DJ 11.10.1999; Rel. Garcia Vieira). In www.cjf.gov.br

SEGURANÇA SOCIAL

A noção de segurança social proveio da de seguro social. Com efeito, o seguro social deixou de estar ligado estritamente à proteção dos empregados, para envolver também trabalhadores de outra categoria, inclusive os próprios empresários, quando trabalham. Daí em diante, a preocupação passou a ser de garantia de proteção de todo trabalhador, na ocorrência das contingências humanas, isto é, de conceder uma segurança social. Vários documentos de caráter internacional estimularam esse progresso. A Carta Atlântica de 1941, a Declaração de Santiago, resultante da I Conferência Interamericana de Segurança Social (1942), as Declarações de Filadélfia (1944), de Chaputelpec (1945), a Declaração Universal dos Direitos do Homem (1948) afirmaram a necessidade de proceder à segurança social de forma mais ou menos ampla (ver de forma mais detalhada o texto desses documentos em Mário L. Deveali, "Curso de Derecho Sindical y de la Previsión Social", Zavalia, Buenos Aires, 1952, págs. 275/278). Simão Bolívar, já em 1819, em discurso pronunciado no Congresso de Angostura, afirmava que o governo mais perfeito é o que produz maior soma de "seguridad social". Consta que a primeira vez que a palavra "segurança" foi usada num texto legal, com o sentido que hoje tem, foi no "Social Security Act", lei americana de 1935. Diante de todos estes documentos, a doutrina e a legislação da maioria dos países passaram a substituir a expressão previdência social por segurança social, ou, no Brasil, por cópia do espanhol, seguridade social (José Martins Catharino pretende estabelecer uma diferença entre segurança e seguridade. Esta seria a falta ou ausência de risco; segurança, o risco coberto (in "Direito do Trabalho e Segurança Social: Coordenação e Separatismo", in "Revista Iberoamericana de Seguridade Social", Madri, n. 6, 1969, pág. 1.215). Em alguns países não houve, evidentemente, apenas uma mudança de nomenclatura, mas também de política, com a organização de sistemas mais amplos de cobertura das contingências (Jean-Jacques Dupeyroux, "Securité Sociale", Dalloz, Paris, 1965, pág. 17). Numa tentativa de simplificação, diríamos que a segurança social é um fim, que se pode atingir por diversos instrumentos. Este fim não é tão amplo como pretendem alguns, no sentido de se buscar a liberação da sociedade de todo e qualquer tipo de preocupação de ordem econômica e de lhe conceder o máximo de bem-estar, pois neste caso deveríamos englobar nos sistemas jurídicos de segurança social todas as normas referentes à educação, habitação, emprego etc. Para nós, o fim da segurança social é liberar os indivíduos de dada coletividade das necessidades oriundas da realização das contingências humanas (princípio da universalidade). Jacques Doublet acrescenta que, fundamentalmente, o fim da segurança social é de liberação da necessidade criada pela desigualdade, a miséria, a enfermidade e a velhice (in "Sécurité Sociale", Presses Universitaires de France, Paris, 1972, pág. 13). O Estado pode servir-se do sistema assistencial, com nova roupagem jurídica, ou de uma técnica diversa. O que importa é o fim e não o meio. Venturi sustenta existirem na segurança social, que não é o resultado da soma de assistência e do seguro social, alguns elementos técnicos, econômicos e jurídicos do seguro social, mas nenhum da assistência se deve encontrar nela. A segurança social cria direitos subjetivos, garante prestações que visam a prevenir o dano ou, quando o repare, eliminam, com a sua certeza e tempestividade, as conseqüências anti-sociais antes que estas se instaurem ("I fondamenti scientifici della sicurezza sociale", Milão, 1954, págs. 270/271). Num sistema de segurança social deveriam participar do seguro social todas as pessoas que pudessem ser individualizadas segundo uma situação de trabalho. A formação automática da relação jurídica seguradora, resultando disso o automatismo das prestações, é a tendência que se nota e indispensável num sistema de segurança social. Por outro lado, o sistema jurídico de assistência social instituiria verdadeiros direitos subjetivos para as pessoas desprovidas de meios para reparar as conseqüências oriundas da realização de contingências humanas, que não fossem sujeitos obrigatórios de uma relação de seguro social. Impedir-se-ia, desta forma, que tais pessoas caíssem em estado de necessidade como ocorre em sistemas onde ainda não existe a atuação jurídica de uma organização de segurança social. A Constituição Federal criou o sistema brasileiro de segurança social, que denominou de "seguridade social", nos arts. 194 a 204 (Arts. 1º/8.212/1º).

SEGURIDADE SOCIAL

V. Segurança Social

SEGURO DE ACIDENTES DO TRABALHO

O sistema de cobertura, mediante seguro, das conseqüências oriundas de um acidente de trabalho (v.) antecipou a existência do sistema de seguro social. Em boa parte dos países, como ocorreu no Brasil, esta cobertura se dá em condições e de forma diversa da referente às demais contingências humanas. Por isso se fala especificamente num seguro de acidentes do trabalho. Entre nós, a tendência doutrinária e governamental já foi no sentido de uma total integração deste seguro no esquema previdencial, o que provocou a resistência dos sindicatos que desejavam vê-lo ainda como um seguro à parte. A Lei n. 6.367, de 19 de outubro de 1976, que foi a última específica para o assunto, embora dissesse que o custeio do seguro acidente do trabalho deveria ser feito pelas contribuições previdenciais gerais, a cargo da União, da empresa e do segurado, manteve uma contribuição específica da empresa. A legislação posterior menciona contribuição separada para custeio da aposentadoria especial, que também decorre da agressividade do ambiente do trabalho e de benefícios decorrentes dos riscos ambientais, vale dizer, de acidentes do trabalho, incidente sobre o total da remuneração paga aos empregados e trabalhadores avulsos e variando entre 1 e 3%, conforme o risco existente na empresa, com um acréscimo de 6, 9 ou 12% se a atividade exercida pelo trabalhador na empresa ensejar o direito à aposentadoria especial. A Emenda Constitucional n. 20/98 inseriu o § 10 no art. 201, determinando que "Lei disciplinará a cobertura do risco de acidente do trabalho, a ser atendida concorrentemente pelo regime geral de previdência social e pelo setor privado", lei esta que, ainda, não foi editada. O Anexo V, do Decreto n. 3.048/99, faz a classificação das atividades conforme o grau de risco (Arts. 22, II/202).

JURISPRUDÊNCIA

ADMINISTRATIVO. SEGURO DE ACIDENTE DO TRABALHO — SAT — LEGISLAÇÃO PERTINENTE. 1 — Questão decidida em nível infraconstitucional — art. 22, II da Lei n. 8.212/91 e art. 97, IV do CTN. 2 — Atividades perigosas desenvolvidas pelas empresas, escalonadas em graus pelos Decretos ns. 356/91, 612/92, 2.173/91 e 3.048/99. 3 — Plena legalidade de estabelecer-se, por decreto, o grau de risco (leve, médio ou grave), partindo-se da atividade preponderante da empresa. 4 — Questão fática e circunstancial pela universalidade das atividades empresariais e que, desde 1979, esteve sob a competência do Executivo (Decretos ns. 83.081/79 e 90.817/85). 5 — Recurso especial não conhecido.
(STJ — REsp — Recurso Especial n. 222.067; Proc. n. 1999.00.59560-2/RS; 2ª T.; Decisão: 20.3.2001; DJ 13.8.2001; Rel. Eliana Calmon). In www.cjf.gov.br.

PREVIDENCIÁRIO. CONTRIBUIÇÃO REFERENTE A ACIDENTE DO TRABALHO. ATIVIDADE PREPONDERANTE. PESSOAL DE ES-

CRITÉRIO. DECRETO N. 83.081/79. Sendo a atividade preponderante da empresa a industrialização de adubos, sujeita-se às contribuições o pessoal que trabalha no seu escritório administrativo. Recurso provido.
(STJ — REsp — Recurso Especial n. 274.765; Proc. n. 2000.00.87168-0/RS; 1ª T.; Decisão: 16.11.2000; DJ 5.3.2001; Rel. Garcia Vieira). In www.cjf.gov.br.

TRIBUTÁRIO. SEGURO DE ACIDENTE DO TRABALHO. TABELA DE RISCO. ENQUADRAMENTO. UNIDADE INDUSTRIAL E ESCRITÓRIO. ATIVIDADE ADMINISTRATIVA. CGC. DECRETO N. 83.081/79. PRECEDENTES. 1 — A jurisprudência do extinto e egrégio Tribunal Federal de Recursos pacificou o entendimento no sentido de que "o grau de risco afeto às atividades desenvolvidas por funcionários de empresa, devem, necessariamente, se compatibilizar com as funções e os locais onde são desenvolvidas as atividades. Não tem procedência equiparar-se a taxa de risco das atividades desenvolvidas em um escritório com as desenvolvidas em uma usina de produção de álcool, tomando-se como taxa única a que tem incidência para o risco desta última. A periculosidade é diferenciada, por isto mesmo, a taxa também o deverá ser" (AC n. 121.362/SP, 5ª Turma, Rel. Min. Pedro Acioli, DJ de 28.5.1987). 2 — A alíquota da contribuição para o Seguro de Acidente do Trabalho — SAT — deve corresponder ao grau de risco da atividade desenvolvida em cada estabelecimento da empresa, mesmo quando esta possui um único CGC. 3 — No caso de o parque industrial e o escritório da administração tiverem inscrição própria no CGC/MF, o enquadramento na tabela de risco para fins de custeio do SAT será compatível com as tarefas desenvolvidas em cada um deles (art. 40, do Decreto n. 83.081/79). 4 — Precedentes do saudoso Tribunal Federal de Recursos. 5 — Recurso improvido.
(STJ — REsp — Recurso Especial n. 328.924; Proc. n. 2001.00.85401-8/RS; 1ª T.; Decisão: 16.8.2001; DJ 24.9.2001; Rel. José Delgado). In www.cjf.gov.br.

AGRAVO DE INSTRUMENTO. CONTRIBUIÇÃO PARA O SEGURO DE ACIDENTES DO TRABALHO. LIMINAR PARA COMPENSAÇÃO DE TRIBUTO. I — Manutenção da liminar quanto ao recolhimento do SAT pela alíquota mínima de 1% (um por cento). II — Impossibilidade de compensação tributária por meio de liminar — Súmula n. 212 do STJ. III — Provimento parcial do Agravo.
(TRF — 2ª Reg.; AG — Agravo de Instrumento n. 59.573; Proc. n. 2000.02.01.033466-6/ES; 3ª T.; Decisão: 6.3.2001; DJU 19.6.2001; Rel. Juíza Tania Heine). In www.cjf.gov.br

AGRAVO DE INSTRUMENTO E AGRAVO REGIMENTAL. LIMINAR. SAT — SEGURO DE ACIDENTE DE TRABALHO. ART. 22, INCISO II, DA LEI N. 8.212/91. I — Não tendo a lei conceituado a atividade preponderante ou definido os graus de risco leve, médio e grave, não pode o seu regulamento pretender suprir a lacuna, sob pena de indevida invasão da competência tributária. II — Agravo de Instrumento a que se nega provimento. Agravo Regimental prejudicado.
(TRF — 2ª Reg.; AG — Agravo de Instrumento n. 39.426; Proc. n. 99.02.24102-6/ES; 3ª T.; Decisão: 31.10.2000; DJU 19.6.2001; Rel. Juíza Virginia Procópio de Oliveira Silva). In www.cjf.gov.br

PREVIDENCIÁRIO. CONSTITUCIONAL. CONTRIBUIÇÃO PARA O SEGURO DE ACIDENTES DE TRABALHO. NÃO CABIMENTO DE TUTELA ANTECIPADA PARA COMPENSAÇÃO DE TRIBUTOS. I — O art. 22, II da Lei n. 8.212/91 ao definir, em relação à contribuição do SAT, o sujeito passivo, base de cálculo e alíquotas segundo o grau de risco da atividade preponderante da empresa não infringiu o art. 97 do CTN. II — O Decreto n. 2.137/97 que regulamentou o mencionado art. da Lei n. 8.212/91, não violou a norma do art. 150, I, da CF/88. III — Impossibilidade de compensação tributária por meio de antecipação de tutela. IV — Agravo provido.
(TRF — 2ª Reg.; AG — Agravo de Instrumento n. 39.474; Proc. n. 99.02.24152-2/RJ; 3ª T.; Decisão: 12.12.2000; DJU 29.3.2001; Rel. Juíza Tania Heine). In www.cjf.gov.br

TRIBUTÁRIO. CONSTITUCIONAL. CONTRIBUIÇÃO SOCIAL. SEGURO DE ACIDENTE DO TRABALHO — SAT. LEI N. 8.212. PRESCRIÇÃO. O art. 22 da Lei n. 8.212 definiu o sujeito passivo para a contribuição social para o Seguro de Acidente de Trabalho, sua base de cálculo e alíquotas, estando em perfeita sintonia com o art. 97 do CTN. Os Decretos ns. 2.137 e 3.048 vieram, apenas, disciplinar a norma legal, não tendo alterado ou fixado as alíquotas relativas ao SAT, já nela estipuladas. — Inexistência de violação à norma do art. 150, I, da Constituição Federal.
(TRF — 2ª Reg.; AMS — Apelação em Mandado de Segurança n. 34.205; Proc. n. 2000.02.01.030772-9/RJ; 2ª T.; Decisão: 27.6.2001; DJU 24.7.2001; Rel. Juiz Espírito Santo). In www.cjf.gov.br

PREVIDENCIÁRIO. AGRAVO DE INSTRUMENTO. LEI N. 9.528/97. SEGURO AO ACIDENTE DE TRABALHO — SAT — INCONSTITUCIONALIDADE. 1 — A Lei n. 9.528/97 é omissa quanto aos conceitos indispensáveis à definição do fato gerador da cobrança do SAT. 2 — O recolhimento da contribuição do SAT, por tratar-se de uma obrigação tributária, só pode

ser instituído ou majorado através de Lei. 3 — Não pode o Decreto n. 2.173/97 suprir as omissões da Lei e regulamentar a cobrança do SAT. 4 — Agravo de Instrumento improvido e Agravo Regimental prejudicado.
(TRF — 3ª Reg.; AG — Agravo de Instrumento n. 97.351; Proc. n. 1999.03.00.056923-3/SP; 1ª T.; Decisão: 13.3.2001; DJU 31.1.2002; Rel. Juiz Gilberto Jordan). In www.cjf.gov.br

EMBARGOS À EXECUÇÃO FISCAL. SERVIÇO SOCIAL DA INDÚSTRIA — SESI. CONTRIBUIÇÃO PARA O PRÓ-RURAL, INCRA E SALÁRIO-EDUCAÇÃO. ISENÇÃO. LEI N. 2.613/55, ART. 13. SEGURO-ACIDENTE DO TRABALHO. O Serviço Social da Indústria — SESI goza de ampla isenção fiscal, na forma do art. 13 da Lei n. 2.613/55, não estando obrigada a contribuir para o PRÓ-RURAL, INCRA e para o Salário-Educação. Tendo sido a insurgência contra a exigência de diferença da contribuição ao SAT fundamentada tão-somente na ampla isenção atribuída ao SESI, não sendo esta reconhecida com relação ao SAT, mantém-se a autuação. Apelação parcialmente provida.
(TRF — 4ª Reg.; AC — Apelação Cível n. 216.867; Proc. n. 98.04.07046-4/SC; 1ª T.; Decisão: 9.11.2000; DJU 17.1.2001; Rel. Juiz Guilherme Beltrami). In www.cjf.gov.br

SEGURO-DESEMPREGO

Cobertura pecuniária do risco desemprego, que significa a situação de quem está apto para o trabalho, deseja trabalhar, mas não encontra colocação. Dentro do sistema previdencial brasileiro não existe seguro-desemprego, embora o art. 201, da CF, que relaciona os eventos que a previdência social deve cobrir, o mencione no inciso III. Existiram, fora daquele sistema, modalidades de atendimento a necessidades decorrentes do desemprego, como o auxílio-desemprego, criado pela Lei n. 4.923, de 23 de dezembro de 1965, e regulado pela seguinte legislação: Decretos ns. 58.155/66 e 58.684/66 e pelas Portarias MTPS n. 368/66 e DNMO n. 174/73. O Decreto-lei n. 2.284, de 10.3.86, instituiu o seguro-desemprego, com a finalidade de prover assistência financeira temporária ao trabalhador desempregado em virtude de dispensa sem justa causa, ou por paralisação, total ou parcial, das atividades do empregador (art. 25). Com este decreto ficou derrogada a Lei n. 4.923/65, resguardados os direitos adquiridos. Os requisitos para a percepção do seguro-desemprego, segundo a atual Lei (n. 8.900, de 30.6.94) são: I — ter recebido salário em cada um dos 6 meses imediatamente anteriores à dispensa; II — ter sido empregado pelo menos por 6 meses nos últimos 36 meses que antecedem a dispensa; III — não possuir rendimento suficiente para sua manutenção e de sua família; IV — não estar recebendo benefício previdencial, salvo auxílio-acidente, auxílio suplementar e pensão por morte. O benefício será concedido ao trabalhador desempregado por 5 meses, de forma continua ou em períodos alternados, a cada espaço de 16 meses, o seu valor varia conforme a faixa salarial do empregado, não sendo inferior a um salário mínimo. A Constituição Federal dispensa ao seguro-desemprego uma atenção especial: como direito dos trabalhadores urbanos e rurais (art. 7º, II) e como direito previdencial (art. 201, IV). Quanto ao seu financiamento estabelece que, a partir da promulgação da Constituição as contribuições arrecadadas para o PIS e PASEP passarão a financiar o programa do seguro-desemprego, nos termos da lei, mais "uma contribuição adicional da empresa cujo índice de rotatividade da força de trabalho superar o índice médio da rotatividade do setor, na forma estabelecida por lei" (art. 239 e seu § 4º, das Disposições Constitucionais Gerais).

JURISPRUDÊNCIA

BENEFÍCIO PREVIDENCIÁRIO. AUXÍLIO-DESEMPREGO. SEGURO. PERCEPÇÃO DO AUXÍLIO. INADMISSIBILIDADE. 1 — O próprio autor confessou em audiência que exercia Atividade Profissional, como vendedor ambulante de milho verde, auferindo renda mensal superior ao salário mínimo legal, possuindo, pois, renda própria que lhe garantia sua subsistência. 2 — Ainda que tivesse laborado pelo tempo mínimo para percepção do auxílio (120 dias na mesma empresa), ainda assim não faria jus ao auxílio, uma vez que o § 3º do art. 5º da Lei n. 4.923/65 vedava a concessão do benefício àqueles trabalhadores que possuíssem renda para a própria subsistência. 3 — Apelo improvido.
(TRF — 3ª Região — 1ª T.; — Apelação Cível n. 193.958; Proc. n. 94.03.061448-0/SP; Decisão: 18.9.2001; DJU 27.2.2002; Rel. Juiz David Diniz, v. u.). In www.trf3.gov.br

SEGURO SOCIAL

O seguro social é um meio de cobertura das conseqüências oriundas da realização dos riscos normais da existência ou de eventos que acarretam um aumento de despesas. O seguro social é, pois, instrumento da previdência so-

cial. Qual a diferença entre o seguro social e as outras formas de previdência? A primeira que emerge é o fato de o seguro social ser obrigatório, a tal ponto de ter um autor afirmado que, ou o seguro social é obrigatório ou não é social (apud Mário L. Deveali, "Curso de Derecho Sindical y de la Previsión Social", Zavalia, Buenos Aires, 1952, pág. 273). Tal obrigatoriedade significa que as pessoas, que estejam em determinadas condições estipuladas pela lei, não se podem furtar a ser sujeitos de uma relação jurídica que se instaura em virtude da própria lei. A obrigatoriedade abrange não apenas os segurados como também o órgão segurador, que não seleciona as pessoas com as quais manterá a relação jurídica asseguratória, desde que as mesmas reúnam as condições objetivas previstas pela lei. No dizer de Lionello R. Levi tais condições funcionam como "fatos jurídicos objetivos" que provocam o surgimento da relação ("Linee di una Teoria Giuridica della Previdenza Sociale", Giuffrè, Milão, 1953, pág. 47). Não há que confundir essa relação criada pela lei, com o seguro privado obrigatório. Sabemos que o seguro privado, atualmente, é grandemente regulamentado pela lei e que pessoas em determinadas situações são obrigadas a celebrar um contrato de seguro, o qual, em virtude daquela regulamentação, é um contrato de adesão. Mas a relação jurídica entre o segurado e a companhia asseguradora é sempre resultante de um negócio jurídico, é contratual. Ademais, no seguro social todas as normas da relação jurídica se encontram na lei, não sendo permitidos pactos de condições diversas daquelas legais, nem mesmo mais favoráveis. Parece-nos, entretanto, indispensável ir à essência do fenômeno e indagar por que o seguro social é obrigatório, formando-se ope legis a relação jurídica a ele concernente. Numa análise literal ou semântica da expressão "seguro social" chegaríamos à conclusão de que seu significado é exatamente o de liberar grande parte da sociedade das preocupações com as ocorrências que tolhem ou limitam a capacidade de ganho ou que acarretam aumento de despesas. É uma verdade, que não exige demonstração, o fato de que os proprietários dos bens de produção são uma ínfima minoria e que a maioria da população de todos os países (evidentemente cogitamos dos não-socialistas) vive do produto de seu trabalho. A diversidade de sistemas de seguros sociais existentes em todo o mundo, com suas diferenças técnicas, não afeta esta característica. A soma de interesses individuais que esta forma de seguro visa a tutelar, constituída pelo interesse de todos aqueles que vivem do produto de seu trabalho — uma comunidade maior formada por todos os homens — e os reflexos das conseqüências que esses interesses não tutelados teriam sobre toda a coletividade levam o Estado a interessar-se por sua imposição e administração. Em virtude desse precípuo interesse coletivo, não só o Estado por meio da legislação faz surgir a relação jurídica de tutela do economicamente fraco em face das contingências humanas, como também toma a si a organização e administração de todo o sistema. O seguro não se torna social porque o Estado o administra por meio de entidades estatais ou paraestatais, mas a recíproca é que é verdadeira: pelo fato de ser social é que o Estado tem interesse em administrá-lo (Augusto Venturi, "I fondamenti scientifici della sicurezza sociale", Milão, 1954, págs. 578 e segs.). Não é característica do seguro social o custeio por parte do seu beneficiário direto — o trabalhador. O que importa é que, como modalidade de seguro, haja o dever de pagamento do prêmio (contribuição) por determinadas pessoas, físicas ou jurídicas. Aqueles que apregoam a contributividade do beneficiário como característica do seguro social se esquecem de que, no seguro privado, este geralmente contribui pagando o prêmio, e isto não transforma tal seguro em social. Por outro lado, o seguro acidentes do trabalho, na grande maioria dos países custeado apenas pelo empregador — real segurado, mas não beneficiário — é estudado em todos os compêndios ou tratados de seguro social, seja historicamente, seja no seu regime moderno, porque sua real finalidade não é prejudicada pelo fato de os empregados não contribuírem: a proteção dos interesses de grande soma de trabalhadores, na ocorrência de um risco normal específico de suas existências que, se não seguradas, poderiam refletir negativamente sobre a coletividade.

SELETIVIDADE

Ver Princípios da previdência social

SEPTUAGENÁRIO

A pessoa de 70 anos é contemplada pelo Direito Previdencial Brasileiro no caso de aposentadoria compulsória por velhice (v.).

SEQÜESTRO

O benefício devido pela previdência social não pode ser objeto de seqüestro, salvo em caso de prestação alimentícia reconhecida por sentença judicial ou quanto a valor devido à previdência social (Arts. 114/153).

SERVIÇO

Espécie de prestação previdencial. São atos ou cousas concedidas pela previdência social no momento da ocorrência de uma contingência para restaurar a capacidade de ganho ou a saúde. São serviços da previdência social: o serviço social (v.) e a reabilitação profissional (Arts. 18, caput, 88 a 92/25, caput, 161, 136 a 140).

SERVIÇO MÉDICO

Se a empresa tiver serviço médico organizado ou em convênio deverá efetuar o exame médico para fins de percepção pelo empregado do salário-enfermidade só encaminhando o segurado para o INSS quando a incapacidade ultrapassar 15 dias. Os sindicatos (v.), igualmente, podem realizar exames médicos (Arts. 60, § 4º/ 75, § 1º).

SERVIÇO MILITAR

O período de prestação de serviço militar é contado como tempo de serviço para fins de percepção de aposentadoria por tempo de serviço. Mesmo que anterior à filiação do segurado à previdência social, ou se voluntário, o serviço militar é considerado. Só não será computado se já o tiver sido para inatividade remunerada nas Forças Armadas ou Auxiliares ou para aposentadoria no serviço público federal ou municipal (Arts. 55, I/60, IV).

SERVIÇO SOCIAL

Prestação previdencial que consiste numa atividade auxiliar ao beneficiário, de orientação e apoio na solução de problemas pessoais e familiares e de melhoria da sua relação com a previdência social (Arts. 88/161).

SINDICATO

O sindicato, mediante convênio com o INSS, pode encarregar-se de: I — processar requerimento de benefício, preparando-o e instruindo-o de maneira que possa ser despachado pela previdência social urbana; II — submeter o requerente a exame médico, inclusive complementar, encaminhando à previdência social urbana o respectivo laudo, para efeito da concessão de benefício que depende de avaliação de incapacidade; III — pagar benefício. O convênio pode prever o reembolso das despesas (Arts. 117, 119/311).

SISTEMA ÚNICO DE SAÚDE (SUS)

O texto da nova Constituição Federal (arts. 196 a 200) dispõe sobre a criação de um sistema único de saúde, dentro do amplo campo da Seguridade Social, que deverá integrar uma rede regionalizada e hierarquizada, obedecendo às seguintes diretrizes: "I — descentralização com direção única em cada nível do governo; II — Atendimento integral, com prioridade para as atividades preventivas sem prejuízos dos serviços assistenciais; III — participação da comunidade", conforme se dispuser em lei. A Lei n. 8.080, de 19.9.90, denominada Lei Orgânica da Saúde, dispôs sobre a matéria.

SÓCIO

O sócio da sociedade em nome coletivo e de capital e indústria, o sócio-gerente, sócio solidário, sócio de indústria e sócio-cotista que recebe pro labore são segurados obrigatórios da previdência social. Igualmente, a partir de 1º de janeiro de 1976, estes mesmos sócios de empresa agrária são segurados obrigatórios da previdência social (Arts. 11, V, f/9º, V, g e h). V. Súmula n. 466 do STF.

SÚMULAS DO SUPERIOR TRIBUNAL DE JUSTIÇA SOBRE PREVIDÊNCIA SOCIAL

6 — Compete à Justiça Comum Estadual processar e julgar delito decorrente de acidente de trânsito envolvendo viatura de polícia militar, salvo se autor e vítima forem policiais militares em situação de atividade.

15 — Compete à Justiça Estadual processar e julgar os litígios decorrentes de acidente do trabalho.

24 — Aplica-se ao crime de estelionato, em que figure como vítima entidade autárquica da previdência social, a qualificadora do § 3º, do art. 171 do Código Penal.

44 — A definição, em ato regulamentar, de grau mínimo de disacusia, não exclui, por si só, a concessão do benefício previdenciário.

62 — Compete à Justiça Estadual processar e julgar o crime de falsa anotação na Carteira de Trabalho e Previdência Social, atribuído à empresa privada.

65 — O cancelamento, previsto no art. 29 do Decreto-lei n. 2.303, de 21.11.86, não alcança os débitos previdenciários.

89 — A ação acidentária prescinde do exaurimento da via administrativa.

107 — Compete à Justiça Comum Estadual processar e julgar crime de estelionato praticado mediante falsificação das guias de recolhimento das contribuições previdenciárias, quando não ocorrente lesão à autarquia federal.

110 — A isenção do pagamento de honorários advocatícios, nas ações acidentárias, é restrita ao segurado.

111 — Os honorários advocatícios, nas ações previdenciárias, não incidem sobre prestações vincendas.

144 — Os créditos de natureza alimentícia gozam de preferência, desvinculados os precatórios da ordem cronológica dos créditos de natureza diversa.

146 — O segurado, vítima de novo infortúnio, faz jus a um único benefício somado ao salário-de-contribuição vigente no dia do acidente.

148 — Os débitos relativos a benefício previdenciário, vencidos e cobrados em juízo apos a vigência da Lei n. 6.899/81, devem ser corrigidos monetariamente na forma prevista nesse diploma legal.

149 — A prova exclusivamente testemunhal não basta à comprovação da atividade rurícola, para efeito da obtenção de benefício previdenciário.

150 — Compete à Justiça Federal decidir sobre a existência de interesse jurídico que justifique a presença, no processo, da União, suas autarquias ou empresas públicas.

159 — O benefício acidentário, no caso de contribuinte que perceba remuneração va-

riável, deve ser calculado com base na média aritmética dos últimos doze meses de contribuição.

175 — Descabe o depósito prévio nas ações rescisórias propostas pelo INSS.

178 — O INSS não goza de isenção do pagamento de custas e emolumentos, nas ações acidentárias e de benefícios, propostas na Justiça Estadual.

204 — Os juros de mora nas ações relativas a benefícios previdenciários incidem a partir da citação válida.

226 — O Ministério Público tem legitimidade para recorrer na ação de acidente do trabalho, ainda que o segurado esteja assistido por advogado.

242 — Cabe ação declaratória para reconhecimento de tempo de serviço para fins previdenciários.

SÚMULAS DO SUPREMO TRIBUNAL FEDERAL SOBRE PREVIDÊNCIA SOCIAL

35 — Em caso de acidente do trabalho ou de transporte, a concubina tem direito de ser indenizada pela morte do amásio, se entre eles não havia impedimento para o matrimônio.

75 — Sendo vendedora uma autarquia, a sua imunidade fiscal não compreende o Imposto de Transmissão *Inter Vivos*, que é encargo do comprador.

128 — É indevida a taxa de assistência médica e hospitalar das instituições de previdência social.

132 — Não é devida a taxa de previdência social na importação de amianto bruto ou em fibra.

140 — Na importação de lubrificantes, é devida a taxa de previdência social.

141 — Não incide a taxa de previdência social sobre combustíveis.

142 — Não é devida a taxa de previdência social sobre mercadorias isentas do Imposto de Importação.

196 — Ainda que exerça atividade rural, o empregado de empresa industrial ou comercial é classificado de acordo com a categoria do empregador.

217— Tem direito de retornar ao emprego, ou ser indenizado em caso de recusa do empregador, o aposentado que recupera a capacidade de trabalho dentro de cinco anos, a contar da aposentadoria, que se torna definitiva após esse prazo.

229— A indenização acidentária não exclui a do direito comum, em caso de dolo ou culpa grave do empregador.

230— A prescrição da ação de acidente de trabalho conta-se do exame pericial que comprovar a enfermidade ou verificar a natureza da incapacidade.

235— É competente para a ação de acidente do trabalho a Justiça Cível comum, inclusive em segunda instância, ainda que seja parte autarquia seguradora.

241— A contribuição previdenciária incide sobre o abono incorporado ao salário.

302— Está isenta da taxa de previdência social a importação de petróleo bruto.

371— Ferroviário que foi admitido como servidor autárquico não tem direito à dupla aposentadoria.

379— No acordo de desquite não se admite renúncia aos alimentos, que poderão ser pleiteados ulteriormente, verificados os pressupostos legais.

382— A vida em comum sob o mesmo teto, *more uxorio*, não é indispensável à caracterização do concubinato.

439— Estão sujeitos à fiscalização tributária, ou previdenciária, quaisquer livros comerciais, limitado o exame aos pontos objeto da investigação.

466— Não é inconstitucional a inclusão de sócios e administradores de sociedades e titulares de firmas individuais como contribuintes obrigatórios da previdência social.

467— A base do cálculo das contribuições previdenciárias, anteriormente à vigência da Lei Orgânica da Previdência Social, é o salário mínimo mensal, observados os limites da Lei n. 2.755, de 1956.

529— Subsiste a responsabilidade do empregador pela indenização decorrente de acidente do trabalho, quando o segurador, por haver entrado em liquidação, ou por outro motivo, não se encontrar em condições financeiras de efetuar, na forma da lei, o pagamento que o seguro obrigatório visava garantir.

530— Na legislação anterior ao art. 4º da Lei n. 4.749, de 12.8.1965, a contribuição para a previdência social não estava sujeita ao limite estabelecido no art. 69 da Lei n. 3.807, de 26 de agosto de 1960, sobre o 13º salário a que se refere o art. 3º, da Lei n. 4.281, de 8.11.63.

552— Com a regulamentação do art. 15, da Lei n. 5.316/67, pelo Decreto n. 71.037/72, tornou-se exeqüível a exigência da exaustão da via administrativa antes do início da ação de acidente do trabalho.

593— Incide o percentual do Fundo de Garantia do Tempo de Serviço (FGTS) sobre a parcela da remuneração correspondente a horas extraordinárias de trabalho.

612— Ao trabalhador rural não se aplicam, por analogia, os benefícios previstos na Lei n. 6.367, de 19.10.76.

613— Os dependentes de trabalhador rural não têm direito à pensão previdenciária, se o óbito ocorreu anteriormente à vigência da Lei Complementar n. 11/71.

SÚMULAS DO EXTINTO TRIBUNAL FEDERAL DE RECURSOS SOBRE PREVIDÊNCIA SOCIAL

8 — Não constitui obstáculo à concessão da dupla aposentadoria de que trata a Lei n. 2.752, de 1956, art. 1º e parágrafo único, em favor de ferroviário da Estrada de Ferro Central do Brasil, o fato de deter a condição de extranumerário da União Federal, à data da autarquização da referida estrada, e nessa situação ter sido posto à sua disposição, nela obtendo modificações e melhorias funcionais.

9 — O aumento de 30% do Decreto-lei n. 1.348, de 1974, no que respeita aos funcionários aposentados anteriormente à implantação do plano de classificação de cargos, incide sobre a totalidade dos respectivos proventos.

29 — Os certificados de quitação e de regularidade não podem ser negados, enquanto pendente de decisão, na via administrativa, o débito levantado.

38 — Os certificados de quitação e de regularidade de situação não podem ser negados se o débito estiver garantido por penhora regular (CTN, art. 206).

50 — Tem direito, em tese, à aposentadoria pelo Tesouro Nacional, o ferroviário da antiga "The Great Western of Brazil Railway Company Limited" que tenha nela ingressado antes da encampação, passando para Rede Ferroviária Federal na condição de servidor cedido.

53 — Compete à justiça estadual processar e julgar questões pertinentes ao direito de família, ainda que estas objetivem reivindicação de benefícios previdenciários.

56 — Faz jus à aposentadoria estatutária o ferroviário servidor da administração direta que haja optado pelo regime da CLT após implementar 35 (trinta e cinco) anos de serviço efetivo.

57 — É cabível a reversão da pensão previdenciária e daquela decorrente de ato ilícito aos demais beneficiários, em caso de morte do respectivo titular ou a sua perda por força de impedimento legal.

63 — A pensão de que trata o art. 242 da Lei n. 1.711, de 1952, não se confunde com a que decorre de filiação do falecido funcionário ao regime da Previdência Social (LOPS). É cabível sua cumulação, preenchidos os requisitos legais exigidos.

64 — A mulher que dispensou, no acordo de desquite, a prestação de alimentos, conserva, não obstante, o direito à pensão decorrente do óbito do marido, desde que comprovada a necessidade do benefício.

71 — A correção monetária incide sobre as prestações de benefícios previdenciários em atraso, observado o critério do salário mínimo vigente na época da liquidação da obrigação.

73 — Não cabe exigir dos municípios o certificado de quitação ou de regularidade de situação.

79 — Não incide a contribuição previdenciária sobre a quantia paga a título de indenização de aviso prévio.

84 — A aposentadoria assegurada no art. 197, letra c, da Constituição Federal, aos ex-combatentes, submete-se, quanto ao cálculo dos proventos, aos critérios da legislação previdenciária, ressalvada a situação daqueles que, na vigência da Lei n. 4.297, de 1963, preencheram as condições nela previstas.

85 — A contribuição previdenciária da empresa, por serviços prestados pelo trabalhador autônomo, passou a ser devida a partir da vigência do Decreto-lei n. 959, de 13.10.1969.

91 — O reajuste do abono de permanência, a partir da vigência do Decreto-lei n. 795, de 1969, obedece ao critério das variações do salário mínimo.

93 — A multa decorrente do atraso no pagamento das contribuições previdenciárias não é aplicável às pessoas de direito público.

94 — Provadas as despesas com assistência médico-hospitalar prestada a segurado, vítima de acidente de trânsito, tem o INPS direito à sub-rogação perante a seguradora responsável pelo seguro obrigatório.

104 — A Lei n. 2.579, de 1955, somente ampara o ex-combatente que tenha servido no teatro de operações bélicas da Itália.

107 — A ação de cobrança do crédito previdenciário contra a Fazenda Pública está sujeita à prescrição qüinqüenal estabelecida no Decreto n. 20.910, de 1932.

108 — A constituição do crédito previdenciário está sujeita ao prazo de decadência de cinco anos.

122 — A companheira, atendidos os requisitos legais, faz jus à pensão do segurado falecido, quer em concorrência com os filhos do casal, quer em sucessão a estes, não constituindo obstáculo a ocorrência do óbito antes da vigência do Decreto-lei n. 66, de 1966.

126 — Na cobrança de crédito previdenciário, proveniente da execução de contrato de construção de obra, o proprietário, dono da obra ou condomínio de unidade imobiliária, somente será acionado quando não for possível lograr do construtor, através de execução contra ele intentada, a respectiva liquidação.

144— Para que faça jus à isenção da quota patronal relativa às contribuições previdenciárias, é indispensável comprove a entidade filantrópica ter sido declarada de utilidade pública por decreto federal.

146— A "quota de previdência" relativa aos serviços prestados pelos Estados, Municípios e suas autarquias, incide sobre tarifas ou preços públicos, mesmo no regime anterior ao Decreto-lei n. 1.505, de 1976, não atingindo, porém, as taxas, entendidas estas na restrita acepção de espécie do gênero tributo.

159— É legítima a divisão da pensão previdenciária entre a esposa e a companheira, atendidos os requisitos exigidos.

160— A suspeita de fraude na concessão de benefício previdenciário não enseja, de plano, a sua suspensão ou cancelamento, mas dependerá de apuração em procedimento administrativo.

167— A contribuição previdenciária não incide sobre o valor da habitação fornecida por empresa agroindustrial, a título de liberalidade, a seus empregados, em observância a acordo coletivo de trabalho.

170— Não se extingue a pensão previdenciária, se do novo casamento não resulta melhoria na situação econômico-financeira da viúva, de modo a tornar dispensável o benefício.

171— No cálculo da renda mensal do benefício de aposentadoria-invalidez é considerado como de atividade o período em que o segurado tenha percebido auxílio-doença ou outra aposentadoria-invalidez.

175— A base de cálculo da contribuição do FUNRURAL é o valor comercial da mercadoria, neste incluído o ICM, se devido.

180— Compete à Justiça Federal processar e julgar pedidos de complementação de proventos da aposentadoria dos ferroviários cedidos à Rede Ferroviária Federal S/A. Imprópria a reclamação trabalhista para a espécie.

185— Filhos solteiros maiores e inválidos, presumida a dependência econômica, têm direito à pensão previdenciária por morte do pai.

197— A pensão por morte de trabalhador rural, ocorrida após a entrada em vigor da Lei Complementar n. 11, de 1971, não requerida por via administrativa, é devida a partir da citação.

198— Atendidos os demais requisitos, é devida a aposentadoria especial se perícia judicial constata que a atividade exercida pelo segurado é perigosa, insalubre ou penosa, mesmo não inscrita em Regulamento.

201— Não constitui obstáculo à conversão da aposentadoria comum, por tempo de serviço, em especial, o fato de o segurado haver se aposentado antes da vigência da Lei n. 6.887, de 1980.

204— O fato de a Lei n. 6.439, de 1977, que instituiu o SINPAS, dizer que as entidades da Previdência Social têm sede e foro no Distrito Federal podendo, provisoriamente, funcionar no Rio de Janeiro, não importa em que as ações contra elas interpostas devam ser necessariamente ajuizadas nesta última cidade.

206— O reajuste da base de cálculo de contribuições previdenciárias, instituído pelo art. 5º e parágrafos da Lei n. 6.332, de 1976, não está sujeito ao princípio da anterioridade.

213— O exaurimento da via administrativa não é condição para a propositura de ação de natureza previdenciária.

216— Compete à Justiça Federal processar e julgar mandado de segurança impetrado contra ato de autoridade previdenciária, ainda que localizada em comarca do interior.

219— Não havendo antecipação de pagamento, o direito de constituir crédito previdenciário extingue-se decorridos cinco anos do primeiro dia do exercício seguinte àquele em que ocorreu o fato gerador.

229— A mãe do segurado tem direito à pensão previdenciária, em caso de morte do filho, se provada a dependência econômica, mesmo não exclusiva.

231— O aeronauta em atividade profissional, após reunir as condições para aposentadoria especial por tempo de serviço, tem direito ao abono de permanência.

232— A pensão do art. 5º, parágrafo único, da Lei n. 3.373, de 1958, ampara com exclusividade as filhas de funcionário público federal.

243— É vedada a acumulação da pensão especial concedida pelo art. 30 da Lei n. 4.242, de 1963, com qualquer renda dos cofres públicos, inclusive benefício da previdência social, ressalvado o direito de opção, revogada a Súmula n. 228.

SUSPENSÃO DO BENEFÍCIO

Dá-se a suspensão automática do benefício nas seguintes hipóteses: 1. se o pensionista inválido não se submeter aos exames que forem determinados pelo INSS; 2. se o INSS, fazendo a revisão do benefício, concluir pela sua ilegalidade; 3. no caso de o aposentado por invalidez definitiva retornar à atividade. O beneficiário receberá comunicação e poderá recorrer à JRPS. Os tribunais têm decidido que o INSS só pode fazer a suspensão após o segurado apresentar sua defesa (Arts. 46, 47, 101/48, 49, 77) (V. Cancelamento).

JURISPRUDÊNCIA

MANDADO DE SEGURANÇA. PREVIDENCIÁRIO. SUSPENSÃO DO PAGAMENTO DE BENEFÍCIOS. CABIMENTO. A sustação do pagamento dos benefícios dos impetrantes teve como causa falsa indicação de endereços e a necessidade de revisão dos cálculos, findo o que, os pagamentos foram restabelecidos prontamente. Ilegalidade nenhuma a reparar.
(TFR — 2ª T.; Ap. em MS n. 106.052/RJ; Rel. Min. Costa Lima; j. 11.10.1985; v. u.). BAASP 1412/08, de 8.1.1986.

PREVIDENCIÁRIO. APOSENTADORIA POR TEMPO DE SERVIÇO. ELEMENTOS QUE NÃO SUPREM O PROCEDIMENTO ADMINISTRATIVO. I — Nos autos não se contém a comprovação dos requisitos que conduzam a afirmarse a legitimidade do deferimento do benefício suspenso pela autarquia. II — Matéria de prova junto ao órgão previdenciário, sendo insuficientes à comprovação do procedimento administrativo as peças colacionadas pela autora.
(TRF — 2ª Reg.; AC — Apelação Cível n. 193.368; Proc. n. 99.02.05876-0/RJ; 1ª T.; Decisão: 16.10.2000; DJU 6.3.2001; Rel. Juíza Julieta Lídia Lunz). In www.cjf.gov.br

SUSPENSÃO DO CONTRATO DE TRABALHO

É a figura jurídica pela qual, para se preservar o vínculo entre empregado e empregador, não se considera o contrato terminado quando o empregado não puder prestar o serviço a que se obrigou. Em alguns casos o empregador é obrigado por lei a continuar pagando a remuneração habitual. Nesta hipótese a suspensão se chama parcial ou interrupção; na outra, total. Em várias hipóteses de percepção de benefício previdencial dá-se a suspensão, geralmente total, do contrato de trabalho: auxílio-doença, aposentadoria provisória por invalidez, licençamaternidade etc. Por outro lado, vários casos de suspensão do contrato de trabalho repercutem na previdência social, pois não é considerado como tempo de serviço, para fins de aposentadoria, o período de suspensão do contrato de trabalho que não seja decorrente da percepção de benefício por incapacidade. Assim, por exemplo, os dias de suspensão disciplinar do empregado não são contados como tempo de serviço.

T

TEMPO DE CONTRIBUIÇÃO

O tempo de contribuição para a previdência social é geralmente contado em períodos de 12 meses e tem grande importância: 1. *na contagem do período de carência;* 2. *na contagem do período de graça;* 3. *para a concessão da aposentadoria por tempo de contribuição (arts. 15, 24/13, 26, 56).*

TEMPO DE FILIAÇÃO

É reconhecido como tempo de filiação o tempo de exercício de atividade anteriormente abrangida pela previdência social, desde que haja indenização das contribuições que não foram vertidas (arts. 121 e 122 do Resp (V. Filiação).

TEMPO DE SERVIÇO

V. Aposentadoria por tempo de serviço

JURISPRUDÊNCIA

PROCESSUAL E PREVIDENCIÁRIO. RENDA MENSAL VITALÍCIA. INÍCIO DE PROVA DOCUMENTAL. DECLARAÇÃO DE EMPRESA EM ATIVIDADE. A declaração da empresa em atividade, ainda que extemporânea do tempo de serviço declarado, serve como início de prova documental a ensejar reconhecimento de tempo de serviço para fins previdenciários. Tal declaração, por estar baseada nos assentamentos da empresa constitui verdadeira certidão que supre a exigência de um mínimo de prova material, a corroborar a prova oral colhida. Recurso conhecido e provido.
(STJ — REsp; Recurso Especial n. 253.002; Proc. n. 2000.00.28314-2/SP; 5ª T.; Decisão: 19.6.2001; DJ 27.8.2001; Rel. Gilson Dipp). *In* www.cjf.gov.br

PREVIDENCIÁRIO. APOSENTADORIA. TEMPO DE SERVIÇO. ACORDO HOMOLOGADO PERANTE A JUSTIÇA DO TRABALHO, SEM INÍCIO DE PROVA MATERIAL. ART. 55, § 3º, DA LEI N. 8.213/91. I — O acordo homologado entre as partes, perante a Justiça do Trabalho, sem debate, sem produção de provas ou início de prova material, não vincula o INSS, que não integrou aquela lide (art. 55, § 3º, da Lei n. 8.213/91, Súmulas n. 27 do TRF/1ª Região e 149 do STJ e art. 472 do CPC). Precedentes do TRF/1ª Região. II — Apelação provida.
(TRF — 1ª Reg. — 2ª T.; AC — Apelação Cível n. 01091562; Proc. n. 1995.01.09156-2/MG; Decisão: 17.2.2000; DJ 16.4.2001; Rel. p/ Ac. Juíza Assusete Magalhães; Rel. Juiz Carlos Moreira Alves). *In* www.cjf.gov.br

PREVIDENCIÁRIO. EXCLUSÃO DO PERÍODO DE CONTRATO REGISTRADO NA CTPS EXTEMPORANEAMENTE. RAZOÁVEL INÍCIO DE PROVA. APOSENTADORIA. 1 — A anotação do contrato de trabalho na CTPS em tempo posterior ao seu período, desde que em período próximo, não pode ser simplesmente desconsiderada pelo INSS. 2 — Transforma-se, no caso, a anotação de prova plena do tempo de serviço, em razoável início de prova testemunhal, que deve ser aceita se complementada pela prova testemunhal, como é o caso presente, equiparando-se a ela escrita pública de declaração do preposto do antigo empregador. 3 — Percebido abono-permanência, no período em que se pleiteia a aposentadoria, deve ser excluído do provento relativo ao período, o valor do abono já recebido. 4 — Apelação do segurado provida.
(TRF — 1ª Reg. — 2ª T.; AC — Apelação Cível n. 01555633; Proc. n. 1996.01.55563-3/MG; Decisão: 15.8.1997; DJ 30.10.1998; Rel. Juiz Jirair Aram Meguerian). *In* www.cjf.gov.br

PREVIDENCIÁRIO. APOSENTADORIA POR TEMPO DE SERVIÇO. RETIFICAÇÃO DO CÁLCULO DA RENDA MENSAL INICIAL DO BENEFÍCIO, OBSERVANDO-SE A LEGISLAÇÃO VIGENTE EM 7.4.87, ÉPOCA DA IMPLEMENTAÇÃO, PELO SEGURADO, DO TEMPO DE SERVIÇO NECESSÁRIO À CONCESSÃO DO BENEFÍCIO, SEM AFASTAMENTO DA ATIVIDADE. IMPOSSIBILIDADE. ARTS. 21, II, 32, § 1º, I, E 33, § 2º, DO DECRETO N. 89.312/84. REPETIÇÃO DE CONTRIBUIÇÕES PREVIDENCIÁRIAS RECOLHIDAS PELO SEGURADO NÃO APOSENTADO, APÓS TER COMPLETADO O TEMPO DE SERVIÇO NECESSÁRIO PARA A CONCESSÃO DA APOSENTADORIA. IMPOSSIBILIDADE. I — O benefício de aposentadoria rege-se pela legislação vigente à época em que o segurado implementou todas as condições para a sua concessão, nos termos da Súmula n. 359 do colendo STF. II — Indevida a retificação do cálculo da renda mensal inicial da aposentadoria por tempo de serviço do autor, com base na legislação vigente em 7.4.87, época em que, apesar de implemen-

tar o tempo de serviço necessário à concessão do benefício, não se afastou da atividade e nem requereu a aposentadoria, desatendendo, pois, em 7.4.87, a exigência legal de prévio afastamento da atividade para a concessão do benefício (arts. 21, II, 32, § 1º, I, e 33, § 2º, do Decreto n. 89.312/84). III — Ausência de amparo legal ao pedido de repetição de contribuições previdenciárias recolhidas pelo segurado não aposentado, após a implementação do tempo de serviço necessário à concessão da aposentadoria. IV — Apelação improvida.
(TRF — 1ª Reg. — 2ª T.; AC — Apelação Cível n. 01000564774; Proc. n. 1997.010.00.56477-4/MA; Decisão: 31.10.2000; DJ 28.8.2001; Rel. p/ Ac. Juíza Assusete Magalhães; Rel. Juiz Jirair Aram Meguerian). In www.cjf.gov.br

PREVIDENCIÁRIO. PROCESSUAL CIVIL. AÇÃO DECLARATÓRIA. RECONHECIMENTO DE TEMPO DE SERVIÇO. PROVA DOCUMENTAL E TESTEMUNHAL. 1 — A prova testemunhal, acompanhada de um início de prova material é suficiente para comprovação do tempo de serviço. 2 — Comprovado o tempo de serviço por testemunhas e ratificado por documentos juntados aos autos, faz jus a parte autora ao reconhecimento do tempo de serviço. 3 — Remessa oficial e recurso do Instituto improvidos.
(TRF — 3ª Reg. — 1ª T.; AC — Apelação Cível n. 705.826; Proc. n. 2001.03.99.030546-8/SP; Decisão: 11.9.2001; DJU 31.1.2002; Rel. Juiz Oliveira Lima, v. u.). In www.trf3.gov.br

TETO

Ver salário-de-contribuição e salário-de-benefício

TITULAR DE FIRMA INDIVIDUAL

A pessoa que, sozinha, é proprietária de uma empresa, e, como tal, segurado obrigatório da previdência social. É uma das espécies de empresário-segurado. Doutrinariamente, explica-se sua inclusão como segurado obrigatório, não só porque muitas vezes seu empreendimento não lhe dá o nível econômico de grande capitalista, mas também por outras duas razões, estas aplicáveis às demais espécies de empresários-segurados: a) sendo a previdência social um sistema de redistribuição da renda, esta deve ser feita com a participação daqueles que podem ter usufruído melhor das vantagens econômicas do sistema de produção; b) o empresário pode estar numa situação de auto-suficiência econômica no momento em que se filia ao sistema previdencial, mas passar para outra situação que o obrigue a se utilizar das prestações previdenciais. Na legislação, é classificado como contribuinte individual, espécie de segurado obrigatório (Arts. 11, V, f/9º, V, e).

TRABALHADOR AUTÔNOMO

É a pessoa que, por conta própria, exerce atividade profissional, o que a torna segurado obrigatório da previdência social, como contribuinte individual. O trabalhador autônomo tem todo um tratamento legal diverso em termos de contribuição (v. Salário-base). Em matéria de prestações, há algumas que não o beneficiam, tais como: salário-família e prestações especiais por acidente do trabalho, porque ambas exigem a condição de empregado (Arts. 11, V, g, h/9º, V, j, l).

TRABALHADOR AVULSO

É um tipo de trabalhador que faz a contratação do serviço por intermédio de seu sindicato e que, por isso, não é um trabalhador subordinado àquela pessoa a quem presta serviços. Este conceito vem do Direito do Trabalho, no qual, entretanto, há divergências quanto a considerar este profissional um trabalhador autônomo. A legislação o classifica como segurado obrigatório e tem ele, praticamente, os mesmos direitos previdenciais dos empregados. Quanto à contribuição destes trabalhadores, v. Custeio (Arts. 11, VI/9º, VI, § 7º).

JURISPRUDÊNCIA

PREVIDENCIÁRIO. TRABALHADOR AVULSO. PROVA DE TEMPO DE SERVIÇO. CERTIFICADO DO SINDICATO DOS TRABALHADORES. DÚVIDA ACERCA DA VERACIDADE DAS INFORMAÇÕES CONTIDAS. O certificado emitido pelo sindicato que agrupa trabalhadores avulsos é considerado prova plena de tempo de serviço para esses segurados desde que tenha se fundado em elementos extraídos de documentos em poder do órgão de classe, à disposição da autarquia previdenciária, na forma do art. 60 do Decreto n. 611/92 e do item 2.2.1 da Ordem de Serviço n. 318/93. Entretanto, se os documentos que embasam a emissão do certificado não são dignos de fé, conseqüentemente, o certificado da entidade sindical não pode servir como prova do trabalho avulso. Apelação desprovida.
(TRF — 4ª Reg.; AC — Apelação Cível n. 315.390; Proc. n. 1999.04.01.134427-8/PR; 6ª T.; Decisão: 13.2.2001; DJU 27.6.2001; Rel. Juiz João Surreaux Chagas). In www.cjf.gov.br

TRABALHADOR RURAL

É a pessoa que trabalha em atividade ligada à agricultura, pecuária, pesca ou e, por isso, segurado obrigatório da previdência social, como contribuinte individual ou chamado segurado especial. Fazemos sua classificação da seguinte maneira: empresário rural, pessoa física, empregador (art. 11, V, a/8.213); garimpeiro, empregador ou não (art. 11, V, b); segurado especial: o produtor, o parceiro, o meeiro, o arrendatário rurais e o pescador artesanal, que exerçam sua atividade individualmente ou em regime de economia familiar, com ou sem auxílio eventual de terceiros, assim como seus cônjuges ou companheiros e filhos maiores de dezesseis anos que com eles trabalhem (arts. 11, VII/9º, VII). Os trabalhadores rurais na condição de empregados, autônomos, eventuais ou de segurado especial, podem requerer até 25 de julho de 2006, aposentadoria por idade, desde que comprovem o exercício de atividade rural, ainda que descontínua, no período imediatamente anterior ao requerimento do benefício, em número de meses idêntico à carência daquele benefício (Arts. 142, 143/182,183).

JURISPRUDÊNCIA

RECURSO EXTRAORDINÁRIO. CONSTITUCIONAL. PREVIDENCIÁRIO. ART. 202, INCISO I, DA CONSTITUIÇÃO FEDERAL. APOSENTADORIA RURAL POR IDADE. 1 — O preceito contido no art. 202, inciso I, da Constituição Federal não é auto-aplicável. Para o exercício do direito à aposentadoria por idade, outorgado ao trabalhador rural, é indispensável a edição de lei ordinária. 2 — Norma constitucional com eficácia diferida. Conseqüência: vigência dos princípios que regiam a Previdência Social no sistema anterior, enquanto não editada a lei regulamentadora. Recurso extraordinário parcialmente conhecido e, nesse parte, não provido.
(STF — Tribunal Pleno — RE n. 152.428/SP; Rel. Min. Marco Aurélio; Rel. Acórdão; Min. Maurício Corrêa; DJ 18.6.2001; Ement. vol. 02035-02, pág. 00290; j. 145.1998). In www.stf.gov.br

PREVIDENCIÁRIO. TRABALHADOR RURAL. SEGURADOS ESPECIAIS. APOSENTADORIA POR TEMPO DE SERVIÇO. PRAZO DE CARÊNCIA. RECOLHIMENTO DAS CONTRIBUIÇÕES. Os segurados especiais da previdência social, dentre eles os produtores, parceiros, meeiros e arrendatários rurais que exerçam suas atividades em regime de economia familiar, não têm assegurado o direito à percepção da aposentadoria por tempo de serviço de forma a desobrigar-se do cumprimento do prazo de carência do benefício, cuja concessão vincula-se à observância dos requisitos inscritos nos arts. 52 e 25, II, da Lei n. 8.213/91, no que tange ao período trabalhado e ao recolhimento das 180 contribuições mensais. Recurso especial não conhecido.
(STJ — 6ª T.; REsp n. 226.917; Proc. n. 1999.00.73139-5/RS; Decisão: 21.10.1999; DJ 29.11.1999; Rel. Vicente Leal). In www.cjf.gov.br

PREVIDENCIÁRIO. INÍCIO DE PROVA MATERIAL. DECLARAÇÃO DE SINDICATO. INÍCIO DE PROVA MATERIAL. TRABALHADOR RURAL. Não impugnada a veracidade da carteira do sindicato de trabalhadores rurais a que se juntam dados colhidos com a prova testemunhal robusta, não há como negar-lhe eficácia, máxime em setor como esse, desprovido quase sempre de condições mínimas de sobrevivência, o meio rural, e em que o trabalho é prestado sem fiscalização e controle pelos órgãos governamentais. Lei n. 8.213/91. "O tempo de atividade rural anterior a 1991 dos segurados de que tratam a alínea a do inciso I ou do inciso IV do art. 11 da Lei n. 8.213/91, bem como o tempo de atividade rural a que se refere o inciso VII do art. 11, serão computados exclusivamente para fins de concessão do benefício previsto no art. 143 desta Lei e dos benefícios de valor mínimo, vedada a sua utilização para efeito de carência, de contagem recíproca e de averbação de tempo de serviço de que tratam os arts. 94 e 95 desta Lei, salvo se o segurado comprovar recolhimento das contribuições relativas ao respectivo período feito em época própria." Recurso conhecido e provido.
(STJ — 5ª T.; REsp — Recurso Especial n. 284.162; Proc. n. 2000.01.08603-0/CE; Decisão: 1º.3.2001; DJ 2.4.2001; Rel. José Arnaldo da Fonseca). In www.cjf.gov.br

PROCESSUAL CIVIL. AGRAVO REGIMENTAL. CONTAGEM DE TEMPO DE SERVIÇO. RURÍCOLA. INÍCIO DE PROVA DOCUMENTAL CONSTANTE NOS AUTOS. A jurisprudência desta Corte é pacífica no sentido de que, existente nos autos início razoável de prova documental, é de se reconhecer como comprovada a atividade rurícola para fins de concessão de benefício previdenciário, corroborada pelos depoimentos testemunhais. As declarações dos ex-empregadores rurais, comprovando o exercício da atividade são início razoável de prova material indicativa da atividade rural da requerente, sendo bastante para viabilizar a concessão do benefício previdenciário. Agravo regimental desprovido.
(STJ — 6ª T.; AGREsp — Agravo Regimental no Recurso Especial n. 297.000; Proc. n. 2000.01.42886-1/SP; Decisão: 3.4.2001; DJ 28.5.2001; Rel. Vicente Leal). In www.cjf.gov.br

TRABALHADOR RURAL. PRINCÍPIO DO LIVRE CONVENCIMENTO. PROCESSO CIVIL. RECURSO ESPECIAL. PREQUESTIONAMENTO IMPLÍCITO. EMBARGOS ACOLHIDOS. O prequestionamento consiste na apreciação e na solução, pelo tribunal de origem, das questões jurídicas que envolvam a norma positiva tida por violada inexistindo a exigência de sua expressa referência no acórdão impugnado.
(STJ — Corte Especial; Emb. de Divergência em Recurso Especial n. 162.608/SP; Rel. Min. Sálvio de Figueiredo Teixeira; j. 16.6.1999; v. u.). BAASP 2148/1313-j, de 28.2.2000.

PREVIDENCIÁRIO. APOSENTADORIA POR IDADE. RURAL. CUMULAÇÃO COM APOSENTADORIA DE CARÁTER URBANO. REGIME DE ECONOMIA FAMILIAR. EXCLUSIVIDADE. 1 — Para caracterização do regime de economia familiar, imprescindível à concessão de aposentadoria por idade de rurícola, exige-se que a atividade exercida "absorva toda força de trabalho" do obreiro (art. 1º, II, b do Decreto-lei n. 1.166/71). Na espécie, a recorrente laborava como professora, atividade na qual foi aposentada, não havendo falar em exclusividade do trabalho exercido na propriedade familiar. 2 — Recurso especial não conhecido.
(STJ — REsp — Recurso Especial n. 265.705; Proc. n. 2000.00.66006-0/RS; 6ª T.; Decisão: 5.12.2000; DJ 5.2.2001; Rel. Fernando Gonçalves). In www.cjf.gov.br

AÇÃO RESCISÓRIA. DOCUMENTO NOVO. PREVIDENCIÁRIO. RURÍCOLA. INÍCIO RAZOÁVEL DE PROVA MATERIAL. CERTIDÃO DE NASCIMENTO DO FILHO EM QUE CONSTA A PROFISSÃO DE LAVRADOR. 1 — Certidão de nascimento do filho em que consta a profissão de lavrador constitui documento novo, capaz de atestar o início razoável de prova material da atividade rurícola. Precedente desta Corte. 2 — Pedido procedente.
(STJ — AR — Ação Rescisória n. 903; Proc. n. 1999.00.24127-4/SP; 3ª Seção; Decisão 13.12.2000; DJ 12.2.2001; Rel. Fernando Gonçalves, Revisor Felix Fischer). In www.cjf.gov.br

PREVIDENCIÁRIO. APOSENTADORIA POR IDADE. SEGURADA ESPECIAL. O fato do marido da Autora ser aposentado e seu filho pedreiro não afasta a qualidade de segurada especial da mesma para obtenção da aposentadoria rural por idade. Recurso conhecido e provido.
(STJ — REsp — Recurso Especial n. 289.949; Proc. n. 2000.01.25273-9/SC; 5ª T.; Decisão 13.11.2001; DJ 4.2.2002; Rel. Gilson Dipp). In www.cjf.gov.br

PREVIDENCIÁRIO. DISSÍDIO PRETORIANO NÃO DEMONSTRADO NA FORMA DO ART. 255 E PARÁGRAFOS DO RISTJ. TRABALHADOR RURAL. APOSENTADORIA POR INVALIDEZ. PROVA TESTEMUNHAL E PROVA MATERIAL. 1 — Malgrado a tese de dissídio jurisprudencial, há necessidade, diante das normas legais regentes da matéria (art. 541, parágrafo único do CPC c/c. o art. 255 do RISTJ) de confronto, que não se satisfaz com a simples transcrição de ementas, entre trechos do acórdão recorrido e das decisões apontadas como divergentes, mencionando-se as circunstâncias que identifiquem ou assemelhem os casos confrontados. Ausente a demonstração analítica do dissenso, incide o óbice da Súmula n. 284 do Supremo Tribunal Federal. 2 — A concessão de benefício previdenciário devido ao rurícola depende de razoável início de prova material da atividade laborativa rural, existente na espécie. Súmula n. 149/STJ. Precedentes. 3 — Recurso não conhecido.
(STJ — REsp — Recurso Especial n. 331.968; Proc. n. 2001.00.94386-5/SP; 6ª T.; Decisão 23.10.2001; DJ 12.11.2001; Rel. Fernando Gonçalves). In www.cjf.gov.br

PREVIDENCIÁRIO. PENSÃO POR MORTE DE TRABALHADOR RURAL E APOSENTADORIA POR IDADE. CUMULAÇÃO. LEGITIMIDADE. É legítima a percepção cumulativa de pensão por morte de trabalhador rural com aposentadoria por idade urbana. Recurso conhecido, mas desprovido.
(STJ — REsp — Recurso Especial n. 346.643; Proc. n. 2001.00.62959-3/RS; 5ª T.; Decisão: 18.10.2001; DJ 19.11.2001; Rel. Gilson Dipp). In www.cjf.gov.br

PREVIDENCIÁRIO. RURÍCOLA. APOSENTADORIA POR IDADE. INÍCIO DE PROVA. TÍTULO ELEITORAL. CERTIDÃO DE CASAMENTO. BENEFÍCIO. VITALÍCIO. 1 — Reconhecimento da condição de rurícola baseado em início de prova material bem valorado pela sentença. 2 — Uma vez concedido o benefício previdenciário da aposentadoria rural por idade, este se torna vitalício. 3 — Recurso conhecido e provido.
(STJ — REsp — Recurso Especial n. 255.238; Proc. n. 2000.00.36771-0/SP; 5ª T.; Decisão: 15.3.2001; DJ 2.4.2001; Rel. Gilson Dipp). In www.cjf.gov.br

PREVIDENCIÁRIO. TRABALHADOR RURAL. 1 — A concessão de benefício previdenciário devido ao rurícola depende de razoável início de prova material da atividade laborativa rural, existente na espécie. Súmula n. 149/STJ. 2 — Recurso conhecido em parte (letra c) e improvido.
(STJ — REsp — Recurso Especial n. 326.112; Proc. n. 2001.00.65288-9/CE; 6ª T.; Decisão: 14.8.2001; DJ 10.9.2001; Rel. Fernando Gonçalves). In www.cjf.gov.br

PROCESSUAL CIVIL. AÇÃO RESCISÓRIA. TRABALHADOR RURAL. PROVA DOCUMENTAL. ERRO DE FATO. Existência de documento — comprovante de pagamento de IPTR emi-

tido pelo INCRA —, não considerado quando do julgamento do recurso especial, atestando a condição de rurícola da então recorrida, sendo razoável presumir que se a Turma houvesse atentado nessa prova não teria julgado no sentido em que julgou. Erro de fato que, nos termos do art. 485, inciso IX, do CPC, autoriza a rescisão do acórdão. Precedentes. Ação rescisória procedente.
(STJ — AR — Ação Rescisória n. 755; Proc. n. 1998.00.24960-5/SP; 3ª Seção; Decisão: 28.3.2001; DJ 4.6.2001; Rel. Felix Fischer; Revisor Gilson Dipp). In www.cjf.gov.br

PREVIDENCIÁRIO. RURÍCOLA. INVALIDEZ COMPROVADA. APOSENTADORIA. DEFERIMENTO. 1 — Condição de rurícola reconhecida pelo Ministério Público e pelo Juiz sentenciante, residentes na Comarca sede do trabalhador, prova testemunhal robusta e invalidez comprovada em perícia médica. Aposentadoria deferida. 2 — Sentença confirmada. 3 — Apelação improvida.
(TRF — 1ª Reg. — 2ª T.; AC — Apelação Cível n. 01299099; Proc. n. 1994.01.29909-9/MG; Decisão: 6.12.1999; DJ 31.1.2001; Rel. Juíza Assusete Magalhães). In www.cjf.gov.br

PREVIDENCIÁRIO. APOSENTADORIA POR IDADE. ATIVIDADE RURAL. PROVA. LEI N. 8.213 (ART. 143). De acordo com o entendimento firmado pelo STJ, para a concessão da aposentadoria por idade basta a comprovação da atividade rural em número de meses idêntico à carência do referido benefício e a da idade exigida pela lei. A Declaração do Sindicato Rural, homologada pelo Ministério Público, constitui prova do tempo de atividade no campo. Apelação e remessa improvidas.
(TRF — 2ª Reg.; AC — Apelação Cível n. 184.010; Proc. n. 98.02.42193-6/RJ; 5ª T.; Decisão: 7.11.2000; DJU 15.3.2001; Rel. Juíza Vera Lúcia Lima). In www.cjf.gov.br

PREVIDENCIÁRIO. SUSPENSÃO DE BENEFÍCIO. APOSENTADORIA RURAL POR IDADE. APRESENTAÇÃO DE DOCUMENTAÇÃO QUE COMPROVA O EXERCÍCIO DA ATIVIDADE RURAL À ÉPOCA DA CONCESSÃO. REGIME DE ECONOMIA FAMILIAR. CONTRATAÇÃO DE MEEIROS. POSSIBILIDADE. 1 — Não restou comprovada pelo INSS nenhuma irregularidade na concessão do benefício previdenciário que se deu com a apresentação de toda a documentação exigida à época do requerimento da aposentadoria pela legislação vigente (Declaração do Sindicato dos Trabalhadores Rurais atestando sua condição de trabalho rural, devidamente homologada pelo Ministério Público), conforme determinado no art. 106, III da Lei n. 8.213/91. 2 — A impetrante afigura-se como segurada especial, sendo demonstrado ter trabalhado em regime de economia familiar contribuindo para a subsistência do grupo em condições de mútua dependência e colaboração, conforme exige o § 1º do inciso VII do art. 11 da Lei n. 8.213/91. 3 — Não é vedada a contratação de meeiros para a concessão de benefício de acordo com as Leis ns. 8.212/91 e 8.213/91 e a Constituição Federal em seu art. 195, § 8º, o que é vedado é apenas a contratação de empregados permanentes. 4 — Apelação e remessa necessária improvidas.
(TRF — 2ª Reg.; AMS — Apelação em Mandado de Segurança n. 26.973; Proc. n. 1999.02.01.036932-9/ES; 4ª T.; Decisão: 9.8.2000; DJU 22.3.2001; Rel. Juiz Rogério Carvalho). In www.cjf.gov.br

PREVIDENCIÁRIO. CONCESSÃO DE APOSENTADORIA POR INVALIDEZ. RURÍCOLA. INCAPACIDADE PARA O TRABALHO COMPROVADA. REQUISITOS PREENCHIDOS. APELAÇÃO DO INSTITUTO E DA PARTE AUTORA DESPROVIDAS. REMESSA OFICIAL PARCIALMENTE PROVIDA. 1 — Faz jus à percepção de aposentadoria por invalidez o segurado que tem comprovada, em Juízo, a incapacidade total e permanente para o trabalho. 2 — Não há que se falar em perda da vinculação previdenciária se o segurado deixou de contribuir por se encontrar incapacitado para prover a própria subsistência. 3 — Comprovados os requisitos legais necessários à concessão da aposentadoria por invalidez, estatuídos nos arts. 40 e 42/47 da Lei n. 8.213/91, é de rigor a procedência da ação. 4 — Termo inicial mantido a partir da citação, nos moldes do art. 219 do Código de Processo Civil. 5 — Valor do benefício fixado nos moldes do art. 44 da Lei n. 8.213/91, não podendo ser inferior a 1 (um) salário mínimo, nos termos do art. 201, § 2º da Constituição Federal. 6 — Honorários advocatícios mantidos, posto que fixados nos moldes do art. 20, § 3º do Código de Processo Civil. 7 — Honorários periciais fixados em R$ 300, 00 (trezentos reais), nos moldes da Resolução n. 175 do Conselho da Justiça Federal da 3ª Região. 8 — A incidência da correção monetária deve dar-se a partir do vencimento de cada parcela em atraso, calculada pelo critério da Lei n. 8.213/91 e demais legislações posteriores. 9 — Os juros de mora incidirão na forma legal (Código Civil, arts. 1.062 e 1.536, § 2º) e são devidos a partir da citação (Código de Processo Civil, art. 219). 10 — Deixo de condenar o Instituto em custas processuais, posto que o autor litigou sob os auspícios da assistência judiciária gratuita. 11 —

Apelação da parte autora e do INSS desprovidas. 12 — Remessa oficial parcialmente provida.
(TRF — 3ª Reg. — 1ª T.; AC — Apelação Cível n. 633.463; Proc.: n. 2000.03.99.059530-2/SP; Decisão: 18.9.2001; DJU 31.1.2002; Rel. Juiz Gilberto Jordan, v.u.). *In* www.trf3.gov.br

PREVIDENCIÁRIO. APOSENTADORIA POR IDADE DE PRODUTOR RURAL. EXERCÍCIO DA ATIVIDADE RURAL EM REGIME DE ECONOMIA FAMILIAR. PROVA MATERIAL E TESTEMUNHAL. JUROS MORATÓRIOS. I — Pedido embasado em documento que cumpre a função de início de prova material do alegado e idônea prova testemunhal. II — Juros fixados no percentual de 6% ao ano, contados a partir da citação, nos termos dos arts. 1.062 c/c 1.536, § 2º, ambos do Código Civil. III — Recurso do INSS e remessa oficial parcialmente providos.
(TRF — 3ª Reg.; AC — Apelação Cível n. 625.536: Proc. n. 2000.03.99.053950-5/SP; 2ª T.; Decisão: 10.10.2000; DJU 21.2.2001; Rel. Juiz Peixoto Júnior). *In* www.cjf.gov.br

PREVIDENCIÁRIO. APOSENTADORIA POR IDADE DE PRODUTOR RURAL. EXERCÍCIO DA ATIVIDADE EM REGIME DE ECONOMIA FAMILIAR. INATIVIDADE. I — Preenchido o requisito da idade após o afastamento das atividades por período incompatível com as técnicas de manutenção da qualidade de segurado. II — Benefício indevido à falha de requisito essencial. III — Recurso do INSS e remessa oficial providos.
(TRF — 3ª Reg.; AC — Apelação Cível n. 645.571; Proc. n. 2000.03.99.068396-3/SP; 2ª T.; Decisão: 12.12.2000; DJU 4.4.2001; Rel. Juiz Peixoto Júnior). *In* www.cjf.gov.br

PREVIDENCIÁRIO. APOSENTADORIA POR IDADE. REQUISITOS LEGAIS. HONORÁRIOS ADVOCATÍCIOS. CORREÇÃO MONETÁRIA. JUROS MORATÓRIOS. I — O trabalhador rural deve comprovar o exercício de sua atividade nos últimos cinco anos anteriores à data do requerimento do benefício, não importando que tenha sido realizada de forma descontínua, não sendo necessário o cumprimento do período de carência. Entendimento do art. 143, II, da Lei n. 8.213/91. II — Em se tratando de trabalhadora rural, não é necessário de que a prova de sua condição de segurada da Previdência Social seja feita exclusivamente por meio de documentos, mesmo porque, na grande maioria dos casos, os rurícolas não são registrados por seus empregadores. III — Presentes os requisitos postos pelo art. 143, em combinação ao art. 48, da Lei n. 8.213/91, com redação dada pela Lei n. 9.063, de 14 de junho de 1995, impõe-se a concessão de benefício previdenciário de aposentadoria rural por idade à autora. IV — Honorários advocatícios majorados ao índice de 15% do montante da condenação, consoante entendimento pacífico desta Turma. V — Para a correção monetária das diferenças devidas, utilizar-se-ão os critérios postos pelo art. 41, § 7º, da Lei n. 8.213/91 e legislação superveniente. VI — Os juros moratórios incidirão à base de 6% ao ano, a contar da citação. VII — Apelação provida.
(TRF — 3ª Reg.; AC — Apelação Cível n. 458.386; Proc. n. 1999.03.99.010847-2/SP; 1ª T.; Decisão: 14.8.2001; DJU 16.10.2001; Rel. Juiz Theotonio Costa). *In* www.cjf.gov.br

PREVIDENCIÁRIO. PENSÃO POR MORTE. FILHA DE TRABALHADORA RURAL. DEPENDÊNCIA ECONÔMICA PRESUMIDA. TERMO INICIAL DO BENEFÍCIO. HONORÁRIOS ADVOCATÍCIOS. 1 — O benefício pensão por morte é devido aos dependentes do segurado, aposentado ou não, da Previdência Social. Óbito ocorrido em 1991. 2 — Comprovada por provas documentais e testemunhais a atividade de rurícola desempenhada pelo *de cujus*, pelo menos nos últimos três anos antes do óbito, é de assegurar sua condição de segurado da previdência social rural. 3 — Demonstrada a condição de segurado do *de cujus* e sendo presumida a dependência econômica da esposa, faz jus a autora ao benefício pleiteado. 4 — Não havendo requerimento feito administrativamente, o termo inicial do benefício deverá ser fixado a partir da citação. 5 — Honorários advocatícios fixados em 15% sobre o montante da condenação. Art. 20 do Código de Processo Civil e Súmula n. 111 do STJ. 6 — Remessa oficial e apelação do INSS parcialmente providas.
(TRF — 3ª Reg.; AC — Apelação Cível n. 564.558; Proc. n. 2000.03.99.003474-2/SP; 1ª T.; Decisão: 7.8.2001; DJU 16.10.2001; Rel. Juiz Oliveira Lima). *In* www.cjf.gov.br

PREVIDENCIÁRIO. PENSÃO POR MORTE. RURÍCOLA. SÚMULA N. 149/STJ. CERTIFICADO DE FILIAÇÃO AO SINDICATO RURAL. QUALIDADE DE SEGURADO. PRESCRIÇÃO QÜINQÜENAL DAS PARCELAS VENCIDAS. HONORÁRIOS. 1 — Comprovou-se que o falecido exercia atividade laborativa agrícola por início de prova material, produzida prova testemunhal, confirmou-se que a *de cujus* trabalhava em atividade até pouco antes de seu passamento (Súmula n. 149. C. STJ). 2 — São aceitas como início de prova documental para a comprovação de trabalhador rural o comprovante de filiação sindical, bem como a declaração anual do produtor rural. 3 — Ocorrência da prescrição qüinqüenal das parcelas vencidas anteriormente à citação válida da autarquia. 4 — A autarquia previdenciária não está isenta do paga-

mento dos honorários advocatícios, em virtude da parte autora ser beneficiária da Justiça Gratuita (Súmula n. 450 STF). 5 — Apelação e Remessa Oficial parcialmente providas.
(TRF — 3ª Reg.; AC — Apelação Cível n. 546.853; Proc. n. 1999.03.99.104841-0/MS; 1ª T.; Decisão: 12.12.2000; DJU 17.4.2001; Rel. Juiz Roberto Haddad). In www.cjf.gov.br

PREVIDENCIÁRIO. TRABALHADORA RURAL VOLANTE. SALÁRIO-MATERNIDADE. I — A trabalhadora rural volante exerce atividade remunerada, devendo ser privilegiada a classificação na categoria dos empregados II — Intelecção que se impõe pela condição do trabalho exercido em regime de subordinação, elemento de maior relevância que a questionada falta de permanência da prestação de serviços ao mesmo empregador, bem como por aplicação do princípio da universalidade da cobertura e do atendimento, em face do qual o impasse deve ser resolvido na direção que propicia a maior proteção previdenciária. III — Salário-maternidade devido à trabalhadora rural volante na condição de segurada empregada. IV — Inaplicabilidade do parágrafo único do art. 71, da Lei n. 8.861 de 25.3.94. V — Apelação provida para anular a sentença. VI — Recurso do INSS prejudicado.
(TRF — 3ª Reg.; AC — Apelação Cível n. 490.984; Proc. n. 1999.03.99.045765-0/SP; 2ª T.; Decisão: 8.5.2001; DJU 17.1.2002; Rel. Juiz Peixoto Júnior). In www.cjf.gov.br

PREVIDENCIÁRIO. EMBARGOS INFRINGENTES. PENSÃO POR MORTE DA MULHER. TRABALHADORES RURAIS EM REGIME DE ECONOMIA FAMILIAR. ÓBITO ENTRE A CF/88 E A LEI N. 8.213/91. ACUMULAÇÃO DE BENEFÍCIOS DA PREVIDÊNCIA RURAL. LEIS COMPLEMENTARES NS. 11/71 E 16/73. INVIABILIDADE. O benefício de pensão por morte se rege pela legislação vigente na data do óbito. De acordo com as Leis Complementares ns. 11/71 e 16/73, vigentes à época do óbito, a pensão por morte de trabalhador rural era devida apenas no caso de falecer o chefe ou arrimo da família. Portanto, o óbito da esposa, em regra, não ensejava direito à pensão ao marido. O marido faria jus à pensão somente se fosse inválido. Entretanto, caso percebesse aposentadoria por invalidez rural, igualmente seria indevido o benefício, pois no regime legal das Leis Complementares ns. 11/71 e 16/73, é vedada a acumulação de pensão rural por morte e aposentadoria por idade ou por invalidez rurais. Embargos infringentes rejeitados.
(TRF — 4ª Reg.; EIAC — Embargos Infringentes na Apelação Cível n. 14.174; Proc. n. 97.04.39482-9/RS; 3ª Seção; Decisão: 20.6.2001; DJU 11.7.2001; Rel. Juiz João Surreaux Chagas). In www.cjf.gov.br

PREVIDENCIÁRIO E PROCESSUAL CIVIL. ANTECIPAÇÃO DA TUTELA. APOSENTADORIA RURAL POR IDADE. No regime anterior à Lei n. 8.213/91 apenas o chefe ou arrimo de família fazia jus à aposentadoria rural por idade. Agravo de instrumento provido.
(TRF — 4ª Reg.; AG — Agravo de Instrumento n. 71.270; Proc. n. 2000.04.01.136393-9/PR; 6ª T.; Decisão: 20.3.2001; DJU 18.7.2001; Rel. Juiz João Surreaux Chagas). In www.cjf.gov.br

PREVIDENCIÁRIO. APOSENTADORIA POR IDADE. ATIVIDADE RURAL. ART. 143 C/C. 142, LEI N. 8.213/91. TRABALHADOR RURAL. 1 — Pelo exame das provas, verifica-se que a autora deixou de residir no interior faz uns 7 ou 8 anos; a produção alegada de 7.500 kg é incompatível com a média nacional que é de 2.367 kg sem o uso de maquinários; não-existência de prova da propriedade em favor da mãe da autora que lhe arrendou a terra para plantio e, finalmente, a prova documental não abrange todo o período em que ela necessita provar. 2 — Apelação do INSS e Remessa *Ex Officio* providas.
(TRF — 4ª Reg.; AC — Apelação Cível n. 315.067; Proc. n. 1999.04.01.133685-3/RS; 6ª T.; Decisão: 5.12.2000; DJU 10.1.2001; Rel. Juiz Marcos Roberto Araújo dos Santos). In www.cjf.gov.br

PREVIDENCIÁRIO. APOSENTADORIA POR IDADE. ATIVIDADE RURAL. LEI N. 8.213/91. CONTRIBUIÇÃO DO MARIDO COMO EMPREGADOR. DESCARACTERIZADA A ECONOMIA FAMILIAR. 1 — Em que pese a autora ter comprovado com documentos que atingiu a idade necessária à concessão da aposentadoria e que trabalhou em atividade rural em período anterior ao pedido, verifico que esta não faz jus ao benefício postulado, pois seu marido é empregador rural, tendo contribuído como autônomo e como empregador; restou, pois, descaracterizado o regime de economia familiar. 2 — Apelação improvida.
(TRF — 4ª Reg.; AC — Apelação Cível n. 286.844; Proc. n. 1999.04.01.071051-2/SC; 6ª T.; Decisão: 5.12.2000; DJU 31.1.2001; Rel. Juiz Marcos Roberto Araújo dos Santos). In www.cjf.gov.br

PREVIDENCIÁRIO. APOSENTADORIA POR IDADE. REVISÃO DE ATO ADMINISTRATIVO. CANCELAMENTO. A entrevista concedida pelo trabalhador rural ao agente do INSS, em procedimento administrativo de revisão de benefício previdenciário — isoladamente — possui restrito valor probante. Sozinha, não se presta para desautorizar o conjunto de provas produzidas ncs autos em sentido contrário. Contudo, se as declarações prestadas na entrevista são confirmadas pelos demais elementos de prova, é evi-

dente o valor probante da entrevista. A dação pelo trabalhador rural em arrendamento do seu imóvel rural afasta o regime especial para fins de percepção de aposentadoria rural por idade, porquanto o trabalhador passa a depender do valor do arrendamento para o seu sustento e não do exercício pessoal e direto da atividade agrícola, condição necessária para a aquisição do direito. Apelação do INSS e remessa oficial providas para absolver a autarquia da condenação, prejudicado o recurso adesivo.
(TRF — 4ª Reg.; AC — Apelação Cível n. 343.856; Proc. n. 2000.04.01.060113-2/RS; 6ª T.; Decisão: 12.6.2001; DJU 22.8.2001; Rel. Juiz João Surreaux Chagas). In www.cjf.gov.br

PREVIDENCIÁRIO. APOSENTADORIA RURAL POR IDADE. NÃO-COMPROVAÇÃO DO TRABALHO EM PERÍODO DO ÚLTIMO ANO DA CARÊNCIA. INEXISTÊNCIA DE PREJUÍZO AO SEGURADO. 1 — O fato de o segurado ter deixado de exercer a atividade rural no último ano do período de carência não prejudica a concessão da respectiva aposentadoria por idade, tendo em vista que comprovou ter laborado nas lides do campo por longos anos. 2 — Apelação improvida.
(TRF — 4ª Reg.; AC — Apelação Cível n. 336.373; Proc. n. 2000.04.01.042149-0/RS; 6ª T.; Decisão: 11.9.2001; DJU 19.9.2001; Rel. Juiz Luiz Fernando Wowk Penteado). In www.cjf.gov.br

PREVIDENCIÁRIO. MANDADO DE SEGURANÇA. TRABALHADORA RURAL. SALÁRIO-MATERNIDADE. MENOR DE IDADE. NÃO COMPROVAÇÃO. EMENDA CONSTITUCIONAL N. 20/98. A EC n. 20/98 alterou a redação do inciso XXXIII do art. 7º da CF/88, majorando para dezesseis anos a idade mínima para o exercício de qualquer atividade laborativa. Para a concessão do salário-maternidade é necessária a comprovação da condição de segurada da Previdência Social.
(TRF — 4ª Reg.; AMS — Apelação em Mandado de Segurança n. 71.520; Proc. n. 2000.71.02.001090-8/RS; 5ª T.; Decisão: 8.11.2001; DJU 21.11.2001; Rel. Juiz Paulo Afonso Brum Vaz). In www.cjf.gov.br

PREVIDENCIÁRIO. PENSÃO POR MORTE DE TRABALHADOR RURAL. ÓBITO OCORRIDO ANTES DA LEI COMPLEMENTAR N. 11/71.

TERMO INICIAL. 1 — A Lei n. 7.604/87 estendeu o direito à pensão aos dependentes do trabalhador rural falecido antes de 26.5.71, estabelecendo como termo inicial do benefício o dia 1º.4.87. Assim, são devidas as parcelas não atingidas pela prescrição qüinqüenal, cujo prazo se conta a partir do requerimento administrativo. 2 — O art. 4º da Lei n. 7.604/87 não contraria o art. 153, § 3º, da CF/69. 3 — Os juros de mora, quando incidentes em benefícios previdenciários, face à sua natureza alimentar, são devidos desde o débito, no percentual de 1% ao mês. Precedentes do STJ. Improvimento da apelação do INSS e da remessa oficial e provimento do recurso adesivo.
(TRF — 4ª Reg.; AC — Apelação Cível n. 390.507; Proc. n. 2001.04.01.001316-0/PR; 6ª T.; Decisão: 4.9.2001; DJU 19.9.2001; Rel. Juiz Carlos Eduardo Thompson Flores Lenz). In www.cjf.gov.br

TRABALHADOR TEMPORÁRIO

É o profissional que, sendo contratado por uma empresa chamada de trabalho temporário, é colocado à disposição de outra, denominada empresa tomadora, para substituição de um seu empregado ou atender a acréscimo extraordinário de serviço por período não superior a 90 dias. Dada a situação triangular, a lei que regulamenta esta figura de trabalhador resolveu enquadrá-lo como trabalhador autônomo para fins previdenciais (Lei n. 6.019, de 3 de janeiro de 1974) o que, atualmente não mais prevalece, sendo ele considerado empregado (art. 11, b, da Lei n. 8.213). A contribuição é paga pela empresa de trabalho temporário e o próprio trabalhador. Esta empresa também é responsável pelas contribuições referentes à agressividade do ambiente de trabalho (Arts. 11, b/9º, b).

TUBERCULOSE ATIVA

Moléstia que, se acometer o segurado após seu ingresso no regime de previdência social urbana, não exige completamento de período de carência para fins de concessão de auxílio-doença ou aposentadoria por invalidez (Art. 151).

U

UNIÃO

A União é um dos sujeitos da relação jurídica de previdência social, à qual cumpre contribuir para o custeio do sistema de previdência social. A Constituição Federal no art. 195 preceitua que "a seguridade social será financiada por toda a sociedade, de forma direta e indireta, nos termos da lei, mediante recursos provenientes dos orçamentos da União, dos Estados, do Distrito Federal e dos Municípios e das contribuições sociais: ...". Segundo o art. 16, da Lei n. 8.212, que pertence ao capítulo intitulado, "Da contribuição da União", esta contribuição é constituída de recursos adicionais do orçamento fiscal, fixados obrigatoriamente na lei orçamentária anual. A União é sempre responsável pela cobertura de eventuais insuficiências financeiras, decorrentes do pagamento de benefícios de prestação continuada, devendo este tópico constar da lei orçamentária anual. Ver mais detalhes da contribuição da União nos arts. 17 a 19 da Lei n. 8.212 e 196 e 197 do Decreto n. 3.048.

UNIÃO ESTÁVEL

Como não podia deixar de ser, para a caracterização da condição de companheira(o) para fins previdenciais, vige o mesmo critério de união estável, previsto pelo art. 226, § 3º, CF (Arts. 16, § 3º/16, § 6º e 17, II).

UNIFICAÇÃO DA PREVIDÊNCIA SOCIAL

Assim denominada a centralização numa única entidade, então, o Instituto Nacional de Previdência Social (INPS), de todos os existentes Institutos de Aposentadoria e Pensões. O progresso que a LOPS (v.) trouxe com a igualação do tratamento a todas as categorias abrangidas pelos IAPs não foi o bastante. Os diversos Institutos, como possuíam rendas em montantes variáveis, devido à diferença de número de contribuintes e nível de salários, com exceção das prestações que eram tarifadas pela LOPS por meio de determinada porcentagem, davam tratamento diferente, por exemplo, quanto aos serviços médicos. Alguns Institutos possuíam capacidade ociosa, enquanto outros eram totalmente deficientes. Preconizada durante muitos anos a unificação, tornou-se ela efetiva em 1966, pelo Decreto n. 72, de 21.11. O Instituto Nacional de Previdência Social (INPS) substituiu todos os anteriores, havendo, assim, uma completa uniformidade de tratamento quanto a todas as prestações. Continuaram em regime excepcional os jornalistas, aeronautas e ex-combatentes da guerra de 1939/1946: Lei n. 3.529, de 13.1.59, Lei n. 5.698, de 31.8.71 e Decreto-lei n. 158, de 10.2.67, o que desapareceu com a Lei n. 8.213, de 24.7.91.

UNIVERSALIDADE

Ver Princípios da previdência social

V

VALOR DE REFERÊNCIA

Quantia criada por lei (Lei n. 6.205, de 29.4.75), inferior ao salário mínimo, num momento em que se pretendeu diminuir os ônus dos contribuintes da previdência social urbana. Era chamado de valor-padrão pela lei e era resultante da aplicação ao salário mínimo vigente em 30 de abril de 1975 (Cr$ 376,80) do coeficiente de correção monetária que teve por base o fator de reajustamento salarial criado pelos arts. 1º e 2º da Lei n. 6.147, de 29 de novembro de 1974, excluído o coeficiente de aumento de produtividade (daí a redução do valor respectivo). A partir de 21 de junho de 1977, foi estabelecido como limite para variação daquele coeficiente a variação das Obrigações do Tesouro Nacional, segundo a Lei n. 6.423, de 17 de junho de 1977. Serviu de base para o teto do salário-de-benefício (v.) (20 vezes o valor de referência) e do salário-de-contribuição (v.).

VALOR DOS BENEFÍCIOS

Discute a doutrina se os benefícios previdenciais devem ter um valor que seja igual ou se aproxime do que o segurado percebia na atividade ou se deve apenas garantir a subsistência segundo um padrão mínimo. Jean Jacques Dupeyroux, dividindo as prestações em espécie em rendas de substituição e rendas complementares, estuda o problema da fixação do valor das primeiras face a duas correntes doutrinárias: 1. a da perspectiva indenizatória; e 2. a da perspectiva alimentar, que na verdade são as posições explicadas acima, sob denominações diferentes. Perspectiva indenizatória — Afirma este autor que a idéia clássica de seguro da força de trabalho dos assalariados conduzia a uma relação triangular entre salário-de-contribuição-prestação. Esta última, tendo por fim compensar a perda do salário, assume, nesta perspectiva do seguro, um caráter indenizatório que implica uma correlação entre salário assegurado e indenização de seguro, entre renda substituída e renda de substituição. A defesa desta perspectiva se fundamenta nos seguintes argumentos: a) desde que baseada no trabalho de cada um, ela faz desta contribuição à sociedade a causa e, portanto, a medida do direito à segurança social de seu autor; b) a garantia dada satisfaria aos segurados, pois eles esperam da segurança social um certo bem-estar; este bem-estar é subjetivo e não tem significação senão em comparação com um padrão anterior, dado pela renda profissional do interessado; c) o sistema estimularia os trabalhadores a atingir o mais elevado nível profissional. Perspectiva alimentar — Os segurados são vistos não como trabalhadores, mas como seres humanos, que têm um conjunto de necessidades em relação às quais a sociedade assume um débito alimentar. As prestações são calculadas de acordo com um mínimo social e os interessados são convidados, se acham esse mínimo insuficiente, a utilizarem de processos de previdência voluntária, notadamente os seguros privados. Neste regime, a tendência é de os empregados conseguirem, seja por contratação coletiva, seja pela individual, a integração do valor das rendas previdenciais. Esta integração é feita diretamente pelo empregador ou por caixas previdenciais criadas e organizadas por ele, com personalidade jurídica própria, ou, mais modernamente pelo sistema de previdência complementar. Entre nós, ele é operado por entidades fechadas de previdência (v.) ou abertas (v.). Carlos Martí Bufill analisa a corrente alimentar face a duas perspectivas denominadas do igualitarismo e da proporcionalidade. Pela perspectiva do igualitarismo, todas as pessoas teriam um mínimo de necessidades a satisfazer de um determinado padrão mínimo e as prestações previdenciais deveriam manter em cada uma a possibilidade dessa satisfação mínima. Pela perspectiva da proporcionalidade, o mínimo deveria ser encarado face ao padrão de vida alcançado pelo segurado individualmente considerado. Neste critério, as prestações deveriam ser concedidas em função do salário do segurado. Defende o autor esta posição, sustentando que ela não deixa de ser um aspecto da teoria alimentar ou do mínimo vital. Ocorre que a necessidade é relativa, proporcional ao nível de vida de cada um, que é dado pelo salário que percebe. Assevera, porém, que, muito embora a perspectiva da proporcionalidade cubra a necessidade em grau suficiente, não substitui totalmente o salário (in "Derecho de Seguridad Social — Las prestaciones", Madri, 1964, págs. 46/7). O Direito brasileiro adotou a corrente da proporcionalidade, pois afirma o art. 1º da Lei n. 8.213: "A Previdência Social, mediante contribuição, tem por fim assegurar aos seus beneficiários meios indispensáveis de manutenção, por motivo de incapacidade, desemprego involuntário, idade avançada, tempo de serviço, encargos familiares e prisão ou morte daqueles de quem dependiam economicamente". Além disto, é fixado um critério para apuração do valor sobre o qual será calculado o benefício, como o leitor pode verificar pelo verbete "salário-de-benefício" e examinando o texto referente a cada benefício. Ademais, há um piso e um teto para o valor dos benefícios (Arts. 28, 29, 33/31, 32 e 35).

JURISPRUDÊNCIA

PREVIDÊNCIA SOCIAL. DIREITO AO BENEFÍCIO, DE ACORDO COM AS CONTRIBUIÇÕES REALMENTE VERTIDAS. Se, ao completar vinte e cinco anos de atividade, o segurado autônomo adquiriu o direito à aposentadoria especial, mas não o exerceu, deixando também de contribuir, fica inalterado o cálculo do seu benefício, que se fará de acordo com as quarenta e oito últimas contribuições. Não há regra para atualização do salário-de-contribuição, de forma a que se iguale ao valor vigente na data em que o segurado exerce seu direito. Nem se atualiza renda mensal de benefício não concedido. O reajustamento do valor dos benefícios só ocorre quando os mesmos estão em manutenção.
(AC n. 89.032/RJ (4393945) — Ac. 3ª T.; TFR; 30.3.84. in RPS, n. 41/84, pág. 307).

VELHICE

Acontecimento que constitui risco na vida das pessoas e que, por motivos de ordem biológica e social, pode ocasionar uma perda ou diminuição da capacidade de trabalho ou de ganho (rejeição pelo mercado de trabalho). Preenchidos certos requisitos da lei, dá direito ao benefício aposentadoria por idade (v.).

VINCULAÇÃO

É a ligação das empresas, em virtude da lei, à previdência social, que as obriga, a efetuar sua matrícula (v.) no Instituto Nacional do Seguro Social — INSS. As empresas que têm seu ato de constituição registrado nas Juntas Comerciais são automaticamente matriculadas. Desta matrícula, advém o poder-dever de descontar dos trabalhadores a seu serviço as contribuições previdenciais, assim como o dever de recolher tais contribuições, juntamente com as suas, ao INSS. Em caso de dúvida quanto à vinculação de empresa, a decisão caberá ao Ministério da Previdência e Assistência Social, sem prejuízo do recolhimento das contribuições (Arts. 49 e 50/226 e 256).

VOLTA À ATIVIDADE

O segurado aposentado pela previdência social e que volta a exercer atividade ligada à previdência social fica obrigado a contribuições por essa nova atividade. No momento em que se desligar definitivamente do trabalho não fará jus a qualquer benefício e, enquanto estiver em atividade, terá direito, apenas, ao salário-família e à reabilitação profissional, se for empregado ou avulso. O aposentado pela aposentadoria especial não poderá voltar à atividade que tenha riscos à sua saúde, conforme arts. 57 e 58 da Lei n. 8.212/91. O aposentado por invalidez que voltar à atividade terá sua aposentadoria cancelada a não ser que a invalidez tenha cessado, hipótese em que o benefício será paulatinamente cancelado (Arts. 11, § 3º, 18, § 2º, 46, 47/9º, § 1º, 48, 49, 168, 173).